LE NOUVEAU MANUEL DE LA CHASSE

Pascal DURANTEL

SOLAR

ISBN : 2-263-01757-7
N° d'éditeur 1896
Dépôt légal : août 1991

Imprimé en Italie par Milanostampa S.p.A. - Farigliano (CN)

Préface

Infatigable coureur des bois, arpenteur de chaumes,
patient guetteur des becs plats au marais,
Pascal Durantel a la chasse dans le sang. La vraie chasse.
Celle où l'effort physique, la qualité de l'approche,
le travail du chien l'emportent sur l'ampleur du tableau.
Il faut avoir vu Pascal à l'ouvrage sur ses terres de l'Allier
pour comprendre l'authenticité de sa passion.
Aussi à l'aise avec une équipe de déterreurs que derrière
un chien d'arrêt, ou posté le long d'un bois dans l'attente
d'un sanglier, Pascal Durantel a des goûts éclectiques.
Aucun gibier ne lui est étranger.
Une seule chose compte vraiment : la qualité du sport.
Rétif aux «lâchers» et aux ersatz, qui, malheureusement,
gâtent la chasse française, ce gaillard préfère une menée
de lapin bien conduite aux mornes battues sur oiseaux
dits «de tir». Comme il s'intéresse en outre à la biologie
des espèces, à leur évolution, aux meilleures façons
de bien gérer un territoire, il a engrangé au cours
des années un volumineux bagage scientifique.
Ce livre reflète bien les deux aspects de sa personnalité.
Homme de terrain, il sait faire partager ses émotions
et son sens de la chasse. Biologiste, il dispense
un enseignement enrichissant.
Néophytes et chasseurs confirmés apprendront
donc beaucoup au fil de ces pages passionnantes,
marquées, d'un bout à l'autre, par le souffle
d'une passion éclairée par l'expérience.
«Empaumez» gaiement cette voie,
vous ne le regretterez pas !

Éric Joly
Responsable de la rubrique chasse
du *Chasseur Français*

Sommaire

Les armes, munitions et accessoires

La richesse de l'industrie armurière, la plus ancienne de l'histoire de l'homme, est considérable, tout comme l'est la diversité des gibiers et de leurs territoires. L'acquisition d'une arme adaptée aux modes de chasse les plus fréquemment pratiqués demeure un choix bien délicat en regard du vaste éventail disponible, d'autant plus que l'éthique de la chasse s'est affinée aujourd'hui.
La quasi-généralisation du tir à balle du grand gibier oblige le chasseur à se doter, par exemple, outre d'un fusil de chasse, d'une carabine !
Tout Nemrod attache également beaucoup d'importance à l'acquisition d'accessoires qui vont de l'indispensable au superflu.
Équipement vestimentaire de qualité, jumelles, lunette de tir et trompe font partie de la panoplie du chasseur moderne. Quant aux munitions, de grands progrès ont été enregistrés, notamment en ce qui concerne les poudres.
Ce chapitre est destiné à guider le chasseur dans l'une de ses démarches les plus délicates.

LES FUSILS DE CHASSE A CANONS LISSES ET LEURS MUNITIONS

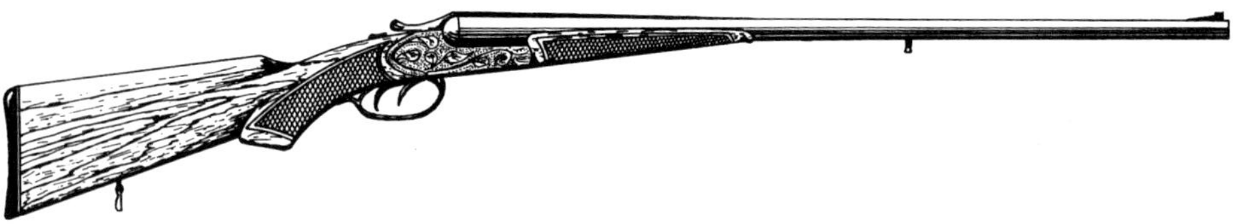

Les différentes pièces du fusil

Le canon

Il constitue une pièce maîtresse de l'arme, dont la qualité influe notablement sur l'efficacité du tir. Il est réalisé en acier trempé dur ou demi-dur, forgé à chaud. Ce traitement spécial lui confère une certaine élasticité, tout en garantissant les qualités requises de résistance. Il subit également un traitement approprié contre la corrosion par le bronzage des parties externes et le chromage de l'âme (partie interne du tube). La longueur des tubes avait autrefois une influence prépondérante sur la portée et la régularité des gerbes de plombs, en raison des qualités de la poudre, souvent fort inégales.
Aujourd'hui, nous disposons de poudres à combustion rapide. L'expansion des gaz se développe à son maximum sur une longueur réduite, permettant à la charge de plombs d'atteindre sa vitesse initiale maximale sur une distance d'environ 60 cm. Au-delà, la régularité même de la gerbe cesse de s'améliorer. La conséquence logique de ces progrès devrait être un raccourcissement des tubes. C'est ainsi que de nombreux chasseurs, pratiquant surtout en terrain couvert, accordent leur préférence à des armes dont les canons ne dépassent pas 65-66 cm.
Pourtant, la plupart des fusils en calibre 12 sont toujours dotés de tubes classiques, longs de 70 à 71 cm. Cela relève de l'habitude, mais aussi de divers facteurs liés à la pratique de la chasse. Des canons longs facilitent la visée. A ce titre, ils sont recherchés par les tireurs sportifs (ball-trap, fosse...) qui utilisent des longueurs comprises entre 76 et 81 cm. Ce type d'arme a l'avantage d'atténuer le bruit désagréable des détonations, critère non négligeable lorsqu'on réalise des séries de plusieurs dizaines de cartouches.

Il est très important que la longueur des canons soit en rapport avec le poids de l'arme, afin de ne pas déséquilibrer le fusil. L'équilibre est, en effet, un facteur essentiel dans la réussite du tir. Un fusil doté d'un canon trop long «pique du nez» et fait tirer trop bas. Ce poids excédentaire à l'avant réduit la maniabilité de l'arme.
Inversement, un fusil en calibre 12/76 (magnum) a tout intérêt à être doté de canons de 76 à 80 cm afin de conserver l'équilibre de l'arme, sans pour cela atteindre les longueurs exagérées de 1 m des canons de «goose gun».
Les fusils de calibre 16 et 20, plus fins et plus petits, ont des canons de 67 à 68 cm.

L'intérieur du canon est formé de plusieurs parties bien distinctes.
– **La feuillure** : c'est dans cette partie qu'est creusé le drageoir, destiné à recevoir et à bloquer le bourrelet de la cartouche.
– **La chambre** : il s'agit de la partie du canon occupée par la cartouche, correspondant à la longueur de la douille avant sertissage. C'est ainsi que certains fusils sont «chambrés» en 65 mm (les modèles anciens généralement), d'autres en 70 mm

(la plupart des fusils modernes), et enfin, certains en 76 mm (les calibres «magnum»).
Il est très important de connaître cette valeur. En effet, le tir d'une cartouche magnum en 76 mm dans une arme chambrée en 70 mm peut se révéler dangereux. La douille qui se déplie mal va gêner le passage des plombs dans le tube, provoquant des surpressions qui fatiguent la bascule et peuvent occasionner des gonflements du canon. Même remarque en ce qui concerne les vieilles armes : il faut toujours prendre garde de ne pas introduire dans un fusil chambré en 65 mm des cartouches destinées aux chambres de 70 mm. Par contre, l'inverse ne présente pas d'inconvénient.
– **Le cône de raccordement** : il relie la chambre à l'âme, permettant à la bourre d'y pénétrer sans difficulté.
– **L'âme** : elle correspond à la partie régulièrement cylindrique du canon. Son diamètre détermine le calibre de l'arme.

Différents types de chokes	Resserrement en 1/10e de mm
Cylindrique amélioré	1 à 2/10e soit 0,1 à 0,2 mm
1/4 choke	2 à 4/10e soit 0,2 à 0,4 mm
1/2 choke	3 à 6/10e soit 0,3 à 0,6 mm
3/4 choke	6 à 8/10e soit 0,6 à 0,8 mm
Full choke	8 à 10/10e soit 0,8 à 1 mm

Les chokes ou rétreints

Le choke est un rétrécissement à la bouche du canon, dont la longueur varie entre 1,5 et 5 cm. Il influe sur la forme aérodynamique de la gerbe (qui sera plus ou moins serrée), la densité et la régularité du groupement. Le diamètre de la gerbe sera

LE CHOIX DES CHOKES

Il dépend surtout du mode de chasse pratiqué. D'une manière générale, un choke serré exige une plus grande précision, donc d'excellentes aptitudes au tir. Il est conseillé aux chasseurs chevronnés, aux sauvaginiers ou aux amateurs de tir à la palombe qui opèrent à longue distance.
Un full choke ou un 3/4 choke ne donne pas toujours les résultats escomptés : la gerbe est souvent très irrégulière.
De plus, il peut inciter les chasseurs à tirer hors de portée, ce qui est tout à fait contraire à l'éthique de la chasse. La profondeur de la gerbe peut s'avérer intéressante sur des oiseaux «traversards», qu'il est possible de «raccrocher» malgré un tir trop court.
Il semble préférable, surtout pour un jeune chasseur, de faire son apprentissage avec des canons peu resserrés. Des tireurs émérites excellent avec des canons lisses améliorés ou des 1/4 choke qui offrent des gerbes très régulières, et bien ouvertes, tout aussi efficaces que les autres à égale distance (35 m).
Ces armes permettent la chasse sous bois à courte distance, sans risque de massacrer le gibier.
Le fusil le plus communément vendu est choké en 1/4 pour l'un des canons et en 3/4 pour l'autre. On pourra avantageusement le faire transformer par son armurier en lisse amélioré 1/4 ou 1/4 et 1/2 (attention, cette opération délicate exige un grand savoir-faire.)
Pour conclure sur ces chokes fixes, il est important de savoir qu'un fusil très choké ne peut tirer à balle, le projectile perdant toute précision au-delà du 1/4 choke.

Quelques types de crosses destinées aux fusils de chasse. Haut et bas : crosses pistolet ; milieu : crosse droite (ou crosse anglaise).

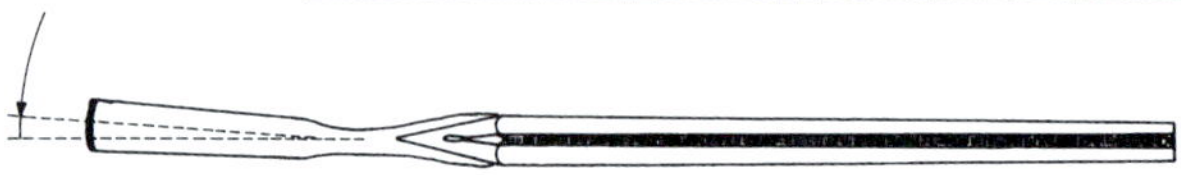

L'avantage, qui correspond à une légère déviation latérale de la crosse par rapport à l'axe des canons, permet au tireur de disposer d'une arme parfaitement adaptée à sa morphologie.

d'autant plus réduit en l'air (donc sa profondeur plus grande) que le choke sera plus «serré». Fendant l'air plus facilement, elle sera donc théoriquement plus rapide et s'ouvrira plus loin, augmentant ainsi la portée de tir.

Les chokes amovibles

L'idée lancée depuis quelques années sur le marché est séduisante. Le chasseur dispose en effet, pour une même arme, de nombreuses possibilités de tir : tir à balle, tir au bois sur petit gibier, tir en plaine, tir de la sauvagine à longue distance. Ces chokes permettent de tirer la grenaille d'acier dont les effets désastreux sur les chokes fixes sont bien connus. Il existe deux types de chokes amovibles :

– le choke vissé à l'intérieur du canon, qui n'altère pas l'esthétique de l'arme, est mis en place très rapidement, mais présente quelques inconvénients : son entretien doit être parfait (le choke est dévissé puis nettoyé après chaque partie de chasse), afin d'éviter l'oxydation du filetage ; les gerbes sont plus irrégulières qu'avec des chokes fixes ;

– le choke disposé à l'extérieur : son démontage est aisé, mais l'esthétique de l'arme en souffre.

La crosse

La plupart des crosses sont taillées dans du noyer, bois dur qui ne subit aucune déformation consécutive au temps ou aux intempéries. Les plus belles crosses, qui équipent des fusils artisanaux, sont réalisées dans de la ronce de noyer minutieusement sélectionnée, au veinage incomparable. Les armes fabriquées industriellement et mises sur le marché à bas prix sont dotées de crosses en hêtre, beaucoup moins esthétiques. Certaines sont réalisées en plastique ou en alliage léger. Elles sont destinées en particulier aux fusils semi-automatiques.

Il existe trois grands types de crosses adaptés aux goûts et aux besoins des chasseurs :

– la crosse droite dite anglaise, très élégante, équipe surtout les fusils fins juxtaposés ou superposés ; d'un maniement agréable, elle est surtout destinée aux armes dotées de doubles détentes, permettant à l'index de glisser facilement de l'une à l'autre ;

– la crosse demi-pistolet caractérise souvent des fusils artisanaux français ; elle assure une prise en main améliorée tout en restant très élégante ;

– la crosse à poignée pistolet tient parfaitement en main ; le passage d'une détente à l'autre étant moins aisé, elle équipe surtout les armes destinées au tir sportif, à monodétente.
La crosse comporte plusieurs parties : le talon, la plaque de couche, la pointe, le nez, le pied du nez.

Mise à conformation de la crosse
L'adaptation de la forme de la crosse à la morphologie du tireur est essentielle. Elle conditionne la rapidité du tir, sa précision, en bref son succès.

Il s'agit là d'une démarche essentielle lors de l'acquisition d'une arme. Elle ne peut être réalisée sans le concours d'un bon armurier, qui dispose d'une crosse articulée permettant de prendre trois mesures : la longueur, la pente et l'avantage.

– La longueur de la crosse doit correspondre à celle de l'avant-bras plié, mesurée à partir du pli du coude jusqu'à l'extrémité de l'index tendu, à laquelle on retire 2 cm (qui correspondent à l'index plié sur la détente). Trop longue, la crosse s'accroche à un pli de la veste à l'instant de l'épaulé, retardant ou faussant le tir. Trop courte, elle vient parfois s'appuyer sur le biceps, causant de douloureux hématomes. Dans tous les cas, une longueur inadaptée est source de ratés.

– La pente correspond à l'inclinaison de la crosse par rapport à l'axe du canon. On la mesure en calculant la hauteur comprise entre le talon de la crosse et une ligne imaginaire prolongeant vers l'arrière la bande des canons. Elle détermine la hauteur de tir.

– L'avantage : c'est la déviation latérale donnée à la crosse par rapport à l'axe des canons. Elle est conditionnée par la largeur d'épaule. Une crosse appartenant à un droitier est légèrement déviée vers la droite. On réalise l'opération inverse pour un gaucher. Lorsque l'avantage est insuffisant, le tireur ne peut aligner correctement son regard sur la bande de visée.

Les différents types de fusils a canons lisses

Les fusils les plus connus sont de type «hammerless» à canons basculants. Le premier fusil sans chien (Anson & Deeley) fut breveté en 1875.

Les fusils à chiens

Ils sont encore utilisés aujourd'hui à la chasse par quelques amoureux des armes anciennes. Le plus célèbre est le «fusil à broches» de type Lefaucheux, tirant des munitions chargées à poudre noire.

Le fusil à un canon

Il s'agit souvent d'une arme à canon basculant, très simple, dont la fabrication sommaire justifie un prix modique (guère plus de 600 F).
Il existe également un modèle doté d'un seul canon fixe, long de 1 m ! C'est le célèbre «goose gun», surtout utilisé aux U.S.A. pour la chasse des canards et des oies. Les cartouches sont disposées dans un magasin. L'alimentation se fait par manœuvre d'une culasse mobile.

Les fusils à canons doubles, non basculants

Ces armes typiquement françaises, d'une robustesse à toute épreuve, étaient fort prisées autrefois. Les plus célèbres furent les modèles Charlin et Darne, ce dernier modèle étant à nouveau fabriqué. Ces fusils ne possédant pas de bascule, l'ouverture et la fermeture sont assurées par une culasse mobile placée dans le prolongement des canons. Les avantages de ce système sont multiples : verrouillage parfait, système d'éjection de la douille très simple. Il s'agit également de fusils très fins, à la silhouette élégante et aux excellentes performances balistiques.

Le fusil à deux canons basculants juxtaposés

Il s'agit là du vrai fusil traditionnel dont la ligne particulière fait des adeptes irréductibles ! La disposition des canons permet un tir plus instinctif qu'avec un fusil superposé, l'œil trouvant très vite la ligne de visée.

Le fusil à deux canons basculants superposés

La mode de ce type d'arme a été lancée à partir des années 1950 par les amateurs de tir sportif aux pigeons d'argile. Depuis une vingtaine d'années, le fusil superposé connaît un engouement croissant. La bascule haute résiste mieux aux pressions qui lui sont imposées lors des concours de ball-trap. La prise en main de l'arme est agréable, la visée précise et plus dégagée permet de situer plus rapidement un oiseau traversard.

En revanche, le tir d'une cible mouvante exige plus d'application, et facilite moins le tir instinctif «au coup d'épaule». Seuls ces fusils sont utilisés lors des concours de ball-trap, skeet, fosse...

Le fusil semi-automatique

Le premier modèle fut mis au point par la marque belge Browning. Permettant le tir de cinq cartouches en un temps record, il connut un succès foudroyant. La législation française n'autorise plus que l'utilisation de 3 cartouches dans ce type d'arme.

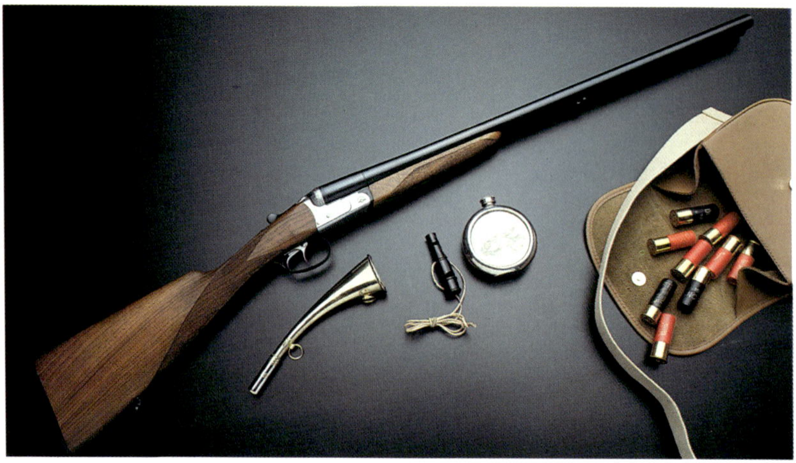

Modèle classique convenant pour toutes les chasses, le fusil juxtaposé est une arme élégante souvent réalisée artisanalement.

On doit le succès actuel du fusil superposé aux tireurs sportifs à la fosse ou au ball-trap, qui apprécient ce modèle plus que tout autre.

La culasse assurant le réapprovisionnement fonctionne par recul du canon ou emprunt des gaz.
Ce type d'arme est maintenant surtout utilisé par les sauvaginiers qui disposent ainsi d'une cadence de tir appréciable au marais.
Il présente quelques inconvénients : poids élevé, souvent mal équilibré, et surtout obligation de tirer les cartouches dans l'ordre où elles se trouvent, ce qui est très gênant lorsqu'on chasse «à la billebaude», sans trop savoir quel type de gibier va démarrer sous nos pieds. L'arme ne peut être cassée, d'où une certaine gêne, surtout lorsqu'on chasse en groupe. Chargement et déchargement du magasin sont laborieux. Le chasseur ne peut employer n'importe quel type de cartouche. Des munitions insuffisamment chargées ne fournissent pas une énergie de rappel suffisante pour provoquer un réarmement automatique du fusil.
Les avantages sont également nombreux, outre la cadence de tir : prix modique pour des armes possédant d'excellentes qualités balistiques ; robustesse à toute épreuve pour les fusils appartenant à de grandes marques (Benelli, Browning) ; visée efficace du superposé ; recul modéré ; et, surtout, possibilité d'obtenir un jeu de canons adaptés à tous les types de chasse.

Le fusil semi-automatique est beaucoup utilisé par les chasseurs d'oiseaux migrateurs tels que canards ou palombes.

Les fusils semi-automatiques à réarmement manuel

Ce sont les célèbres fusils à pompe ou «shot guns», très prisés aux U.S.A. L'éjection de la douille et son remplacement exigent une intervention manuelle. L'intérêt essentiel de ce type d'arme est sa robustesse à toute épreuve. Il nécessite peu d'entretien et son prix est modique. L'inconvénient est son maniement difficile pour le néophyte. Par ailleurs, la mentalité française est peu habituée à ce type d'arme qui évoque plus le «polar américain» que la chasse !

Le fusil à platine

C'est le fusil artisanal par excellence. Beau, fin, élégant, doté de merveilleuses gravures, d'une crosse aux veinages inimitables et... très, très cher ! Des marques aussi célèbres que Boss, Purdey, Holland ont ainsi créé des modèles de légende d'un raffinement sans pareil. Le système de percussion n'est pas situé dans la bascule, mais monté sur des plaques situées de part et d'autre de cette même bascule. La difficulté de montage et d'assemblage de tels systèmes justifie le prix de ces armes de luxe, souvent vendues par paires rigoureusement identiques, ou par trois (triplettes).

LES CALIBRES

Définition d'un calibre

Les calibres de nos armes de chasse modernes à canons lisses ne sont pas indiqués en millimètres. Ils s'expriment selon un système de mesure adopté par l'artillerie anglaise au XVIIe siècle, et correspondent au nombre de balles sphériques pouvant être coulées dans une livre de plomb (qui équivaut à 489,5 g). Le calibre 12 correspond à 12 sphères de plomb d'un certain diamètre qui, une fois fondues, forment cette masse de 489,5 g. Le diamètre de l'âme du canon équivaut alors à celui d'une balle sphérique pesant un douzième de livre. Ainsi, plus le chiffre correspondant à un calibre est élevé, plus ce dernier est petit (voir tableau).

Les différents types de calibres et leur choix (12-16-20)

Le choix est fixé en tenant compte du mode de chasse le plus pratiqué.
Le calibre 12 : sa suprématie est actuellement incontestable en raison de sa polyvalence. C'est l'arme de chasse idéale, tirant toutes les charges de plombs, pouvant être équipée de tous les modèles de canons, et qui s'adapte ainsi à toutes les situations. Ce calibre offre les meilleures qualités balistiques, et convient aussi bien pour la chasse en plaine ou à la sauvagine, et surtout au bois, où il permet le tir à balle du gros gibier.

Le calibre 16 : excellent calibre, il était fort prisé autrefois, en raison de sa légèreté et de sa maniabilité. A ce titre, il était surtout employé par les chasseurs à la billebaude qui se consacraient à la quête du petit gibier de plaine et de bois. Ses qualités balistiques sont toutefois légèrement inférieures à celles du 12. De fait, il a été victime de la mode du tir sportif aux pigeons d'argile. C'est bien dommage, car ces armes, fabriquées bien souvent avec soin par de petits artisans locaux, étaient fines et élégantes.

Le calibre 20 : très élégant, léger, maniable, c'est dans ce calibre que sont fabriquées les plus belles armes artisanales. Il est regrettable que l'on conseille ce type de fusil aux chasseurs débutants ou aux femmes.
En effet, les qualités balistiques sont nettement inférieures à celles d'un calibre 12 en raison de la faible charge de plombs. Il faut être particulièrement adroit et précis au tir pour utiliser une telle arme, qui ne s'adapte pas à toutes les chasses : il est illusoire de souhaiter utiliser un «petit 20» pour le tir à balle du grand gibier. Cela dit, il est tout à fait adapté au tir du gibier de plaine, à distance moyenne. Sa maniabilité et sa légèreté en font l'arme préférée des bécassiers.
Certains 20 sont vendus en version «magnum», chambrés en 76 mm. Les munitions développent alors des pressions excessives qui nuisent à la régularité de la gerbe.

Calibre	Diamètre de l'âme exprimé en millimètres	Charges en plombs exprimées en grammes
10		57 et 64
12 Magnum	18,5	46 et 53
12	18,5	24 et 28 (cartouches rapides)
		30, 32, 34 et 36 (charges classiques)
		40, 42 et 43,5 (charges semi-magnum)
16	16,9	28
20	15,18	24 et 36 (charge magnum)
28	14,1	21
.410	14	16 et 20

Les calibres spéciaux : des très gros aux très petits (10-12 magnum, 24-28)

– **Les gros calibres** : ils sont destinés aux huttiers et autres amateurs de gibier d'eau. La législation française interdit actuellement l'utilisation d'armes ne pouvant être épaulées sans appui, tels nos vieux calibres 4 et 8 qui ont fait le bonheur des sauvaginiers d'antan. Le calibre 10, très encombrant, est abandonné au profit du 12 magnum, dont les munitions sont chargées en 46 et 53 grammes de plombs. Ce type d'arme est également utilisé pour le tir à longue distance de migrateurs tels que la palombe. Les pressions développées entraînent un recul désagréable et engendrent une certaine irrégularité dans les gerbes. Il paraît de plus en plus certain que les munitions «magnum» utilisées à des distances peu raisonnables (au-delà de 40 m) entraînent des pertes d'oiseaux qui vont périr au loin. Leur seul intérêt est sans doute le tir d'anatidés posés, à la hutte.

– **Les petits calibres** : ils reviennent en force aux U.S.A. Ces armes fines et légères sont surtout destinées au tir du petit gibier à plumes. Seul un excellent tireur peut prétendre réussir régulièrement à l'aide de telles armes, qui sont parmi les plus élégantes.

Le calibre 24 : ce petit calibre tombe actuellement en désuétude pour des problèmes de standardisation. C'est dommage, car il s'agit d'une arme très efficace pour tous les petits gibiers.

Le calibre 28 : plus léger que le 20, occasionnant au départ du coup un recul moindre, c'est une excellente petite arme qui tue «proprement» jusqu'à 30-35 m, grâce à des munitions chargées à 21 g de plombs. On peut ainsi l'utiliser sur tout le petit gibier à plume et à poil, à distance raisonnable bien sûr.

Le calibre .410 (calibre américain exprimé en millièmes de pouce) : la distance à tirer n'est plus ici que de 25 m. L'arme tire des munitions chargées à 16 ou 20 g de plombs, disposés en longueur. Ce calibre est beaucoup moins performant que le 28 en raison d'une vitesse et d'une régularité de la gerbe insuffisantes.
Nous pouvons citer pour mémoire les petites carabines de jardin (9 mm, 12 mm, 14 mm), les deux derniers calibres pouvant se révéler redoutables jusqu'à 15-20 m sur le petit gibier.

LES MUNITIONS DES ARMES A CANONS LISSES ET LEURS COMPOSANTS

Pendant des décennies, les chasseurs ont fabriqué eux-mêmes leurs cartouches, ayant une confiance limitée dans les munitions du commerce. Ils réalisaient ainsi des économies appréciables à une époque où l'achat des matériaux revenait moins cher que celui des boîtes toutes prêtes.

La douille

Avec le temps, les douilles se sont progressivement allongées de manière à contenir des charges plus élevées de poudre et de plomb. Mesurant 65 mm au départ, puis 67 mm, la douille standard atteint aujourd'hui une longueur de 70 mm, celle des cartouches «magnum» 76 mm. Elle est formée d'un tube en plastique renforcé à la base par un culot de laiton dont la hauteur peut atteindre 20 mm. Les dimensions du culot jouent un rôle secondaire dans la qualité de la cartouche. Les douilles étaient autrefois fabriquées en carton. On tend à revenir à cette matière biodégradable (cela n'exclut pas de ramasser systématiquement les douilles tirées !), grâce à des procédés d'imperméabilisation appropriés : le carton a, en effet, l'inconvénient de gonfler sous l'effet de l'humidité, ce qui est fâcheux lors de l'extraction.
La qualité du sertissage est essentielle. Trop serré, il accroît les pressions développées, et entraîne un recul désagréable. Trop mou, il empêche la poudre de brûler entiè-

rement, d'où une diminution sensible des performances de la gerbe. Les douilles en plastique sont serties en étoile par un plissage de la partie supérieure du tube. Les douilles en carton sont serties grâce à un repli du sommet du tube contre un disque mou, en liège de préférence, qui porte le numéro de plomb présent dans la charge. Les disques durs de carton ou de plastique sont déconseillés car trop rigides. Ne se fractionnant pas au départ, ils créent des perturbations dans la gerbe.
Une amorce de laiton contenant du fulminate est insérée au milieu du culot. Sa partie supérieure est en contact avec la poudre, qu'elle enflammera lorsqu'elle sera frappée par le percuteur.

La bourre

Elle transmet à la balle ou aux plombs l'énergie induite par la poussée des gaz de combustion de la poudre. Son rôle est essentiel, dans le sens où elle permet une poussée régulière de la charge sans déperdition d'énergie.
Une bonne bourre répond à plusieurs critères de qualité :
– légèreté : pour éviter les surpressions ;
– étanchéité : les gaz ne doivent pas pouvoir s'échapper. Outre les problèmes de déperdition qui en résultent, le risque de fusion de plusieurs plombs en grappes est très grand... et dangereux puisqu'ils atteignent alors des distances considérables. L'infiltration des gaz de combustion induit également des perturbations dans la gerbe ;
– compressibilité et élasticité : la bourre doit amortir le choc produit par l'inflammation brutale de la poudre. Elle limite ainsi l'écrasement ou la déformation des plombs, qui nuit à l'homogénéité de la gerbe.

L'EFFET LÉTAL DES PLOMBS

Il est de deux types :
– atteinte d'organes vitaux ;
– inhibition nerveuse due à l'effet de choc produit par plusieurs impacts simultanés atteignant des terminaisons nerveuses situées sous la peau. La mort est alors instantanée sans qu'aucun organe vital ne soit atteint. L'effet létal ou vulnérant d'un plomb est déterminé par son énergie cinétique, qui dépend de la masse et de la vitesse : $E = 1/2\ MV^2$. Cette mesure est exprimée en kilogrammes-mètres ou en joules. Les gros plombs, plus lourds et qui conservent plus longtemps leur vitesse, sont donc théoriquement plus vulnérants, notamment en ce qui concerne l'atteinte d'organes vitaux. Par contre, leur nombre, inférieur dans la gerbe, peut se révéler insuffisant pour provoquer la mort par inhibition nerveuse. Il faut donc trouver un compromis entre la masse, la vitesse et la résistance du gibier. On considère généralement que 4 à 5 atteintes provoquées par des projectiles adaptés à la taille de l'animal suffisent pour entraîner la mort du petit gibier.

Il existe plusieurs types de bourre :
– **La bourre grasse traditionnelle, en feutre :** elle s'accorde parfaitement avec les douilles de carton et confère à la gerbe, plus ouverte que lorsqu'elle est poussée par une bourre à jupe, une excellente homogénéité. Les cartouches à bourre grasse sont recommandées pour le tir à courte et moyenne distance de la plupart des petits gibiers lorsqu'on pratique devant soi, à la billebaude. Elles sont très utiles et

Calibre	Poids de plombs	Charge en poudre T	Charge en poudre A	Vitesse (m/s)
12	32 g	2,10 g	2,20 à 2,30 g	375 à 420
16	28 g	1,50 g	1,70 g	375 à 420
20	24 g	1,30 g	1,40 g	375 à 400

LA GRENAILLE D'ACIER

Assimilé en grande quantité par l'organisme, le plomb peut provoquer de graves intoxications. Dans certaines régions littorales à forte pression cynégétique, les canards sont ainsi atteints de saturnisme. Ils sont d'autant plus sujets à la maladie que le fond des eaux, propre, ne comporte pas de graviers ni d'autres corps solides prélevés par les oiseaux pour broyer leurs aliments dans le gésier. Faute de ce «grit», les canards absorbent alors la grenaille perdue, souvent en quantité importante. Cette forme de pollution a incité quelques pays (U.S.A., Danemark, Pays-Bas) à interdire l'usage du plomb pour la chasse au gibier d'eau. Il a été remplacé par la grenaille de fer, biodégradable sous forme de rouille inoffensive. L'utilisation de ces projectiles ferreux pose néanmoins de nombreux problèmes techniques et balistiques :
- la densité du fer est de 7,8 contre 11,3 pour le plomb. A diamètre égal, la charge de grenaille de fer pèse moins lourd que celle de plomb. La gerbe perd donc très rapidement sa vitesse et son énergie cinétique. L'encartoucheur compense ce défaut par une charge supplémentaire en poudre qui favorise le développement de fortes pressions incompatibles avec l'utilisation de certaines armes aux bascules fines et légères ;
- le fer, plus dur que le plomb, se déforme peu ou pas. La grenaille peut traverser un gibier de part en part, en abandonnant une énergie insuffisante pour stopper l'animal, dont la mort sera ainsi retardée. Ces projectiles blessent beaucoup d'oiseaux que l'on ne retrouve jamais. La dureté du fer provoque également, lors du départ du coup, des détériorations des chokes qui sont rapidement mis hors d'usage, surtout s'ils sont resserrés ;
- l'utilisation du fer pose aussi des problèmes aux sylviculteurs : la grenaille qui a pénétré dans un tronc détériore les scies des tronçonneuses.

Un espoir : le mélange tungstène-résine polymère. La marque britannique Eley vient de produire une cartouche révolutionnaire. La charge de plombs est ici remplacée par du tungstène, dont les sels de dégradation sont inoffensifs. Le tungstène ayant une densité supérieure à celle du plomb, il est mélangé à l'état pulvérulent à de la résine polymère afin de l'alléger. Seul inconvénient : le prix très élevé du tungstène, donc de la cartouche !

efficaces sur des oiseaux difficiles comme la grive, la bécasse ou la bécassine.
- **La bourre en liège** : très douce, cette bourre confère d'excellents groupements. Malheureusement, elle diminue la vitesse initiale de la gerbe, d'environ 60 m/s (mètres/seconde).

Ces deux modèles de bourre sont précédés à l'intérieur de la douille, côté poudre, d'un obturateur en carton destiné à améliorer l'étanchéité afin d'éviter l'infiltration du gaz et la fusion des plombs.
- **La bourre à jupe ou à godet** : utilisée dans les douilles en plastique, c'est la véritable bourre moderne insérée dans la plupart de nos cartouches. Il faut savoir que ces bourres concentrent la gerbe plus longtemps, donc exigent un tir plus précis. L'obturateur de carton est ici remplacé par une jupe arrière qui joue également le rôle d'amortisseur. La charge de plombs est contenue dans un godet situé à l'avant. Ce système protège le canon de l'emplombage et limite la déformation des plombs due au frottement dans l'âme du canon.

La poudre et ses charges

Les chasseurs ont longtemps utilisé la poudre noire, mélange de salpêtre, de soufre et de poussière de charbon de bois. Cette matière présente l'inconvénient d'être hautement corrosive, et de provoquer un dégagement de fumée tel qu'il est parfois impossible de doubler !

La poudre noire est remplacée aujourd'hui par des poudres pyroxylées sans fumée, qui sont beaucoup plus régulières dans leur combustion. Il en existe plusieurs types :
- la poudre «T», l'une des plus connues ;
- la poudre «A», utilisée avec des charges

plus faibles, surtout employée pour le tir à balles en armes rayées ;
– les poudres sphériques S2 et S3 ;
– les poudres Ba2, Ba3, Ba6, plus progressives, permettent de propulser des charges lourdes.

Il est inutile de surcharger une cartouche en poudre, sous prétexte d'augmenter la vitesse des plombs. Outre le recul désagréable et les risques de gonflement du canon, on obtient généralement l'effet inverse, à savoir une perturbation de la gerbe, qui devient irrégulière. Une bonne cartouche doit avoir une vitesse initiale de 375 à 400 m/s.

Les charges préconisées, lorsqu'on utilise la poudre T ou la poudre A, correspondant à une densité de plombs appropriée, peuvent être résumées suivant le tableau p. 19.

Les plombs et les charges

Le diamètre d'un plomb est exprimé par un chiffre allant de 1 à 10, qui est d'autant plus élevé que le plomb est petit. C'est ainsi que le plomb le plus gros correspond au n° 1, le plus petit au n° 10.

Il existe également plusieurs séries, véritables casse-tête chinois qui correspondent à des diamètres différents pour un numéro donné.

Bien évidemment, la taille d'un plomb est fonction de l'animal convoité.

Il existe plusieurs types de plombs :
– les plombs mous : ces plombs ne sont plus guère utilisés car ils se déforment trop vite ;
– les plombs durcis : ils sont obtenus en ajoutant un faible pourcentage d'antimoine ;
– les plombs nickelés : le durcissement, supérieur au précédent, est obtenu par un enrobement de nickel. Leur pénétration dans l'air puis dans les tissus est excellente, leur déformation limitée ; ce sont les meilleurs... mais aussi les plus chers !
– les plombs cubiques : la gerbe se disperse très rapidement ; ces plombs sont destinés au tir à courte distance du lapin ou de la bécasse.

La gerbe

Dès la sortie du canon, les plombs se dispersent en une gerbe ovoïde en forme de cigare, dont le diamètre et l'allongement varient selon plusieurs facteurs : numéro de plomb, resserrement du canon, nature de la bourre et qualité du sertissage, distance.

Le groupement enregistré sur une cible ne correspond qu'à la dispersion frontale. Il est estimé en comparant le nombre d'empreintes laissées par des plombs frappant une cible de 75 cm de diamètre à 35 m de distance, par rapport au nombre total de plombs tirés.

Lorsqu'on utilise une cartouche de calibre 12, chargée en plombs n° 7, seuls 65 à 75 % des plombs contenus dans la charge frappent la cible. Au-delà de ce diamètre de 75 cm, les plombs, souvent déformés, ont perdu leur vulnérance.

La gerbe a également une grande profondeur, estimée à 4 ou 5 m à une distance de 35 m : il s'agit de la dispersion longitudinale, d'autant plus élevée pour une même distance que le choke est resserré.

Au contraire, un choke très ouvert privilégie la dispersion frontale.

Le cas particulier des balles

Le chargement en poudre de ces munitions est légèrement supérieur à celui prévu pour les cartouches à grenaille, d'où une vitesse initiale plus élevée. Pourtant, la flèche de la trajectoire de ces balles est grande ; elles perdent une grande partie de leur précision au-delà de 50 m.

A distance raisonnable, les balles de calibre 12 conviennent pour tous les gros gibiers. Les projectiles appartenant aux calibres 16 doivent être tirés à courte distance (15-20 m). Quant aux balles de 20, elles sont trop faibles, notamment pour le tir du sanglier.

La plupart des balles recherchent leur précision par une accentuation du poids vers l'avant : ce sont les balles «flèche» telles que la Brenneke. La rasance de la trajectoire est stabilisée grâce à une forme de bobine chez la Blondeau.

Il existe également des balles entièrement rondes qui sont excessivement dangereuses en raison de leur aptitude à ricocher.

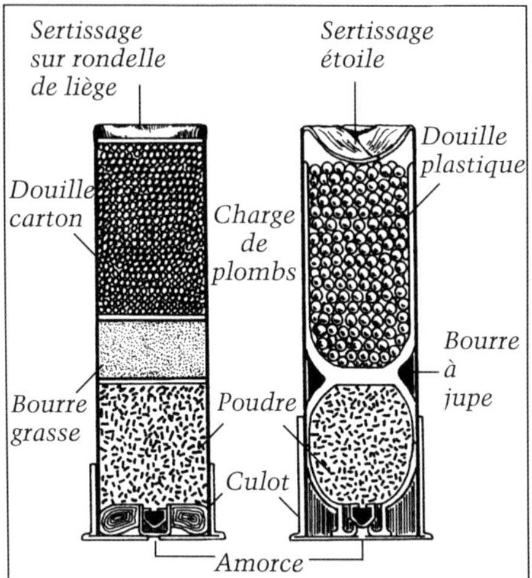

1- Cartouche traditionnelle à bourre grasse

2- Cartouche moderne équipée d'une bourre à jupe

Les différents éléments d'une cartouche

LE TIR DE CHASSE

«A portée de fusil»

La portée pratique (celle qui tue net le gibier lorsqu'on emploie un plomb approprié) est comprise entre 35 et 40 m pour un calibre 12. Celle d'une balle de fusil à canon lisse, légèrement supérieure, atteint 50 m. Cela ne signifie pas pour autant que les projectiles ne soient pas dangereux au-delà ! Lorsqu'on tire sous un angle de 15 à 20° par rapport à l'horizontale, la gerbe retombe en général à des distances comprises entre 200 et 350 m selon le diamètre du plomb utilisé. C'est ce qu'on appelle la portée maximale normale, calculée en multipliant par 80 le diamètre du plomb et en convertissant en mètres le résultat obtenu en millimètres. Par exemple, un plomb n° 9, dont le diamètre est de 2 mm, retombera à 160 m s'il est tiré sous un angle de 20°.

L'infiltration de gaz de combustion lors du départ du coup peut provoquer la fusion de plombs qui vont se souder en grappes. Ces derniers, plus lourds, gagnent en vitesse et en portée ; ils retombent beaucoup plus loin. C'est ce qu'on appelle la portée maximale accidentelle, responsable d'accidents graves.
Il ne faut donc jamais tirer dans la direction d'une ligne de chasseurs, même si ces derniers semblent hors de portée.
L'éthique commande également d'éviter les fameux coups de longueur, dont se rengorgent de nombreux chasseurs. Si quelques coups heureux et de toute beauté arrivent de temps à autre, on ne compte pas les oiseaux blessés mortellement qui ne seront jamais retrouvés... ni même cherchés s'ils n'ont pas accusé le coup !

La pratique du tir

La maîtrise du tir de chasse est une discipline longue à acquérir, qui exige beaucoup d'expérience... et des milliers de cartouches brûlées dans toutes les situations !
Autrefois, la plupart des chasseurs pouvaient prétendre devenir, dans un délai relativement bref, des tireurs honorables en raison de la densité et de la diversité du gibier.
Ce n'est plus le cas aujourd'hui, où de nombreux Nemrod ont trop rarement l'occasion de prouver leur habileté.
L'entraînement au tir sportif sur plateaux d'argile est donc indispensable. Les disciplines qui se rapprochent le plus des conditions de chasse sont le skeet, la tour et surtout le parcours de chasse. A la chasse, les meilleurs tireurs sont certes entraînés et très adroits, mais cela ne suffit pas à expliquer leur succès. Ils ne se laissent jamais surprendre par le gibier. Leur attention est constamment en éveil et ce sont généralement des gens calmes, qu'on voit rarement tirer trop vite, au coup d'épaule. Ils visent soigneusement leur gibier, qui tombe à tout coup ! Ils tirent en toutes circonstances le même numéro de plomb, dans la même marque. Habitués à une vitesse constante de projectiles, uti-

lisés aussi bien au ball-trap qu'à la chasse, ils savent depuis longtemps corriger leurs erreurs.
Les principaux défauts d'un tireur débutant sont la mauvaise appréciation de la trajectoire et de la vitesse du gibier (on tire dessous et derrière) et la précipitation (on tire trop vite). En cela, le tir sportif, lorsqu'on ne dispose pas d'une chasse très giboyeuse, fera faire de gros progrès.
Le tir de chasse se décompose en plusieurs phases qui se déroulent en quelques fractions de seconde : regarder le gibier et, pour situer la direction approximative de sa trajectoire, partir derrière, le rattraper, l'accompagner et tirer dans le mouvement tout en le dépassant plus ou moins selon sa vitesse et la distance à laquelle il se trouve. Il faut absolument éviter les à-coups et arrêts dans le déroulement de ces phases, surtout à l'instant du tir.
Tout cela est très théorique, et seul un entraînement intensif permet d'assimiler ces notions. Il n'y a pas de bons et de mauvais tireurs lorsque l'on débute. Il y a des chasseurs qui tirent beaucoup, qui possèdent une arme parfaitement adaptée et bien équilibrée et qui ont une bonne vue. Les porteurs de lunettes ne doivent pas utiliser à la chasse de verres progressifs, qui sont source d'erreurs d'appréciation et de ratés.

Le nettoyage de l'arme

Impératif autrefois en raison des poudres très corrosives, le nettoyage de l'arme demeure une nécessité aujourd'hui. Bien que les nouvelles poudres pyroxylées et les amorces soient moins corrosives, que la grenaille durcie n'emplombe plus autant l'intérieur des canons, l'arme subit toujours des agressions au cours de la chasse : sueur ou sang, très corrosifs sur les parties métalliques ; intempéries, embruns salés.
Il est important d'attendre tout d'abord que l'arme soit à la température ambiante de la pièce, afin d'éviter les risques de condensation, surtout lorsque le métal est très froid au retour de chasse.

Une arme est toujours nettoyée à partir de la chambre, et non de la bouche. Elle est tout d'abord soigneusement séchée à l'extérieur, après avoir été démontée.
L'âme des canons neufs ne nécessite généralement pas l'emploi d'écouvillon métallique. Il suffit de pulvériser une huile dissolvante qui décolle les résidus de combustion de la poudre et les particules de plomb puis, à l'aide d'une baguette de bois terminée par un chiffon sec ou du «Sopalin», d'effectuer des passages répétés jusqu'à obtention d'un tissu de nettoyage parfaitement propre. Le canon brillera comme un miroir. L'intérieur des vieux canons, après passage répété d'un chiffon propre, peut être gratté à l'aide d'un écouvillon métallique. L'arme est ensuite soigneusement huilée... mais pas trop ! En effet, l'huile en excès peut se transformer en cambouis à l'intérieur de mécanismes délicats comme les percuteurs, perturbant leur bon fonctionnement.
La crosse, particulièrement si elle a subi des intempéries, doit être entretenue. L'huile de lin fera réapparaître ses beaux veinages. Au cours de l'estivage, l'arme est soigneusement graissée.
Le nettoyage intérieur d'un canon de carabine est délicat, en raison d'un encuivrage fréquent. D'excellents solvants permettent d'y remédier, les résidus de cuivre et de plomb étant ensuite éliminés à l'aide d'une baguette métallique plastifiée, terminée par un écouvillon de bronze. La poignée de la baguette doit être tournante, afin que la brosse prenne le pas des rayures.

LES ARMES RAYÉES ET LEURS MUNITIONS

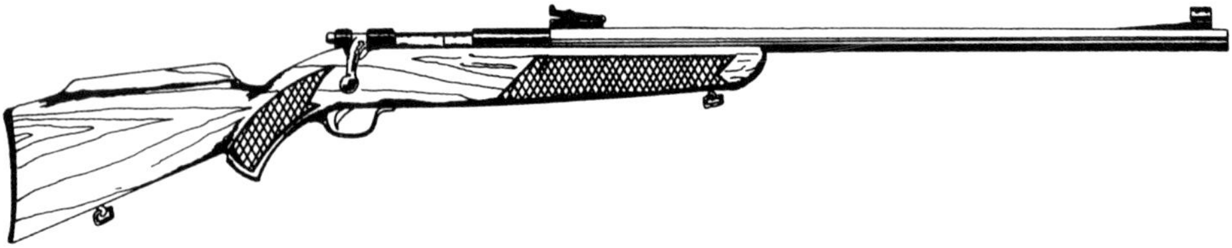

Les différents types d'armes rayées

La carabine à verrou

Carabine à un coup ou à répétition, elle exige une action manuelle de la culasse dite «système Mauser» pour éjecter la douille tirée (dans ce cas, on recule la culasse) et pour réintroduire une nouvelle cartouche (on repousse alors la culasse). En effet, tous les systèmes actuels d'extraction et de verrouillage par rotation sont plus ou moins dérivés de la culasse Mauser 1898 qui équipait les fusils de guerre de l'armée allemande. Ce fut le premier mécanisme à répétition manuel d'un fonctionnement parfait. Aujourd'hui, les vrais mécanismes Mauser 98 sont appelés «original Mauser», ce qui les distingue de toutes les copies de qualité plus ou moins inégale.

La culasse «original Mauser 98» : de forme cylindrique, la tête de culasse est plate. Sa robustesse et sa faculté de résister aux fortes pressions sont légendaires, en raison de la présence de deux gros tenons très solides à l'avant, et d'un tenon de sécurité à l'arrière. Elle est dotée d'un extracteur armé d'une forte griffe, qui assure une éjection parfaite de la douille. Le système de sécurité «en drapeau» est très fiable. Sa disposition est pratique. Une fois la sécurité mise en place, le «drapeau» levé empêche toute prise de visée. Cette culasse évite les doubles introductions, causes d'accidents très graves. La cartouche est parfaitement présentée dans l'axe de la chambre, ce qui limite les risques de déformation du projectile.

Avantages d'une carabine à verrou : mécanismes généralement fiables, grande robustesse, le plus souvent excellente canonnerie qui confère un tir très précis. La carabine à verrou existe en tous calibres et offre une gamme de prix accessibles à toutes les bourses. Elle se prête bien au montage d'une lunette et est d'un poids raisonnable (en moyenne de 3,1 à 3,3 kg).

Inconvénients : la carabine à verrou est surtout utilisable pour l'affût et l'approche. En effet, le réarmement manuel fait perdre la visée lors du rechargement, d'où une perte de temps précieux pour doubler en tir de battue. Pourtant, la plupart des modèles peuvent être équipés d'une «bande de battue» qui facilite le tir rapide (ce qui n'est pas le cas avec les systèmes de visée classiques, trop précis).

Le stetcher : pour le tir précis à l'approche ou au mirador, il est intéressant que la carabine soit munie d'un dispositif permettant de réduire le poids du départ «lorsqu'on appuie sur la queue de détente», lequel est généralement de 2 kg. Ce poids peut être ramené à 200 g, évitant ainsi le «coup de doigt» fatidique, grâce à un système nommé «stetcher». La carabine est alors généralement munie de deux détentes. Lorsqu'on appuie sur la détente arrière, on enclenche le stetcher, ramenant le poids du départ de la détente avant à 200 g (ce poids peut être réglé par une vis).

D'un prix souvent modique et d'un fonctionnement très fiable, la carabine à verrou est très appréciée des chasseurs à l'affût ou à l'approche.

Il existe un autre système à monodétente. Dans ce cas, le stetcher est armé en appuyant sur la queue de détente en sens inverse, d'arrière en avant. Il ne doit être armé qu'à l'instant du tir, car le coup part à la moindre sollicitation.

Le Kipplauf

Ces armes magnifiques sont pour la plupart fabriquées à Ferlach, en Autriche. Un fabricant français, Chapuis, en réalise quelques modèles.
Le Kipplauf est généralement traité en arme de luxe et fabriqué artisanalement, ce qui justifie son prix élevé. Très précis, maniable, court, léger (de 2,7 à 3,3 kg), fiable, d'une robustesse à toute épreuve, pouvant être équipé d'une lunette, il est particulièrement recommandé pour la chasse à l'approche en montagne. De plus, il se démonte facilement et se glisse dans le sac à doc, ce qui est intéressant en terrain accidenté : le chasseur a les mains libres pour escalader !
Les heureux possesseurs de telles armes sont généralement de grands chasseurs. Ce type de carabine reflète bien l'éthique germanique de la chasse au grand gibier. Certains utilisateurs du Kipplauf issu de Ferlach émettent toutefois quelques réserves sur les performances de cette arme. L'usinage octogonal du canon, pas toujours bien maîtrisé, perturbe parfois la régularité du tir et la précision de l'arme.

La carabine semi-automatique

Elle permet le tir très rapide de trois coups (la législation française interdisant les magasins de cinq coups).
Elle fonctionne par système de récupération des gaz provenant de la mise à feu. On reproche à cette arme de s'enrayer à tout bout de champ. C'est faux, la plupart des bonnes marques (Remington, Browning – FN Bar –, Heckler & Koch) proposent des modèles robustes et fiables. L'inconvénient majeur est sans doute le poids (de 3,3 à 3,8 kg), d'où une maniabilité et une gamme de calibres plus réduite.

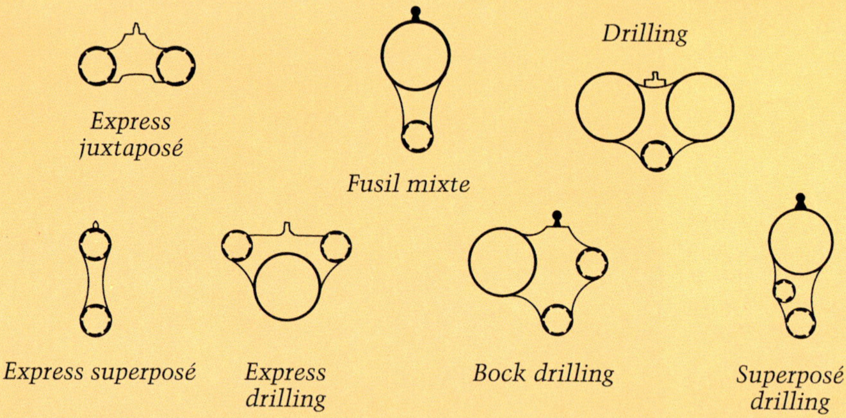

Carabines express, fusil mixte et autres armes spéciales

Un autre reproche fréquemment évoqué est la capacité de tir qui incite le chasseur à lâcher ses trois coups sans contrôler sa visée.
Autres intérêts de cette arme : la précision... et le prix modique par rapport à une carabine express.
Un autre modèle semi-automatique, très proche, fonctionne grâce à une «pompe».

La carabine à levier de sous-garde

C'est la carabine de «western», très prisée aux États-Unis. L'éjection et le rechargement sont effectués grâce à un levier basculant situé dans le prolongement du pontet, qui permet d'effectuer ces opérations sans «désépauler». Plusieurs grandes marques proposent ce type d'armes : Savage, Marlin, Winchester... Malheureusement, la gamme des calibres proposée est souvent désuète. Le célèbre calibre de «cow-boy» 30-30, par exemple, est tout à fait inadapté au tir du grand gibier : sa balle lente blesse l'animal sans l'arrêter. Seuls les calibres .300 Savage et .444 Marlin peuvent être utilisés avec succès, en battue, malgré la ligne très particulière de ces armes, ridicule dans nos chasses.

La carabine express

Autrefois destinée au tir à courte distance du gros gibier africain, la carabine express connaît un engouement croissant en France malgré un prix élevé. Elle est dotée de deux canons rayés, dont les calibres les plus courants sont le 9,3 x 74 R et le 8 x 57JRS, et présente des avantages en battue : tir très rapide des deux coups, permettant de doubler au «saut de l'allée», prise en main facile, équilibre parfait. En fait, elle présente tous les avantages d'un fusil de chasse... avec des canons rayés. Quelques marques (dont Browning) proposent des jeux de canons interchangeables permettant avec le même fusil de tirer le perdreau à l'aide d'une paire de canons lisses, ou le sanglier avec 2 canons rayés qui s'adaptent sur la bascule. Les réglages des divers mécanismes sont délicats sur ce type d'arme. Elle est généralement traitée en arme de luxe, d'où son prix élevé. Il existe des versions à canons juxtaposés, d'autres à canons superposés.

Le fusil mixte

Ce fusil superposé comporte un canon lisse en haut (calibre 12 ou 16) et un canon rayé en bas (généralement calibre 7 x 65 R). Il est couramment utilisé en Europe centrale. Pratique en battue, il permet le tir d'un grand gibier comme d'une bécasse qui viendrait à sauter la ligne ! La marque Valmet propose un excellent mixte, dont la bascule peut recevoir des canons lisses ou rayés.

Le drilling

Il est doté de deux canons lisses au-dessus et d'un canon rayé au-dessous, dont le calibre courant est le 7 x 65 R. Cette arme est typique des pays d'Europe centrale où le tir à balle du grand gibier est obligatoire depuis le début du siècle. Elle est peu répandue en France en raison de son poids et de son prix élevé. C'est dommage car il s'agit d'une excellente arme de battue, polyvalente, permettant aussi bien le tir de petits gibiers que de prédateurs ou de grands animaux au cours d'une traque.

L'express drilling : il est doté de deux canons rayés juxtaposés, surmontant un canon lisse.

Le bergstutzen : arme à deux canons rayés superposés de calibres différents. Il a d'abord été conçu pour la chasse en montagne, avec un petit calibre pour le tir du tétras et un gros pour le chamois. La lunette est réglée sur le plus fort calibre. La marque Blaser propose aussi deux calibres différents adaptés aux chasses africaines.

Le bock drilling : il s'agit d'un bergstutzen doté d'un canon lisse supplémentaire. Il permet le tir du chevreuil ou du chamois, celui du grand tétras, ainsi que du petit gibier à plomb.

Le vier drilling : très rare... et très lourd ! Il comporte deux canons lisses dessus et deux canons rayés dessous.

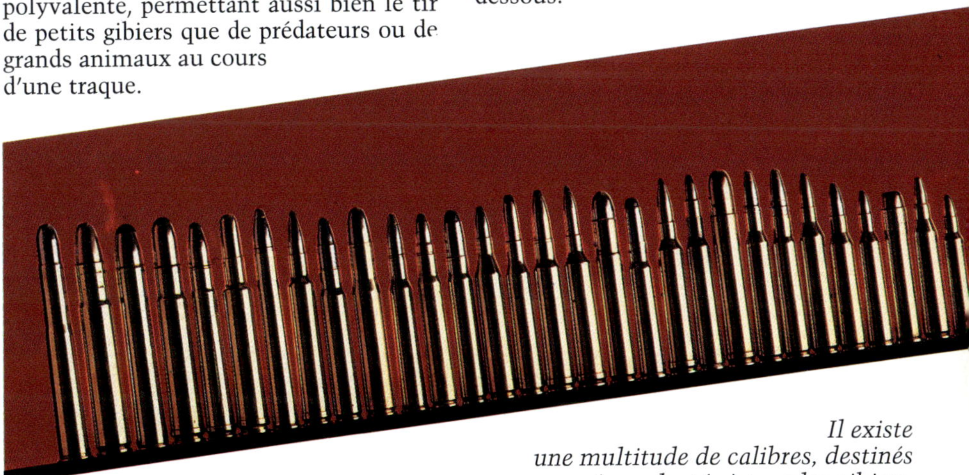

Il existe une multitude de calibres, destinés aux armes rayées, adaptés à tous les gibiers.

Les armes spéciales : express, drilling, bergstutzen, bock drilling, vier drilling

Il s'agit ici de combinaisons de canons et de calibres typiquement germaniques ou en provenance d'Europe centrale, rares en France. Les chasseurs de ces pays ont, en effet, tenté de mettre au point des armes polyvalentes, permettant par exemple le tir du grand tétras à l'approche, du renard, du chamois et du sanglier.

LES CALIBRES D'ARMES RAYÉES

Les calibres américains

Tenter d'expliquer les anciennes dénominations de calibres américains est un véritable casse-tête. Chaque calibre, en effet, faisait apparaître des données pas toujours identiques ! Ainsi, le célèbre calibre 45 était suivi des chiffres 125 et 300. 45 correspond au calibre en centièmes de pouce, 125 à la charge de poudre en grains, 300 au poids de la balle en grains.

Tableau des différents calibres

Dénomination du calibre	**Poids du projectile en grammes**	**Vitesse à 100 m en m/s**	**Énergie ciné-tique à 100 m en joules**	**Gibier concerné**
.22 hornet	3	507	39	grand tétras renard
5,6 x 35 R	2,55 à 3	381 à 445	19 à 30	renard chevreuil
5,6 x 52 R	4,6	743	129	
5,6 x 50 R Magnum	4,6	888	130	
.222 Remington	3,24	779 à 812	100 à 109	
.224 Winchester Magnum	3,5	960	167	
5,6 x 61 Vom Hofe	5	1016	263	chevreuil chamois
5,6 x 61 R Vom Hofe	5	948	229	
.243 Winchester	5,5	885	220	
6,5 x 57 R	6	881	237	
6,5 x 68	6	1033	326	
.270 Winchester	8,4	885	313	
.270 Winchester Magnum	8,4	930	370	
30-30 Winchester	9,7	611	185	chevreuil cerf sanglier
.280 Remington	8,1 à 10,7	766	319	
7 mm Remington Magnum	11,3	869	435	
7 mm Winchester Magnum	10	880	392	
30-06 Springfield	11,6 à 14,2	647 à 769	302 à 351	
7 x 57 R	6,7 à 10,5	844 et 733	243 et 288	
7 x 64	6,7	937	300	
7 x 64	10,5	786	331	
7 x 64 «Original Brenneke»	11,5	808	383	
7 x 65 R	6,7	904	279	
7 x 65 R	10,5	767	315	
7 x 65 R	11,5	787	363	
8 x 57 JRS	8	696	198	
8 x 57 JRS	12,8	699	318	

ADAPTÉS A CHAQUE GIBIER

Dénomination du calibre	Poids du projectile en grammes	Vitesse à 100 m en m/s	Énergie cinétique à 100 m en joules	Gibier concerné
8 x 68 S	12,1	888	486	cerf sanglier
.300 Savage	9,7	729	229	
.300 Savage	11,6	622	262	
.300 Winchester Magnum	9,7	930	428	
.300 Winchester Magnum	11,6	819	448	
.300 Weatherby Magnum	14,3	796	459	
.338 Winchester Magnum	19,4	651	419	
.375 Holland & Holland	17,5	750	500	sanglier cerf antilope
.375 Holland &Holland	19,4	665	436	
9,3 x 62	18,5	605	345	cerf chevreuil sanglier
9,3 x 62	19	700	475	
9,3 x 64	19	741	533	
9,3 x 74 R	19	652	408	
.444 Marlin	15,5	563	250	cerf sanglier
.44-40 Winchester	13	320	68	
.458 Winchester Magnum	32,7	583	559	calibres africains : pachydermes grands fauves buffles
.460 Weatherby Magnum	32,4	710	831	
.416 Rigly				
.470 Nitro Express	32,3	572	549	
.500/465 Nitro Express	31	570	532	
.475 Nitro Express	32,4	587	546	
.500 Nitro Express	37	576	625	
.577 Nitro Express	48,6	547	742	
.10,75 x 68	22,5	587	395	
.404 (10,75 x 73)	26	605	488	

Nous obtenons ainsi un calibre européen de 45 centièmes de pouce, soit 11,43 mm, chargé de 8,10 g de poudre, dont la balle pèse 19,44 g.
Pour tout simplifier, les calibres modernes américains se chiffrent maintenant en millièmes de pouce. Leur appellation est suivie bien souvent du nom de l'inventeur. Ainsi, le calibre .300 Winchester Magnum correspond à notre 7,62 mm, suivi de la marque qui l'a créé et le commercialise. Le terme «Magnum» signifie que la charge en poudre est plus importante.
De nombreux calibres anglais sont également exprimés en millièmes de pouce.

Les calibres européens

Leur désignation est plus simple et plus homogène. Prenons l'exemple le plus courant, le calibre 7 x 64. Le premier chiffre indique le diamètre du projectile en millimètres, le second la longueur de la douille, également en millimètres. La lettre R qui suit parfois indique qu'il s'agit d'une cartouche à bourrelet, destinée à être tirée dans une carabine express.

Le choix d'une arme rayée et de son calibre

Il existe une très grande variété de calibres adaptés à tous les gibiers de la planète. Certains, destinés au tir à courte distance, sont lents et lourds. D'autres sont très rapides avec une trajectoire rasante. Tous ont été créés pour une utilisation bien

Mesures américaines converties en système métrique	
1 grain	0,0648 grammes
1 inch (ou 1 pouce)	25,399 millimètres

spécifique que devra connaître l'acheteur. Il existe des calibres standard et «magnum». La taille des projectiles des seconds dans une même série est identique à celle des premiers, pour une charge de poudre légèrement supérieure. Leur vitesse est alors accrue d'environ 10 %. Les pressions qui en résultent sont beaucoup plus élevées, d'où un recul souvent brutal, gênant lorsque l'on tire à l'aide d'une lunette de visée. L'accident classique dans ce cas est l'ouverture de l'arcade sourcilière.
Plusieurs types d'armes sont proposés en de nombreux calibres. Le choix sera dicté par le mode de chasse envisagé, la taille du gibier et, surtout, les possibilités financières, certaines armes rayées atteignant des prix astronomiques.
Les chasses à l'approche exigent l'emploi de carabines légères, maniables, précises et éventuellement démontables. On doit pouvoir adapter une lunette sur ce type d'arme. Les calibres utilisés auront une très grande vitesse initiale et une trajectoire rasante. Les armes destinées à l'affût

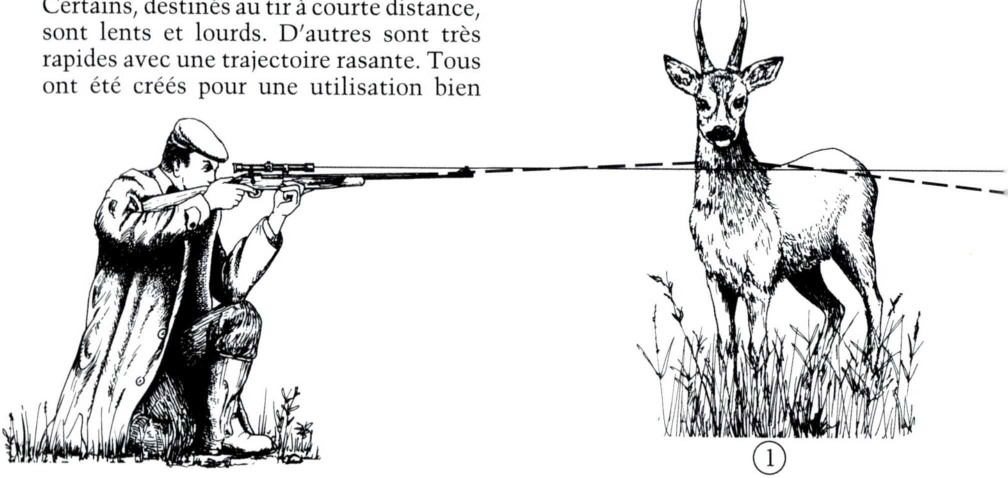

①

répondent aux mêmes critères, seuls les calibres pourront varier selon la taille de l'animal. Dans tous les cas, et plus particulièrement pour la chasse en battue, il est important de choisir un calibre adapté au plus gros gibier présent sur la chasse. Inutile de faire l'acquisition d'une arme spécialement destinée au chevreuil si l'on doit surtout tirer des sangliers !

Certains calibres comme le 7 x 64 proposent des balles dont le poids est adapté à chaque situation. Pour le tir de battue, qui s'effectue généralement à courte distance, la précision n'est plus de mise au-delà d'une centaine de mètres. Les instruments de visée classiques sont remplacés par des lunettes de tir à large champ et faible grossissement (Gr.= 1,5), ou des systèmes à «points lumineux» favorisant un tir rapide (seuls deux points doivent être ici alignés). Il existe également des bandes de battue qui demandent toutefois l'alignement de trois points. Le calibre doit être gros et puissant, de manière à arrêter net un animal lancé en pleine vitesse et lui causer de larges blessures favorisant l'écoulement du sang. Ce dernier aspect est important pour la recherche éventuelle d'un gibier blessé.

L'arme doit être courte et maniable, comme le sont les express, les carabines semi-automatiques ou les fusils mixtes.

L'EFFICACITÉ DES CALIBRES EFFETS LÉTAUX DES PROJECTILES

La trajectoire d'une balle

Sitôt l'amorce percutée, la montée en pression, ultra-rapide, atteint 3 000 bars. Les gaz de combustion, qui sortent à 1400 m/s, entraînent une forte accélération du projectile, dont la vitesse se stabilise peu à peu avant de chuter. Ainsi, la balle présente une trajectoire flèche qu'il faut prendre en compte lors du réglage d'une arme ou du tir. Pour le réglage optimal d'une lunette à 150 m, le point d'impact sera situé plus haut que le point visé à plus courte distance, et plus bas à distance supérieure. Le projectile subit les effets de la résistance de l'air et de la pesanteur.

La puissance théorique d'un calibre

Elle est normalement indiquée sur les tables de tir fournies par les fabricants. Elle ne tient compte que de l'énergie cinétique

Schéma illustrant la «flèche» d'un projectile
La balle adopte la trajectoire ascendante à la sortie du canon, avant de se stabiliser au niveau du point visé (1) lorsqu'elle se situe à la distance de réglage optimale de la lunette. Elle chute ensuite progressivement (2, 3, 4).

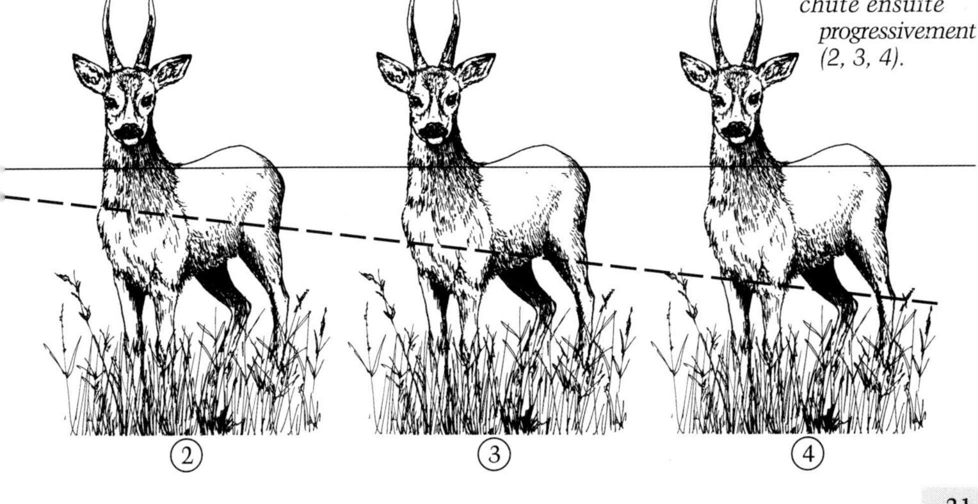

Ces illustrations ont été produites à partir d'un diagramme connu en Suède sous le nom d'«horloge à élans». Elles indiquent le pourcentage d'atteintes de parties vitales selon l'angle de tir.

du projectile, mesurée à la bouche du canon (E0), à 50 m (E50)... On considère que l'énergie cinétique restante à l'impact doit être de 1 000 joules pour le chevreuil et de 2 500 joules pour le cerf ou le sanglier. Cette énergie cinétique est mesurée en joules ou en kilogrammes par mètre (1 kg/m = 9,81 joules), selon le rapport célèbre qui tient compte de la masse et de la vitesse : $E = 1/2\ MV^2$.

Le poids du projectile

Il intervient dans la capacité de briser les os durs, de pénétrer les tissus et dans la constance de la vitesse de la balle, d'autant plus longue que le poids sera élevé. Le poids influe également sur la rasance du projectile, qui sera d'autant plus stable, dans sa trajectoire et lors de la rencontre de petits obstacles végétaux, que son rapport poids en grammes et surface en centimètres carrés, ou densité de section, est élevé. Pour conserver une trajectoire stable, la longueur d'un projectile ne doit pas dépasser cinq fois son diamètre.

La vitesse du projectile

Elle intervient également sur la précision et la rasance, ainsi que sur l'effet vulnérant (vulnérance) :

– au-delà d'une vitesse de 800 m/s, la mort d'un animal traversé de part en part par le projectile est provoquée par une paralysie du système nerveux entraînant un arrêt cardiaque et respiratoire dû à l'effet de choc : ce phénomène est nommé inhibition nerveuse ;

– la cavité temporaire : elle se forme à partir d'une vitesse de projectile à l'impact d'au moins 340 m/s, et s'élargit avec l'augmentation de la vitesse (mais aussi selon la structure de la balle et sa faculté d'expansion). Il s'agit d'une propagation de l'onde de choc en milieu liquide (les tissus étant baignés par le flux sanguin) qui ouvre en quelques millièmes de seconde une large cavité (dont le diamètre peut dépasser quinze fois celui du calibre) en avant du projectile, provoquant l'éclatement des organes.

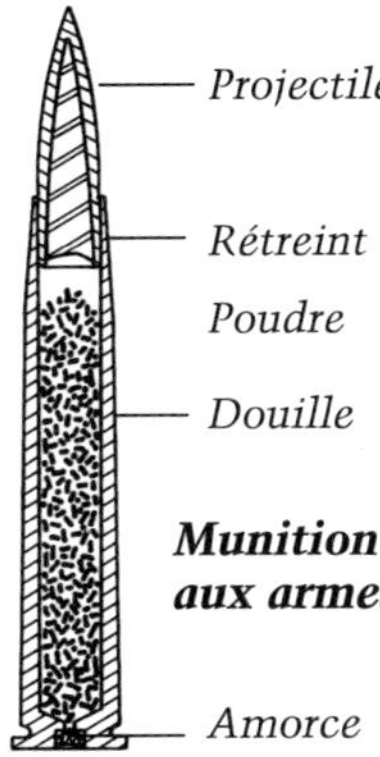

Munition type destinée aux armes à canons rayés

Les structures des différents types de projectiles et leurs effets

Si le poids et la vitesse d'un projectile sont très importants, la structure de la balle joue également un rôle considérable sur l'effet vulnérant qui en résulte. Certaines balles très rapides ont une faible expansion, surtout à courte distance, lorsqu'elles sont au maximum de leur vitesse. C'est pourquoi un chevreuil atteint en plein corps, mais non dans un organe vital, parviendra à s'enfuir sans blessure apparente. La balle, qui a traversé le gibier de part en part, n'a perdu qu'un minimum d'énergie. La règle d'or en matière de balistique cynégétique veut que le meilleur projec-

Balle de chasse classique à double noyau

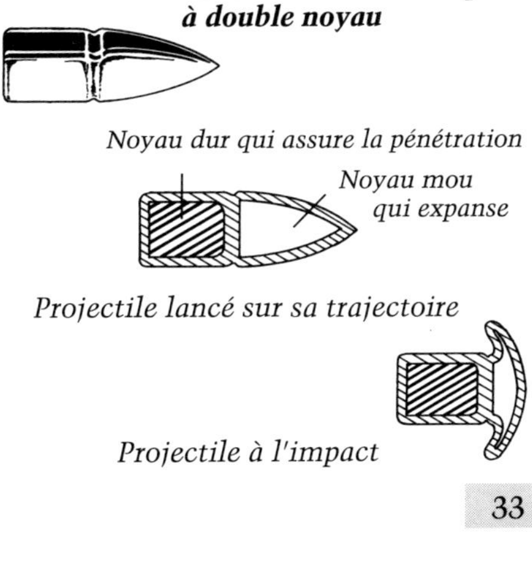

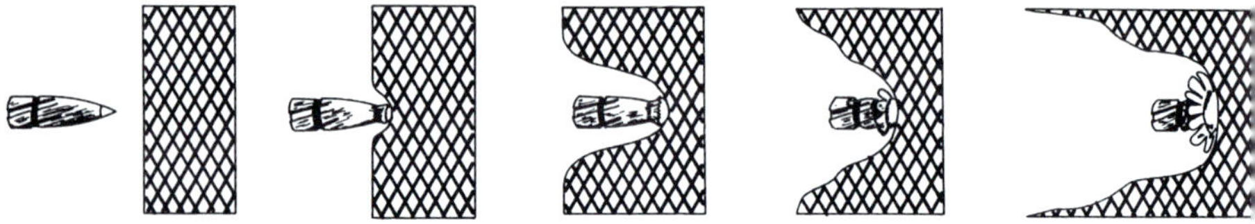

Les effets d'un projectile à haute vitesse initiale
Au cours de la pénétration dans les tissus, l'avant mou expanse, créant l'effet de cavitation temporaire dû à la propagation de l'onde de choc en milieu liquide. L'arrière assure la pénétration.

tile soit celui qui traverse l'animal de part en part en libérant la quasi-totalité de son énergie. Il doit ressortir en causant une large blessure favorisant l'écoulement du sang, qui facilitera une recherche ultérieure.

La conception de nouvelles structures de balles fait l'objet de recherches constantes. Les premières balles de chasse étaient simplement formées d'un noyau de plomb mou dont la pointe était creusée. L'expansion se produisait dès l'impact et ne possédait, dès lors, plus aucune force de pénétration. Ce type de projectile était incapable de briser un os de sanglier, et pouvait littéralement exploser au contact des tissus superficiels d'une «couenne» bien épaisse sans causer de dommage aux organes internes. Inversement, un projectile trop dur ne subit aucune déformation à l'impact. Il peut ainsi traverser un animal sans causer de blessure mortelle immédiate.

Il a donc fallu trouver un compromis entre la faculté d'expansion et la force de pénétration. Les recherches ont donné naissance à la balle demi-blindée classique à ogive de plomb enserrée dans une chemise en laiton. L'avant expanse, augmentant l'effet de choc et favorisant l'effet de cavitation temporaire, l'arrière indéformable en toute circonstance assurant la pénétration. Il existe plusieurs types de balles modernes, bien résumés dans les modèles proposés par la marque RWS :

– modèle TM : c'est la demi-blindée classique. Un seul noyau de plomb, dont l'extrémité est apparente, est chemisé dans le laiton. On note une insuffisance de pénétration de ce type de projectile par manque de matière dure à l'arrière.
– HM : balle à double noyau de plomb (noyau avant mou, noyau arrière dur). L'avant, creux, est recouvert d'une capsule de cuivre.
– TIG : également à double noyau.
– TUG : correspond à des gros calibres de battue. Un épaulement sur le projectile est censé laisser du poil à l'impact.
– KS : le projectile est conique. L'épaisseur de la chemise, décroissante vers l'avant, favorise une expansion contrôlée.

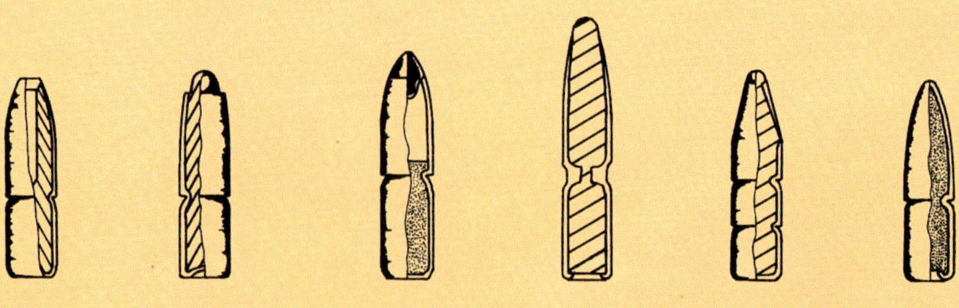

Différents types de projectiles destinés aux armes rayées

LES DIVERS ÉQUIPEMENTS ET ACCESSOIRES

Quelques accessoires... parmi des dizaines, plus ou moins utiles, mis à la disposition des chasseurs.

Les couteaux de chasse

Plus que tout autre accessoire, le couteau reflète les goûts particuliers et la personnalité du chasseur. Son choix devrait dépendre en priorité de l'utilisation prévue. Il est difficile de proposer un modèle particulier tant la diversité est grande, les usages variés et les écarts de prix importants.

Les couteaux à lame pliante

Ils constituent l'outil indispensable du chasseur, ne serait-ce que pour couper une ficelle, une branchette... ou casser la croûte ! Le Laguiole ou l'Opinel, à la portée de toutes les bourses, constituent l'outil de base du chasseur. Certaines marques proposent des couteaux multilames parfois adaptés à l'éviscération du gibier (Puma). Un petit crochet est bien utile pour vider le gibier à plumes sur le terrain.

Les couteaux à lame fixe

La longue dague classique à lame de 15 cm est surtout utile pour «servir» le gibier ou éventuellement pour débiter une carcasse de grand animal. Les couteaux à lame courbe et arrondie servent à dépouiller le

gibier. L'éviscération exige une lame courte (10 cm) très affûtée.
Les couteaux artisanaux fabriqués à la main sont magnifiques mais coûtent cher ! Il faut savoir que ces lames, au tranchant affûté qui dure longtemps, sont très difficiles à aiguiser une fois le fil émoussé.

LES LUNETTES DE TIR

Le chasseur à l'approche ou à l'affût doit être particulièrement exigeant quant à la qualité de sa lunette de tir. Les meilleurs modèles demeurent ceux fabriqués en Europe. Une lunette doit présenter d'excellentes qualités optiques, être très lumineuse car le tir s'effectue souvent aux heures crépusculaires. On désigne un modèle par son grossissement et le diamètre de la lentille frontale, qui conditionnent la luminosité de l'optique. Un modèle 8 x 56 signifie que le grossissement est de 8 fois, et le diamètre de la lentille frontale de 56 mm. Elle doit également être parfaitement étanche afin d'éviter la formation de buée sur les lentilles. Elle est résistante aux effets mécaniques de recul, d'autant plus que le calibre est «chaud».
Les types de lunettes : les modèles à grossissement fixe sont abandonnés au profit de ceux à grossissement variable, plus polyvalents mais plus chers.
La lunette de battue présente un grossissement fixe de 1,5 (pour un diamètre de lentille de 15 mm). Celle d'approche d'affût de 6 x 42 ou 8 x 56. Les modèles à grossissement variable les plus courants sont les 2,5 – 10 x 56 ou 1,5 – 6 x 42.
Le montage de la lunette : il est très important et conditionne sa résistance mécanique aux effets de recul :
– le montage à crochet permet d'ôter instantanément la lunette et de la replacer aussitôt sur l'arme ; très délicat, il exige une main-d'œuvre qualifiée, ce qui explique le prix élevé de l'opération (environ 4 000 F).
- le montage pivotant : la lunette est également amovible ; ce montage est moins difficile et son prix est en rapport (1 500 F) ;
– le montage fixe : il est très fiable, mais peut présenter certains inconvénients d'ordre pratique. Le chasseur en montagne, par exemple, évoluant en terrain difficile, ne peut ôter sa lunette qui est alors exposée aux chocs éventuels ; la mise en place de la lunette coûte environ 600 F.

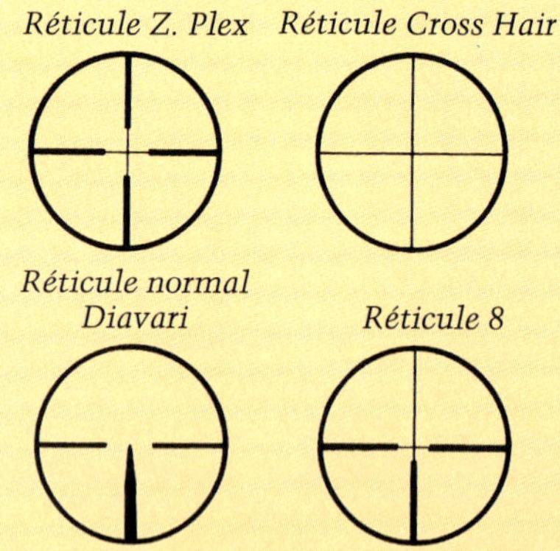

Différents types de réticules

L'ÉQUIPEMENT VESTIMENTAIRE

Il existe un véritable prêt-à-porter du vêtement de chasse. On peut opter pour le summum de l'élégance et de la mode, au risque de grever sérieusement son budget et de paraître ridicule. Dans tous les cas, il est préférable d'opter pour des vêtements robustes. Ils doivent être suffisamment amples, confortables et convenir à la saison.

La veste

Elle doit être robuste et de couleur neutre. Inutile d'opter, sauf circonstances précises (chasses à l'arc ou à la sauvagine, qui exigent un camouflage parfait), pour le treillis léopard... la chasse n'est pas la guerre ! Elle doit être munie de nombreuses poches. La poche dorsale est intéressante. Elle ne dispense pas de l'achat d'une gibecière. Il suffit d'un lièvre ou de deux canards pour gêner considérablement les mouvements lorsque le gibier est placé dans cette poche carnier.

Les vestes en coton huilé sont parfaites pour la chasse du gibier d'eau. Elles protègent des pires intempéries... mais pas du froid. De plus, elles sont très bruyantes dans les fourrés, donc à exclure pour les chasseurs à l'approche, qui leur préfèrent une veste en laine (loden) ou en velours, plus chaude et plus silencieuse.
La veste en toile ou le simple gilet de chasse sont conseillés en début de saison. Le coton huilé est insupportable lors des fortes chaleurs, tout comme le velours ou le loden.

Le pantalon

Aucun pantalon ne dispense de l'achat d'un cuissard, indispensable pour protéger le chasseur au bois du contact douloureux des ronces et épines noires, ainsi que de la pluie. Les pantalons de type fuseau s'enfilent facilement dans les bottes. Certains chasseurs préfèrent le knicker de velours ou de cuir, élégant, qui facilite les mouvements et la flexion de la jambe au niveau du genou.

Les bottes et chaussures

Les bottes sont indispensables pour le chasseur au bois, en toute saison. Elles protègent des ronces et des serpents. Les bottes doublées de cuir sont agréables à porter et très isolantes, mais elles sont lourdes. En début de saison, le sauvaginier ou le chasseur en plaine préféreront des chaussures légères, type Pataugas. Le montagnard optera bien sûr pour de solides brodequins de cuir. Le chasseur de gibier d'eau a tout intérêt à faire l'acquisition de cuissardes hautes et légères. Les «waders» sont utiles pour traverser des zones profondes. Leur emploi n'exclut cependant pas les bains forcés, car plus les bottes sont hautes... plus le chasseur a tendance à s'aventurer loin.
Le chapeau est très utile pour masquer la tache claire du visage lors de l'affût ou de l'approche d'un gibier. Il est indispensable pour le chasseur portant des lunettes, pour empêcher l'eau de pluie de dégouliner sur les verres.

Les divers accessoires

La cartouchière

Elle permet de classer ses cartouches par ordre décroissant de numéros de plombs. Le chasseur peut ainsi, en toutes circonstances, choisir rapidement et tirer une munition adaptée.
Certains lui préfèrent le sac à cartouches, plus élégant, où toutes les munitions sont mêlées. Ce n'est pas un inconvénient lors des battues qui s'adressent à un seul type d'oiseau tel que perdrix, faisan, grive ou canard. Le chasseur veillera néanmoins à ne pas mêler ses balles avec les munitions réservées au petit gibier.

La canne-siège

Elle rend de fiers services lors des longues attentes inévitables au cours des battues de grand gibier. Elle est également appréciée des chasseurs à l'affût, surtout des sauvaginiers qui opèrent à la passée.

La corne d'appel

Elle est indispensable pour tout chasseur au bois. Son rôle est d'annoncer la vue ou la mort du gibier, les débuts et les fins de traque.

La gibecière

Dite aussi «carnier», elle est de moins en moins utilisée par les chasseurs. Il s'agit pourtant d'un accessoire important qui permet de transporter ses victimes dans de bonnes conditions.
D'ailleurs, le porteur d'un carnier est souvent mis à contribution par quelques irresponsables qui ne savent comment transporter leur gibier tué. Certaines gibecières sont de magnifiques sacs de cuir, d'autres de simples filets qui présentent l'inconvénient de tacher les vêtements avec le sang des victimes.
Les lacets utilisés pour le petit gibier (grives, cailles, bécassines) sont intéressants et d'un prix modique. Ils s'accrochent néanmoins dans les ronces ou les fils de fer barbelés.

Le chien décuple le plaisir de la chasse, procure des instants d'intense émotion, des souvenirs inoubliables. Il faut ne jamais avoir admiré l'arrêt superbe d'un Épagneul ou d'un Setter sur une bécasse, le rapport courageux d'un canard par un Labrador dans l'eau glacée, la menée à pleine gorge d'une meute de Beagles lancée derrière un lièvre pour douter des joies inégalables qu'offre le chien à son maître. Il faut toutefois être conscient qu'un chien est source de contraintes dont il faut assumer la pleine responsabilité. Posséder un chien de chasse, c'est avant tout lui offrir l'existence heureuse et équilibrée qu'il mérite !

Les chiens

de chasse

LE CHOIX D'UN CHIEN

Durant toute son existence, le chien exige un entretien régulier, des sorties quotidiennes et de nombreux soins. Un animal à la maison peut devenir un fardeau pour le chasseur qui n'a pas toujours le temps de s'en occuper convenablement. De plus, il coûte cher ! Vaccins obligatoires, soins en cas d'accident, nourriture grèvent de manière significative notre budget «chasse». Lorsqu'on désire acquérir un chien, il faut être conscient de ces contraintes et en assumer la responsabilité. Ce compagnon irremplaçable ne doit pas être privé d'affection, sous-alimenté, mal soigné, ni cloîtré en permanence.

Il est important de sélectionner la race la mieux adaptée au type de chasse le plus pratiqué. On tiendra compte également des possibilités de logement (certaines races s'accoutument mieux à la vie citadine et à la claustration en appartement) et de la configuration du territoire. Ce dernier critère est important. Il existe des chiens qui révèlent leurs meilleures aptitudes sur des terrains sales et fourrés, d'autres sur des grandes plaines rases ou encore au marais. Parmi la multitude de races créée et sélectionnée en vue d'accomplir un travail précis, le chasseur a l'embarras du choix. Les critères personnels concernant l'esthétique de la race sont également pris en compte.

Le chasseur solitaire, pratiquant à la billebaude, choisira un chien d'arrêt appartenant à une race adaptée à la nature du terrain et au gibier le plus communément chassé. Un «leveur de gibier» de type Springer pourra également lui rendre de grands services. Les adeptes de la battue ou de la chasse au marais choisiront plutôt un retriever.

Quant aux amateurs de chasse aux chiens courants, ils disposent de 72 races, dont 28 françaises homologuées.

Le choix d'une race de chien courant dépend du gibier recherché en priorité, et de la dimension des territoires pratiqués. Il est inutile de choisir, par exemple, un Basset, dont la lignée chasse depuis des années le lapin, si l'on souhaite lancer le lièvre. Il est important d'accorder une certaine préférence aux races dociles, faciles à créancer, surtout si le territoire est riche en gibier. Il faut également savoir si on chasse seul, à deux ou en équipe, si l'on souhaite privilégier le nez, la gorge, l'aptitude à broussailler (on choisit plutôt des Bassets dans les terrains très fourrés). La superficie du territoire est essentielle. Il est parfaitement déplacé de se doter de grands chiens d'ordre si la surface de la chasse ne justifie pas leur emploi. On prend également en compte le courage, le mordant, la rapidité qui caractérisent une race. Par exemple, les Griffons (Nivernais, Fauve de Bretagne) sont très recherchés pour le sanglier. Le Fox-Hound, comme son nom l'indique, chasse admirablement le renard.

Le relief a aussi son importance. Les conditions difficiles imposées par la chasse en montagne éliminent tous les chiens trop lourds ou peu endurants.

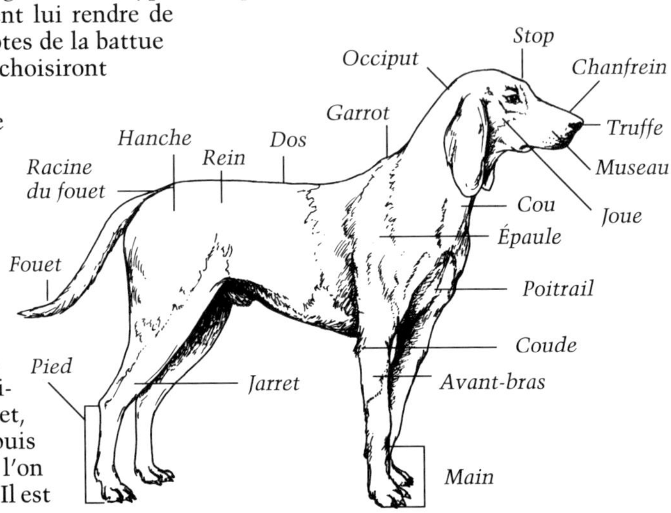

L'ALIMENTATION

L'alimentation est un élément important dans l'entretien du chien. Elle doit être adaptée et équilibrée, particulièrement lorsque l'animal fournit des efforts intenses, en période de travail. Le jeune chiot en pleine croissance peut consommer deux à trois repas par jour. L'adulte dispose d'une ration journalière, de préférence le soir, après la chasse. On pourra lui offrir un «en cas» le matin. Un animal présentant la morphologie d'un Braque doit disposer d'une ration de viande journalière d'environ 500 g.

Voici une portée de Labradors qui semble dotée d'un solide appétit !

Les composants alimentaires

Les protéines

Indispensables à la formation des tissus et des sécrétions glandulaires, elles sont surtout contenues dans la viande. Le chien est avant tout un carnivore. La viande doit représenter 35 à 50 % de sa ration d'entretien, particulièrement durant les semaines qui précèdent l'ouverture de la chasse, afin d'aider l'animal à «refabriquer» des muscles. Il est important de ne pas distribuer un régime uniquement carné, qui peut se traduire par des troubles graves de déminéralisation, un excès de phosphore, des perturbations du transit intestinal avec des diarrhées suivies de crises de constipation. L'emploi systématique de «viandes pour chiens», trop riches en graisses, est déconseillé. Le menu peut être varié et comporter de temps à autre du bœuf, du poisson riche en iode, du poulet ou du gibier désossé (attention aux perforations intestinales et surtout aux occlusions, fréquentes lorsque le menu de l'animal comporte trop de carcasses), de la viande de mouton, des laitages (lait, beurre, fromage), des œufs crus, des os plats (ils servent de jouet et apportent un complément non négligeable en éléments minéraux). La viande de porc est déconseillée, car elle contient des graisses peu digestibles. Les abats (tripes, foie, panse) sont très appétissants, mais ne doivent pas être distribués systématiquement.

Les meilleurs morceaux appartiennent à la viande de cheval ou de bœuf, riche en fer, en protéines et en sels minéraux. Ils sont distribués sous la forme de menues portions découpées de manière à être facilement ingérées, à l'état cru ou légèrement grillées (jamais bouillies, cette cuisson détruit les éléments essentiels).

Les lipides

Ces éléments calorifiques sont indispensables à un effort prolongé. Fournis en excès, ils sont stockés sous forme de graisses. Toutes les graisses n'ont pas les mêmes qualités ; la graisse de porc est à éviter. Il est important d'adjoindre à la ration, en quantité raisonnable (3 à 4 %), des lipides «sains» sous forme d'huile végétale ou de beurre, riche en vitamine A et qui confère au poil une certaine brillance.

Les glucides

Ils constituent l'apport énergétique nécessaire à un effort court et violent, lorsqu'il s'agit par exemple de glucose, facilement assimilable par l'organisme. L'oxydation du glucose libère en effet une énergie qui assure la contraction des muscles. L'apport d'énergie est également fourni par des amidons très cuits tels que flocons de céréales, pain complet, riz bouilli, qui libèrent des sucres polymérisés assimilés lentement. En excès, ils sont stockés sous forme de graisse. Ils doivent représenter environ 50 % des matières sèches de la ration.

Le calcium

Les besoins sont très importants chez le chien en pleine croissance, dont l'activité métabolique est intense, ou chez la chienne en lactation.

La plupart du temps, la ration est trop riche en phosphore et pas assez en calcium, qui sera fourni sous forme de gros os plats à ronger.

Les autres éléments minéraux

Le phosphore doit représenter 1 % de la ration, le magnésium 0,3 %, le chlorure de sodium (sel) 2 %.

Les oligo-éléments

Indispensables, en quantité infime : fer, manganèse, zinc, iode.

CE QU'IL FAUT ÉVITER

- gaver le chien avant la chasse (il risque un «retournement» d'estomac) ;
- l'excès d'abats ;
- la viande de porc ;
- les os pointus (carcasses de volaille, de gibier) ;
- les pommes de terre, trop riches en potassium ;
- les oignons cuits (occasionnant troubles digestifs et flatulences) et les poireaux.

Les vitamines (les légumes)

Les légumes facilitent le transit intestinal et servent de lest digestif, participant au phénomène de satiété qui se produit plus tardivement avec la viande et les céréales. Ils sont fournis sous forme de salade cuite, épinards, carottes ou haricots verts. Les légumes verts et les carottes fournissent un certain nombre de vitamines essentielles pour le chien, telles que les vitamines A, B_1, B_2.

L'eau

Le chien a de gros besoins hydriques. Le halètement, particulièrement en période de travail et par temps chaud, lui fait perdre beaucoup de vapeur. L'eau doit donc être fournie à volonté.

Il convient de veiller tout particulièrement à l'équilibre de l'alimentation chez la chienne en période de lactation, et notamment penser à fournir un complément en éléments minéraux tels que le calcium.

MALADIES, ACCIDENTS ET SOINS

LES SIGNES AVANT-COUREURS D'UNE MALADIE

Il est important d'apprendre à reconnaître les symptômes trahissant les premières atteintes d'une maladie, et de savoir éventuellement les décrire avec précision au vétérinaire. On doit être attentif à tout changement anormal dans le comportement de son chien.

La température

Seule la température rectale constitue un critère fiable. Le thermomètre est préalablement enduit de vaseline, puis placé dans l'anus durant 4 à 5 minutes. La température corporelle normale d'un chien est de 38° 5. Elle peut augmenter légèrement dans la journée (0,5°) ; ces variations sont liées à l'activité de l'animal. Toute élévation atteignant ou dépassant 40° justifie une consultation immédiate auprès d'un vétérinaire, surtout lorsque ce signe clinique est accompagné de troubles digestifs (vomissements, diarrhées) ou respiratoires.
Une brusque chute de température constitue un signe alarmant, qui exige également une visite immédiate chez le vétérinaire, surtout lorsque l'hypothermie correspond à une valeur inférieure à 37,5 °C.

L'appétit

Une perte brutale d'appétit chez un animal vorace, voire boulimique, doit retenir toute notre attention. Ce symptôme caractérise un début d'infection, ou les prémices d'une maladie grave, surtout lorsqu'il est accompagné d'un état de faiblesse ou d'apathie chez un chien ordinairement joueur et turbulent.
Une soif intense trahit un certain état de déshydratation. Elle peut constituer le premier symptôme de maladies très graves, telle la maladie de Carré, ou caractériser une insuffisance rénale, un diabète, un dérèglement hormonal...

Le comportement

La tristesse, l'abattement chez un chien habituellement actif, vif, joueur, trahissent un mauvais état de santé.

Les vomissements

L'émission de glaires répétée entraîne une déshydratation. Elle traduit chez l'animal un état de santé déficient, voire une maladie très grave, comme la parvovirose. Les vomissements peuvent également signifier que l'animal souffre d'une occlusion intestinale... ou simplement d'une indigestion. Il réingère alors ce qu'il a dégluti !

Les excréments

Leur examen, peu ragoûtant, permet cependant de détecter la présence éventuelle de parasites tels que le tænia ou l'ascaris. La mise en évidence du tænia dans les fèces est aisée : on remarque de petits anneaux qui peuvent s'agiter au milieu des excréments. D'autres vers parasites comme les oxyures sont facilement détectables. Ce sont de minuscules larves blanchâtres qui cherchent à s'échapper de la crotte. Ces petits nématodes causent des démangeaisons au chien qui se frotte le derrière sur le sol.
L'émission des fèces semble parfois pénible : l'animal «pousse», mais ne parvient pas à ses fins. Les causes peuvent être multiples. La plus grave conduit à soupçonner que l'animal souffre d'une occlusion intestinale, due à la présence d'os dans la ration alimentaire, qui obstruent le rectum. Un phénomène de constipation peut apparaître, pour les mêmes raisons. Il peut s'agir également d'un ictère. Dans ce cas, la crotte présente une coloration orangée.

L'urine

La couleur des urines est très importante. Une urine sombre, couleur café, traduit presque systématiquement une piroplas-

mose, un cancer du foie, un ictère ou une cirrhose. L'urinc rouge indique la présence de sang, qui peut être due à des calculs, à une tumeur ou à une quelconque infection urinaire.
Dans tous les cas, il faut consulter un vétérinaire dès le moindre doute. La plupart des maladies qui affectent le chien connaissent une évolution très rapide. L'issue de la piroplasmose dépendra de la rapidité d'intervention du vétérinaire.

LE PROTOCOLE DE VACCINATION

Outre la protection efficace contre certaines maladies graves, la vaccination oblige le propriétaire d'un chien à se rendre périodiquement chez le vétérinaire, qui pourra ainsi détecter certaines malformations ou les prémices d'une maladie.
Les vaccins n'exercent aucun effet sur le chiot durant les premières semaines de son existence, ce dernier étant encore protégé par les anticorps de sa mère. C'est ce qu'on appelle la période critique, qui dure environ huit semaines. A l'issue de ce délai, un premier vaccin est administré contre la parvovirose, l'hépatite contagieuse et la maladie de Carré.

- Un rappel est effectué dès la 12e semaine, accompagné d'une première injection concernant la rage et la leptospirose.
- A l'âge de 1 an, une vaccination de rappel est à nouveau effectuée, afin d'immuniser le chien contre ces cinq maladies.

Ces vaccinations seront administrées durant toute l'existence de l'animal, à intervalles réguliers :
– rage et leptospirose : une fois tous les deux ans,
– parvovirose et maladie de Carré : une fois tous les deux ans,
– hépatite contagieuse : tous les cinq ans.
Le vaccin contre la piroplasmose est efficace à 80 %. Il doit être injecté tous les ans. S'il n'est pas obligatoire, il est cependant fortement recommandé pour le chien de chasse, toujours exposé aux piqûres de tiques.

Le surmulot est un agent vecteur de la leptospirose.

LES MALADIES ET ACCIDENTS

La maladie de Carré

Maladie d'origine virale très grave, elle ne frappe pas seulement les jeunes chiens mais peut sévir dans toutes les tranches d'âge. Cela explique une recrudescence de ce type d'affection en quelques régions. Les propriétaires de chiens négligent en effet souvent d'effectuer des vaccinations de rappel après l'âge de 2 ans, persuadés que leur compagnon ne pourra contracter la maladie par la suite.
Les symptômes sont caractéristiques : le chien refuse de s'alimenter, semble triste, abattu et prostré. Ses yeux rouges larmoyants indiquent une conjonctivite. Il souffre de diarrhées profuses. Au départ, l'animal semble souffrir d'un refroidissement. Il tousse, éternue en émettant des glaires purulentes. Un mucus apparaît aux narines. La fièvre s'installe, élevée, et peut dépasser 40°. Semblant déshydraté, le chien boit beaucoup. On assiste parfois à une dégradation inquiétante et à l'apparition de signes neurologiques graves avec convulsions et paralysie. A ce stade, l'évolu-

tion est fatale. L'animal entre dans le coma et meurt de septicémie. La maladie revêt souvent un aspect atypique, avec un cortège de signes cliniques inhabituels qui ne facilitent pas le dépistage précoce. Tout symptôme laissant soupçonner l'apparition de la maladie (atteinte digestive, respiratoire, conjonctivite, température élevée) doit retenir l'attention. Un traitement spécifique précoce, à base de gammaglobulines et d'une antibiothérapie appropriée, demeure le seul valable, bien que les séquelles nerveuses et hépatiques compromettent souvent définitivement l'avenir du chien.

La maladie de Rubarth

Cette maladie virale est due à un adénovirus. Elle présente des symptômes proches de ceux de la maladie de Carré, à laquelle elle est souvent associée : fièvres, diarrhées, atteinte oculaire qui conduisent à une kératite bleue opacifiante, vomissements répétés qui entraînent une déshydratation fatale à l'animal.

Les leptospiroses

Très contagieuses, ces maladies évoluent presque toujours vers une issue fatale, même traitées à temps. Il existe deux leptospiroses dues respectivement à deux types de protozoaires qui appartiennent au genre Leptospira. La maladie est souvent contractée lors de baignades dans des eaux souillées par l'urine des rats. Elle se traduit par une gastro-entérite hémorragique, souvent accompagnée d'ictère. Le chien émet des vomissements et des selles sanguinolentes de plus en plus abondantes. Il existe également une forme rénale qui entraîne une augmentation mortelle du taux d'urée.

La parvovirose

Les chiots sont toujours atteints par cette maladie durant la période critique de 7 à 8 semaines, au cours de laquelle ils ne peuvent être vaccinés, protégés par les anticorps de la mère. La parvovirose peut être fatale. Les symptômes caractéristiques correspondent à des troubles digestifs qui se traduisent par des diarrhées hémorragiques, de couleur rouge ou noirâtre. Les vomissements répétés entraînent une forme de déshydratation. L'animal souffre d'une soif intense. Il est abattu, perd son appétit.

Des soins appropriés doivent être administrés le plus vite possible : antibiothérapie associée à des perfusions antihémorragiques et réhydratantes.

La toux du chenil

Des trachéites et des bronchites peuvent évoluer en broncho-pneumonies graves. La toux du chenil affecte surtout les chiots élevés en collectivité. Ces maladies sont fréquemment d'origine virale, accompagnées de complications bactériennes.

La piroplasmose

Cette maladie est transmise par les tiques, qui inoculent un protozoaire ou piroplasme dans le sang du chien lors de la piqûre.

Les symptômes sont caractéristiques. Le chien, au début de l'évolution de la maladie, semble triste et abattu. Il perd son appétit, puis la fièvre s'installe, qui peut atteindre 40°. Le piroplasme provoque la lyse des globules rouges, qui éclatent, expliquant ainsi la couleur sombre, presque noirâtre des urines. Un ictère peut apparaître, qui se traduit par la coloration jaune des muqueuses.

Le temps d'incubation varie de vingt-quatre heures à trois semaines. Les manifestations de la maladie ne sont pas toujours très visibles. Au moindre doute (apathie,

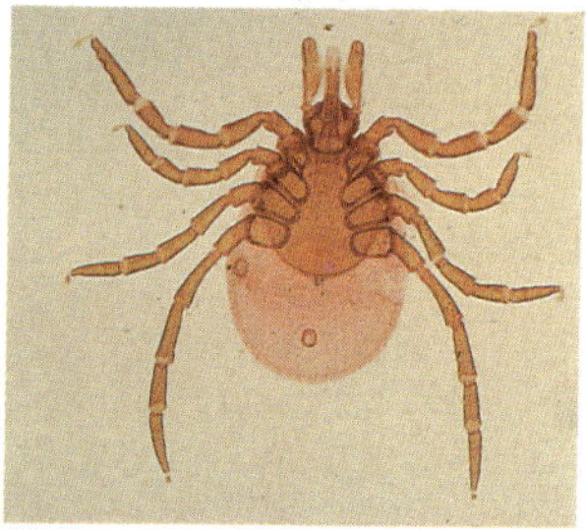

La tique, acarien vecteur de la redoutable piroplasmose.

difficulté pour le chien d'uriner), il faut consulter immédiatement un vétérinaire. L'issue de la maladie en dépend.
Il existe, depuis quelques années, un vaccin assez onéreux commercialisé par l'Institut Mérieux, dont l'administration devrait être obligatoire pour les chiens exposés dans les bois à l'automne et au printemps. Il est efficace à 80 %. Le collier antiparasitaire est recommandé, ainsi que l'inspection soigneuse de l'animal après chaque partie de chasse, au niveau des parties exposées : intérieur des cuisses, oreilles, cou, poitrail, bout des pattes. Toutes les tiques doivent être soigneusement éliminées, à l'aide d'un coton imbibé d'éther pour endormir l'acarien.

La rage

Maladie extrêmement grave, pouvant être contractée par l'homme, la rage est toujours mortelle en l'absence de soins. Le virus responsable, présent dans la salive, est inoculé lors d'une morsure ou par simple léchage si l'épiderme présente quelques petites plaies. Il provoque la mort par atteinte du système nerveux, qui évolue en paralysie des principales fonctions vitales. Les risques de contracter la maladie sont d'autant plus élevés que la région atteinte est richement innervée et que la morsure est profonde. Le virus, très résistant, peut survivre plus d'un mois dans le cadavre d'un animal en putréfaction ! La période d'incubation de la maladie varie généralement de cinq semaines à deux mois. Dans certains cas, elle peut aller d'une semaine à cinq ans !
Le front de la rage s'est étendu de manière foudroyante depuis 1978, à partir des départements de l'Est. Aujourd'hui, la maladie a franchi les limites de la Loire. Parmi les animaux sauvages, le renard, les petits mustélidés, l'écureuil, les chauves-souris, le rat constituent les principaux réservoirs naturels de la maladie. Le chien et le chat sont donc particulièrement exposés à la contagion, principalement lorsqu'ils chassent ou qu'ils divaguent.

La rage, véhiculée entre autres par le renard, progresse de manière inquiétante vers le sud de la France. Le front de la maladie est aujourd'hui aux portes du Puy-de-Dôme, et de nombreux cas ont été décelés dans l'Allier.

Les différentes formes de rage
Il existe deux formes typiques :
- La forme «paralytique» : c'est la plus insidieuse, car les premiers symptômes, donc le diagnostic, sont souvent très tardifs. En effet, dans les premiers stades de l'évolution de la maladie, l'animal ne présente pas de signes cliniques alarmants ou caractéristiques. Le chien atteint a tout d'abord des difficultés de déglutition, dues à une paralysie progressive de la mâchoire qui gagne ensuite les membres postérieurs. L'évolution de la maladie conduit à une impossibilité totale de s'alimenter et à la paralysie de toutes les fonctions vitales conduisant à l'issue fatale.
- La forme «furieuse» : c'est la plus typique. L'animal déglutit avec peine, puis le ton de sa voix est modifié curieusement. Il devient progressivement très agressif. Un à deux jours avant sa mort, il peut entrer dans de véritables crises de démence qui l'incitent, la bave aux lèvres, à attaquer quiconque se trouve dans son environnement immédiat. Le phénomène inverse peut également se produire, surtout chez les animaux sauvages qui deviennent alors très familiers, se déplaçant en plein jour au milieu d'agglomérations ou se rapprochant ostensiblement de l'homme. Des chiens ordinairement très agressifs deviennent parfois dangereusement calmes et apathi-

Détail des crochets d'une vipère aspic, dangereuse pour les chiens.

ques. Dans tous les cas, la rage est détectable par un brusque et fondamental changement de comportement. Tout promeneur doit absolument s'abstenir de manipuler ou recueillir un animal sauvage se laissant capturer aisément.

• Les remèdes : la destruction systématique des renards n'est pas et ne sera jamais un remède efficace contre l'extension du front de propagation de la maladie. Le moyen le plus sûr est la vaccination orale à l'aide d'un vaccin vivant atténué, inoculé généralement dans une tête de poulet. Ces appâts, distribués par hélicoptère, permettent d'éradiquer la maladie en 2 ou 3 ans, dans la mesure où au moins 70 % de la population vulpine en a consommé.

Les puces

Bien que très banal, ce parasite n'en demeure pas moins extrêmement gênant pour le chien. Certains sujets développent en effet des allergies ou une hypersensibilité dues aux piqûres de puces, qui peuvent entraîner de graves maladies de peau. Un chien infesté subit parfois des démangeaisons intolérables qui l'incitent à se gratter violemment. La peau peut alors subir un traumatisme et s'infecter, avec apparition de rougeurs et de plaques suintantes. L'infection due à la salive de la puce émise au moment de la piqûre constitue l'une des principales causes de l'eczéma du chien : il s'agit de la D.P.A.P., ou dermatite par allergie aux puces.

Les morsures de serpent

Seule la vipère présente un danger réel pour le chien. Il existe deux espèces distinctes dans nos contrées : la vipère aspic, la plus commune, et la vipère péliade, beaucoup plus rare. Le venin, contenu dans des glandes reliées aux crochets par un petit canal, exerce plusieurs actions toxiques. Parmi ses principes actifs dangereux, nous pouvons citer les neurotoxines (qui attaquent le système nerveux), les myotoxines (qui provoquent une altération des fibres musculaires), les hémotoxines. Ces dernières entraînent la destruction massive des globules rouges, provoquant des troubles de la coagulation et la formation de caillots sanguins qui entravent la circulation.

Les effets du venin sur l'organisme dépendent de la quantité injectée, qui varie de 10 à 30 mg, mais aussi de la région mordue. Le chien est généralement victime de l'attaque fulgurante du reptile en cherchant à s'en saisir. Les atteintes concernent donc souvent les membres antérieurs ou malheureusement la face (truffe, babine, langue). L'issue n'est pas forcément fatale pour l'animal, dont l'organisme réagit plus ou moins violemment à la diffusion du venin. Dans environ 60 % des cas, on assiste au développement d'une forme bénigne qui se traduit par un gonflement local de la région atteinte, sans conséquences dramatiques. Il existe des formes graves (30 % des cas) où le gonflement évolue en œdème violacé, qui traduit l'action hémotoxique du venin. Le chien souffre également d'une insuffisance rénale. L'évolution est parfois très rapide. Il

s'agit alors de la forme compliquée, qui représente 10 % des cas, et qui est souvent mortelle.
L'observateur attentif remarquera souvent deux petit orifices sanguinolents qui indiquent les points d'impact des crochets. Un gonflement apparaît rapidement à ce niveau, et peut évoluer en œdème violacé. Dans les cas graves, le chien se trouve rapidement en état de choc.

Les accidents de chasse

Beaucoup trop fréquents, ils résultent la plupart du temps de l'inconscience du chasseur. Certains n'hésitent pas à tirer systématiquement un lapin serré de près par leur chien, jusqu'au jour où celui-ci reçoit la décharge de plombs destinée au gibier.
Il faut alors arrêter très vite l'hémorragie en posant un garrot ; si l'emplacement de la blessure l'empêche, on remplace ce soin par un point de compression. Le chien est ensuite maintenu au chaud dans une couverture, puis transporté de toute urgence à une clinique vétérinaire. L'état de choc et la perte abondante de sang provoquent rapidement une hypothermie. Le chien est donc placé près du conducteur (cela le réconforte !), puis le chauffage est réglé au maximum.
Sitôt à la clinique, une radio permet de localiser les plombs, qui seront extraits. Les plaies sont refermées par des points de suture. De retour à la maison, il faut absolument interdire toute agitation à l'animal, et l'empêcher de se lécher (l'emploi de certains produits répulsifs peut se révéler efficace).

LE VACCIN ANTIRABIQUE

Propriétaires de chiens, prenez garde !
La loi exige que tous les chiens (et tous les chats) présents dans un département contaminé par la rage soient vaccinés... et tatoués !
Le tatouage est imprimé à l'intérieur du pavillon de l'oreille ou sur la cuisse. Il comporte une série de chiffres et de lettres correspondant à l'identité de l'animal. Ce code est reporté sur un imprimé comportant trois volets qui sont remis respectivement au propriétaire du chien, au vétérinaire qui suit l'animal et au fichier de la Société centrale canine.
Le tatouage n'est pas seulement destiné à identifier un animal perdu ou volé. Ses numéros sont stipulés sur le certificat de vaccination antirabique. Il permet d'éviter ainsi que le chien ne soit abattu si, par exemple, il a infligé une morsure à un passant, s'il est entré en contact avec un animal enragé ou simplement s'il a été capturé en état de divagation et mis en fourrière. Tous les chiens de vénerie, quelle que soit leur région d'origine, doivent être tatoués.
Dans les départements atteints par la rage, il faut savoir que l'abattage est immédiat :

- lorsque la capture d'un animal se révèle dangereuse, en raison d'un comportement agressif qui laisse supposer une contamination par la rage ;
- si la maladie est décelée chez l'animal après examen ;
- lorsqu'un chien ou un chat est entré en contact avec un animal enragé, sauf si le propriétaire est susceptible de présenter un certificat de vaccination mis à jour ;
- l'abattage est de règle au-delà d'un délai de deux jours pour tout chat ou tout chien capturé en état de divagation, puis mis à la fourrière. Avant ce délai, le propriétaire peut récupérer son compagnon sur présentation d'un certificat de vaccination validé et comportant le numéro de tatouage.

Enfin, tout animal ayant mordu ou griffé une personne ou un autre animal, si on peut le saisir sans l'abattre, est soumis aux frais de son propriétaire à la surveillance d'un vétérinaire durant quinze jours. Si l'animal meurt pendant cette période, sa tête est transmise à la Direction départementale des services vétérinaires puis expédiée à un laboratoire de diagnostic de la rage.

LES CHIENS D'ARRÊT CONTINENTAUX

L'Épagneul Breton

Ce merveilleux petit chien d'arrêt est issu d'une souche implantée depuis des temps immémoriaux en Bretagne. Gaston Phoebus, seigneur de Béarn, évoquait déjà, dans ses traités de chasse, ces petits chiens grouillants utilisés pour chasser «l'oiseau», à savoir la bécasse, et pour capturer les lapins. Cette race acquit ses réelles aptitudes à l'arrêt à la suite de croisements effectués au XIXe siècle avec le Setter Anglais. L'Épagneul Breton est l'un des chiens les plus populaires et les plus recherchés en France. C'est l'archétype du chien d'arrêt polyvalent, chassant tous les gibiers sur tous les terrains. Il brille aussi bien au marais, où il révèle des qualités de retriever hors pair, à la ronce sur le lapin, au bois, où il excelle à la bécasse, et en plaine, particulièrement dans les pays bocagers. Il peut tenir indéfiniment l'arrêt et quête bien sous le fusil. Très intelligent et sensible, il demande pour son dressage beaucoup de chaleur humaine. Il faut prendre garde à ne jamais brusquer un Épagneul Breton dans son jeune âge. Ce petit chien adore son maître et chassera d'abord pour le satisfaire. Il est très doux avec les enfants, apprécie la vie en appartement. C'est le chien idéal du chasseur citadin. La silhouette a la vigueur et la puissance caractéristiques de cette race rustique et endurante. Le corps s'inscrit dans un carré. Il est râblé, trapu, doté de cuisses et d'épaules très musclées. La tête, arrondie, porte un museau large aux mâchoires puissantes. Les oreilles, courtes et arrondies, sont attachées haut. La poitrine est profonde. La queue est normalement courte, certains sujets naissant anoures. Le poil, fin sans excès, est plutôt disposé à plat sur le corps, ou légèrement ondulé. La robe peut être blanc et marron, blanc et orange, blanc et noir, parfois tricolore (blanc, noir, feu). La taille varie de 46 à 50 cm pour un poids de 13 à 18 kg.

L'Épagneul Breton est un chien populaire, apprécié pour sa polyvalence à la chasse, sa gentillesse et son faible encombrement à la maison.

L'Épagneul Français

Très polyvalent, l'Épagneul Français excelle aussi bien en plaine qu'au marais. Plus grand que l'Épagneul Breton, il présente un type Setter accentué.

Plus puissant que le «Breton», l'Épagneul Français montre les mêmes aptitudes polyvalentes au marais, au bois et en plaine. Il est plus docile, donc plus facile à dresser. La silhouette de cet épagneul, très élégante, rappelle celle d'un Setter. Les oreilles, longues, plates, sont attachées bas. Le poil, long, souple, est généralement épais. Il est plat sur le corps, ou légèrement ondulé. Des frisures apparaissent aux oreilles, aux pattes, au cou. Le fouet, long, est recourbé vers le haut. La robe est toujours bicolore. Le fond est blanc crème, tacheté de marron. Les mouchetures trop nombreuses sont à éviter.
La taille est comprise entre 54 et 60 cm pour un poids de 20 à 25 kg.

L'Épagneul Picard

Cette variété de l'Épagneul Français excelle au marais. Le crâne, rond, porte des oreilles attachées bas. La robe, grisâtre, montre des plaques marron. L'Épagneul Picard pèse 25 kg pour une taille de 55 à 60 cm.

L'Épagneul de Pont-Audemer

Il proviendrait du croisement entre l'Épagneul Français et un Spaniel Irlandais. C'est un chien ardent, très courageux, rustique, endurant, qui convient pour toutes les chasses. Le pelage bourru, qui protège des intempéries et de l'eau froide, destine plus particulièrement la race à la chasse au marais. Il est très doux et facile à dresser.
Plus petite que l'Épagneul Picard ou Français, cette race montre une silhouette trapue et vigoureuse. Les oreilles sont pourvues de longues soies. Le poil est bourru et frisé. Une huppe caractéristique orne le sommet du crâne. La robe, bouclée, est marron et gris.
La taille varie de 52 à 58 cm pour un poids de 20 kg.

Le Braque d'Auvergne quête à une vitesse moyenne. Il aime rester au contact de son maître. C'est le compagnon idéal du bécassier.

Le Grand Épagneul de Munster

Il serait issu de croisements entre Épagneuls et Braques Allemands. Le Grand Épagneul de Munster, comme tous les Épagneuls, est parfaitement polyvalent. Il sait s'adapter à tous les terrains, y compris les plus difficiles. Sa robe, blanche, présente des taches et mouchetures noires. Il mesure 58 à 62 cm pour un poids de 20 kg.

Le Braque Allemand

Appelé aussi Kurzhaar, le Braque a subi une sélection particulièrement rigoureuse en Allemagne, qui en a fait le chien polyvalent que nous connaissons. Dans son pays d'origine, il est utilisé par les gardes comme chien de défense contre les braconniers, comme pisteur au sang, et bien évidemment comme chien d'arrêt. Malgré son poil ras, il ne craint pas l'eau. C'est un excellent retriever, doté d'une finesse de nez incomparable. Il est endurant, rapide et tient bien l'arrêt. Il a la réputation d'être susceptible, têtu, jaloux des autres chiens. Je chasse personnellement en compagnie d'un ami qui possède un merveilleux Braque Allemand, au nez remarquable. On peut seulement lui reprocher son inaptitude à battre la ronce en raison de son pelage très ras. Cela dit, c'est un excellent compagnon qui s'adapte très bien à la vie en appartement.

La silhouette du Braque Allemand est fine, élégante, racée. La peau, bien adhérente, ne doit pas former de plis. Le crâne, légèrement bombé, montre un occiput marqué. Les oreilles, plates et droites, sont attachées haut et plaquées contre les joues. Les babines sont tombantes. La poitrine est large et profonde. Le poil est dur, court et serré. Le fouet, écourté, est porté droit.

La robe peut être brun uniforme, brun moucheté de blanc, marron et blanc, blanc tacheté de marron. La taille varie de 55 à 65 cm pour un poids de 25 à 30 kg.

Braque Allemand à l'arrêt sur un lièvre. Les Allemands ont sévèrement sélectionné cette race, utilisée dans son pays d'origine comme chien d'arrêt et pour la recherche au sang.

Le Braque de Weimar

Les «boys» appartenant aux troupes d'occupation en Allemagne ont été conquis par l'élégance de ce «seigneur prussien». De retour dans leur pays natal, certains militaires chasseurs ont emporté dans leurs bagages ce chien magnifique qui connut un succès foudroyant aux États-Unis. Aujourd'hui, l'État du Wisconsin emploie le Braque de Weimar comme chien de défense. Les Allemands ont appliqué une sélection sévère destinée à faire de ce Braque un chien parfaitement polyvalent, pisteur au sang, gardien, chien d'arrêt. Il s'adapte à tous les terrains, convient pour toutes les chasses. Affectueux, fin de nez, il a une quête réduite. Il faut espérer que l'élégance de l'animal ne transformera pas un redoutable gardien et chasseur en chien de salon, sélectionné dans les concours de beauté.

Le Braque de Weimar est bâti pour le travail. Sa large tête est terminée par un museau long et fort aux mâchoires extrêmement puissantes.

La musculature de l'animal est très développée. Les oreilles sont longues et larges. Le fouet est écourté ou non. Il existe trois variétés, qui se distinguent par des poils courts, longs ou raides. Les plus courants sont dits à poil court ou raide.

La robe du Braque de Weimar, magnifique, présente toutes les nuances du gris argenté. La taille varie de 57 à 70 cm pour un poids de 23 à 28 kg.

Le Braque de Weimar est certainement le plus élégant des Braques. Il suscite un véritable engouement aux États-Unis, depuis que des «boys», séduits par la pureté de ses lignes, l'y ont introduit.

Le Braque Français

Cet excellent chien d'arrêt, doté d'un nez très fin, convient pour la plupart des chasses. Il craint moins la ronce que le Braque Allemand et peut se révéler excellent bécassier. Puissant et de noble apparence, il a un stop peu marqué, un poil gros, bien fourni, sauf sur la tête, où il doit être fin. La robe est blanche tachetée de marron ou truitée et mouchetée de sombre. La taille varie de 47 à 65 cm pour un poids de 18 à 32 kg selon les sexes.

Le Braque d'Auvergne

La couleur charbonnée de sa robe (mélange de blanc et de noir donnant une teinte gris-bleu) lui a valu l'appellation de «Bleu» d'Auvergne. Ce chien à l'allure magnifique, très fin de nez, mène une quête lente et méthodique. Malgré une certaine ressemblance, il ne s'agit pas d'un Pointer. Son travail est adapté à la nature du terrain dont il est originaire. Malgré sa peau fine et son poil ras, il ne craint pas la ronce. C'est le compagnon idéal des terrains sales et difficiles, mais pas de la grande plaine. Sa vitesse est moyenne, le chien aimant rester au contact de son maître. Il s'agit sans doute du plus lent des continentaux. Le Braque d'Auvergne est donc destiné au chasseur évoluant en territoire bocager buissonnant. Il excelle à la bécasse... mais aussi à la bécassine sur les marais cantalous. Il est très résistant à la chaleur. Cette qualité est essentielle en terrain sec. Ce brave toutou au regard tendre est affectueux et particulièrement sensible. Son dressage, délicat, demande la même souplesse que celui de l'Épagneul Breton. Adorant son maître, se laissant taquiner par les enfants sans broncher, il s'adapte très bien à la vie en appartement. La race montre un type braque très accentué. Ce chien est puissant, robuste, délicat. Le crâne, à l'occiput peu marqué, porte des oreilles longues et fines attachées bas sur la ligne de l'œil. La poitrine est profonde. Le poil, court et brillant, s'il n'est pas trop fin n'est jamais dur. La queue, écourtée, doit mesurer 14 à 20 cm.

Malgré ses allures de Pointer, le Braque d'Auvergne aime chasser près de son maître.

La robe peut présenter deux types de nuances :

- la robe foncée, dite charbonnée, montre un mélange de poils noirs et blancs avec une prédominance de noir qui lui confère la couleur bleue caractéristique ;
- la robe claire, où des plaques noires et des mouchetures plus ou moins nombreuses marquent un fond blanc.

Le Braque d'Auvergne mesure 55 à 63 cm pour un poids de 22 à 25 kg.

Le Braque du Bourbonnais

Il résulte du croisement entre le Pointer et le Braque Français. Cette race ancienne a été reconstituée après la Seconde Guerre mondiale. Il excelle sur son terrain d'origine, le bocage bourbonnais. Il quête à peu de distance de son maître, remontant les haies, battant les petites cultures, explorant méthodiquement les vignes. Le Braque Bourbonnais ne craint pas la ronce et peut se distinguer à la bécasse, au lapin, au faisan. Calme, affectueux, il est relativement facile à dresser. Le type braque est très accentué. La poitrine est profonde, les cuisses puissantes. Le crâne, arrondi, se termine par un museau étroit. Les oreilles, fines, sont attachées haut. Les chiots naissent fréquemment anoures ou dotés d'un embryon de queue. Le pelage est court. La robe, blanche, est marquée de mouchetures marron clair. Il mesure 55 à 60 cm pour un poids de 20 à 25 kg.

Le Braque Bourbonnais excelle sur les terrains variés offerts par le bocage.

Le Braque d'Ariège

Il est issu d'un croisement entre le Braque Français et le Braque Saint-Germain. Ce chien infatigable, au nez très fin, n'a pas son pareil pour chasser la caille. C'est un excellent retriever.
Elégant, massif, le Braque d'Ariège est doté d'un crâne légèrement bombé sur lequel s'attachent des oreilles longues et larges. La robe blanche est mouchetée et tachetée d'orange. Le Braque d'Ariège mesure 55 à 65 cm pour un poids de 25 à 30 kg. Il a aujourd'hui pratiquement disparu.

Le Braque Saint-Germain

La race a été fixée en 1830 grâce au croisement du Braque Français et du Pointer à robe blanc et citron, d'où les aptitudes polyvalentes de ce chien, qui mène une quête rapide et étendue sans craindre la ronce. Il excelle à la chasse du faisan ou du lapin, sous bois. C'est le plus élégant des Braques. Les oreilles fines encadrent parfaitement la tête. La truffe est joliment colorée de rose, les babines pendent. Les yeux sont jaunes, jamais noirs. Le poil, court, n'est jamais dur ni trop fin. La robe blanche montre des taches orange vif.
Le chien mesure 54 à 62 cm pour un poids de 20 à 25 k.

LES CHIENS D'ARRÊT ANGLAIS

Le Pointer

Surnommé à juste titre le «seigneur de la plaine», le Pointer représente l'archétype du chien d'arrêt de grande quête. Fougueux, très rapide, il est élégant et a un nez très fin. La plaine n'est pas son unique domaine. Il excelle également en milieu fermé, sur la bécasse, et surtout en montagne sur le «coq noir» et le lagopède. C'est le compagnon irremplaçable du bécassinier, qui bat des journées entières les vastes étendues de tourbières et de prairies humides. Seul défaut : son poil fin et rare ne le destine pas à la chasse au canard.
Le Pointer proviendrait du croisement de Braques Français avec des Lévriers Anglais. Du Lévrier, il conserve la silhouette svelte et élancée. La tête, caractéristique, montre un stop et une crête occipitale bien marqués. Les oreilles, légèrement pointues, sont attachées haut et plaquées contre les joues. Le fouet est porté au niveau du dos, sans se recourber vers le haut. La poitrine est profonde. Le poil est court, fin, ras, luisant. La robe peut être bicolore (blanc et noir, blanc et jaune, blanc et orange).
La taille varie de 54 à 62 cm pour un poids de 25 à 30 kg.

rement ondulé. Des franges ornent les fesses, la poitrine, la partie postérieure des membres.
La robe peut être noir et blanc, marron et blanc, orange et blanc (Setter «Lemon»), citron et blanc, uniformément noire zain, tricolore (noir, blanc, feu).
La taille varie de 55 à 62 cm pour un poids de 27 à 32 kg.

Ci-contre : le Pointer est le chien d'arrêt par excellence, spécialiste de la grande quête.

Le Setter Anglais

Il serait issu du croisement de Pointers et d'Épagneuls. Le résultat fut très heureux car le Setter Anglais montre des aptitudes appartenant aux deux races. S'il est moins rapide que le Pointer, quêtant avec une allure rampante caractéristique, il est plus polyvalent. Le Setter Anglais s'adapte en effet à tous les terrains : montagne, plaine, marais, bois. Il excelle tout particulièrement sur la bécasse, le faisan. Très doux, il peut montrer une tendance exubérante et dissipée qui ne facilite pas toujours le dressage. Le Setter Anglais préfère chasser en compagnie d'un chien appartenant à la même race et avec lequel il sort régulièrement. A ce titre, c'est le compagnon irremplaçable du bécassier. On associe souvent son nom à l'éleveur qui sélectionna la race au XIXe siècle, M. Laverack. L'allure de ce Setter est puissante, sans lourdeur. La tête, allongée, montre un stop et une crête occipitale bien marqués. Les mâchoires sont très puissantes. Les oreilles, minces et souples, sont attachées bas. Le poil, soyeux, fin, brillant, est plat ou légè-

Ci-dessous : adapté à tous les terrains, le Setter Anglais est le chien d'arrêt préféré des bécassiers. Nous voyons sur la droite un sujet à la robe orange, qui appartient à la variété «Lemon».

Le Setter Irlandais ne saurait renier ses origines. Il excelle à la chasse à la bécassine dans les tourbières et prairies humides qu'il prospecte avec méthode.

Le Setter Gordon

La race a été fixée au XIXe siècle par les ducs de Richmond et de Gordon. Ces Écossais des «Highlands» souhaitaient créer un chien dont les aptitudes répondraient au travail exigé : la chasse en montagne de la grouse, du tétras et de la bécasse. Le résultat fut à la hauteur des espérances. D'abord, c'est sans doute le plus beau et le plus élégant des chiens de chasse. Ensuite, il est puissant, fortement charpenté (c'est le plus lourd des Setters) et d'une endurance remarquable. Sa quête, rapide, est étendue... Bref, c'est le chien de montagne par excellence, qui convient également à tous les terrains difficiles. Il brille au marais, au bois, en plaine, garde bien l'arrêt, possède de réelles qualités de retriever.

Le Setter Gordon étant souvent jaloux, c'est le compagnon idéal du chasseur solitaire.

Sa silhouette allie puissance et élégance. Sa tête, massive, montre un stop bien marqué. Ses grandes oreilles sont attachées haut, plaquées contre la tête et les joues. Le poil, ras sur la tête, est demi-long et plat ou légèrement ondulé sur le corps. Des franges ornent les oreilles, la poitrine, le ventre, la gorge et la partie postérieure des membres antérieurs et des cuisses.

La robe, très belle, est d'un noir brillant avec des taches feu réparties sur les oreilles, la gorge, la poitrine, les pattes et au-dessus de chaque œil.

Le Setter Gordon mesure 58 à 68 cm pour un poids de 25 kg.

Le Setter Irlandais

Il serait le descendant des vieilles souches d'Épagneuls ayant vécu en Irlande. Le Setter Irlandais a longtemps été discrédité par les chasseurs, car sélectionné dans les concours de beauté.

Le dressage de ce chien un peu turbulent exige beaucoup de doigté. Le Setter Irlandais est un athlète robuste, sans lourdeur excessive, élégant. La tête, longue et légère, montre un occiput bien marqué. Les oreilles, fines, sont implantées bas et en arrière. Le fouet, épais à la base, va en s'effilant vers la pointe. Le poil, court et fin sur la tête, est disposé à plat sur le corps. Des franges sont visibles sur les oreilles, sous le ventre, à la poitrine, à la gorge, derrière les pattes et sur la queue. La robe est uniformément rouge vif.

Il mesure de 65 à 72 cm et pèse de 22 à 27 kg.

Considéré par de nombreux chasseurs comme le plus beau des Setters : le Setter Gordon. La race a été fixée au XIXe siècle en Écosse.

LES GRIFFONS D'ARRÊT

Le Drahthaar

Ce chien connaît une certaine vogue en France. Il est né au siècle dernier. Il résulte du croisement entre Caniche, Braque, Griffon, Pointer. En Allemagne, le Drahthaar est soumis à un dressage spécial destiné à en faire un chien très polyvalent : arrêt, rapport, quête, recherche au sang, défense. Protégé par un poil épais et dur, le Drahthaar est un excellent chien d'arrêt qui broussaille volontiers. Il s'adapte à tous les terrains : plaine, marais, bois. Très sensible, il demande pendant son dressage beaucoup de chaleur humaine. Les chiots doivent être cajolés dès leur plus jeune âge. La personnalité affirmée du Drahthaar exige par la suite quelques reprises en main et surtout une autorité constante. Le chien doit toujours respecter son maître.
Le Drahthaar a la réputation d'être jaloux des autres chiens. Son instinct de propriété l'incite à chaparder le gibier rapporté par ses petits camarades.
Le Drahthaar est doté d'une morphologie intermédiaire entre celle du Braque et celle du Griffon. La queue, écourtée à la naissance, est coupée plus long que celle du Korthals. Le poil, mi-long, bien fourni, est très dur. Une barbiche raide orne le museau. Les sourcils sont broussailleux. La robe montre des couleurs peu voyantes : marron, marron foncé mêlé de gris.
Le Drahthaar est un chien assez haut, qui mesure 60 cm et pèse de 25 à 30 kg.

Le Griffon Korthals

La race a été obtenue par un éleveur néerlandais, E. Korthals, qui sélectionna des Griffons à poil dur de type français. Cet excellent chien de chasse est très polyvalent. Il est apte à chasser sur tous les terrains : plaine, bois, marais, montagne. Son poil rude et abondant le protège des épines et des bains prolongés. C'est un très bon bécassier. Le Griffon Korthals, docile et très doux, adore son maître. C'est un chien solide et robuste. Son museau s'orne d'une moustache broussailleuse faite de longs poils rudes, ainsi que d'une barbiche. Les sourcils sont également broussailleux. La toison, grossière et dure au toucher, rappelle le pelage du sanglier. Elle n'est jamais bouclée ni laineuse. La robe peut être marron unicolore, blanc et marron, gris acier avec des marques marron.
La taille varie de 50 à 60 cm, il pèse 20 à 25 kg.

Un chien très polyvalent, le Drahthaar, ici à l'arrêt sur une bécassine.

Le dressage du chien d'arrêt

Le dressage consiste à exalter au maximum les qualités naturelles du chien et sa passion pour la chasse. Il canalise ses aptitudes mais en aucun cas ne les crée. Durant les premières phases de l'apprentissage, le maître devra être patient. Il doit établir le plus tôt possible des relations de confiance et de complicité avec son compagnon. Le chien est en effet d'autant plus précoce et efficace sur le terrain qu'il agit pour faire plaisir à son maître. Cela n'exclut pas l'établissement d'une stricte hiérarchie dominant-dominé.
Le dressage consiste en une série de leçons très simples, axées sur un point précis. Chaque étape doit être parfaitement assimilée avant de passer à la suivante.

Les premiers pas du chiot à la maison

Le dressage débute dès l'arrivée du chiot dans le cercle familial. Il est adorable, avec ses allures pataudes, ce qui ne l'empêche pas de commettre ses premières bêtises. Le chiot doit assimiler immédiatement les notions de bien et de mal, et connaître les limites de ses activités. L'une des premières étapes du dressage est le respect de la propreté. Cette notion élémentaire est très vite acquise, en sermonnant vigoureusement le chiot devant son forfait, sans brutalité excessive. Notre bébé doit apprendre à ne pas quémander à table, à ne pas se vautrer sur les lits et à répondre à son nom. Il est important de le faire marcher calmement à la laisse, dès ses premières sorties, en lui ordonnant de ne pas tirer par des brèves saccades suivies de l'ordre «en arrière». Toutes ces premières notions de discipline peuvent paraître contraignantes pour le jeune animal. Leur assimilation est pourtant essentielle. Il est parfaitement inutile d'emmener le chiot sur le terrain tant qu'il ne se montre pas obéissant à la maison.

La mise en présence du gibier

Le chien exprimera d'autant plus précocement ses aptitudes qu'il sera lâché dès le départ sur un territoire vif en gibier naturel. On l'obligera bien entendu à progresser contre le vent, afin qu'il perçoive mieux les émanations de ses proies. Il peut être intéressant de lâcher quelques cailles dans un chaume ou un trèfle, que le chiot découvrira facilement. Au début, le chiot quête de manière désordonnée. Il assimile sa première sortie à un jeu. Le nez collé au sol, s'entravant dans les mottes et les racines, il provoque l'envol des cailles qu'il tente de poursuivre. Sa trouvaille est souvent précédée d'un semblant d'arrêt.

Présentation d'une bécasse à des chiots de Labrador...

Pour développer sa passion, il est impératif de le laisser faire comme il l'entend. Ces sorties, renouvelées 3 à 4 fois, permettent au maître de tester l'ardeur de son compagnon et sa finesse de nez. Il est encore trop tôt pour lui apprendre la sagesse à l'envol. Il doit tout d'abord se passionner pour cette recherche du gibier. Par contre, il est temps de l'habituer au coup de feu, pour qu'il ne s'enfuie pas en hurlant de terreur à la moindre détonation.
Au début, on tire en l'air à l'aide d'un pistolet d'alarme, sitôt que le chien a levé une caille, et lorsqu'il est suffisamment éloigné, de manière à ne pas le surprendre par un claquement violent. Peu à peu, le chien s'habitue au bruit de la détonation à chaque envol d'oiseau. On peut tirer en l'air, à froid, au cours de sa quête. Il va stopper net, et chercher des yeux le gibier.

Dans une prairie humide du Cantal, le Braque s'est figé à l'arrêt.

Il associe maintenant coup de feu et présence de gibier. Le véritable dressage peut commencer.

L'arrêt

L'arrêt ne peut être inculqué au chien par le dressage. C'est une aptitude naturelle qui lui vient de ses ancêtres. Ces derniers profitaient de cette situation pour repérer des yeux leur proie et rassembler leurs forces avant de bondir. Le dressage permet simplement d'exiger du chien qu'il conserve cette attitude suffisamment longtemps pour que son maître parvienne jusqu'à lui. Il ne doit le rompre qu'à l'ordre. De nombreux chiens conservent cette position de l'arrêt sans qu'on ait besoin de leur apprendre.

Le down

Il canalise l'enthousiasme juvénile du chien. Cette notion de discipline élémentaire constitue l'une des bases essentielles du dressage. L'idéal est d'obtenir un down à toute distance, au geste, à la voix puis au sifflet. Les leçons sont apprises au cours de promenades champêtres, que le chien adore. Le maître appuie sur les épaules de l'animal pour le faire coucher en répétant plusieurs fois «down», ordre qu'il profère à nouveau une fois redressé, en levant le bras droit. Le chien doit être impressionné par ce nouvel ordre, mais surtout pas effrayé. Il ne s'agit pas d'une punition. Pour ne pas lasser l'animal, la leçon ne doit pas être répétée plus de 4 à 5 fois au cours de la sortie. Quand il a assimilé l'ordre, celui-ci est accompagné d'un coup de sifflet, puis il est exécuté à distance. Lorsque le chien lèvera une caille, un ordre bref puis, par la suite, un coup de sifflet le stopperont net dans sa course pour capturer l'oiseau. Progressivement, l'animal comprendra la nécessité de la sagesse à l'envol.

Le rappel

Cette notion est bien entendu nécessaire. Un chien indiscipliné vide la plaine hors de portée des fusils et, malgré parfois de réelles qualités, se révèle inutilisable sur le terrain. On rappelle le chien à la voix, puis à la voix accompagnée d'un coup de sifflet, et enfin à l'aide du seul sifflet.

Le rapport

L'apprentissage du rapport chez un chien d'arrêt a ses partisans et ses opposants. Il est vrai qu'il est difficile d'obtenir d'un

Braque Allemand au rapport d'un faisan.

Ce qu'il faut éviter

La brutalité

Le chien agit d'abord pour faire plaisir à son maître. Ce dernier doit donc se montrer bienveillant envers son compagnon, afin de développer les rapports de tendresse indispensables au dressage. Cela n'exclut pas l'établissement d'une hiérarchie stricte, nécessaire à l'équilibre d'un animal dont les lointains ancêtres vivaient en meute, où chacun occupait une place précise. L'autorité du maître est affirmée par une juste distribution de récompenses et de punitions. La punition perturbe le chien, ternit la confiance et l'amour qu'il éprouve envers son maître, surtout lorsqu'elle est injustifiée. Elle ne doit donc être infligée qu'en cas de faute très grave, remettant directement en cause l'autorité du maître. La correction doit être évitée à tout prix, surtout chez le jeune chien, l'isolement ou le sermon verbal étant largement suffisants. Pour chaque bonne action, le chien est largement récompensé. Il comprendra ainsi bien vite l'intérêt de la discipline et des contraintes imposées qui lui permettent de mieux chasser, de voir plus de gibier, donc de satisfaire son maître. L'excès de brutalité bloque le chien, qui ne fera rien de bon. Trop de laxisme le rend inutilisable à la chasse, car indiscipliné... voire agressif.

Trop de contraintes à la chasse

Le maître doit faire confiance à son chien. Ce n'est pas en brimant son compagnon qu'on développe ses qualités à la chasse. Il est important de ne pas trop le rappeler, surtout dans les premières étapes de son dressage, de ne pas le gêner dans sa quête par des ordres contradictoires, proférés à tout bout de champ. L'intelligence du chien est limitée. Il comprend un ordre sec, simple... mais pas une série de recommandations continuelles.

L'incohérence des ordres

Il faut savoir qu'un chien se créance souvent sur le premier gibier qu'il voit. Le bécassier désirant obtenir un animal chassant uniquement la bécasse doit s'abstenir de le mettre en présence de lapins, par exemple, au cours des premières phases de son dressage. Il ne comprendra pas ensuite pourquoi ce gibier lui est interdit ! Le chasseur désirant éviter que son chien ne poursuive les lièvres en plaine ne lui ordonnera jamais de poursuivre un bouquin blessé. Cette simple injonction risque de ruiner le dressage, ou de désorienter un compagnon qui ne comprend plus rien.

De mauvaises conditions de chasse

Durant les premières phases de son dressage, le chiot peut éventuellement être mis en présence d'un «ancien» qui l'aidera à assimiler les rudiments de son futur travail. Un chien d'arrêt ne doit jamais débuter avec un Springer, par exemple, leveur de gibier, qui lui donnera dès le départ de très mauvaises habitudes. Il est important également d'éviter de chasser en groupe, en compagnie de chiens peu ou pas dressés qui volent les premiers arrêts de notre débutant, poursuivent le gibier et établissent des rapports de concurrence. Le chien doit être le plus possible en présence de gibier naturel. Les oiseaux de tir ont un comportement inhabituel qui désoriente l'animal et lui fait prendre de mauvaises habitudes. Il comprend très vite qu'un faisan lâché quelques heures plus tôt est facile à capturer. Cela l'incite à poursuivre le gibier, à ne plus respecter la sagesse à l'envol et le maintien ferme de son arrêt. Des groupes trop nombreux, bruyants, qui tirent dans tous les sens, perturbent également beaucoup le jeune chien, qui ne sait plus où donner de la tête.

Brûler les étapes

On ne passe à la leçon suivante que lorsque le chiot a parfaitement assimilé la précédente.

chien passionné qu'il reste sage à l'envol, puis qu'il rapporte ensuite le gibier tiré. Cette notion est rapidement assimilée par le chiot qui se prend au jeu. Dans un premier temps, on lui fait transporter un quelconque objet dans la gueule, puis on lui fait donner. On peut également lui faire rapporter une balle couverte de poils de lièvre ou de plumes. Ensuite, on lance l'objet. Le chien doit attendre l'ordre «prend» pour aller quérir la balle, suivi de «apporte» et «donne». Il doit apprendre à rapporter délicatement, et à avoir la dent douce afin de ne pas abîmer le gibier.

Les leveurs de gibier

Ce sont les compagnons irremplaçables du chasseur solitaire en terrain difficile : bois épais, bois fourrés, marais à haute végétation de bordure. Ces races adaptées explorent les ronciers les plus épais, qui rebutent tous les autres chiens. La quête doit s'effectuer sous le fusil ou à distance raisonnable. On exige souvent des leveurs de gibier qu'ils soient de bons retrievers, mais en aucun cas des chiens d'arrêt.

Le Springer Spaniel

Springer signifie leveur de gibier. Le Springer Spaniel, vif, endurant, courageux, bat les pires terrains qui rebutent les chiens d'arrêt. C'est un bécassier remarquable, très utilisé à cet effet en Irlande et en Angleterre. Il débusque la mordorée dans les fourrés les plus épais. Il adore l'eau et brille particulièrement à la chasse au marais. C'est un excellent retriever. Comme l'Épagneul Breton, le Springer est parfois têtu. Son dressage exige du doigté et de la patience, le chien ayant tendance à être un peu turbulent et dissipé. Malgré tout, il adore son maître et saura le satisfaire. Attention à ne jamais le brusquer dans les premiers temps.

Le Springer est bâti puissamment, bien campé. Sa tête, large, est dotée de mâchoires puissantes. Le poil est droit, court, doux au toucher. Des franges ornent le fouet et les membres. Toutes les couleurs sont admises : blanc et marron, blanc et noir.

Il mesure 50 cm et pèse 22 ou 23 kg.

Le Springer n'est pas seulement un excellent leveur de gibier... c'est également un retriever hors pair apprécié à sa juste valeur dans les pays anglo-saxons.

Courageux, mordant, infatigable, le Cocker est considéré comme l'un des meilleurs chiens lapiniers.

Le Cocker Spaniel

Petit chien vif et grouillant, le Cocker est considéré comme l'un des meilleurs lapiniers en raison de ses aptitudes remarquables de broussailleur.

On le reconnaît à son corps trapu, porté par de petites pattes très robustes.

Les oreilles, attachées bas, sont recouvertes de longs poils soyeux. Le fouet est court. Le poil, fin, n'est pas trop long. Soyeux et doux au toucher, il n'est jamais raide ni ondulé, laineux ou frisé. Il doit être court sur la tête. Toutes les couleurs de robe sont admises : noir uni, golden, crème, rouge, parfois tricolore : noir, feu, blanc. Le Cocker pèse 12 kg et mesure de 37 à 41 cm selon les cas. Le Cocker a souvent été sélectionné comme chien de compagnie, d'où parfois une altération de ses qualités premières de broussailleur.

Le Welsh Springer Spaniel

Il ressemble vaguement à un Cocker, bien que plus long et portant des oreilles plus courtes. Très endurant, il a la réputation d'être têtu et difficile à dresser. Sa robe est généralement blanc et rouge. Il mesure 50 cm et pèse 22 kg.

L'Irish Water Spaniel

Remarquablement adapté à la chasse dans son terrain d'origine, les tourbières et marais d'Irlande, voici un excellent chien d'eau. L'Irish est un batteur de marais infatigable, rustique, endurant, doté d'un nez très fin qui en fait un retriever hors pair. Protégé par une toison épaisse et bouclée, il adore l'eau. C'est un excellent nageur. A la maison, il est docile et doux avec les enfants. Cette race gagnerait à être mieux connue des sauvaginiers.

L'Irish Water Spaniel a un corps court mais fortement charpenté. Le museau est long et carré. Les oreilles, lobées, sont plantées bas. Le fouet est court. La toison, épaisse et imperméable, le protège des bains glacés. Il mesure de 51 à 58 cm pour un poids de 22 à 26 kg.

LES RETRIEVERS

Ces chiens ont été sélectionnés en Angleterre pour accomplir un travail précis, la recherche et le rapport du gibier tué ou blessé, car les éleveurs anglo-saxons considèrent qu'un chien d'arrêt ne doit pas rapporter. Les retrievers sont aussi beaucoup utilisés au marais en raison de leur rusticité et de leurs facultés à évoluer en milieu difficile. Ils brillent surtout en battue. Les meilleurs retrievers possèdent un don particulier traduit par le terme «marking». Ils notent avec précision le point de chute de tous les gibiers tombés... et les rapportent dans l'ordre où ils ont été tués ! De nombreux chasseurs considèrent qu'un retriever ne doit pas guetter, ni lever le gibier, tâche à laquelle pourtant il excelle. Il n'hésite pas à s'engager dans les fourrés les plus épais pour traquer lapin, bécasse ou même sanglier !

Le Labrador

Originaire de Terre-Neuve, le Labrador représente l'archétype du retriever. Son dressage est facilité par une très grande intelligence et une volonté manifeste de contenter son maître. Il s'adapte aussi bien

Le Labrador représente l'archétype du retriever, parfait pour la chasse en battue du petit gibier de plaine, et surtout pour la chasse au gibier d'eau. De nombreux sujets sont d'excellents leveurs de gibier.

à une rude existence campagnarde qu'à la vie confortable en appartement.
Son poil court mais serré, disposé à plat sur le corps, lui permet de supporter des bains prolongés dans l'eau glacée. Il ne craint pas la ronce et nage remarquablement bien. La morphologie du Labrador évoque la puissance, la rusticité. Le stop est peu accentué. Le fouet, épais à la base, puis allant en s'effilant, est caractéristique de la race. Sa forme est dite en queue de loutre. La robe du Labrador est uniformément noire ou jaune. Il mesure 55 à 57 cm pour un poids de 25 à 30 kg.

Le Golden Retriever

Il montre les mêmes aptitudes que le Labrador. Son poil, abondant, est plat ou légèrement ondulé. On note la présence de franges aux oreilles et à la queue. La robe, aux nuances dorées, ne doit jamais être rousse. Il mesure de 51 à 61 cm pour un poids de 25 à 31,5 kg.

Le Flat-Coated Retriever

Très curieusement, ce chien fut supplanté par le Labrador dès le début du XXe siècle, et se raréfia par la suite. Aujourd'hui, seuls 150 sujets sont inscrits au L.O.F. Le Flat-Coated Retriever résulte de croisements de chiens originaires de Terre-Neuve. C'est un retriever remarquable, plus rustique que le Labrador, qui supporte des conditions plus difficiles grâce à un poil très épais. Très intelligent, il est facile à dresser, docile, adore son maître et les enfants. Il est utilisé pour la recherche des stupéfiants, comme chien d'aveugle ou de catastrophes. A la manière du Labrador, c'est un excellent leveur de gibier qui brille aussi bien en plaine qu'au bois, où il n'hésite pas à s'engager dans les fourrés les plus épais. Il montre des aptitudes étonnantes au «marking».
Le Flat-Coated Retriever est plus trapu, plus puissant que le Labrador. Son poil long, doux, est plat. Des franges ornent les pattes, la poitrine, les jarrets. La robe est noire ou feu. Ce retriever mesure environ 66 cm pour un poids de 27 à 32 kg.

Le Fox-Terrier (ici un Fox à poil ras) est employé par les déterreurs en raison de sa petite taille et de son caractère

LES CHIENS DE TERRIER

Il s'agit généralement de chiens dont la taille, réduite, est adaptée à la chasse dans les terriers de renards ou de blaireaux. D'un courage frisant l'inconscience, très mordants, ce sont de redoutables chasseurs de sangliers, qu'ils attaquent dans les fourrés les plus épais.

Le Fox-Terrier

Auxiliaire irremplaçable du déterreur, il excelle dans la chasse à tir du grand gibier, du renard ou du lapin. Il est fougueux et mordant, son intelligence rend le dressage facile. Les plus courageux n'hésitent pas à se faire étriper sur place par un gros sanglier plutôt que de lâcher prise. Le Fox-Terrier apprécie la vie en appartement, bien que sa personnalité affirmée et son côté bagarreur lui fassent commettre quelques bêtises.
Il existe une variété à poils lisses, droits, plats et durs. La robe est alors blanche tachée de noir, ou noir et feu. La variété dite à poil dur est dotée d'une toison rêche.

mordant. Son courage, proche de la témérité, le destine tout particulièrement à la chasse du sanglier.

Le sous-poil est fin et soyeux. Toutes les couleurs de robe sont admises pourvu que le blanc domine. Les taches rouges sont à rejeter. Le Fox-Terrier ne doit pas peser plus de 9 kg pour une taille de 36 à 38 cm.

Le Jagd-Terrier

Les souches provenant d'Allemagne, sévèrement sélectionnées, produisent des sujets remarquables aptes à chasser sous terre, à poursuivre le grand gibier et à pister au sang. Malgré sa petite taille, le Jagd-Terrier est un chien solide, puissant et très résistant. Sa robe présente de beaux coloris noir ou gris-noir, avec des taches feu qui ornent les sourcils, le museau, les membres et le dessous de la queue. Le Jagd pèse de 8 à 9 kg et ne mesure pas plus de 40 cm.

Le Welsh-Terrier

Originaire du Pays de Galles, le Welsh-Terrier possède les mêmes qualités que le Fox-Terrier. Sa robe est gris sombre et feu ou noir et feu. Le poil, assez long, est dur. Il pèse 9 kg pour une taille de 38 cm.

Le Jagd-Terrier est utilisé en Allemagne pour la recherche au sang. C'est aussi un chien à sanglier, excellent et courageux.

L'Airedale-Terrier

Le plus grand des Terriers est un redoutable chasseur de grand gibier, particulièrement du sanglier. Il possède d'excellentes aptitudes au renard, bien que sa taille l'empêche d'explorer les terriers. Il montre ses formidables capacités dans les fourrés les plus épais. C'est également un excellent chien de compagnie, qui apprécie la vie en appartement. On reconnaît l'Airedale-Terrier à sa silhouette robuste et élégante. Ses mâchoires sont particulièrement puissantes. Le poil, couché à plat sur le corps, est d'aspect broussailleux, assez court, rêche, formant des ondulations sans jamais être bouclé. Le corps est noir ou gris foncé, la tête et les membres feu. Il mesure de 56 à 60 cm, pour un poids de 20 kg.

LES TECKELS

Ces excellents petits chiens, et plus particulièrement le Teckel à poil dur, ont acquis leurs lettres de noblesse lors des pistages difficiles au sang. Ils conviennent également fort bien pour la chasse au terrier. Leur taille réduite et leur caractère courageux, énergique, voire hargneux, les destinent également à la chasse au terrier, où ils excellent. Une meute de Teckels peut se révéler redoutablement efficace pour la chasse à tir du renard ou du sanglier. Ils n'hésitent pas à s'aventurer dans les fourrés les plus épais pour attaquer la bête noire à la bauge, et la harceler jusqu'à ce qu'elle démarre.
Les Teckels sont caractérisés par un corps allongé sur des pattes courtes et musclées. Leur tête, allongée, porte un museau étroit, aux mâchoires puissantes. Il existe trois variétés de Teckels :

Les Teckels à poil ras

Le poil est doux et plat.

Les Teckels à poil dur

Le museau est orné de moustaches caractéristiques. Les sourcils sont broussailleux. Le pelage est dur et serré.

Les Teckels à poil long

La toison est douce, plate ou légèrement ondulée, soyeuse.
Les poils sont plus longs sous le ventre, la gorge et sur les oreilles. La queue est dotée d'une frange bien visible.
Il existe également plusieurs types de robe :
– robe unicolore, de préférence rouge,
– robe bicolore : marron, gris et bleu.

Le poids d'un Teckel ne doit pas dépasser 9 kg, pour 35 cm de haut au niveau de la poitrine.

Le Teckel souffre d'une fausse réputation de chien de salon. C'est un déterreur courageux qui rend également de fiers services à la chasse du lapin, du renard... ou du sanglier ! Il excelle dans le travail de recherche au sang.

Le Rallye Saintongeois, qui chasse le chevreuil à l'aide d'une meute de Français Blanc et Noir.

LES CHIENS COURANTS

Le Grand Anglo-Français Blanc et Noir

Ce chien puissant et rapide est adapté à toutes les chasses. On le destine plus particulièrement à la vénerie du chevreuil. La robe, blanc et noir, est marquée d'un grand manteau bien visible. Il mesure de 60 à 72 cm, et pèse environ 30 kg.

Le Grand Anglo-Français Tricolore

Très utilisé en vénerie, il a subi de nombreux croisements avec le Fox-Hound. Sa robe tricolore montre souvent un manteau noir, accompagné de taches irrégulières. Il mesure 62 à 72 cm et pèse 30 à 32 kg.

Le Grand Anglo-Français Blanc et Orange

Chien d'ordre très puissant, il possède les mêmes aptitudes que les autres Anglo-Français. Sa robe est blanche et tachetée irrégulièrement d'orange ou de citron. Sa taille est comprise entre 60 et 70 cm, et son poids est d'environ 30 kg.

Le Français Tricolore

Le type n'est pas encore parfaitement établi. Il résulte du croisement des grands Anglo-Français Tricolores, puis de retrempes Billy et Poitevine. La robe montre un manteau plus ou moins étendu. Il mesure de 60 à 72 cm, pour 22 kg environ.

Le Français Blanc et Noir

Il est issu de chiens Gascons et Gascons Saintongeois, ce qui explique ses aptitudes à chasser le sanglier. Ce chien d'ordre robuste et élégant est doté d'une tête longue au stop peu marqué. Sa robe est marquée d'un grand manteau. Sa taille varie de 62 à 72 cm. Il pèse 22 kg.

Le Français Blanc et Orange

Le type n'est pas encore établi. Ce chien puissant est issu du Billy. La robe est blanc et orange ou blanc et citron. Il mesure 62 à 70 cm, et pèse 25 kg.

Le Poitevin

Cet excellent chien, très utilisé pour la vénerie du cerf et du chevreuil, convient parfaitement pour la chasse à tir du lièvre. Il s'engage dans les fourrés épais, est très bien gorgé. Timide, il supporte mal le fouet. C'est un chien fin et élégant qui dégage une grande impression de puissance. Il mesure 60 à 70 cm pour un poids de 30 kg. La robe, à manteau noir, est tricolore.

Le Billy

Il mesure 60 à 70 cm. Ce chien très puissant est doté d'un crâne plat à crête occipitale marquée. Les oreilles, assez longues, sont attachées au-dessus de la ligne de l'œil. La robe, blanche à taches orange ou citron, peut être entièrement blanche. Il pèse de 25 à 30 kg.

Le Poitevin convient pour la vénerie du cerf et du sanglier, et pour la chasse à tir du lièvre.

La robe du Billy peut être entièrement blanche, ou blanche à taches orange ou citron.

Le Porcelaine

Très fin de nez et bien gorgé ; la vocation du Porcelaine est la chasse au lièvre, à courre ou à tir. Cet excellent rapprocheur chasse aussi merveilleusement le chevreuil ou le sanglier. Il rameute bien, excelle en terrain couvert et «bourru».Originaire de Franche-Comté, il doit son nom à sa robe blanche à reflets brillants, marquée de taches orange qui ne s'étalent jamais en manteau. Sa taille est comprise entre 53 et 58 cm, et pèse 25 à 28 kg.

Le Grand Bleu de Gascogne

C'est un magnifique chien courant dont les origines remontent au Moyen Age, où il était apprécié pour chasser le loup. Très fin de nez, collé à la voie, cet excellent rapprocheur de sanglier est de plus en plus prisé pour la chasse à tir du lièvre et du chevreuil. Il est endurant et possède une belle voix grave. La tête, forte et allongée, montre un occiput assez prononcé et un stop peu marqué. Elle porte des oreilles fines et papillotées, attachées bas. Les babines sont pendantes. Deux grandes marques noires placées de chaque côté de la tête ne se rejoignent pas au sommet du crâne. La robe blanche est entièrement truitée et mouchetée de noir, d'où la dénomination de la race. Elle est marquée de grandes taches noires. Ce chien mesure 62 cm à 74 cm, pour un poids de 32 à 35 kg.

Le Grand Gascon Saintongeois

Chien d'ordre rapide, endurant, fin de nez, il est recherché pour la vénerie du chevreuil, du renard, du lièvre. Le crâne, allongé, montre un occiput marqué. Il porte des oreilles fines, papillotées, attachées bas. Des taches noires et des mouchetures sont disposées inégalement sur la robe à fond blanc. Il mesure 60 à 70 cm, et pèse 30 à 32 kg.

Le Fox-Hound

Il est puissant, résistant, très rapide, et montre une excellente aptitude à chasser

Un chasseur de sanglier hors pair : le Grand Griffon Nivernais.

dans l'eau. Le crâne est large, l'occiput marqué, les babines tombantes. Les oreilles, épaisses, sont attachées haut. La robe, blanc et orange, est truitée et mouchetée de noir. Il mesure de 53 à 63 cm, pour 30 à 33 kg.

Le Grand Griffon Nivernais

Ce chien courant très résistant, mordant, fin de nez, n'est pas reconnu comme un chien d'ordre. En effet, s'il peut maintenir une allure constante durant une grande distance, le Grand Griffon Nivernais n'est pas très rapide. C'est un excellent rapprocheur, très mordant, courageux au fourré. Il se distingue particulièrement en chassant le sanglier, qu'il attaque avec détermination.

Les seuls défauts de ce chien rustique sont l'indiscipline et une mauvaise perception du change.

Le Grand Griffon Nivernais, très typé, offre un aspect hirsute avec ses longs poils broussailleux très durs, jamais frisés ni laineux. Sa robe peut être noir marengo, gris-bleu, gris de sanglier, gris de loup avec du feu au-dessus des yeux, aux joues et sur les membres. Il mesure 53 à 60 cm, et son poids est d'environ 25 kg.

Le Grand Griffon Fauve de Bretagne

Ses origines remontent au Moyen Age, époque à laquelle il était utilisé pour chasser le loup. Infatigable, ne craignant ni la ronce ni les terrains difficiles, il est apprécié des chasseurs méridionaux, qui l'utilisent pour le sanglier dans la garrigue ou le maquis. Il est courageux et mordant, fin de nez, et sait s'adapter à tous les gibiers qu'il chasse rapidement. La silhouette du Grand Griffon Fauve de Bretagne évoque la vigueur et la rusticité. Son poil, pas trop long, est très dur (jamais laineux ni frisé). Cette toison le protège des piqûres des ajoncs, communs dans son pays d'origine. Le crâne, allongé, montre une crête occipitale saillante. Sa robe est fauve ou froment doré. Sa taille moyenne est comprise entre 48 et 56 cm, et son poids avoisine les 20 kg.

Le Grand Griffon Vendéen

Peu sûr dans les changes, il s'agit malgré tout d'un chien fin de nez, bien gorgé, collé à la voie et excellent rapprocheur. Il excelle dans la chasse du chevreuil et du sanglier.

Le crâne, légèrement bombé, porte des oreilles étroites et longues, attachées sous la ligne de l'œil. Elles sont recouvertes de longs poils. Le fouet est porté en sabre. Le poil est gros, dur, broussailleux, pas trop long. Cette toison protège le chien du contact avec les épines. Le fond de la robe est fauve. Elle peut être bicolore, blanc et orange ou blanc et poil-de-lièvre. Le Grand

Un spécialiste du lièvre et du renard : le Petit Bleu de Gascogne.

Griffon Vendéen mesure de 60 à 63 cm, pour 30 kg.

Le Basset Artésien Normand

Cet excellent chien courant à lièvre convient pour la chasse à tir de la plupart des gibiers, dans la mesure où le terrain n'est pas trop fourré.
Il est issu de croisements réalisés au XIXe siècle entre des chiens d'Artois et de petits chiens courants normands.
Sa tête, massive, porte des oreilles très longues, souples et fines, attachées aussi bas que possible.
Les pattes sont courtes. Le fouet est porté en sabre.
Le poil est court et serré. La robe est tricolore (noir, blanc, fauve) ou bicolore (noir et orange) avec un manteau.

Il mesure de 26 à 36 cm, et son poids se situe aux alentours de 15 kg.

Le Petit Bleu de Gascogne

D'apparence rustique, il a un caractère parfois difficile.
On parvient néanmoins à le discipliner et à le créancer facilement. Collé à la voie, il excelle à la chasse au lièvre et au renard. Sa tête est plus fine et plus allongée que celle du Grand Bleu de Gascogne.
Sa robe, tachetée et truitée de noir sur fond blanc, présente de beaux reflets bleu ardoisé. Le poil n'est jamais laineux ni frisé. La taille varie de 50 à 60 cm, et le poids se situe autour de 15 kg.

Un grand chien à lièvre malgré sa petite taille : le Basset Artésien Normand.

La petite taille du Basset Bleu de Gascogne en fait un redoutable chasseur de lapins.

Le Basset Bleu de Gascogne

Le plus petit des Bleus est très courageux. Il s'engage dans les fourrés les plus épais, d'où l'intérêt évident de la race pour la chasse du lapin. Très fin de nez, c'est un chien qui possède à un degré extrême la passion de la chasse. Il a une voix de hurleur. Sa tête, longue et étroite, porte des oreilles allongées, fines, attachées bas sous la ligne de l'œil. Le poil n'est pas trop fin, bien fourni. La robe, bleue, est marquée de taches noires de taille variable. Il mesure 34 à 42 cm pour un poids de 16 à 18 kg.

Le Petit Gascon Saintongeois

Ses qualités de rapprocheur le font apprécier des chasseurs de sanglier. Il se révèle excellent dans la chasse à tir du chevreuil et du lièvre. Il est très utilisé en petite vénerie, car facile à créancer. Le standard est identique à celui du Grand Gascon Saintongeois, malgré une taille réduite. La tête, longue, porte des oreilles fines et papillotées, attachées sous la ligne de l'œil. La robe est blanc et noir. Il mesure de 50 à 62 cm, et pèse 25 kg.

Le Basset Hound

C'est un excellent chien à lièvre qui peut également chasser le faisan au bois. Sa robe est tricolore. Toutes les couleurs sont admises. Il pèse 18 à 23 kg, pour une taille moyenne de 35 cm.

Le Bruno du Jura

Très intelligent, rustique, opiniâtre, il reste collé à la voie avec une grande sûreté et une très bonne finesse de nez. Sa voix est puissante. Cet excellent lanceur mais aussi bon rapprocheur chasse dans les terrains les plus difficiles. Rien ne l'arrête. A ce titre, il est utilisé pour la chasse en montagne ou en terrain escarpé. Il excelle tout particulièrement au lièvre, au lapin, au chevreuil. Il existe deux types :

– le type Saint-Hubert : la tête est plus lourde que celle du Bruno ; l'œil est mélancolique et le poil serré (brun-rouge, brun-fauve, fauve teinté de noir).
– le type Bruno.

Le Petit Basset Griffon Vendéen

Très courageux, tenace, de petite taille et de caractère broussailleur, il est apprécié des chasseurs de lapins ou de sangliers en terrain sale.
Il s'ameute très bien, mais peut aussi chasser seul ou en paire.
Le museau, long, carré, porte de grosses moustaches au niveau des lèvres. Les oreilles, pas trop longues, sont garnies de longs poils. Elles sont attachées au-dessous de la ligne de l'œil. Le poil, pas trop long, est dur (jamais laineux ni frisé). La robe est blanc et orange, bleu et gris, blanc et noir. Il mesure 35 à 45 cm pour un poids de 18 à 20 kg.

Le Basset Fauve de Bretagne

Ce chien infatigable, très courageux, ne craint pas les terrains fourrés. Rapide et endurant, il excelle à la chasse du lièvre, par paire, ou du grand gibier. Le lapin est une de ses grandes spécialités.
Il s'adapte très bien à la vie en appartement.
Il provient du croisement entre le Basset Griffon Vendéen et le Grand Griffon de Bretagne.
Le poil est dur, épais, dense et jamais laineux. La robe est froment doré ou fauve plus ou moins foncé. Très petit, il mesure 30 à 36 cm.

Le Basset Fauve de Bretagne peut s'engager dans les fourrés pour débusquer lièvres, lapins ou grand gibier.

Le Bruno du Jura (ici type Bruno) est le compagnon irremplaçable des terrains montagneux.

Les gibiers

De la prédation incontrôlée au prélèvement raisonné, qui prend en compte la dynamique des populations, l'éthique du chasseur s'est considérablement affinée depuis une dizaine d'années. Les premiers animaux à avoir bénéficié de cette évolution radicale des mentalités appartiennent aux populations de grand gibier. Le gibier d'eau, malgré les menaces qui pèsent sur son environnement et la pression de chasse excessive enregistrée sur ses aires d'hivernage, ne semble pas en déclin. Ce n'est pas le cas du petit gibier sédentaire, auquel un coup fatal a été assené lors de l'apparition de la myxomatose. Depuis, il a souffert de multiples atteintes : pression de chasse exagérée exercée à l'encontre d'autres espèces que le lapin, pollutions diverses, destruction des biotopes liée à l'urbanisme grandissant et à la modernisation de l'agriculture, perturbations d'origine humaine. Seuls l'aménagement concerté des territoires et leur gestion rigoureuse pourront sans doute un jour, sinon augmenter ses effectifs, tout du moins préserver ses dernières populations naturelles.

et leurs chasses

Le petit gibier à plume

Le petit gibier sédentaire à plume est celui qui a le plus souffert de la modernisation de l'agriculture et des effets dévastateurs du remembrement. Les perdrix sont en perdition dans des régions entières, les populations de faisans naturels n'existent plus qu'à l'état résiduel dans certains secteurs privilégiés... et bien gérés ! Partout ailleurs, le faisan n'est plus représenté que par des oiseaux de tir, pâles reflets d'un gibier magnifique. Pourtant, il s'agit d'une espèce qui pourrait fort bien revenir en force, sachant bénéficier d'aménagements appropriés. Cela

des plaines et des bois

exige du temps, du travail et de l'argent, mais quelle récompense ! Le gibier à plume migrateur semble plutôt bien se porter, bien que les informations manquent concernant les prélèvements effectués et l'importance des contingents migrateurs. La bécasse souffre toutefois d'une pression de chasse accrue depuis la raréfaction du petit gibier sédentaire. Conscients de l'importance d'une gestion appropriée de ses populations, des départements de l'Ouest ont imposé un prélèvement maximal autorisé.

La perdrix grise

Perdix perdix

Fam. : Phasianidés

L'obscurité s'installe lentement sur la grande plaine. Un groupe de chasseurs, dont les silhouettes se découpent en ombres chinoises face au couchant, regagne le village isolé au milieu de l'immensité rase. Quelque part dans un labour, le "Pir-rouit" anxieux d'une perdrix grise se fait entendre... Un coq isolé tente vainement de rassembler les siens, dispersés par la battue.

CHASSER LA PERDRIX GRISE

La chasse devant soi

Bien que la chasse des perdrix grises soit surtout pratiquée en battue dans les grandes plaines rases où l'approche des oiseaux se révèle difficile, voire impossible en milieu de saison, le chasseur habile au chien d'arrêt se promet de magnifiques journées s'il sait tirer profit de sa connaissance des oiseaux.
Si les perdrix groupées sont souvent inabordables à distance de tir, les individus isolés se laissent en revanche bien arrêter par le chien. Il faut donc disperser les compagnies, et les envoyer vers les couverts où les perdrix, plus confiantes, se laissent mieux approcher. Trouver les oiseaux ne présente pas de réelles difficultés lorsqu'on connaît le terrain, les perdrix étant fidèles à leurs habitudes et à leurs cantonnements si elles ne sont pas dérangées.
Elles occupent des milieux différents selon l'heure de la journée et les conditions atmosphériques. Au petit matin, s'il a plu durant la nuit, on les rencontrera dans les plaines de céréales où elles recherchent leur pitance (elles fuient en effet la terre collante des labours). Un vent violent peut les avoir incitées à passer la nuit sous une haie, ou entre deux sillons de labour. Aux heures chaudes de la journée, elles gagnent les parcelles de «verdure» (luzerne, betterave, tournesol), qui offrent une certaine fraîcheur. Il faut toujours éviter d'envoyer une compagnie dans un champ de maïs, qui constitue un refuge inexpugnable.
Cette chasse passionnante est surtout pratiquée à l'époque de l'ouverture lorsque les oiseaux ne sont pas encore trop méfiants. Elle débute par la recherche puis la mise à l'essor (généralement hors de portée) d'une compagnie qui va gagner un couvert.
Le chasseur observe attentivement le lieu de pose des perdrix. Il bat ensuite minutieusement et à bon vent (pour faciliter le travail du chien et éviter que les oiseaux ne piètent trop vite) la zone de couverts où, avec un peu de chance, surtout s'il s'agit de betteraves ou de luzerne, il

L'approche des perdrix grises devant soi, à la billebaude, se révèle très délicate dans les grands espaces découverts. Elle n'est guère envisageable qu'en début de saison, lorsque les oiseaux de l'année ne se méfient pas encore du chasseur !

lèvera les perdrix une à une. En milieu de journée, on peut prospecter les lisières de bois et les coupes claires qui se trouvent à l'intérieur, ainsi que les bordures de haies épaisses.
La pluie peut faciliter cette chasse, les oiseaux décollant plus difficilement. Au contraire, le vent est ennemi du chasseur, la perdrix virant très vite sur l'aile pour partir dans le vent à une vitesse fulgurante. Le chien joue un rôle essentiel. Il arrête les oiseaux dans les couverts, remontant rapidement les émanations de manière à bloquer les piéteurs sans pour cela provoquer leur envol.
Le tir d'une perdrix devant soi ne présente pas de réelle difficulté. Il suffit de «viser dedans» puis de couvrir légèrement, en étant prudent avant de lâcher le coup de feu car le tir est souvent effectué à hauteur d'homme. L'erreur classique, lorsqu'une compagnie décolle «sous les bottes», est de perdre son sang-froid en entendant le fracas des ailes d'oiseaux. On tire alors dans le tas, sans prendre la précaution élémentaire d'ajuster un oiseau, de le laisser filer avant de lâcher le coup de fusil à 25 m. Il est important, surtout si l'on ne dispose pas de chien, de bien noter le lieu de chute de la perdrix dont le plumage mimétique ne facilite pas la recherche.

Les chiens a perdrix

Pointer, Setter Anglais ou **Braque Allemand** sont irremplaçables dans les grandes plaines céréalières en raison de leur quête étendue, de leur esprit de décision et de leur vitesse pour remonter une émanation et bloquer des perdrix. En pays bocager, dans la guarrigue ou le maquis, le **Griffon Korthals**, le **Drahthaar**, l'**Épagneul Breton** ou le **Springer** feront très bien l'affaire. Les chasseurs en battue utilisent souvent les services d'un retriever (**Labrador**) pour retrouver leurs pièces.

La battue

L'extension de la monoculture et le remembrement expliquent la recrudescence des battues au détriment de la chasse devant soi. Cette dernière pratique n'est en effet guère envisageable dans des régions dépourvues de couverts et de relief, le chasseur et son chien étant visibles de très loin par des oiseaux qui se défilent en piétant hors de portée. La battue est un art passionnant mais meurtrier qui ne doit être envisagé que sur des territoires vifs en perdreaux. Elle exige une organisation parfaite et une profonde connaissance du biotope et des habitudes des oiseaux. C'est un magnifique exercice de tir.
Le succès de l'opération repose sur la compétence du directeur de battue, qui doit veiller à respecter certains impératifs.

• La sécurité est prioritaire en raison du grand nombre de participants. Les consignes de tir, très strictes, concernent aussi bien les rabatteurs armés que les chasseurs postés, chaque parti s'abstenant de tirer dans la direction de l'autre à moins de 150 m.

• Le maximum d'oiseaux levés doit franchir la ligne de tir ; sa disposition tiendra compte :
- des itinéraires de fuite habituels et connus des perdreaux ;
- du relief : les chasseurs sont postés derrière des levées de terre, des tranchées ou des haies afin d'échapper à la vue des oiseaux. S'il n'existe aucun obstacle naturel, on dispose des claies ou des paillassons de genêt longtemps à l'avance pour que les perdreaux s'y habituent ;
- du vent : les oiseaux se lèvent toujours face au vent avant de virer sur l'aile et de se laisser filer dans le vent. La ligne de tir doit donc être placée face au vent, pour ne pas courir le risque de voir tous les perdreaux, profitant de l'accélération induite par le courant d'air, s'échapper en retour ou sur les ailes. Si la mise en place de ce dispositif se révèle impossible, les rabatteurs marcheront le plus lentement possi-

ble afin de pousser les oiseaux à la piète jusqu'à proximité de la ligne de tir, où on provoquera leur envol.

• Les perdreaux une fois levés ont toujours tendance à gagner un couvert. L'organisateur placera la ligne de tir entre une zone de culture sur pied et la ligne de traque.

• La ligne de rabatteurs doit adopter une forme de fer à cheval pour concentrer les perdreaux au centre du dispositif et éviter les fuites sur les ailes. Il est judicieux de prévoir des traqueurs armés pour raccrocher les quelques oiseaux qui franchissent inévitablement la ligne en retour ou sur les côtés.

• Le tir sur des oiseaux lancés parfois à 80 km/heure, très difficile, requiert une grande expérience. Le chasseur doit tenir compte de la vitesse de l'oiseau, de sa trajectoire montante ou descendante, de sa position (on le tire devant, derrière, «traversard»), et corriger son tir en conséquence. On rate souvent en tirant dessous ou derrière.

LE ROND DE BEAUCE

Ce mode de chasse est pratiqué dans les grandes plaines découvertes où la chasse au chien d'arrêt ou en battue se révèle impossible.
Les participants encerclent une parcelle d'une soixantaine d'hectares, puis convergent en son centre. Espacés de 150 m au départ, ils stoppent à 40 m les uns des autres. Les oiseaux, bloqués au milieu du dispositif, n'ont d'autre solution que de forcer la ligne de tir.

Les perdrix souffrent particulièrement des périodes prolongées de gel ou d'enneigement .

BIOLOGIE-ÉCOLOGIE DE LA PERDRIX GRISE

Description

On reconnaît la perdrix grise à ses formes rondes et à sa queue courte. Son vol très particulier consiste en une succession de battements d'ailes et de glissés. On note un certain dimorphisme sexuel au niveau du plumage, peu visible à distance.

Sexes	Plumes scapulaires et moyennes couvertures de l'aile	Dessus de la tête	Plastron
mâle	 une seule nervure longitudinale aux contours très nets.	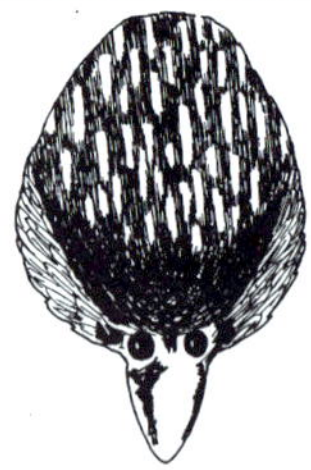 fines rayures	fer à cheval nettement visible, toujours présent.
femelle	 une nervure longitudinale plus diffuse, barrée de deux traits transversaux. Le dessin rappelle une croix de Lorraine.	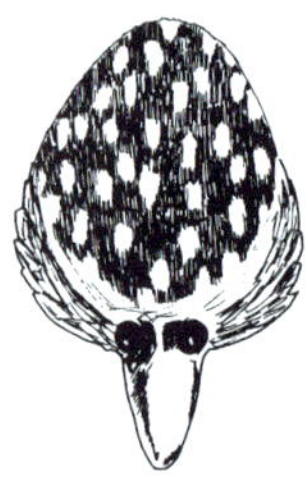 gouttelettes blanchâtres.	fer à cheval absent ou peu visible. Rarement aussi accentué que chez le mâle.

On peut également distinguer, à l'aspect des pattes ou de certaines plumes, un jeune de l'année d'un adulte.

Classes d'âge	Aspect de la pointe des rémiges	Couleur des pattes
jeune	pointue, sombre, aspect neuf 	jaune
adulte	ronde, claire, aspect usé  	gris-vert

L'espèce est reconnaissable en vol à sa queue très rousse, qui contraste avec un plumage paraissant gris. Les ailes sont courtes et arrondies.

L'oiseau mesure en moyenne 30 cm pour un poids de 400 g environ chez le mâle et 350 g chez la femelle. Une sous-espèce, vestige de la dernière glaciation, vit dans les Pyrénées (*Perdix perdix hispaniensis*), dans les landes et les prés entre 1 500 et 2 000 mètres d'altitude. Elle fuit la neige en creusant des tunnels pour se protéger du froid.

Le mâle est appelé coq, la femelle chanterelle, les jeunes pouillards.

Habitat

La perdrix grise est inféodée à un paysage agricole ouvert. C'est l'oiseau des grandes plaines céréalières qui apprécie toutefois une certaine variété, préférant la polyculture à la monoculture intensive. Elle recherche en effet activement les buissons, bois, boqueteaux pour s'abriter des prédateurs et des intempéries, les chemins et talus aux bordures enherbées, non traitées, qui lui offrent une nourriture appréciable (insectes, plantes adventices) et un couvert pour la nidification ; elle se plait dans une mosaïque de champs cultivés offrant refuges, sites de nidification, nourriture (maïs, tournesol, colza, luzerne, blé). L'exploitation en petites parcelles diversifiées est de loin préférable aux immenses blocs de monoculture. La nature du sol est très importante ; un sol argileux qui ressuie mal forme des boules de terre aux pattes des poussins. Le terrain doit être sain et filtrant, de type limoneux.

Régime alimentaire

Il varie selon l'âge, la saison et le milieu. Les poussins se nourrissent durant les trois premières semaines de protéines animales, essentiellement des insectes. Ils apprécient surtout les fourmis, pucerons ou sauterelles. D'autres invertébrés, comme les araignées, sont consommés. Les traitements insecticides «performants» risquent donc de supprimer une source de nourriture vitale à l'espèce durant son premier âge. L'adulte consomme durant tout l'été et une partie de l'automne quelques insectes, énormément de graines de céréales (plus de 50 %), des graines de graminées sauvages, des feuilles de légumineuses. L'hiver venu, ces mêmes feuilles de légumineuses ainsi que les pousses de céréales d'hiver constituent l'essentiel de son menu qui se diversifie au printemps avec les plantes adventices, les bourgeons, les fleurs et les premiers insectes.

Reproduction

Les compagnies se dissocient à la fin de l'hiver (février-mars), parfois dès le mois de décembre si les conditions climatiques sont clémentes. L'époque des parades débute par de furieux combats entre mâles. C'est la femelle qui choisit l'élu de son cœur. Le coq est monogame. Un couple formé une année peut se retrouver l'année suivante, si l'un des partenaires n'a pas disparu. Il n'est jamais créé à partir d'oiseaux appartenant à une même compagnie. Le couple part ensuite en quête d'un territoire qu'il va disputer à d'autres oiseaux. S'il ne trouve rien à sa convenance, il migre vers un autre domaine. Le territoire est défendu avec acharnement par le coq, qui lance, tête dressée et plumage gonflé, son célèbre «Pir ouit !» pour en indiquer les limites. Tout intrus est impitoyablement chassé. Il arrive pourtant qu'un troisième larron se joigne au couple pour former un trio. Il s'agit du coq «bourdon», dont on a longtemps cru qu'il perturbait le bon déroulement de la reproduction. Pour cette raison, il était fréquemment piégé ou abattu à la carabine. En fait, s'il est poursuivi durant la couvaison par le mâle jusqu'à une distance limite d'environ 30 m, il est fort bien accepté par la suite. Les scientifiques reconnaissent actuellement son rôle bénéfique. Il remplace le mâle dominant si ce dernier meurt, apporte sa contribution à l'élevage des jeunes, ajoute sa vigilance à celle des adultes.

Le territoire d'un couple, qui correspond au site de nidification, est choisi en fonction de critères précis : tranquillité et abri (le nid est aménagé dans une récolte en cours de croissance : luzerne, trèfle, céréales d'hiver, en lisière, sur la bordure enherbée d'un chemin, le long d'une haie ou d'un buisson), toujours à proximité d'un point de repère, surtout dans les grandes plaines rases. Il peut également être placé sur la zone d'interface entre deux cultures. Les oiseaux recherchent en effet un milieu riche en insectes, qui constituent la nourriture de base des poussins. Le nid est une simple excavation sommairement rembourrée de feuilles et d'herbes sèches. Seule la femelle couve les 15 à 18 œufs qui y sont déposés, le mâle assurant la surveillance du nid. La durée d'incubation est de 24 jours. Les poussins, nidifuges, accompagnent ensuite leur mère à la recherche de nourriture. La qualité du sol, qui doit être sain et filtrant, revêt une importance primordiale durant cette période, les poussins pouvant être paralysés dans leurs déplacements par les boules de terre qui collent aux pattes.

Comportement

Comme la perdrix rouge, la «grise» est fidèle à ses habitudes et à son territoire. L'oiseau, et plus particulièrement le coq, peut toutefois émigrer au printemps, lorsque la capacité territoriale d'accueil des couples reproducteurs est atteinte. Elle le sera d'autant plus vite que le paysage, uniforme, offre peu de sites de reproduction. En cas de mauvaise reproduction, les couples peuvent se regrouper en bandes très importantes qui font parfois croire à une bonne réussite des couvées alors qu'il n'en est rien. Les périodes de froid intense provoquent également ces rassemblements, parfois en début d'année alors que les bandes s'étaient déjà dissociées en prévision de la reproduction.

Le pouillage, observé fréquemment chez les perdrix, n'est pas seulement destiné à débarrasser l'oiseau de ses parasites. Il aurait également une signification sociale.

La perdrix grise est grégaire. Lorsque les «volées» ont été dispersées par une journée de chasse, le coq, dressé sur une motte de terre ou un quelconque monticule, rappelle les membres de la compagnie au crépuscule. Comme la perdrix rouge, la grise est un oiseau piéteur qui vole également très vite. Toutefois, il est rare qu'elle se branche.

Répartition

On rencontre la perdrix grise dans de nombreux pays européens, à l'est jusqu'en Pologne, en Ukraine, et sur les bords de la mer Noire, au nord en Norvège, en Écosse, en Islande, au sud en Grèce et sur les bords de l'Adriatique.

CHASSER LA PERDRIX DANS LE MONDE

Maroc

La chasse de la perdrix gambra *(Alectoris barbara)* est ouverte du 29 septembre au 8 mars sur les territoires gérés par des organismes spécialisés. La taxe d'abattage est fixée à 150 F par oiseau au-delà du quota prévu qui est de 10 perdreaux sur les mêmes territoires. Pour le chasseur résident, le prélèvement maximal autorisé est généralement de 6 perdreaux. Des battues sont organisées pour les touristes, où 200 à 300 oiseaux sont tirés journellement par des groupes de 10 fusils (il faut signaler toutefois qu'il s'agit souvent de gibier fraîchement lâché). Le chasseur qui a la chance d'être invité par un résident découvrira une quête autrement plus sportive et passionnante en poursuivant la gambra dans les montagnes du Rif et de l'Atlas. L'oiseau présente alors le même comportement que la bartavelle. Sa chasse exige de très durs efforts physiques... mais quel régal !

Yougoslavie

On chasse la perdrix grise surtout devant soi, du 16 septembre au 5 janvier. La taxe d'abattage est fixée à 130 F par perdrix.

Bulgarie

La chasse est ouverte du 1er octobre au 30 novembre. La taxe d'abattage est fixée à 15 F par oiseau. La perdrix grise est chassée devant soi ou en battue. 2 jours de chasse reviennent à 8 000 - 10 000 F.

Hongrie

Chaque perdrix prélevée revient à 150 F. Elle est chassée le plus souvent devant soi, du 1er septembre au 31 décembre.

Pologne

La perdrix grise peut être chassée du 11 septembre au 21 octobre, devant soi exclusivement. Un plan d'abattage est prévu avec un maximum de 75 perdrix pour 3 jours de chasse, qui reviennent à environ 8 000 F.

La chasse de la perdrix gambra, dans les montagnes du Rif au Maroc, est l'une des plus belles et des plus sportives qui soient. Elle se déroule dans un cadre incomparable.

GESTION-AMÉNAGEMENTS

Les menaces qui pèsent sur la perdrix grise, les causes de mortalité

La perdrix a fait l'objet d'études très poussées concernant sa biologie et la dynamique de ses populations, afin d'apporter des solutions à sa régression alarmante en de nombreuses régions. L'Office National de la Chasse a effectué des travaux remarquables : ses techniciens proposent de nombreux aménagements pour limiter les pertes entraînées par le bouleversement des biotopes et une agriculture intensive.

Le taux de mortalité naturelle de la perdrix grise adulte est de 5 % pour les mâles et 10 % pour les femelles l'été. Il passe de 25 à 40 % l'hiver, hors chasse. Le taux de reproduction, faible, varie de 2 à 6 jeunes par poule sur 14 œufs pondus.

Le remembrement

Il entraîne la disparition des haies, buissons, boqueteaux qui offrent abri et source de nourriture, la rationalisation des chemins d'exploitation dont les bordures enherbées sont arasées. La perdrix souffre beaucoup du bouleversement des biotopes.

Les pertes dues aux conditions climatiques

De mai à juillet, les violents orages détruisent les couvées par noyades. Les intempéries agissent indirectement en paralysant les poussins dont les pattes sont engluées par des boules de terre, et en les privant de leur nourriture essentielle, les insectes, qui sont peu actifs par températures basses.

De novembre à mars, les adultes souffrent de la neige et du gel. On considère que les secteurs recevant en moyenne 450 mm de précipitations sont favorables, et deviennent défavorables au-delà de 750 mm.

Les prédateurs

Il est logique que leur nombre augmente lorsque des aménagements bien conçus favorisent le maintien d'une forte densité d'oiseaux. Il est important, surtout lors d'une opération de repeuplement, de piéger. Les plus dangereux semblent être le renard, le chien errant et le chat haret qui se spécialisent sur des proies vulnérables nouvellement introduites. La corneille noire est une pilleuse de nids. L'autour est un prédateur actif de la perdrix, surtout par temps de neige. Le busard Saint-Martin capture à l'occasion jeunes et adultes, ainsi que la buse, pourtant piètre chasseur. Fouine, belette, hermine et rat sont des prédateurs occasionnels des jeunes perdreaux, ainsi que le hérisson qui peut détruire des œufs.

Limiter les prédateurs

Si les aménagements ont favorisé une augmentation significative des populations de perdrix, le nombre des prédateurs va augmenter et ces derniers vont se spécialiser dans la capture des gallinacés. Le piégeage est donc nécessaire, au niveau de chaque aménagement (bande abri, buisson abri, poste d'agrainage), à l'aide de boîtes à fauves, cages à corvidés, faux nids piégés, piégeage en jardinet (surtout dans les îlots de nidification). Les rapaces peuvent être effarouchés à l'aide de boules de verre dont l'intérieur est revêtu d'un enduit métallique, fixées au sommet de perches de 3 m.

Les maladies et infestations parasitaires

Moins fréquentes que dans les élevages, elles sont favorisées par l'aggravation des conditions climatiques.

• Le picage et le cannibalisme : surtout observés en enclos, ces comportements proviennent d'une carence en certains éléments.

• La syngamose : maladie parasitaire due à un ver nématode, elle provoque la mort par étouffement. C'est la maladie de «baille-bec». Le couple de parasites forme un Y qui obstrue la trachée.

• L'histomanose : un protozoaire provoque des perforations du foie, entraînant la mort en une à deux semaines.

• La coccidiose : ces parasites affectent les jeunes perdreaux âgés de huit semaines à trois mois, surtout les années humides.

• Les strongyloses : ces petits vers ronds rongent les parois des cœcums.

Les pertes accidentelles

Qu'il s'agisse de la pression de chasse, des destructions occasionnées lors des récoltes, des collisions avec des véhicules ou des fils électriques, elles viennent largement en tête des causes de mortalité.

• Le machinisme agricole : surtout néfaste lors de la récolte des fourrages. Il peut déranger, et même détruire les œufs et la poule. Les pertes subies affectent parfois 60 % des nids lors de la récolte de luzerne.

• Les traitements agricoles : insecticides, rotendicides, herbicides empoisonnent les oiseaux par ingestion directe (stérilité, mort des embryons dans l'œuf), et ont des effets néfastes indirects : destruction des insectes, nourriture de base des poussins, et des plantes adventices prisées des adultes. Certains insecticides inoffensifs lorsqu'ils sont enfouis, deviennent très dangereux épandus au sol.

• Le brûlage des chaumes ou le broyage des pailles après la moisson : ces pratiques tuent de nombreux oiseaux qui trouvent refuge dans les andains.

• L'irrigation : noie les couvées à l'aide de canons arroseurs et de rampes de 600 m. Elle est dévastatrice au mois de juin, autant que les violents orages.

Les aménagements

La mise en œuvre d'aménagements spécifiques dépend de la configuration des territoires, de la bonne volonté des exploitants agricoles, des disponibilités financières du possesseur du droit de chasse. La plupart des sociétés communales ne peuvent relever un tel défi. On peut améliorer la capacité d'accueil des biotopes sans soustraire des parties de terrain à l'activité agricole, ce qui entraîne des dédommagements. Cette démarche constitue pourtant un préliminaire nécessaire à toute opération de repeuplement.

Améliorer les biotopes

Il est important de maintenir ou de créer tous les éléments contribuant à diversifier le milieu.

- Conserver les réseaux de chemins ruraux dont les bordures enherbées, qui seront broyées en mars pour favoriser la repousse de l'herbe, offrent d'excellentes possibilités de nidification et des insectes pour les poussins. S'ils sont suffisamment longs, les chemins peuvent être coupés en deux parties, l'une réservée pour le passage des engins agricoles, l'autre laissée en friche.

- Sauvegarder les boqueteaux, bois, buissons et quelques friches. Les grands bois supérieurs à 4 ha sont moins favorables qu'une répartition judicieuse de petits bosquets inférieurs à 2 ha. Le territoire ne doit pas comporter plus de 10 % de surface boisée.

Réalisation d'un aménagement type destiné à la perdrix grise : le poste d'agrainage

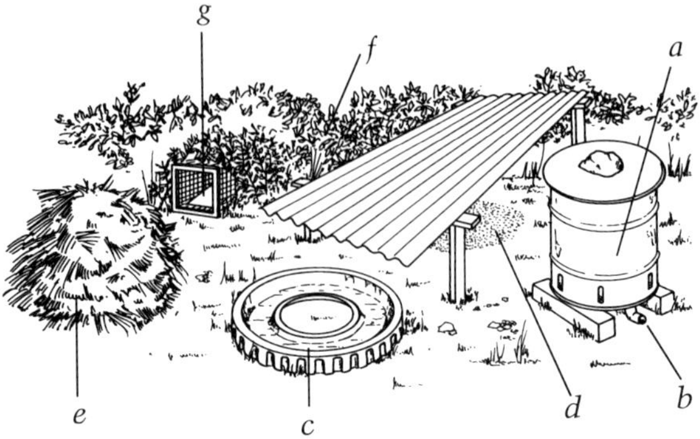

a - Agrainoir
b - Tuyau contenant du blé empoisonné pour les rongeurs
c - Pneu abreuvoir
d - Sable fin ou cendres pour l'épouillage
e - Fumier
f - Buissons formant éventuellement une aire de reproduction
g - Boîte à belettes

– Les haies existantes doivent être taillées régulièrement, et ne pas dépasser une hauteur de 2 m. Elles offrent ainsi un refuge contre les intempéries et les prédateurs. Les grands arbres doivent être coupés sur ce type d'aménagement, pour ne pas servir de poste d'observation aux prédateurs ailés. Dans les plaines rases sans bois ni boqueteaux, la mise en place de buissons est indispensable. Répartis tous les 100 m environ, en bordure de chemin, à des coins de cultures qui ne gênent pas l'exploitant, au pied d'un poteau électrique, leur surface n'excède pas 10 m^2. Ils rompent l'uniformisation du paysage et offrent un refuge contre les intempéries et les prédateurs. Ils seront souvent des points de repère pour les oiseaux qui établissent leur nid à proximité.

- Les lisières de bosquets peuvent être recépées régulièrement sur 2 à 3 m.
- Mettre en place un réseau de friches d'angles, qui correspondent à toutes les parties difficiles à exploiter, entretenues par broyage en fin d'hiver.

La perdrix grise apprécie modérément les prairies, qui doivent représenter moins de 20 % de la surface totale exploitée. Les cultures, essentielles à sa survie, représentent au moins 80 % de la surface totale dont 60 % de céréales. Une mosaïque de cultures réparties en parcelles de taille réduite (6-9 ha) est de loin préférable aux blocs de monoculture. On augmente ainsi les effets de lisière, favorables à la prolifération d'insectes et à la pousse de plantes adventices. Les ruptures d'assolement augmentent l'effet de lisière. Il s'agit d'implanter des bandes de culture dont la largeur correspond à celle des engins agricoles de l'exploitation, au milieu de parcelles supérieures à 20 ha, d'un seul tenant. On crée des possibilités de nidification supplémentaires, les perdreaux répugnant à installer leurs nids à plus de 30 m à l'intérieur des cultures. Il peut s'agir d'une bande de luzerne ou de trèfle dans du maïs, d'une parcelle de maïs au milieu d'un blé.

Offrir des zones de couvert supplémentaires par une modification des assolements

- Le semis d'engrais verts (moutarde, maïs fourrager) après les moissons, sitôt le déchaumage effectué, offre en quelques semaines un couvert de qualité, qui apporte nourriture et fraîcheur en été.
- Les cultures dérobées sont très efficaces. On sème en même temps blé et luzerne. La céréale se développe plus vite. Sitôt le blé récolté, la luzerne pousse, offrant un excellent couvert riche en nourriture (insectes).

La bande abri : elle offre un couvert de qualité aux perdrix dès le démarrage de la végétation au printemps, jusqu'à son broyage, en fin d'hiver, qui favorise la repousse. Large d'environ 5 m, elle est semée en lisière d'une culture, sur son côté le plus long, généralement en luzerne, trèfle, ou en mélange des deux.

Un buisson fourré d'essences à feuillage persistant peut être implanté dans les 80 m. Certains lui reprochent sa disposition, qui peut créer un couloir de prédation. Elle constitue néanmoins un excellent site de nidification, riche en insectes pour les poussins, car bien entendu non traité, et en plantes adventives pour les adultes. Elle protège les oiseaux des intempéries l'hiver, et leur offre une nourriture substantielle.

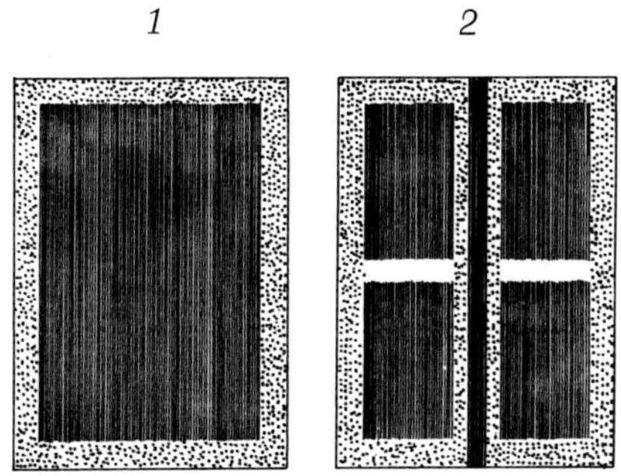

Rupture d'assolement
1) Parcelle de blé d'hiver.
2) Une bande de maïs est placée au centre de la culture, afin de rompre la monotonie du paysage et de créer un effet de lisière favorable au développement d'insectes.

L'îlot de nidification (ci-dessous) : la répartition judicieuse d'îlots de nidification tous les 100 m en bordure de champs limite l'émigration des couples. Les poussins y trouvent leur nourriture, et les adultes un refuge hivernal. Il réunit cinq cultures :

- avoine (23 m^2) qui offre un aliment énergétique et de chauffe lors de la reproduction ;
- maïs (18 m^2) protège contre le vent et les intempéries ;
- chaux (8 m^2) offre une protection contre la pluie ;
- luzerne (27 m^2) riche en insectes ;
- féverolles (21 m^2) couvert et riche en insectes.

L'îlot doit bien entendu être piégé pour limiter l'impact de la prédation.

Le poste d'agrainage : réparti tous les 200 m (tous les 10 ha) en lisière de haie ou de boqueteaux, en bordure de chemin, il comprend :

- 1 tôle abri pour protéger des intempéries, en position inclinée ;
- 1 agrainoir suspendu ;
- 1 bac abreuvoir, dans le but de récupérer l'eau ;
- 1 tas de sable pour le ressui des pattes après la pluie, sur les territoires à terre lourde.

Un buisson d'essences à feuillage caduc (épine noire) et persistant : troène, symphorine, chèvrefeuille, laurier-cerise, thuya, fusain.

Un réseau de cultures à gibier peut éventuellement être mis en place, qui offre abri et nourriture. Il doit être complémentaire du milieu ambiant (céréales en région bocagère où les prairies dominent, luzerne ou trèfle en régions céréalières), mélange des deux dans les vignes, la garrigue, le maquis.

Limiter les pertes accidentelles

- Lors de la récolte des fourrages, attaquer les parcelles par le centre, pour aider la fuite du gibier sur les côtés.
- Installer des systèmes d'effarouchement à l'avant des faucheuses (barres d'envol). La récolte des luzernes destinée à la déshydratation est meurtrière, car les engins travaillent à vive allure. On compte environ 60 % de perte parmi les nichées contre 20 % lors du fauchage de fourrage à vitesse normale. Il est donc recommandé de parcourir les parcelles avec un chien d'arrêt afin de récolter les œufs.
- Éviter le brûlage des chaumes (les oiseaux se réfugient dans les andains) et broyer les pailles pendant la moisson.
- Éviter l'emploi d'insecticides et d'herbicides en bordure des parcelles, sur une profondeur de 10 m.

La barre d'envol, grâce aux chaînes qui traînent par terre, permet de faire fuir le gibier lors des travaux de récolte.

La gestion des populations

Pour appliquer un plan de chasse cohérent, il faut connaître la densité des cheptels et la structure des populations. On pratique donc des comptages avant chasse.

• Sur les territoires de moins de 500 ha, un recensement intégral des oiseaux est effectué, grâce à une battue de ratissage à blanc. Des observateurs mobiles, dont l'un note les oiseaux qui s'enfuient, poussent les perdrix vers des observateurs fixes placés en des endroits stratégiques.

• Sur les très grands territoires, le recensement est effectué sur une bande échantillon, représentative de l'ensemble des assolements du domaine étudié. Ces opérations sont effectuées en mars-avril et concernent les couples reproducteurs.

• Pour estimer la réussite de la reproduction, on effectue des comptages en août-septembre, qui nécessitent plusieurs sorties matin et soir afin d'observer les oiseaux sur leurs lieux de gagnage. On peut pratiquer la méthode de l'Indice Kilométrique d'Abondance, qui consiste à évaluer le nombre de perdreaux présents par rapport à une certaine unité de distance parcourue en voiture. Les observations sont effectuées à la longue vue grossissant 60 fois.

L'établissement du plan de chasse

Lorsqu'on n'a pas pu réaliser des séries de comptages printaniers ou estivaux, la conduite à tenir concernant la saison de chasse en cours sera déterminée par l'analyse du tableau réalisé lors de la première chasse.

Le prélèvement n'est envisageable que si le nombre de jeunes de l'année atteint ou dépasse celui des adultes.

CALCUL DU PLAN DE CHASSE

% jeunes/adultes	Prélèvement possible
nombre des jeunes = adultes	1/4 de la population totale
2 fois plus de jeunes que d'adultes	1/3 de la population totale
3 fois ou plus de jeunes/adultes	1/3 de la population totale

Le repeuplement

Il est envisagé pour étoffer une population, compenser une année de mauvaise reproduction ou regarnir un territoire stérile. Toute opération de repeuplement doit s'appuyer sur une analyse des causes de raréfaction du gibier. La régression des populations peut provenir d'une pression de chasse excessive, ou d'une mauvaise capacité d'accueil d'un territoire. Avant toute réimplantation, il est important de réaliser les aménagements nécessaires et de réguler les prédateurs. On s'interdira tout prélèvement jusqu'à l'installation définitive d'oiseaux naturels, qui demande au moins deux ans. La réussite de l'opération dépend également de la qualité des oiseaux, qui doivent provenir d'élevages sérieux. Élevés dans de grandes volières, ils seront bien emplumés, exempts de traces de picage et auront un bec intact. Si la population naturelle est évaluée à 4-5 couples reproducteurs/100 ha, il est inutile de procéder au lâcher d'oiseaux... mieux vaut gérer sagement le cheptel !

Le taux de cantonnement et de survie est de 50 à 70 % dans les deux mois qui suivent le lâcher, si celui-ci a été effectué dans de bonnes conditions, et pour des oiseaux âgés de 10-12 semaines introduits l'été. Il est évalué à 10-20 % au printemps suivant et 5-10 % un an plus tard.

Les techniques de lâchers

Le lâcher de reproducteurs en début d'année ne donne pas de très bons résultats puisque le taux de cantonnement n'est que de 50 % quelques mois plus tard. Les oiseaux, vulnérables et déracinés, sont chassés des territoires favorables de nidification par les couples naturels.

L'idéal est d'introduire au milieu du mois d'août, lorsque les 2/3 des moissons ont été effectués, des perdreaux âgés de 10-12 semaines.

Les oiseaux doivent impérativement séjourner dans un parc de prélâcher, installé sur le territoire où se déroule l'introduction. Cette volière est mise en place en lisière de haie ou de boqueteau, à l'angle d'un bois, toujours à proximité d'un couvert protecteur tel que parcelle de betterave, de maïs, de topinambour ou de tournesol. De forme carrée ou rectangulaire, sa superficie est de 16 m^2 pour 20 à 25 oiseaux. Les panneaux sont grillagés, le toit est un filet de volière. L'ouverture s'effectue par une trappe coulissante reliée à une corde de 20 à 30 m de long. Un toit de tôle couvre une partie de l'ensemble afin de protéger les perdrix des intempéries. Les oiseaux sont lâchés au bout du troisième ou du quatrième jour par fractions de 4 à 5 chaque jour, le matin, dans la plus grande discrétion.

Afin d'éviter des regroupements de perdrix, qui favorisent un comportement erratique, les volières sont placées à plus de 400 m les unes des autres, et séparées par un écran végétal, haie ou couvert (maïs, tournesol).Il arrive que des couples d'oiseaux naturels manifestent leur désir d'adoption en tournant autour de la volière, ou en se perchant sur le toit. Les jeunes perdrix sont alors lâchées le plus vite possible. Prises en charge par des oiseaux sauvages, elles auront d'autant plus de chances de survivre à leur introduction dans un environnement inconnu.

La perdrix rouge

Alectoris rufa

Fam. : Phasianidés

Soudain, une silhouette rousse décolle dans un fracas de battements d'ailes, avant de plonger dans le vide. Un coup de feu claque ; foudroyé en plein ciel, l'oiseau emporté par sa vitesse rebondit longuement de rocher en rocher. Dans un petit coin de maquis corse, un chasseur heureux vient ramasser sa prise.

CHASSER LA PERDRIX ROUGE

Cette chasse a ses fervents adeptes. C'est par excellence une chasse devant soi, s'exerçant souvent sur un terrain magnifique et difficile, que la perdrix rouge sait utiliser à merveille pour échapper au chasseur.

L'action de chasse est identique à celle décrite pour la perdrix grise, et toute la difficulté est de bloquer ces diables d'oiseaux qui piètent à toute allure au travers les fourrés les plus épais ou dans les pentes les plus raides. Les compagnies de «rouges» se disloquent plus facilement que les «grises». La partie n'est pas gagnée pour autant. Un individu isolé, dont on a suivi des yeux le vol, est rarement situé là où il s'est posé. Il gagne généralement un couvert à la piète, où il se tapit. Dans le bocage, il se réfugie souvent dans une haie qu'il peut longer sur une centaine de mètres avant de s'y engouffrer. Il peut aussi fuir le danger en se branchant au sommet d'un arbre, situé au milieu d'un boqueteau.

La perdrix rouge est chassée en battue en Espagne. Il semble pourtant que les vrais plaisirs de cette chasse soient ceux d'une quête devant soi en montagne, accompagné d'un chien d'arrêt. Dans ces conditions, l'oiseau révèle ses extraordinaires capacités et offre l'occasion de magnifiques coups de fusil. Poursuivre une compagnie de perdrix rouges à travers le maquis corse, ou la perdrix gambra dans les «djebels» marocains, est un plaisir incomparable. Les oiseaux savent se réfugier dans des zones de maquis inextricables, ou prendre leur envol pour franchir d'un coup d'ailes une vallée.

Le chasseur n'a plus qu'à dévaler la pente, avant d'entamer à nouveau une pénible ascension !

Le chasseur de perdrix rouges ne doit pas craindre les longues randonnées à travers des terrains difficiles pour rechercher ces oiseaux exceptionnels.

BIOLOGIE-ÉCOLOGIE DE LA PERDRIX ROUGE

Description

D'une taille légèrement supérieure à la perdrix grise (longueur totale : 32 cm pour un poids de 350 à 600 g), la perdrix rouge est reconnaissable aux magnifiques coloris de son plumage, identiques chez les deux sexes. La bavette blanche est bordée par un collier noir diffus qui se prolonge vers la poitrine en taches et rayures sombres, et remonte jusqu'à l'œil. On la distingue de la perdrix bartavelle grâce à ce collier qui, chez cette dernière, montre un contour très net, et grâce aux plumes des flancs. On note chez la perdrix rouge une seule bande noire épaisse au lieu de deux plus fines chez la seconde espèce, séparées par un espace blanchâtre.

L'œil est entouré de rouge. Bec et pattes sont rouge corail. Le dessus de la tête est gris. Le dos, brun-rouge, contraste avec la poitrine gris cendré. La distinction des sexes est très délicate. L'observation de la pointe des rémiges permet de déterminer la classe d'âge de l'oiseau.

ERGOT

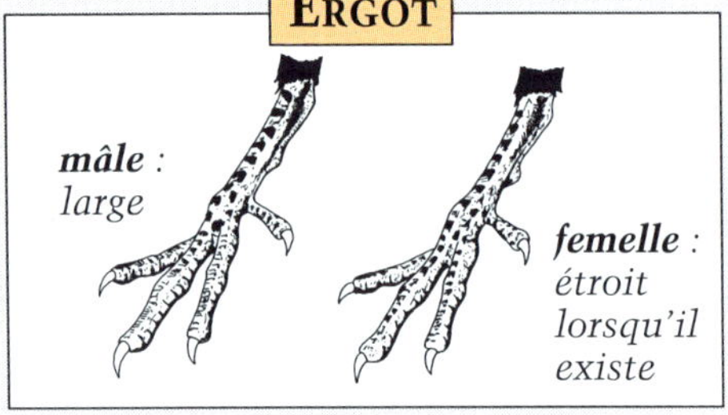

EXTRÉMITÉ DES RÉMIGES

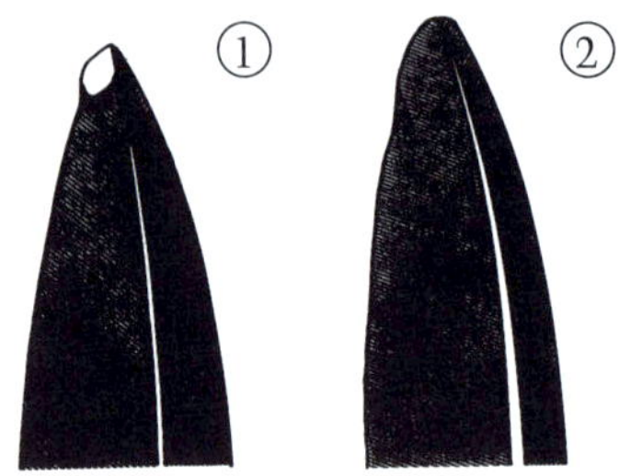

jeune de l'année ①	tache blanche à l'extrémité des rémiges, aspect neuf de la plume.
perdrix adulte ②	aspect usé de la rémige absence ou vestige de tache blanche.

PLUMES DES FLANCS CHEZ TROIS PERDRIX

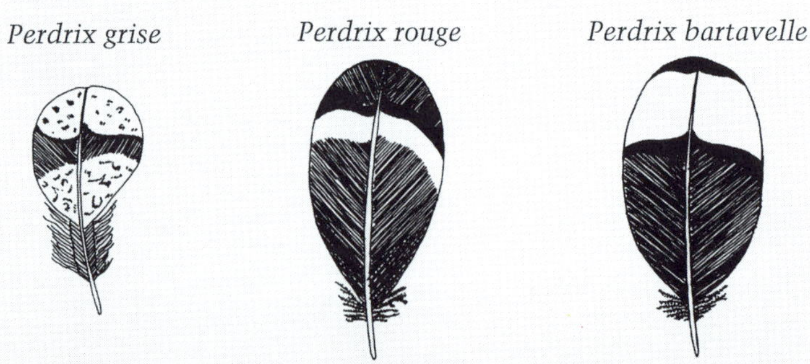

COMPARAISON DES DESSINS DE LA TÊTE CHEZ PLUSIEURS ESPÈCES DE PERDRIX

Perdrix grise — *Perdrix rouge* — *Perdrix bartavelle* — *Perdrix chukar*

Habitat

Beaucoup moins inféodée à l'agriculture que la perdrix grise, la perdrix rouge est l'oiseau typique du bocage où alternent bois, cultures, bosquets, ainsi que des paysages méditerranéens : terrains rocailleux couverts d'une végétation buissonnante, maquis, garrigue entrecoupée de vignes et de quelques cultures. Elle cohabite fréquemment avec la perdrix grise dans le bocage. Quelques îlots subsistent en Normandie, en région parisienne et en Sologne, ainsi qu'en Bretagne, bien que l'espèce soit surtout présente au sud de la Loire.

Régime alimentaire

Il est semblable à celui de la perdrix grise : insectes et divers invertébrés, graines de céréales et de graminées sauvages, jeunes pousses, feuilles vertes de légumineuses et de plantes adventices, baies.

Reproduction

Les couples sont formés à partir d'avril. Le nid est aménagé à terre, dans une petite dépression garnie d'herbes sèches et de feuilles située sur un bas-côté enherbé, à proximité d'un buisson, d'une haie, en bordure d'un champ cultivé.

La femelle pond en mai 10 à 15 œufs qui incubent en 24 jours. Le mâle participe à la couvaison, contrairement à la perdrix grise. Les poussins, nidifuges, resteront groupés en compagnie avec leurs parents jusqu'au printemps suivant. Si le nid est détruit, une deuxième couvée de recoquetage peut avoir lieu, comportant moins d'œufs (7 à 8).

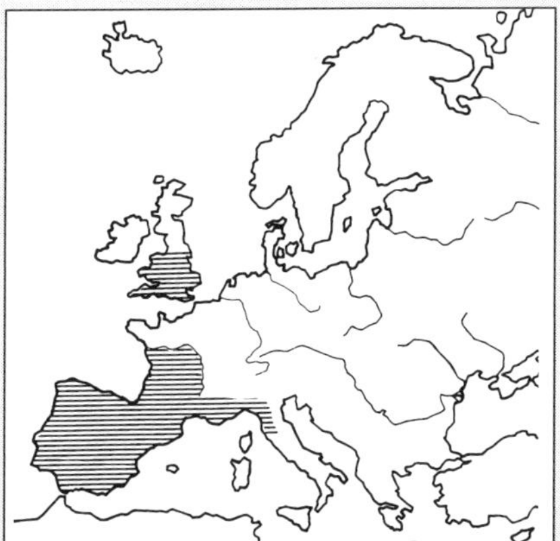

Comportement

La perdrix rouge est un rusé piéteur qui se faufile avec une rare habileté dans les fourrés pour fuir un danger.

Elle se perche fréquemment sur une murette de pierre ou un arbre.

Répartition

La perdrix rouge habite la moitié sud de la France, une partie de l'Angleterre (où elle a été introduite en 1770), la péninsule Ibérique, le nord des Apennins.

Le faisan

Phasianus colchicus

Fam. : Phasianidés

Le véritable faisan de chasse est originaire d'Asie, plus exactement des rives du Phase d'où, selon la légende, il aurait été rapporté en Europe par Jason et les Argonautes. Il a vraisemblablement été introduit en France dès le IXᵉ siècle. Pendant longtemps, il fut présent seulement dans quelques belles chasses royales de l'Ile-de-France. Sa facilité d'élevage a favorisé ensuite son essaimage.

CHASSER LE FAISAN

Le faisan est le gibier de tous les contrastes. Il peut offrir une chasse passionnante, qui requiert une grande habileté au tir, une excellente connaissance du territoire et des habitudes de l'oiseau, les services d'un chien courageux à la ronce et suffisamment habile pour déjouer ses ruses. Dans la plupart de nos chasses, il s'agit malheureusement d'une volaille de tir lâchée le matin même, sans intérêt. Incapable de se défendre, il est massacré à bout portant... quand il ne périt pas misérablement sous la dent d'un chien expérimenté ! Le vrai faisan, celui qui vole haut et vite, acquiert son plumage définitif vers la mi-octobre, période avant laquelle il faut s'interdire de le chasser.

Dans les îles Britanniques où il est considéré comme un gibier de choix, le faisan occupe souvent un milieu de landes à bruyère ou de tourbières.

La chasse devant soi

Elle consiste à prospecter minutieusement les secteurs favorables au faisan, qui diffèrent selon l'heure de la journée. Le matin à l'aube ou en fin d'après-midi, l'oiseau se tient généralement sur ses lieux de gagnage. On explore donc les couverts situés à proximité des champs de betteraves, de maïs, de luzerne, de tournesol, les friches et les jeunes coupes. En milieu de journée, il convient de prospecter les secteurs forestiers, à proximité des lisières ou des layons, les taillis et fourrés denses, les landes boisées, la végétation épaisse des bordures d'étang. On nc peut guère apprécier cette chasse sans un excellent chien d'arrêt. Le faisan (surtout le coq) est doté d'une étonnante faculté à utiliser toutes les ressources du milieu pour échapper à son ennemi. Il piète avec une rare habileté et une extrême rapidité parmi la végétation inextricable, se tapit lorsqu'il a été dépassé pour repartir en sens inverse, entrecroisant sa voie d'une telle manière que seul un grand chien d'arrêt peut en démêler l'écheveau. Il ne se laisse bloquer que sous la truffe du chien. Le chasseur doit alors conserver son calme face au départ inattendu et à l'envol bruyant du faisan. Les principales causes de ratés sont l'excès de précipitation (tirs trop rapides) et la

LES CHIENS A FAISANS

Qu'il s'agisse de chiens d'arrêt ou de leveurs de gibier, ils ne doivent pas craindre les épines, être fins de nez et montrer de réelles qualités de retriever. Les races les plus adaptées semblent être les **Setters** (Anglais, Gordon, Irlandais), **Épagneuls**, **Cockers** et **Springers**, **Drahthaar** et **Griffons Korthals**. En battue, le **Labrador** est irremplaçable.

mauvaise estimation de la taille réelle de l'oiseau en raison de la dimension de la queue, qui fait tirer trop bas et trop en arrière. Si le tir en plaine n'offre pas de réelle difficulté, il n'en va pas de même sous bois, où l'oiseau monte brutalement en chandelle, cherchant à se dissimuler le plus vite possible parmi les troncs. Sitôt la cime des arbres atteinte, il entame un vol horizontal qui le conduit vers une prochaine remise. Le tireur doit bien observer le lieu de pose de l'oiseau. Un faisan blessé légèrement fuit le danger à toute allure en piétant dans les fourrés les plus denses, sitôt au sol. Seul un excellent retriever pourra alors le retrouver. Le chasseur doit également être attentif à la réaction de l'oiseau à l'instant du tir, qui «emporte» très bien le plomb, et observer longuement son vol s'il semble avoir été raté. Le faisan peut en effet monter soudain en chandelle ou se mettre à battre frénétiquement des ailes sur place, signe qu'il est atteint aux yeux. Attention aux oiseaux qui plongent brutalement au coup de fusil... ils ne sont souvent que désailés !

LA CHASSE EN BATTUE

Pratiquée depuis longtemps dans les grandes chasses royales puis présidentielles, la chasse en battue du faisan permet de réaliser des coups de fusil extraordinaires. Elle nécessite un certain aménagement des territoires, car le faisan répugne souvent à s'envoler devant une ligne de traqueurs. Il préfère en effet piéter pour fuir le danger, ou se dissimuler dans les fourrés afin de laisser passer les rabatteurs et s'esquiver en retour. La nature du sous-bois doit obliger les oiseaux à passer au-dessus de la ligne de tir à une vitesse et une hauteur maximales. Les enceintes de traque auront donc une configuration destinée à augmenter la difficulté du tir. Leur largeur n'est pas inférieure à 200 m et leur longueur n'excède pas 600 m (sinon, les faisans auront tendance à s'enfuir en retour). Elles sont entourées de taillis régulièrement recépés ou d'une haie épaisse, pour dissuader les oiseaux de s'enfuir à la piète sur les côtés. Le secteur de traque, qui représente les 3/4 de la surface de l'enceinte, est planté en végétation buissonnante, moyennement dense, favorisant la circulation et la fuite à patte des faisans devant la ligne de rabatteurs. Ces derniers battent minutieusement tous les fourrés. Ils se réalignent sur des layons transversaux prévus à cet effet. Les oiseaux se tapissent ensuite dans un secteur plus fourré nommé zone d'attente, suivi d'un large espace dénudé de 5 à 15 m. Quand les traqueurs parviennent à ce niveau, les faisans quittent les couverts protecteurs. Ils prennent leur envol dans l'espace ouvert dit zone d'envol, qui les conduit au-dessus d'une végétation de plus en plus haute, les obligent à gagner de l'altitude, jusqu'à un rideau d'arbres de 15-20 m derrière lequel se trouve la ligne de tir. Certains aménageurs préconisent de placer un grillage d'envol de 1 m de haut derrière l'espace dénudé. En région vallonnée, les tireurs sont placés dans un bas-fond de manière à tirer des oiseaux plus élevés. Ce tir, difficile, exige une correction adaptée à la vitesse de l'oiseau, qui peut atteindre, voire dépasser, les 70 km/h.

L'organisation d'une battue aux faisans est un art difficile qui requiert un aménagement spécifique du territoire. Peu de chasseurs excellent au tir sur des oiseaux volant haut et vite.

CHASSER LE FAISAN DANS LE MONDE

Irlande

Il n'est pas toujours possible de chasser le faisan dans ce beau pays, tant les Irlandais tiennent à conserver cet oiseau pour eux, qu'ils vénèrent plus que tout autre gibier. La chasse du faisan en Irlande peut être pratiquée du 1er novembre au 31 janvier, seul le tir des coqs étant autorisé.

Yougoslavie

Le faisan est chassé du 16 septembre au 16 janvier, en battue ou devant soi. Les populations sont constituées d'environ 50 % d'oiseaux naturels et 50 % de faisans lâchés en mai.
La taxe d'abattage a été fixée à 90 F par unité prélevée.
20 faisans peuvent généralement être prélevés journellement sans payer les taxes dans la mesure où l'on passe par une agence spécialisée qui inclut dans les frais de voyage (8 000 F pour 2 jours de chasse) ce quota.

Bulgarie

La saison de chasse au faisan se déroule du 1er octobre au 31 janvier. Certains amateurs se rendent dans le pays en fin de saison pour tirer des oiseaux volant haut et vite, dans un magnifique cadre enneigé. Plusieurs variétés telles que le faisan mongol, de Corée, obscur, vénéré, fréquentent les territoires bulgares. La taxe d'abattage est fixée à 50 F pour un faisan «ordinaire» et 100 F pour un vénéré. Le gibier est chassé devant soi ou en battue.

Hongrie

De très belles chasses devant soi sont réalisables du 1er août au 15 février, dans un paysage varié. 2 jours de chasse coûtent de 8 000 à 12 000 F selon que l'on chasse devant soi ou en battue. 10 oiseaux peuvent être prélevés devant soi, 30 en battue. La taxe d'abattage est fixée à 55 F, auquel il convient d'ajouter 40 F si l'on souhaite acheter la venaison.

Les Anglo-Saxons vénèrent le faisan. Des chasses magnifiques y sont proposées, bien que les chasseurs britanniques et irlandais préfèrent souvent conserver le bel oiseau pour leur propre plaisir ! Le faisan est également bien représenté dans de nombreuses nations d'Europe de l'Est.

BIOLOGIE-ÉCOLOGIE DU FAISAN

Description

Le faisan de chasse (*Phasianus colchicus colchicus*) ne doit pas être confondu avec le faisan à collier (*Phasianus colchicus torquatus*) importé de Chine au siècle dernier. Il est doté d'un collier blanc caractéristique. D'autres sous-espèces ont été également introduites durant cette période, comme le faisan de Formose, au plumage très clair. Le faisan obscur a été obtenu par mutation en 1925, dans un élevage anglais. Les nombreuses hybridations qui ont eu lieu, notamment entre le faisan de chasse et le faisan à collier, ne permettent guère actuellement d'isoler un type particulier.

Le mâle, très bigarré, est richement coloré de vert bronze sur la tête et le cou. L'œil est entouré d'une pupille rouge vif, érectile, particulièrement développée à l'époque de la reproduction. Lorsque les «joues» sont érigées, sous l'effet de la colère ou d'une quelconque émotion, on note l'apparition de deux petites cornes de chaque côté de la tête, qui correspondent en fait à de petites plumes vert brillant. Les flancs et la poitrine sont brun-pourpre. La queue, très large, peut mesurer 50 cm. Chaque doigt postérieur est surmonté d'un ergot. La femelle revêt un plumage beaucoup plus terne, beige fauvé, très mimétique, qui lui permet de passer inaperçue lorsqu'elle couve. Le mâle pèse 1,4 kg à 1,7 kg. La femelle, plus petite, n'excède guère 1,2 kg.

Habitat

Oiseau de bocage typique, le faisan a réussi à s'acclimater en Europe en occupant une niche écologique délaissée par les autres gallinacés. Il recherche les points d'eau et zones fraîches indispensables au maintien de l'espèce (bords de ruisseaux, rives d'étangs envahies de végétation), s'adaptant même dans certains pays (Irlande) à des milieux aussi inhospitaliers que la tourbière. Dans les régions méditerranéennes il occupe les fonds de vallées frais et humides. Bien que robuste, le faisan demeure sensible aux conditions climatiques. Relativement farouche, il supporte mal le dérangement. Pour ces multiples raisons, cet oiseau, qui n'est pas un habitant typique des massifs boisés mais préfère les lisières, apprécie les bois et boqueteaux qui lui offrent couvert et protection contre les intempéries. Il recherche les massifs forestiers soumis à une exploitation traditionnelle et diversifiée, avec des clairières ensoleillées, des taillis et des zones qui le protègeront du vent et du froid (sous-bois de ronces épais, de bruyère, de fougère, de grandes graminées). Un réseau de cultures réparties en lisière de forêt lui est indispensable pour quêter sa nourriture. L'habitat idéal est donc le bocage où alternent bois, bosquets, cultures et prairies, haies épaisses, coteaux ensoleillés couverts d'une végétation buissonnante, ruisseaux, mares et étangs.

Régime alimentaire

Le faisan se nourrit deux fois par jour, à l'aube et en fin d'après-midi. Durant ces courtes périodes, il quitte son refuge forestier pour s'alimenter en plaine. Il peut s'aventurer alors jusqu'à 250 m des lisières. Ses besoins en eau sont impératifs. S'ils ne sont pas satisfaits, il émigre vers d'autres territoires. Comme tous les gallinacés, le faisandeau se nourrit durant les trois premières semaines de protéines animales (vers, mollusques, insectes, myriapodes, petits crustacés terrestres). Le menu de l'adulte varie ensuite selon les saisons et le milieu. Il est surtout végétal : grains de céréales (maïs, blé, sarrazin), fruits et baies forestières (myrtilles, fraises et framboises sauvages, glands, faines), racines et tubercules (pommes de terre, topinambours, betteraves), feuilles vertes et jeunes pousses. Il ne dédaigne pas les vers, mollusques ou insectes et même les petits reptiles tels que les lézards. Il picore également des graviers qui, stockés dans le gésier, faciliteront le broyage des aliments et le transit intestinal.

Reproduction

Dès les premiers jours de mars, si les conditions climatiques sont clémentes, le coq abandonne la petite bande avec laquelle il a passé l'hiver pour partir en quête d'un territoire situé à proximité d'un étang, dans un endroit dégagé, au milieu de buissons, en bordure d'une remise, dans un champ ou une friche. Il affirme ensuite son comportement territorial et cherche à attirer des femelles en lançant son cri caractéristique à deux tons (Kok Kok !), accompagné de vifs claquements d'ailes. Des combats violents, ponctués de coups d'ergots, peuvent l'opposer à un autre mâle qui aurait franchi les limites de son domaine. Un mâle dominant peut rassembler jusqu'à dix poules sur sa «place de chant», si le milieu est propice à la nidification. On considère que le rapport le plus favorable à une bonne reproduction est d'un coq pour quatre poules.

Fécondées, ces dernières partent en quête d'un site de nidification, à proximité d'une lisière de bois, sur un talus en bordure de haie, dans une lande, une prairie en friche, une culture de luzerne, une roselière. La poule pond à terre dans un nid sommairement fait d'herbes sèches, à partir de courant avril, 10 à 15 œufs de couleur brun verdâtre. L'incubation dure de 23 à 25 jours. Très attentive à sa couvée et confiante en son mimétisme, elle est alors souvent victime de prédateurs ou d'engins agricoles, se décidant à décoller à l'ultime instant... la plupart du temps trop tard ! Les poussins, nidifuges, sont revêtus d'un duvet aux teintes sombres, brunâtre et strié de raies noires sur le dessus. Ils sont semi-volants à 12-14 jours, et effectuent de véritables vols à 6 semaines. Le coq ne s'intéresse absolument pas à sa progéniture. Le faisan ne vole réellement haut et vite qu'une fois «maillé», à partir de la mi-octobre. La cellule familiale ou compagnie se disloque en automne, chaque oiseau partant à la recherche d'un nouveau territoire. Selon les affinités, de petites bandes de jeunes faisans peuvent alors se former.

Comportement

Le faisan est un oiseau diurne qui se nourrit à l'aube et le soir. Durant la journée, il se tapit au sol, sous le couvert protecteur d'un bois. Au crépuscule, il se «branche» sur un arbre pour passer sa nuit à l'abri des prédateurs, criant et battant des ailes pour marquer son territoire. Le coq est très individualiste, particulièrement durant la période de reproduction, où il délimite un territoire restreint interdit à ses congénères mâles. En dehors de cette époque, son domaine peut inclure plusieurs hectares comprenant tous les habitats qui lui sont nécessaires. Plusieurs coqs peuvent parfois se réunir sur des places de gagnage ou à proximité de l'eau.

Le faisan, très erratique, se décantonne facilement si un territoire ne lui convient pas.

Au beau milieu d'un jeune blé, sur un espace largement dégagé, voici un coq territorial qui semble bien décidé à défendre son domaine.

Répartition

Originaires des rives du Phase, de Mongolie et autres régions asiatiques, les différentes variétés du faisan de chasse sont bien représentées en Europe.

Il est absent toutefois des pays nordiques.

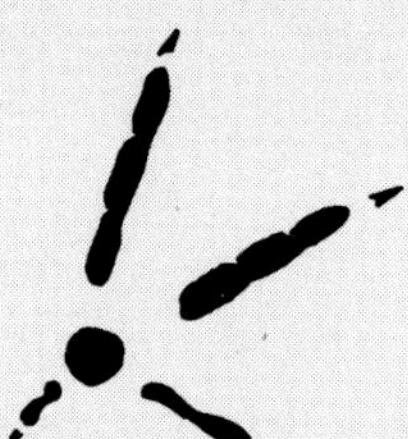

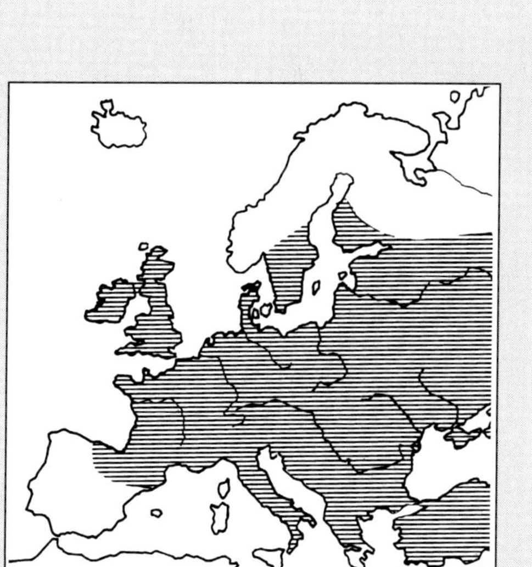

GESTION-AMÉNAGEMENTS

Le faisan vient en 3ᵉ place des gibiers prélevés en France. 8 millions d'oiseaux ont été tués en 1990 pour environ 15 millions lâchés ! Paradoxalement, c'est une race que l'on rencontre rarement à l'état naturel. 98 % des faisans prélevés sont des oiseaux de tir. Plusieurs raisons peuvent expliquer ce phénomène : le découragement de nombreux chasseurs qui voient leurs opérations de repeuplement vouées systématiquement à l'échec (oiseaux vulnérables, milieu peu accueillant), et la solution de facilité envisagée par de nombreux présidents de sociétés et leurs actionnaires, qui préfèrent massacrer des oiseaux le jour du lâcher afin d'en «avoir pour leur argent».

Pourtant, il est reconnu que le faisan sait profiter d'aménagements appropriés. Il serait plus aisé de reconstituer une population naturelle de ces magnifiques oiseaux que de tenter l'aventure avec des perdreaux !

L'opération de repeuplement est inutile si les conditions d'accueil offertes par le milieu ne conviennent pas.

Les aménagements préconisés

Le biotope. Nous avons noté les exigences du faisan en matière d'habitat, qui sera aussi varié que possible, comportant surfaces boisées riches en couverts denses, entrecoupées de prairies, champs de cultures, friches et bois. Il est donc important de maintenir ou d'aménager cette diversité paysagère qui sera améliorée en créant :

– des zones de couvert offrant des abris contre les intempéries ; recéper régulièrement les taillis en lisière de forêt, planter des haies d'arbustes à environ 15 à 20 m à l'extérieur des surfaces boisées. Des petits conifères (thuya, épicéa, cyprès), plantés à 60 cm les uns des autres, sur deux rangs et taillés à 2,50 m de hauteur, font très bien l'affaire ;

– des zones ensoleillées sous bois : larges allées de 10 à 15 m, jeunes coupes, clairières qui permettent aux oiseaux de se réchauffer l'hiver aux belles heures de la journée et offrent une nourriture appréciable ;

– des sites de nidification : créer un réseau de taillis sans futaie, maintenir des bordures de chemins et des talus enherbés.

Règles de prélèvement

	Mauvaise année	Année Moyenne	Bonne année
Nombre de jeunes par poule	1,5	2,5	3,5
Taux de prélèvement	0 à 15 %	30 %	50 % (jamais plus)

LES SOURCES DE NOURRITURE SUPPLÉMENTAIRES

• Maintenir les arbres fruitiers existants, ou en planter éventuellement par groupes de 3 ou 4 si besoin est.
• Créer des haies artificielles d'arbustes à baies tels que sorbier, olivier, épine noire, sureau, cotoneaster, églantier, à proximité des lisières.
• Mettre à la disposition des oiseaux des postes d'agrainage permanents, nécessaires pour les fixer, et les visiter régulièrement. Le faisan apprécie les graines de céréales (blé, sarrazin, maïs), les racines et tubercules (betteraves, tubercules), les fruits, ainsi que des granulés à base de céréales à la sortie de l'hiver. On prévoira un poste d'agrainage tous les 5 ha. Les postes peuvent être reliés entre eux par des sentiers d'agrainage aux tracés sinueux, alimentés journellement. Les animaux se décantonnent ainsi moins facilement. Ils supportent mieux les disettes hivernales.
• Les cultures à gibier doivent représenter environ 10 % du territoire. Elles peuvent être imbriquées au milieu de prairies et de haies ou dans des endroits dégagés sous bois. Les surfaces de chaque parcelle ne dépassent pas 1 ha. Plusieurs plantes cultivées conviennent au faisan : sorgho, maïs, topinambour, sarrazin et tournesol peuvent être semés en mosaïque ou en mélange.
• La présence d'eau est indispensable. Des abreuvoirs seront mis en place auprès de chaque poste d'agrainage et des mares artificielles peuvent être dispersées sur le territoire.

Réguler les prédateurs

Cette précaution est préliminaire à toute opération de repeuplement. Une expérience réalisée dans l'Yonne par des techniciens de l'O.N.C. est édifiante à ce sujet : sur 1 000 faisans introduits sur un territoire en février, 60 furent équipés d'émetteurs afin de suivre leur acclimatation. 48 étaient morts la semaine suivante. Fin juin, il n'en restait qu'un seul ! 38 avaient été tués par des prédateurs, dont 32 par des renards qui se sont spécialisés dans cette proie, puisque des «réserves» comportant plusieurs oiseaux ont été retrouvées.

Calcul du plan de chasse

Adapter le prélèvement à la reproduction de l'année. Pour cela, il est essentiel d'estimer la population présente au printemps. Les comptages ne sont pas toujours facilités par la configuration du terrain.

Ils seront avantageusement effectués sur les places de chant, où les coqs territoriaux rassemblent des harems de 3 ou 4 poules.

Le nombre de jeunes par poule, qui permet d'estimer le taux de reproduction de l'année, sera déterminé par de multiples sorties sur le terrain, et de longues observations durant l'été, sur les zones de gagnage le matin et le soir.

Le plan de tir pourra être calculé suite à ces observations ou, si elles n'ont pas eu lieu, en analysant des oiseaux tués lors de la première chasse. L'identification des jeunes est alors délicate. On peut toutefois isoler un jeune mâle de l'année en mesurant la profondeur de sa glande de Fabricius, située au niveau du cloaque, cavité profonde de 15 à 25 mm chez le jeune, de 10 mm chez l'adulte.

PRENDRE GARDE AUX TECHNIQUES AGRICOLES

• Parcourir chaque parcelle de légumineuses en compagnie d'un chien d'arrêt avant la fauche, afin de sauver les nids.
• Placer une barre d'envol devant le tracteur.
• Savoir choisir et doser les pesticides.
• Éviter de brûler les chaumes.

Les menaces qui pèsent sur l'espèce

Le taux de mortalité des adultes hors chasse est de 20 % durant l'hiver, de 10 à 20 % entre le printemps et l'automne. Celui des poussins entre la naissance et l'ouverture de la chasse varie de 40 à 60 %.

Les prédateurs : ils peuvent éradiquer en quelques semaines une population introduite. Le renard semble se spécialiser sur ce type de proies, puisqu'il peut être responsable de 95 % des pertes dues à la prédation. Martre, fouine, putois et surtout chat haret ou chiens errants commettent des dégâts. Les prédateurs ailés, comme l'autour des palombes, se spécialisent aussi sur le gibier de repeuplement. La corneille noire détruit de nombreux nids.

Les conditions climatiques : les intempéries (pluie, grêle, orages) et une forte hygrométrie occasionnent une mortalité juvénile importante.

Les techniques agricoles

– la fauchaison des luzernes sans précaution, des bas-côtés de chemins ou d'allées forestières détruit de nombreux nids ;

– le dérangement par l'homme (chercheurs de champignons et de fleurs accompagnés de chiens non tenus en laisse) est très néfaste.

Vasque bétonnée destinée à abreuver le petit gibier à plume

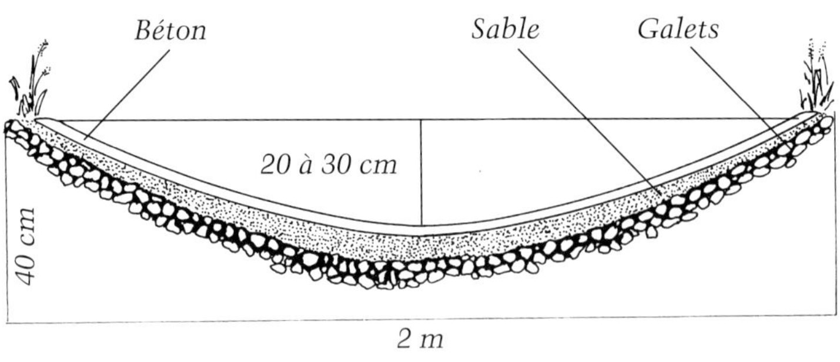

Les besoins en eau

L'eau est absolument indispensable au faisan. Une carence hydrique entraîne inévitablement le décantonnement des oiseaux, qui migrent vers des secteurs plus favorables. Le gestionnaire devra veiller à disséminer sur l'ensemble du territoire des points d'eau, astucieusement répartis, notamment à proximité des postes d'agrainage. Il peut s'agir de simples creux aménagés au sol, dont l'étanchéité est garantie par un film plastique recouvert de terre, ou bien d'une vasque bétonnée construite selon le schéma ci-contre. Il faut veiller à disposer ces abreuvoirs à l'ombre, car des bactéries toxiques pour les oiseaux peuvent se développer dans une eau surchauffée par les rayons solaires.

Un ami «maniaque» des aménagements préconise également de glisser une branchette dans l'abreuvoir, dont l'extrémité parvient au-dehors de la construction. Ainsi, on évite la noyade des petits rongeurs et des musaraignes qui tombent accidentellement dans le bac, et dont les corps en putréfaction contaminent ensuite l'eau.

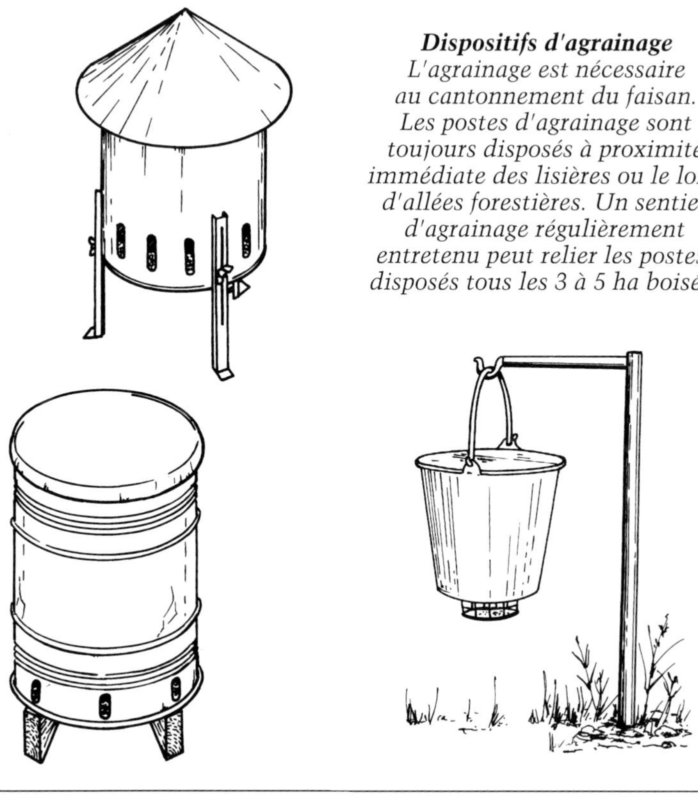

Dispositifs d'agrainage

L'agrainage est nécessaire au cantonnement du faisan. Les postes d'agrainage sont toujours disposés à proximité immédiate des lisières ou le long d'allées forestières. Un sentier d'agrainage régulièrement entretenu peut relier les postes, disposés tous les 3 à 5 ha boisés.

Le repeuplement

L'un des plus beaux exemples d'implantation d'une population de faisans devenue naturelle est sans doute celui de l'île de Porquerolles, où l'introduction eut lieu en 1972. Après une opération de comptage soigneusement menée, il fut établi en 1974 que 2 000 oiseaux s'ébattaient sur le territoire, d'où l'établissement d'un plan de tir par la société locale – qui compte 50 adhérents – de 1 000 faisans. Chaque pièce prélevée est marquée. En 1990, 6 000 faisans reproducteurs peuplaient l'île.

Une opération de repeuplement nécessite un territoire favorable au maintien de l'espèce, et des oiseaux d'excellente souche. Les faisans implantés auront été élevés dans de grandes volières et seront habitués à rechercher leur nourriture à terre. La qualité du plumage est importante. Ils ne doivent pas présenter de traces de picage.

Plusieurs solutions sont préconisées :

• le lâcher d'oiseaux adultes en octobre-novembre : il peut donner de bons résultats car les faisans ont le temps de s'habituer au territoire avant l'hiver. L'impact de la prédation est plus faible durant leur phase d'accoutumance lorsqu'à cette époque le renard, pourchassé, se terre dans les bois ;

• le lâcher de reproducteurs fin février : les oiseaux disposent d'une certaine quiétude car la chasse est fermée, et les travaux agricoles importants n'ont pas débuté. En revanche, ils peuvent subir des conditions climatiques difficiles et surtout l'impact des prédateurs, particulièrement actifs à cette période et plus tard, durant l'élevage des jeunes ;

• le lâcher de jeunes faisans âgés de 8-10 semaines, au début de l'été : cette solution est choisie par de nombreux aménageurs car l'époque est propice à une bonne alimentation, à la présence de couverts et à des conditions climatiques favorables. En revanche, les travaux agricoles peuvent entraîner quelques pertes, lors des récoltes des fourrage, par exemple.

Le parc de prélâcher

Il permet aux oiseaux de s'acclimater à leur nouvel environnement. Il comporte une tôle abri, un dispositif d'agrainage et un abreuvoir. Il est implanté en lisière de bois et à proximité de cultures à gibier. Le premier lâcher a lieu cinq jours après la mise en cage des oiseaux, les derniers faisans s'échappant le 10e jour. Il est bon de laisser un coq de rappel dans le parc. Pour fixer les oiseaux, l'agrainage aux alentours immédiats de la cage est indispensable.

La méthode anglaise

Très efficace, cette méthode ne peut être envisagée que sur des territoires d'au moins 500 ha.

Une volière de 1 à 2 ha est implantée au milieu de la chasse, dans le plus grand boqueteau. Carrée ou rectangulaire, elle comporte des cloisons grillagées d'une hauteur de 2,50 à 4 m, mais pas de toit.

Les faisandeaux s'échappent donc naturellement, au fur et à mesure, de leur apprentissage au vol, de cette «prison» qui comporte des couverts, des perchoirs, des sentiers et des postes d'agrainage établis selon le même modèle que ceux mis en place sur le territoire. Des volières de rappel comportant 1 coq et 2 poules sont réparties sur toute la chasse, à raison d'une construction tous les 50 ha, de manière à favoriser le cantonnement des oiseaux. Elles sont situées à proximité des postes d'agrainage.

La palombe ou pigeon ramier

Columba palumbus

Fam. : Columbidés

Sur les pentes d'un col, des yeux scrutent intensément le ciel. Soudain, le vol bleu tant attendu apparaît. La manœuvre, issue d'un savoir-faire ancestral, est parfaitement exécutée. Un abataris lance la palette de bois vers les palombes, qui plongent dans la pente, en direction du piège mortel.

CHASSER LA PALOMBE

D'après une enquête de l'O.N.C., la palombe, avec 5 761 000 oiseaux prélevés annuellement en France, vient en quatrième position des gibiers tirés après la grive, le lapin et le faisan. Elle fait l'objet de modes de chasse très spécifiques dans le Sud-Ouest... et d'une véritable vénération !

La chasse devant soi

Très difficile en raison de la méfiance des oiseaux, elle permet de tirer occasionnellement un pigeon à la haie ou dans un boqueteau. Dans toutes les régions où elle n'est pas chassée de manière traditionnelle, la palombe est surtout guettée au bois le soir, dans les endroits servant de dortoirs aux oiseaux, lors des passages d'automne et de remontée au printemps. Les pigeons se posent alors sur les grands arbres, puis tombent progressivement «à la branche» au fur et à mesure que la nuit s'installe. Le chasseur, parfaitement dissimulé au pied d'un tronc, doit éviter tout geste brusque. Il tire les oiseaux lors du survol du bois, ou bien attend que ces derniers soient posés, après avoir effectué plusieurs tours en perdant peu à peu de l'altitude. Il convient alors de tirer à bonne distance, le pigeon étant un véritable «sac de plombs», et d'utiliser de gros diamètres de plombs comme le 4 et le 5. On peut également les guetter lors de leurs déplacements diurnes des aires de gagnage vers les bois. Certains chasseurs se placent ainsi à l'affût sur des miradors. Il est fréquent que des pigeons, tirés en vol et atteints mortellement, n'accusent pas le coup de fusil. Le chasseur doit cependant suivre des yeux la trajectoire de l'oiseau. Il n'est pas rare qu'au bout de quelques centaines de mètres il chute brusquement, raide mort.

Les chasses traditionnelles de la palombe

Ces chasses spectaculaires qui exigent beaucoup de main-d'œuvre et de matériel, sont très prisées dans le Sud-Ouest.

La chasse aux pantes

Utilisées en milieu forestier, les pantes sont des filets horizontaux montés sur des bras armés de ressorts qui se rabattent sur une surface plane de 8 m par 15 m nommée sol. Certaines installations sophistiquées sont dotées de plusieurs pantes qui peuvent être actionnées depuis une cabane dissimulée, située au centre du dispositif. Chaque pante est reliée à la cabane par un couloir recouvert de végétation, dans lequel un homme peut circuler librement sans être aperçu. Des appelants sont disposés sur les arbres situés aux alentours. Ils sont installés sur des perchoirs à bascule reliés à la cabane par des cordelettes. Lorsqu'un vol est aperçu, le guetteur actionne les perchoirs, déséquilibrant ainsi les pigeons qui battent des ailes.
Les voyageurs, attirés par ces mouvements, se posent dans les arbres à proximité de leurs congénères captifs. Un chasseur se dirige alors vers la pante la plus proche du lieu de pose. Il lâche un appelant apprivoisé (le poulet) qui picore le maïs mis à son intention sur le sol, puis roucoule. Peu à peu, le vol d'oiseaux sauvages perd sa méfiance et se pose au sol. Le piège est alors actionné. Il arrive que, dérangées par un promeneur ou un bruit incongru, toutes les palombes prennent la fuite.

La cabane

Il s'agit d'une installation fixe ; les plus sophistiquées sont établies au sommet d'un chêne ou d'un grand conifère, et reliées les unes aux autres par un réseau de passerelles aériennes parfaitement camouflées. Les appelants sont placés sur des perchoirs à bascule disposés au som-

LES FILETS VERTICAUX OU PANTIÈRES

Ils mesurent 10 à 12 m de large sur 15 à 20 m de haut. On les place dans les couloirs de migration empruntés par les palombes, sur les cols pyrénéens. Cette chasse très spectaculaire exige un grand savoir-faire et une main-d'œuvre importante. La pantière, maintenue par des perches, est disposée entre deux grands arbres. Des guetteurs signalent l'arrivée des oiseaux, pris en charge ensuite par les chatarlis qui canalisent le vol en agitant des banderoles et en criant. Les abataris obligent le vol à perdre de l'altitude et à se diriger vers le piège. Perchés sur des pylones ou des promontoires rocheux, ils ont un rôle décisif. Ils lancent une palette de bois dont le vol imite celui d'un autour. Les palombes plongent dans la vallée, et s'empêtrent dans le filet.

met des arbres. Lorsqu'un vol se présente, le guetteur actionne, par le biais d'un système de poulies et de cordelettes, les planchettes sur lesquelles sont posés les appelants qui basculent, incitant les oiseaux à battre des ailes. Une polémique oppose les partisans du tir au vol à ceux du tir posé.

LA CHASSE A TIR DANS LES COLS

Elle est pratiquée lorsque les oiseaux franchissent les grands cols pyrénéens, à partir de cabanes disséminées sur les crêtes. La réussite dépend des facteurs climatiques. Un temps très clair, un grand ciel bleu incitent les oiseaux à passer trop haut. Au contraire, un plafond bas les oblige à diminuer leur altitude de vol... et les met ainsi à portée des fusils.

Lorsque le ciel est clair et dégagé, les palombes passent souvent hors de portée de tir. Quand le plafond est bas, elles réduisent leur altitude de vol.

CHASSER LA PALOMBE DANS LE MONDE

République d'Irlande

Surtout apprécié pour la sauvagine et la bécasse, ce beau pays réserve des surprises agréables aux amateurs de palombes. Des tableaux de 20 à 30 pièces sont couramment réalisés journellement, au poste. La chasse est autorisée du 1er juin au 31 janvier, la meilleure période se situant en juillet-août. 2 jours de chasse reviennent à environ 6 000 F.

Ulster

On peut y chasser le pigeon toute l'année (sauf le dimanche). 2 jours de chasse reviennent à 6 000 F.

Angleterre et Écosse

La palombe y est chassée toute l'année, au poste ou devant soi. La meilleure saison se situe du mois de février au mois de mai. Des tableaux de 50 à 80 pièces par chasseur y sont fréquemment réalisés. 2 jours de chasse reviennent à 7 500 F.

Afrique noire et Argentine

Il est possible de tirer de nombreuses espèces locales de pigeons. En Afrique de l'Ouest, on rencontre surtout le pigeon vert, espèce arboricole de savane et de forêt qui vit habituellement en bandes.

1 - Argentine.
2-3 - Irlande, Angleterre, Écosse.
4-5 - Tchad, Sénégal, Burkina Faso, Sierra Leone.

BIOLOGIE-ÉCOLOGIE DE LA PALOMBE

Description

Le pigeon ramier ou palombe est le plus gros et le plus commun de nos columbidés. Son plumage, gris bleuté sur le dessus du corps, est rose vineux sur la poitrine. Les pattes et le bec sont rouges. On le distingue du pigeon colombin à son collier blanc, et surtout aux marques blanches sur l'aile, bien visibles en vol. Il pèse environ 500 g pour une envergure de 75 cm.

Habitat

On le rencontre dans de nombreux secteurs boisés, où il tend à se sédentariser, dans les régions soumises à la monoculture intensive du maïs. Il s'adapte très bien à l'environnement urbain et il niche dans les parcs et jardins.

Régime alimentaire

Il se nourrit de graines et de fruits sauvages (glands, faines). Le pigeon ramier peut causer des ravages importants dans les semis de maïs lorsqu'il s'abat en grandes volées.

Reproduction

Le pigeon ramier est nicheur en France. Il effectue, d'avril à juin, trois couvées par an, comportant deux œufs qui sont incubés par le mâle et la femelle durant 17 jours.

Migrations

Le passage d'aller se déroule en octobre-novembre. La migration de retour s'amorce à partir de février et bat son plein fin mars.

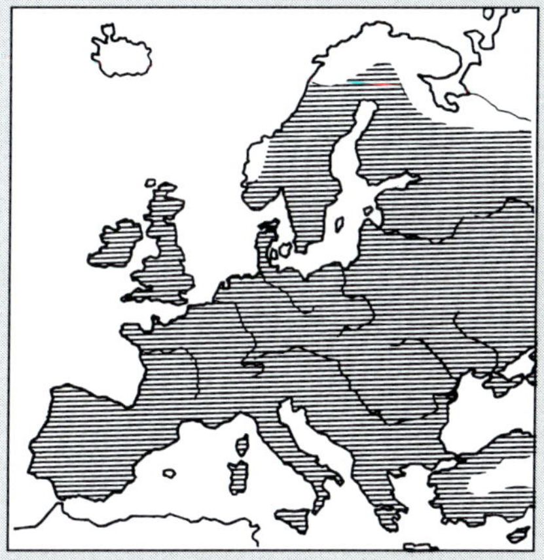

Répartition

Toute l'Europe.

Deux autres pigeons appartenant a notre avifaune

Le pigeon colombin *(Columba oenas)* : il se raréfie en de nombreux secteurs. Autrefois abondant dans le bocage des régions du Centre, il a beaucoup souffert du remembrement et de la disparition des arbres creux («têtards») dans lesquels il nichait. Il accompagne fréquemment la palombe lors de ses migrations. On le reconnaît à sa silhouette plus fine, à son vol rapide ponctué de crochets, à son plumage gris-bleu acier ne présentant pas de barre blanche sur les ailes.

Le pigeon biset *(Columba livia)* : il n'existe plus guère à l'état sauvage que dans quelques gorges reculées, ou le long de falaises maritimes. Sa forme semi-domestique envahit nos villes. On le distingue des deux autres columbidés à son croupion blanc, visible en vol.

La tourterelle des bois

Streptopelia turtur
Fam. : Columbidés

Elle incarne le conflit qui oppose chasseurs et écologistes à propos des chasses traditionnelles. La chasse printanière à partir du mois de mai dans le Médoc reste un sujet de discorde.

CHASSER LA TOURTERELLE

La tourterelle turque

L'histoire de la présence de la tourterelle turque en France est celle d'une extraordinaire expansion entreprise à partir de l'Inde, foyer initial de l'espèce qui s'est ensuite installée dans les Balkans, après s'être répandue en Asie Mineure. Sacrée aux yeux des Turcs, cette tourterelle fut exterminée par les Grecs après la retraite des troupes ottomanes, car elle symbolisait un joug honni.
Les premières observations mentionnées en Europe centrale ont été effectuées en Hongrie en 1928. L'espèce s'est ensuite répandue en Pologne (1920), en Italie et en Allemagne (1944), en Hollande (1947), en France (1950), en Norvège (1950), en Angleterre (1955), puis en Espagne (1960) et en Sardaigne (1980).
La tourterelle turque semble en pleine expansion actuellement grâce à sa formidable capacité d'adaptation à l'environnement humain. Elle est parfois confondue avec le pigeon biset bien que de taille inférieure, et revêtue d'un plumage beige clair uniforme. Le cou est marqué d'un demi-collier noir.
Son chant, en 3 notes, est monotone. Il caractérise souvent le mâle délimitant son territoire. La tourterelle turque effectue 2 couvées par an, qui comportent 1 ou 2 œufs incubant en 14 jours environ. Les jeunes sont volants dès l'âge de 3 semaines.

La chasse devant soi

On peut rencontrer quelques retardataires en début de saison, en longeant les bois qui bordent des zones de gagnage. Cependant, rares sont les oiseaux qui se laissent surprendre à distance de tir.
Qu'elle prenne son essor du sol ou d'un arbre, la tourterelle effectue des crochets déconcertants, à vive allure. Sur ses aires d'hivernage (Maroc), elle est chassée le soir à l'affût (au point d'eau), la journée à poste fixe lorsqu'elle se déplace des zones de gagnage aux aires de repos. Elle peut également être chassée en battue, une équipe de traqueurs rabattant les bois (eucalyptus) où elle trouve refuge en milieu de journée.
La tourterelle est un oiseau vulnérable tiré au plomb n° 8 ou 9.

La chasse au pylône

Cette chasse traditionnelle du Médoc fait l'objet d'une importante polémique qui oppose depuis des années écologistes et chasseurs locaux.
Les premiers dénoncent une pratique qui consiste à éliminer des reproducteurs en puissance, les seconds, attachés à une tradition, prétendent n'effectuer qu'un très faible prélèvement sur une population qui ne semble pas menacée.
Une directive de la Communauté européenne en date du 2 avril 1979 sur la protection des oiseaux a pourtant interdit cette pratique dans tous les pays membres. La chasse au pylône est interdite en France en vertu d'un arrêt du Conseil d'État en date du 21 novembre 1984. Cela n'empêche pas 10 000 chasseurs, disposant de 3 400 pylônes répartis sur 30 communes de la Gironde, de continuer à chasser du 1er mai au 23 mai, et de prélever selon les saisons 150 000 à 250 000 oiseaux. Le flux printanier concerne 1 187 000 tourterelles dont 1 000 000 nichent en France.
Le pylône est une construction de 15 à 18 m de haut, dont le sommet, qui est atteint grâce à une échelle, est une plateforme dominant les pins. La chasse «n'était» autorisée que de 7 heures du matin à 13 heures. Les oiseaux se présentent de l'aurore jusqu'aux premières heures de la matinée. Ils repassent ensuite du milieu de l'après-midi jusqu'au soir. La réussite est surtout liée aux conditions atmosphériques qui conditionnent l'arrivée des oiseaux.

BIOLOGIE-ÉCOLOGIE DE LA TOURTERELLE DES BOIS

Description

La tourterelle des bois, qui pèse en moyenne 150 g, est le plus petit columbidé européen. Fine et élancée, sa poitrine est teintée de nuances vineuses caractéristiques. Le cou de l'adulte est marqué de barres noires et blanches qui n'apparaissent pas chez le jeune. Le dessus des ailes est roux tacheté de noir. La queue, étagée, est sombre bordée de blanc. Le dessus de la tête est gris.

Habitat

La tourterelle affectionne les milieux semi-boisés, entourés de cultures où elle trouve sa pitance. On la rencontre dans les haies épaisses, boqueteaux, jusque dans les parcs urbains. Dans les régions méridionales, elle est fréquente dans les pinèdes, le maquis ou la garrigue.

Régime alimentaire

Presque exclusivement végétal, il comporte de nombreuses graines et des fruits sauvages. A l'occasion, la tourterelle consomme quelques invertébrés : mollusques ou insectes.

Reproduction

La tourterelle effectue, de mi-mai à mi-juillet, 2 ou exceptionnellement 3 couvées comportant 2 œufs qui incubent 14 jours. Les jeunes, nidicoles, sont volants à l'âge de 3 semaines.

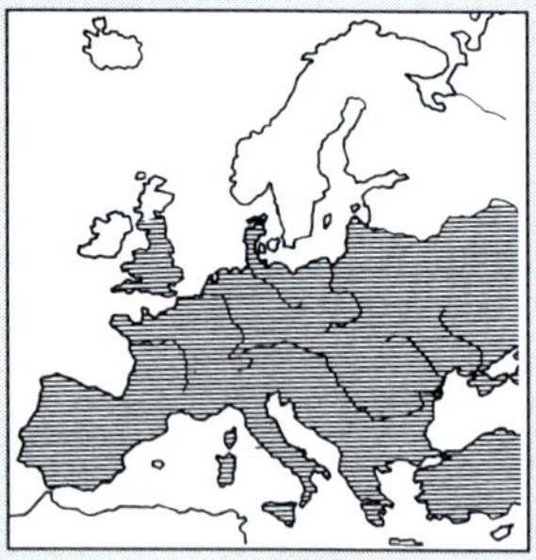

Répartition

La tourterelle des bois hiverne au Sénégal, en Tunisie et en Éthiopie. Elle se reproduit de l'Atlantique à la Syrie et à la Sibérie occidentale. Des camps nicheurs sont observés régulièrement en Grande-Bretagne. Elle est présente dans la péninsule Ibérique, en Corse, Sardaigne, Italie, Grèce.

LES MIGRATIONS DE LA TOURTERELLE

Les oiseaux se rassemblent en grandes bandes sur leurs aires de gagnage à partir de la mi-août. Début septembre, ils entreprennent une migration vers leur quartier d'hiver en 3 flux principaux :
- Péninsule Ibérique, Maroc, Mauritanie, Sénégal.
- Italie, Tunisie ou Algérie.
- Grèce, Égypte, Éthiopie.

La migration est surtout nocturne, bien que des vols diurnes soient fréquemment observés en Méditerranée et dans le golfe de Gascogne.
Le retour s'effectue dès la fin avril, avec un pic aux alentours du 1er mai, où d'importantes concentrations sont observées à la pointe de Grave, dans le Médoc.
Des volées de 50 à 150 individus sont alors fréquemment observées aux premières lueurs du jour.

CHASSER LA TOURTERELLE DES BOIS DANS LE MONDE

Afrique du Nord

Maroc

La chasse de la tourterelle au Maroc est autorisée du 22 mai au 20 juillet, seulement 4 jours par semaine (vendredi, samedi, dimanche, lundi). Le quota d'abattage autorisé est de 50 pièces par jour et par chasseur ! La tourterelle est surtout chassée à l'affût (passée du soir et du matin), en bordure de cultures. On peut également organiser des battues dans les bois d'eucalyptus où elle aime se réfugier durant la journée. Les meilleures régions sont la plaine du Rharb (nord-ouest du pays), les contreforts du Moyen Atlas, le sud (Taroudant, environs de Marrakech). Le prix moyen en passant par une agence spécialisée est de 10 000 F par chasseur sur une base de 2 jours de chasse.

La tourterelle des bois est essentiellement chassée au cours du passage de remontée en mai, au Maroc.

Afrique noire

On y chasse essentiellement la tourterelle pleureuse *(Streptopelia decipiens)*, qui ressemble fortement à la tourterelle turque, bien que ses dimensions soient plus réduites. Il s'agit d'une espèce commune dans toutes les régions semi-arides, où elle se tient non loin de l'eau.

Sénégal

La chasse de la tourterelle pleureuse y est autorisée du 2 décembre au 30 avril. Elle est pratiquée à l'affût (passée du soir et du matin) près d'un point d'eau. 6 jours de chasse reviennent à environ 13 000 F. Parmi les autres nations africaines où il est possible de chasser, citons la Gambie (15 000 F pour 6 jours de chasse), le Burkina Faso (15 000 F pour 9 jours de chasse, pas de limitation imposée, bien que de nombreux campements demandent de ne pas prélever plus de 30 oiseaux par jour), le Tchad (15 000 F pour 6 jours de chasse).

La caille des blés

Coturnix coturnix

Fam. : Phasianidés

CHASSER LA CAILLE

Autrefois gibier d'ouverture par excellence, la caille est très amusante à chasser devant soi, au chien d'arrêt. Elle multiplie les ruses pour échapper au chien, emmêlant sa voie en piétant à toute allure avant de se tapir. Cet oiseau répugne à s'envoler et, lorsqu'il prend son essor, son vol rectiligne ne dépasse guère 100 m. C'est un excellent gibier pour le jeune chien. La caille tient très bien l'arrêt. Son tir n'est pas jugé difficile, mais ce n'est pas non plus un oiseau de débutant. Nous parlons bien entendu de la vraie caille sauvage, et non de son pâle reflet lâché inconsidérément, qui est une variété japonaise incapable de se défendre et volant lourdement au ras du sol. Notre caille des blés peut surprendre par la vivacité de son envol, et par sa petite taille. On tire souvent dessous ou derrière. Le chasseur doit se montrer particulièrement prudent car le tir est souvent effectué à hauteur d'homme. Pour éviter de hacher un oiseau fragile, il est important de le laisser filer une vingtaine de mètres avant le tir. Selon l'heure de la journée, la caille occupera des lieux différents. En pleine chaleur, elle recherche le couvert protecteur de végétaux herbacés : sorgho, tournesol, luzerne, betteraves, pommes de terre et cultures maraîchères. Le matin et le soir, on la rencontre plutôt dans les chaumes, à la recherche de sa nourriture. On tire la caille au plomb n° 9. Selon une enquête de l'O.N.C. réalisée en 74-75, 700 000 à 2 400 000 cailles seraient prélevées chaque année en France. Ce chiffre ne distingue pas la caille des blés de la caille japonaise.

BIOLOGIE-ÉCOLOGIE DE LA CAILLE DES BLÉS

Description

Ses formes rondelettes et son plumage mimétique lui permettent de se fondre dans l'environnement. Longue de 18 cm pour une envergure de 35 cm, la caille pèse 80 à 150 g. Le plumage du mâle est contrasté. De longs sourcils blancs prennent naissance au niveau de l'œil, et se prolongent jusqu'au sommet de la poitrine. La calotte, sombre, montre des dessins complexes dont un liseré roux. La poitrine est rousse, rayée de blanc. Le plumage de la femelle est plus terne. Le haut de la poitrine est tacheté de brun-noir.

Habitat

On rencontre la caille dans les milieux ouverts : prairies, jachères, cultures de céréales, de sorgho ou de tournesol.

Régime alimentaire

Les poussins se nourrissent d'insectes et d'invertébrés durant les 3 premières semaines. Les adultes consomment des graines de céréales et graminées sauvages, quelques insectes et fruits sauvages.

Reproduction

Le mâle, polygame ou monogame, cherche à attirer les femelles en lançant son chant en 3 syllabes : «Paye tes dettes». Il émet cet appel le matin ou le soir, pouvant continuer à lancer ses trilles une partie de la nuit. Le chant n'est pas forcément un signe de grande densité d'oiseaux, car seuls les oiseaux célibataires présentent ce comportement. La femelle aménage sommairement à terre un nid creusé dans une petite dépression. Il est situé dans une prairie de fourrage (luzerne, raygrass), une jachère, une lande, un champ de céréales. 8 à 15 œufs sont pondus, qui incubent en 18 à 20 jours. La femelle peut effectuer 2 couvées par an, l'une sur son aire d'hivernage, l'autre sur ses lieux d'estivage. Les cailleteaux, nidifuges, volent à 3 semaines. Adultes à 2 mois, ils se dispersent alors en petits groupes.

La caille des blés est interféconde avec la caille japonaise (*Coturnix japonica*). Les produits de l'hybridation sont fertiles. Il est aisé d'imaginer les conséquences de lâchers massifs de cailles japonaises, qui risquent d'altérer le patrimoine génétique local.

Les migrations de la caille

La caille est le seul gallinacé européen à migrer régulièrement. Elle arrive dans notre pays de mars à juin. Les premiers contingents comprennent surtout des mâles. Les départs ont lieu d'août à octobre. Le plus gros des effectifs a quitté notre pays fin septembre, à l'ouverture de la chasse. La migration, nocturne, très discrète, s'effectue par petits groupes de 30 à 40 oiseaux. La caille emprunte deux veines de migration principales :

– elle rejoint l'Afrique du Nord ou le Sénégal par la péninsule Ibérique
– l'Égypte, le Soudan ou l'Éthiopie sont atteints après l'Italie et la Méditerranée.

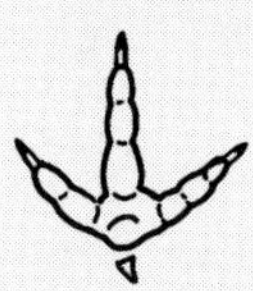

Répartition

Notre seul gallinacé migrateur est répandu dans une grande partie de l'Europe, jusqu'au sud de la Scandinavie. Il est présent dans les îles Britanniques.

GESTION-AMÉNAGEMENTS

Les menaces qui pèsent sur la caille

Le constat

Malgré les très faibles prélèvements effectués par la chasse (l'oiseau nous quitte à l'ouverture), les effectifs de cailles semblent en forte régression en France. De nombreux sites de reproduction, jusqu'alors très fréquentés, sont progressivement abandonnés. Plusieurs hypothèses peuvent expliquer cette raréfaction.

La modernisation de l'agriculture

• Les traitements chimiques décantonnent l'oiseau et suppriment les insectes qui constituent la nourriture de base des cailleteaux.

• Le broyage des pailles et le brûlage des chaumes détruisent beaucoup d'oiseaux qui affectionnent les andains.

• La récolte des fourrages destinés à l'ensilage ou à la déshydratation détruisent nids et couvées.

Le bouleversement des biotopes

La caille affectionne un paysage varié comportant de nombreuses parcelles de céréales. Les petites cultures traditionnelles disparaissent aux dépens des prairies dans les régions d'élevage, ou de la monoculture intensive du maïs, toutes formes d'agriculture incompatibles avec le maintien de l'espèce.

La pression de chasse excessive et incontrôlée sur ses aires d'hivernage (Maroc, Algérie, Tunisie, Égypte).

Les conditions climatiques locales : les contingents les plus migrateurs ont beaucoup souffert de la sécheresse dans le Sahel.

La modification des habitudes de l'oiseau

Il semble qu'une part importante des effectifs de cailles, ne rencontrant plus en Europe moyenne ou du Nord des biotopes favorables, ait changé ses habitudes en n'effectuant plus que des déplacements erratiques entre l'Afrique du Nord et l'Espagne. L'espèce montre une tendance très nette à la sédentarisation au Maroc.

Les remèdes

Migrateur au long cours, la caille devrait faire l'objet de programmes d'études effectués à l'échelon international afin de mieux analyser les causes de sa raréfaction.

CHASSER LA CAILLE DANS LE MONDE

L'un des hauts lieux de la chasse à la caille est le Maroc, qui accueille des populations migratrices ainsi qu'un certain contingent d'oiseaux qui seraient plus ou moins en voie de sédentarisation. On chasse la caille au chien d'arrêt, du 29 septembre au 9 février, dans toutes les régions de plaine cultivée. Tôt le matin ou tard le soir, les oiseaux sont sur leurs lieux de gagnage, souvent des chaumes. En cours de journée, ils recherchent la fraîcheur des couverts tels que le blé vert, la betterave, le sorgho, les cultures maraîchères, les tournesols. L'Algérie est également très bien peuplée en cailles, dont l'ouverture de chasse se situe aux alentours du 14 juillet. Malheureusement, il est impossible aux touristes de s'y rendre autrement qu'en passant par les quelques agences spécialisées qui sont établies dans le pays.

Les grives

Fam. : Turdidés

Faute de grives, on mange des merles... Rien n'est plus faux que ce dicton car il y a grive et grive, et le merle est délicieux, surtout en Corse, lorsqu'il se nourrit de baies parfumées. Les meilleures grives sont les petites, mauvis et musicienne, surtout quand elles sont gavées de grains de raisin oubliés après les vendanges. Pour apprécier les parfums subtils et délicats de ces petits oiseaux, il est nécessaire de les cuire à point... 10 mn mais pas plus. Sur un feu de sarment, c'est un régal !

Grive litorne

Grive mauvis

CHASSER LES GRIVES

Les grives sont protégées dans la plupart des pays européens. Seules quelques nations du sud de l'Europe autorisent encore leurs chasses. Les procédés de capture traditionnelle à l'aide de lacets ou de gluaux semblent compromis. Selon une enquête de l'O.N.C. réalisée en 1983, 13 millions de grives, toutes espèces confondues, seraient prélevées annuellement en France.

LA CHASSE DEVANT SOI

Autrefois dédaignée par les chasseurs du nord de la Loire, la grive constitue aujourd'hui une pièce de choix en raison de la disparition progressive du petit gibier sédentaire. L'oiseau offre un tir très difficile, et l'occasion de brûler bon nombre de cartouches à l'époque des passages d'automne. Elle permet au jeune chasseur d'affûter son coup de fusil sur un vrai gibier, qui s'abat en grand nombre dans nos régions à partir du mois d'octobre.

On pratique généralement la chasse devant soi à deux, en longeant de part et d'autre les haies fourrées riches en arbustes à baies. Les oiseaux (surtout les grives mauvis et musiciennes) qui prennent leur envol crochètent avec une vélocité extraordinaire. Il faut bien noter le point de chute d'un oiseau touché, toujours difficile à retrouver dans les hautes herbes. Les services d'un retriever qui reste sagement au pied de son maître sont alors inestimables. Selon les années, les oiseaux resteront plus ou moins longtemps. Les grives musiciennes peuvent hiverner dans nos régions lorsque les conditions climatiques sont clémentes et que les baies sont abondantes.

Un printemps froid est catastrophique. Les fleurs d'épine noire, par exemple, dont les fruits (la fameuse prunelle) retiennent les oiseaux durant tout l'hiver, peuvent geler. L'automne suivant, les grives ne trouvant que peu de nourriture gagneront des régions plus favorables.

Les meilleures haies à grives sont les haies d'épine noire et d'églantier.

La grive peut également être chassée dans les vignes, devant soi ou en petites traques.

Gavée de raisins, elle se laisse plus facilement approcher. Dans le Médoc, elle est ainsi tirée après les vendanges (la chasse dans une vigne non récoltée est interdite), alors qu'une petite repousse (le reverdon) incite les oiseaux à fréquenter les vignobles.

Les chasseurs organisent de véritables battues, ou la guettent à partir d'un mirador pour la tirer lors de ses déplacements.

La chasse de la grive à la haie est un excellent exercice de tir.

La chasse à poste fixe près d'un arbuste à baies, est également pratiquée. L'affût en fin d'après-midi est parfois la seule manière de tromper la vigilance des grives litornes. Il suffit alors de se placer à proximité d'un boqueteau et de tirer les oiseaux qui arrivent en masse dans l'heure qui précède le coucher du soleil pour gagner leur dortoir. Les grives draines sont également fort méfiantes. Perchées sur les plus hauts peupliers, elles voient le danger venir de loin. En fait, les grives les plus communément prélevées sont la grive mauvis et la grive musicienne ; elles offrent les tirs les plus difficiles, en raison de leur vol irrégulier et déconcertant.

Lorsque les hivers sont cléments et les baies nombreuses dans les haies, la grive musicienne peut passer toute la mauvaise saison chez nous.

LA CABANE

Il s'agit d'un mode de chasse traditionnel pratiqué par 20 000 passionnés dans le sud-est de la France. La cabane est en fait un ensemble de buissons très serrés, taillés ras de manière à n'offrir aucun perchoir. On remplace par des branchettes enduites de glue (les vergans), mises en place au travers de petites ouvertures nommées chicanes. Des cages à appelants sont installées à proximité des vergans. Le chasseur est dissimulé à l'intérieur du buisson. Il attire les grives à l'aide d'un appeau (le chilet), souvent relayé par les appelants. Les oiseaux, attirés par le chant habilement imité, se posent sur les gluaux où ils restent prisonniers. Ils sont ensuite retirés délicatement pour servir à leur tour d'appelants. Les oiseaux qui se posent sur les arbres situés aux alentours sont tirés au fusil. Certains arbres sont aussi piégés à l'aide de perches qui dépassent les cimes, également munies de gluaux. Cette chasse très particulière n'est autorisée que du mois d'octobre à la mi-novembre. La cabane est alors appelée «*poste à vif*». Elle se transforme en poste à feu ensuite, seul le tir au fusil étant autorisé.

LES TENDERIES

Ce mode de capture fort ancien remonterait au paléolithique. Les tenderies sont interdites depuis 1991, en raison de leur soi-disant manque de sélectivité. Auparavant, elles étaient réglementées. Leur pose n'était admise que durant les passages d'octobre ; elle permettait la capture d'environ 17 500 grives par an. Il existait deux modes de tenderie, au brancher et au sol.

Un modèle de tenderie : le collet en cuir de cheval est disposé au-dessus d'un perchoir artificiel sur lequel est fixée une grappe de sorbes.

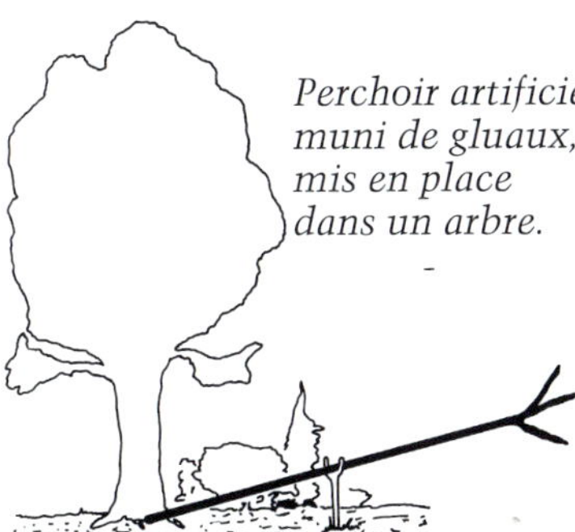

Perchoir artificiel muni de gluaux, mis en place dans un arbre.

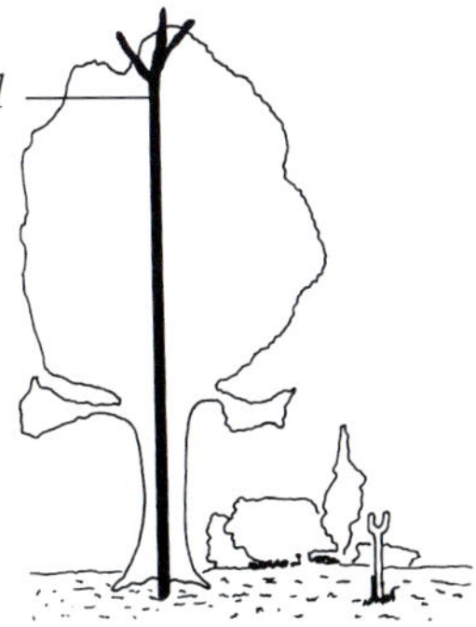

	Grive mauvis *Turdus iliacus*	Grive musicienne *Turdus philomelos*
Description	Avec une longueur de 21 cm pour un poids de 30 à 60 g, c'est la plus petite des grives. On la distingue de la grive musicienne à son sourcil blanc et aux teintes rouge vif à roussâtre des flancs et du dessous des ailes. La poitrine est blanche, tachetée de noire.	Très semblable à la grive mauvis ou «mauviette», la grive musicienne est légèrement plus volumineuse (elle pèse 80 g pour une longeur de 23 cm). On la distingue de la première par l'absence de sourcil blanc et à ses flancs moins vifs, jaune roussâtre. La poitrine est blanche, tachetée de noir.
Habitat	Forêts de bouleaux et de conifères dans le nord de l'Europe. En migration, apprécie les bosquets et les haies touffues d'aubépine.	Forêts mixtes, haies, bosquets, parcs et jardins. 
Régime alimentaire	Vers, insectes, mollusques, baies et fruits sauvages.	Semblable à celui de la grive mauvis, avec une plus nette dominante animale. Elle apprécie beaucoup les petits escargots.
Reproduction 	Niche dans les pays nordiques (Islande, Norvège, Finlande, Suède). Effectue 2 couvées par an, comptant 4 à 6 œufs qui incubent en 12-14 jours. Le nid est installé dans un buisson ou un petit conifère.	Le nid est tapissé intérieurement de boue séchée et de bois pourri, conférant à la coupelle une certaine rigidité. Il est installé dans un buisson : 2 couvées par an d'avril à juillet, comportant 3 à 5 œufs qui incubent 12-15 jours.
Migrations	Arrive en bandes importantes à partir du mois d'octobre. Si l'hiver est clément, elle peut hiverner chez nous. Dans la plupart des cas, elle rejoint l'Asie, l'Afrique du Nord ou les îles méditerranéennes (Corse). Le mouvement de retour s'effectue en mars-avril.	Le passage d'aller s'effectue en octobre-novembre. De nombreuses bandes peuvent hiverner en France, dans les bocages, les vignes ou les vergers. Le retour a lieu en mars, où la grive accompagne palombes et bécasses.

Grive litorne *Turdus pilaris*	**Grive draine** *Turdus viscivorus*	**Merle noir** *Turdus merula*
Reconnaissable à distance à son chant particulier qui lui a valu l'appellation de «tia-tia». Grive de belle taille (100-120 g pour une longueur de 25 cm). Plumage très bigarré, tête et croupion gris, contrastant avec la poitrine rousse. Queue noire, dessous des ailes blanc.	Avec une longueur de 27 cm, c'est la plus grosse des grives. Le plumage, gris-brun sur le dessus du corps, est blanc tacheté de noir sur la gorge. Le dessous des ailes est blanc.	Le mâle est noir brillant. Seul le bec est d'un jaune éclatant. La femelle, plus terne, est brun sombre, plus claire au niveau de la poitrine. Le bec est grisâtre. 
Forêts de bouleaux et de conifères sur les sites de nidification. En migration, champs et prairies durant la journée, boqueteaux le soir, qui servent de dortoir.	Futaies de conifères, vergers, plantations de peupliers. 	Haies, bosquets, parcs et jardins, lisières de forêts.
Baies et fruits, vers, insectes, mollusques.	Insectes, mollusques, baies. Sa prédilection pour les fruits du gui, l'hiver, lui a valu son appellation de grive du gui.	Fruits, baies, vers, insectes, mollusques.
Peu de nidification en France, essentiellement en Europe centrale et du Nord. Les grives établissent leurs nids en colonies de 30 à 40 individus dans des forêts de conifères. 2 couvées par an d'avril à juillet, comportant 5 ou 6 œufs qui incubent en 12 jours. Défendent curieusement leurs nids en aspergeant les prédateurs d'excréments.	Se reproduit partout en France. Nid dans un conifère ou un quelconque grand arbre. 2 couvées par an comportant 4 ou 5 œufs qui incubent en 15 jours.	Se reproduit partout en France. Nid dans un buisson. 2 couvées par an comportant 3 ou 5 œufs qui incubent en 15 jours.
Peuvent arriver à partir d'octobre, bien que ce soient surtout les vagues de grands froids qui sévissent dans les pays nordiques qui provoquent leur apparition. D'immenses bandes peuvent traverser notre pays au mois de décembre ou de janvier, chassées par le gel ou la neige.	Sédentaire en France. On assiste à des regroupements l'hiver, dus à la présence d'individus venant d'Europe du Nord.	Sédentaire en France ou migrateur partiel. Le contingent autochtone est renforcé à partir d'octobre par des individus venant d'Europe du Nord, dont certains gagnent l'Afrique du Nord et les îles méditerranéennes.

L'alouette des champs

Alauda arvensis

Fam. : Alaudidés

Voici l'un des rares oiseaux qui a su tirer profit de la modernisation de l'agriculture. L'alouette des champs, originaire des régions steppiques, s'est en effet fort bien adaptée aux paysages ouverts créés par la monoculture céréalière.

L'alouette des champs est la seule alouette dont le tir est autorisé. Malheureusement, sa chasse au miroir est interdite depuis peu.

CHASSER L'ALOUETTE DES CHAMPS

La chasse devant soi

Très intéressante, elle est pratiquée à partir du 15 octobre, lorsque les premiers contingents de migrateurs nous parviennent. L'alouette se laisse volontiers approcher à distance de tir, qui peut être très difficile en raison du vol déconcertant de l'oiseau. Elle peut en effet s'élever en un vol rectiligne facilitant le tir, ou au contraire décoller en rasant le sol et en effectuant une série de crochets rapides avant d'entamer un vol régulier, hors de portée. L'alouette est chassée avec du plomb n° 9 ou 10. Il est important de noter l'endroit où l'oiseau blessé chute, car son plumage mimétique rend la recherche difficile.

La chasse a la chouette

La chouette est un leurre, articulé ou non, imitant un rapace nocturne. Le chasseur met à profit l'agressivité développée par tous les petits passereaux à l'égard des prédateurs nocturnes.
Cette pratique est surtout mise en œuvre par temps clair, lors des grands passages d'alouettes. La chouette, fixée au sommet d'une perche de 6 m de haut, est placée en plaine, les yeux tournés vers le soleil, à proximité d'un obstacle quelconque (haie, arbre isolé, hutte de terre) derrière lequel est dissimulé le chasseur. Les alouettes viennent piquer sur le leurre, tournant autour en gazouillant. Le tir est relativement aisé.

La chasse au miroir

Les premiers écrits concernant cette pratique remontent au XVIIe siècle. Elle est interdite depuis l'arrêté ministériel en date du 20 février 1989, qui s'appuie sur une directive de Bruxelles du 2 avril 1979 concernant la protection et la conservation des oiseaux sauvages. La convention de Berne, signée par la France le 19 septembre 1979, mentionne les mêmes interdictions concernant sources lumineuses ou artificielles, et miroirs destinés à aveugler les animaux. Il serait souhaitable que l'on révise ce jugement car le miroir à alouette ne peut être considéré comme une glace réfléchissante destinée à aveugler le gibier. Il s'agit simplement d'un appelant artificiel qui, d'après la loi, pourrait être utilisé sans les éclats de verre.
Le miroir est composé d'une pièce de bois horizontale évoquant vaguement la silhouette d'un rapace aux ailes écartées, incrustée d'éclats brillants de verre ou de métal. Elle est fixée sur un axe métallique prolongé par un pied.
Il existe des miroirs à main, actionnés par une ficelle s'enroulant autour d'un axe, et des miroirs fonctionnant grâce à un mécanisme d'horlogerie. Les premiers modèles

La chasse de l'alouette en plaine, devant soi, est un agréable dérivatif et un excellent exercice de tir à pratiquer en arrière-saison.

La chasse de l'alouette au miroir constituait un agréable dérivatif pour le chasseur en plaine. Malheureusement, cette pratique est interdite depuis un arrêté ministériel du 20 février 1989.

sont préférables car on peut moduler le mouvement en fonction de la luminosité et des réactions des oiseaux. Leur emploi exige une certaine habitude, ainsi que la présence d'un aide. Les miroirs mécaniques dispensent le chasseur de la présence d'un auxiliaire. Le mouvement, continu et régulier, est moins attractif.

Les alouettes sont attirées de loin par les éclats émis par les petites glaces réfléchissantes. Cette pratique suppose un temps ensoleillé. On peut chasser au miroir du lever du jour jusqu'en milieu de journée. Il faut toutefois que la rosée ou la gelée blanche ait disparu. Un vent violent, de nord ou de nord-est, est défavorable. Au contraire, une brise légère du sud ou du sud-ouest est très favorable.

Le miroir est placé sur un petit promontoire au milieu d'un chaume ou d'un labour léger, à proximité d'un arbre ou d'une haie qui dissimule le chasseur. Dans les vastes espaces découverts, le tireur s'embusquera derrière des ballots de paille, le dos toujours tourné au soleil. Les alouettes vont planer et tournoyer autour du miroir, offrant un tir facile, bien qu'il ne soit pas toujours aisé d'apprécier la distance. Il faut attendre qu'un certain nombre d'oiseaux soient rassemblés avant de tirer.

Les pantes a alouettes

Cette chasse traditionnelle du Sud-Ouest semble bien compromise par la directive de la Communauté européenne concernant la protection des oiseaux et des petits passereaux. Pratiquée depuis des siècles, elle concerne aujourd'hui 4 000 chasseurs victimes de restrictions sévères. Chaque chasseur tient à jour un carnet de prélèvement qu'il remet à l'Administration. Les filets ou pantes fonctionnent par paires qui se font face. Un chasseur ne peut mettre en œuvre plus de trois paires de pantes. Armées par des ressorts, elles sont tendues sur des endroits dégagés qui facilitent la pose des alouettes. Des appelants vivants, ou «semets», sont disposés au milieu du piège. Lorsqu'un vol se présente, le chasseur cherche à l'attirer en faisant bouger les oiseaux captifs à l'aide d'une ficelle, et en sifflant dans un appeau. Une fois les alouettes posées, il actionne un mécanisme rabattant les filets, longs de 2,50 m et hauts de 2 m.

BIOLOGIE-ÉCOLOGIE DE L'ALOUETTE DES CHAMPS

Description

C'est la plus grosse et la plus commune des alouettes, mais aussi la seule dont le tir est autorisé. Attention donc à ne pas la confondre avec l'alouette lulu, l'alouette calandrelle et le cochevis huppé, qui fréquentent également nos campagnes. Longue de 18 cm pour un poids de 30 à 50 g, l'alouette des champs a un plumage très mimétique, brun-roux sur le dessus du corps, rayé de noir. Elle porte une petite huppe sur le sommet du crâne. La queue, longue, comporte des plumes externes blanches.

Habitat

L'habitat originel de l'alouette est la steppe sèche. On la rencontre dans les plaines cultivées où elle semble s'être parfaitement adaptée à la modernisation de l'agriculture, dans les landes, les dunes, les prairies et autres espaces dégagés.

Régime alimentaire

L'hiver, elle consomme de jeunes pousses de plantes cultivées et des graines de céréales. Durant tout le printemps et l'été, et particulièrement pendant la saison de reproduction, elle semble accorder une certaine préférence à l'alimentation animale : vers, mollusques, insectes, araignées.

Reproduction

La période de nidification débute fin avril et peut se prolonger jusqu'à mi-juillet. L'alouette pond à terre, dans un nid aménagé sommairement, 3 à 5 œufs couvés par la femelle seule durant 11 jours. Elle effectue 2 ou 3 pontes par an. Les jeunes, nidicoles, quittent le nid à 10 jours. Ils sont volants à 3 semaines.

Comportement

Dès l'arrivée des beaux jours, le mâle s'élève à la verticale, dans les airs, en faisant entendre ses trilles, avant d'effectuer un vol stationnaire et de redescendre en planant. Il indique ainsi à ses congénères les limites de son territoire.

Migrations

Les individus de Scandinavie et d'Europe centrale migrent à partir d'octobre pour hiverner en Afrique. Leur arrivée dans le Sud-Ouest signale celle des palombes. Ils remontent de fin février à mi-mars. Les oiseaux du sud de l'aire de répartition sont sédentaires ou erratiques.

Répartition

L'alouette est une migratrice partielle présente dans toute l'Europe, sauf dans l'extrême nord.

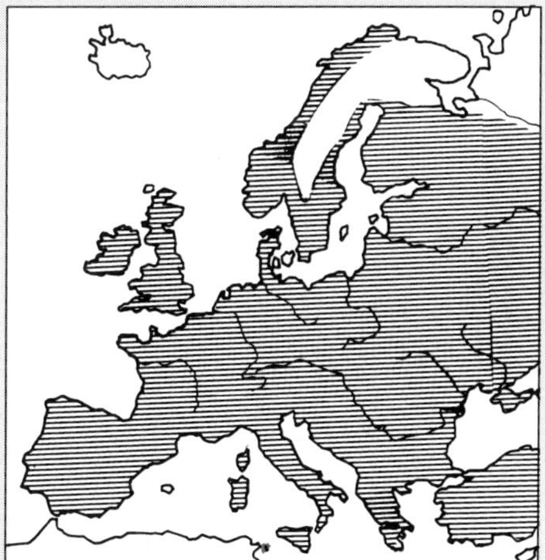

La bécasse des bois

Scolopax rusticola

Fam. : Scolopacidés

Le tintinnabulement du grelot résonne dans le sous-bois, au rythme de la quête du Setter. Soudain, un silence de bon aloi fait suite à la petite musique lancinante. Le chasseur s'approche lentement... Il sait que quelque part devant son chien figé à l'arrêt se tient dissimulée une bécasse.

CHASSER LA BÉCASSE DES BOIS

Aux premiers jours d'automne apparaissent quelques bécasses, qui annoncent les grands passages de novembre.

La chasse au chien d'arrêt

Elle passionne un nombre grandissant de chasseurs, au point que certains, pour qui la bécasse représente le summum de l'art cynégétique, se consacrent exclusivement à sa quête. Il est vrai que la beauté de l'oiseau, les délices de sa chair, les difficultés de sa recherche, ainsi que cette aura de mystère qui l'entoure toujours, ont de quoi susciter le plus vif intérêt.
Chasser la bécasse au chien d'arrêt exige de bien connaître son territoire, les mœurs et les habitudes de l'oiseau, et de disposer d'un chien très bien créancé. Il s'agit réellement d'une chasse de puriste où seuls comptent les plaisirs d'une quête, les beaux tableaux étant rares... et ne constituant pas l'objectif prioritaire d'un vrai bécassier !
Il paraît bien délicat de décrire toutes les subtilités d'un art qui a fait l'objet d'une abondante littérature, dans le cadre d'un tel manuel où seules les règles essentielles peuvent être décrites.
Tout bon bécassier connaît les «places à bécasses», remises habituellement fréquentées par l'oiseau en hivernage ou de passage, et immuables d'une année sur l'autre. L'action de chasse consiste à explorer minutieusement et à bon vent ces secteurs privilégiés, avec un ou deux chiens d'arrêt. Les places sont signalées par des indices qui n'échappent pas à l'œil averti, miroirs ou trous de fouilles au sol.
Lorsque le chasseur ne perçoit plus les tintements du grelot de son chien, il en déduit que celui-ci est à l'arrêt. Il se rapproche alors lentement, tâchant de se placer convenablement pour le tir. En terrain

découvert, ou au milieu d'une clairière, celui-ci n'est pas réellement difficile ; l'oiseau file en effet droit vers une remise fourrée, volant à faible hauteur.
Il en va autrement lorsque la bécasse se trouve dans un jeune gaulis serré. Dans un grand claquement d'ailes, elle prend un essor vertical foudroyant, se jouant en quelques rapides crochets des obstacles qui entravent sa trajectoire (qui est rarement celle prévue par le chasseur !). Elle parvient en un temps record à la cime des arbres, se masquant alors à la vue du tireur. Le tir, alors très ardu, requiert une grande habitude.
Certains conseillent de lâcher le coup de feu lorsque la bécasse, ayant atteint le sommet des taillis, semble stopper son essor quelques instants avant d'entamer une trajectoire horizontale. En raison du cheminement hasardeux de l'oiseau au travers d'un taillis épais, il paraît préférable de tirer très vite «au coup d'épaule». Cela suppose une longue expérience et une faculté d'assimiler, en quelques fractions de seconde, la direction prise par l'oiseau tout en épaulant... et en tirant ! Le deuxième coup peut être alors réservé pour ce fameux instant de grâce où la bécasse paraît suspendue par un fil invisible au-dessus des gaulis.
Certains habitués tirent carrément «dans la direction du bruit». Outre les dangers d'une telle pratique, on s'expose également à tirer un oiseau dont la chasse n'est pas autorisée (une poule faisane, par exemple). Si la bécasse est atteinte, il faut bien repérer sa chute. Blessée aux ailes, elle ne piétera généralement pas, préférant conserver une immobilité absolue, confiante dans son mimétisme. Un mâle légèrement atteint peut toutefois s'esquiver à patte. Dans ce cas, le chien d'arrêt devra également montrer des compétences de retriever.
L'oiseau peut aussi être manqué : dans ce cas, il est important de suivre la trajectoire de son envol et de tenter de situer l'emplacement de sa prochaine remise. Il se situera généralement là où il s'est posé. Des bécasses relevées trop fréquemment vident les lieux au moindre bruit de grelot.

L'équipement du chasseur bécassier

Le fusil

Les contraintes imposées par un tir rapide sur une silhouette fugitive exigent l'emploi d'un fusil léger (il monte plus rapidement à l'épaule), équilibré, doté de canons adaptés. En effet, le tir s'effectue souvent à courte distance, d'où l'intérêt de canons peu chokés, l'emploi de canons rayés étant contraire à l'éthique sportive des bécassiers. La combinaison la mieux adaptée semble être le lisse amélioré à droite (pour un juxtaposé) et le 1/4 choke à gauche.
De nombreux chasseurs accordent leur préférence au calibre 20, plus léger et plus maniable que le 12.

Les vêtements

Le port de cuissardes est souvent obligatoire, du moins fortement recommandé en raison de la nature de la végétation prospectée. Une veste d'une solidité à toute épreuve complétera l'équipement.

Le grelot

Il rend des services appréciables au bécassier, le renseigne sur le rythme de la quête du chien, l'informe quand celui-ci est à l'arrêt.

Les munitions

Tout comme le canon rayé, l'emploi de cartouches dispersantes est contraire à l'éthique de la chasse à la bécasse. Le bécassier utilise en général des cartouches traditionnelles à bourre grasse, qui confèrent à la gerbe une meilleure régularité. Les plombs les plus souvent utilisés sont les n°s 8 ou 9 à droite, et n° 7 à gauche (pour «percer» éventuellement un rideau de branchettes).

Les chiens bécassiers

A priori, tout chien d'arrêt qui arrête et rapporte bien peut convenir, mais certaines races semblent toutefois plus appréciées. Selon le Club national des bécassiers, le Setter Anglais est le plus adapté. Sa robe claire, bien visible sous bois, sa finesse de nez, sa quête étendue et son courage à la ronce semblent faire l'unanimité.
Pointer et Braque conviennent également fort bien. Le premier, doté d'un incomparable nez, arrête à grande distance.
L'Épagneul Breton, endurant, courageux à la ronce, a ses adeptes. Certains lui reprochent son manque de vitesse et son nez moins fin que celui des races anglaises.
Le Drahthaar et le Griffon Korthals ne craignent pas les fourrés ; ils excellent sur la bécasse.
Le Springer, très utilisé en Grande-Bretagne et en Irlande, est un excellent leveur de bécasse, un bon retriever qui n'hésite pas à s'engager dans les fourrés les plus épais.
Quelle que soit la race choisie, le chien doit être obéissant et présenter de réelles qualités de retriever. Sa quête, ni trop étendue ni trop courte, est ardente et croisée de manière à explorer chaque parcelle de fourré. Il sait suivre avec précaution un oiseau piéteur sans provoquer son envol.
Certains font preuve d'un esprit d'initiative déroutant. Quelques sujets particulièrement brillants parviennent en effet à «tourner le gibier», c'est-à-dire à le placer entre eux et le chasseur de manière à faciliter le tir. D'autres appellent leur maître par un ou deux brefs coups de gueule lorsque ce dernier ne s'est pas rendu compte qu'ils étaient à l'arrêt ! D'autres, enfin, dodelinent de la tête une fois figés à l'arrêt, afin de faire tinter le grelot et d'avertir le chasseur qu'une bécasse est tapie devant eux...

Le Pointer est très apprécié des bécassiers pour sa quête étendue et sa finesse de nez. On peut seulement lui reprocher son poil ras qui constitue un handicap dans les ronces.

CHASSER LA BÉCASSE DANS LE MONDE

Selon une enquête réalisé par le Club national des bécassiers, le Setter Anglais serait actuellement le chien d'arrêt le plus en vogue auprès des chasseurs de bécasse.

Irlande

Il s'agit sans doute de la seule destination en Europe où, à l'époque des passages, il est courant de tirer plus de 10 oiseaux par jour. La chasse se pratique essentiellement devant soi, et exige une bonne condition physique car la progression sur les terrains mouvants des tourbières est épuisante. Les oiseaux se trouvent souvent dans des petits boqueteaux de sapins mêlés à des saules qui se développent sur les sols semi-marécageux. Les conseils d'un «ghillie» qui connaît parfaitement son territoire sont indispensables. De plus, le guide est accompagné d'un chien (souvent un Springer), qui rendra bien des services pour débusquer les bécasses dans une végétation souvent inextricable. Il est difficile d'amener son propre auxiliaire en raison d'une quarantaine stricte fort longue. Les gourmets doivent savoir que le gibier tiré appartient au chasseur, qui pourra le rapporter en France. Trois jours de chasse, qui se déroulent du 1er novembre au 31 janvier (la meilleure période se situe en janvier) reviennent à environ 7 000 F en passant par une agence spécialisée. L'importation de munitions est autorisée, jusqu'à concurrence de 100 cartouches. L'usage de fusils semi-automatiques est interdit. D'autres destinations peuvent être intéressantes. Ainsi, le Canada et les États-Unis abritent *Scolopax minor*, en bonne densité, morphologiquement très proche de notre bécasse des bois.

BIOLOGIE-ÉCOLOGIE DE LA BÉCASSE DES BOIS

Très mimétique, la bécasse des bois se fond à merveille dans son environnement forestier.

Description

Son plumage feuille-morte lui a valu l'appellation de «mordorée» par les bécassiers. Le bec, caractéristique de la famille, est long, assez mou légèrement incurvé à son extrémité. Il mesure en moyenne 70 mm. Certains sujets portent des becs courts dont la taille varie de 30 à 50 mm : ce sont les bécasses brévirostres. Selon Fraguglione, il s'agirait là d'une préadaptation à de futures ressources alimentaires. L'auteur les signale comme appartenant à une sous-espèce particulière, *Scolopax rusticola brevirostris*. Le bec joue un rôle essentiel dans l'alimentation de l'oiseau. Sa structure révèle une spécialisation dans la capture de la faune du sol : fin et pointu, il est conformé pour pénétrer dans l'humus. Autour de son apex sont réparties des cellules sensorielles d'un type particulier, qui correspondent aux corpuscules tactiles et gustatifs de Herbst. Leur rôle dans la recherche de nourriture est évident : ils permettent de détecter la présence de proies dans le sol, d'en apprécier à la fois le volume et les mouvements. On note au niveau du bec un certain dimorphisme sexuel, celui de la femelle étant légèrement plus long.

La tête, légèrement aplatie, barrée de noir en arrière de la nuque, porte de gros yeux noirs, exorbités, placés haut et en arrière, qui assurent à l'oiseau un champ de vision total de 360°.

Les pattes, courtes et puissantes, indiquent l'oiseau piéteur. Les ailes, plus longues chez le mâle que chez la femelle, mesurent entre 190 et 214 mm. Barrées de noir, elles portent à leur extrémité une surrémige atrophiée : c'est la célèbre plume du peintre, trophée des bécassiers. Contrairement à une opinion répandue, il ne s'agit pas de la première, mais de la troisième surrémige. Cette plume très dure, longue de 30 à 32 mm, jouerait un rôle essentiel dans le vol de l'oiseau, et notamment dans sa capacité à effectuer de fulgurants crochets.

La queue de la bécasse, brune et striée de noir à son extrémité, mesure de 74 à 96 mm. Elle est plus longue chez la femelle que chez le mâle. Le poids varie de 180 à 500 g, les sujets les plus communément rencontrés pesant entre 320 et 450 g.

La bécasse subit une mue complète entre juin et début octobre, période au cours de laquelle elle se réfugie au plus profond des halliers. Une mue partielle a lieu entre février et mai.

Habitat

La bécasse est fidèle à ses aires de gagnage nocturnes et à ses remises diurnes. Cet oiseau essentiellement forestier occupe des secteurs répondant à des critères très précis, qui doivent satisfaire ses exigences alimentaires. La base de sa nourriture étant le lombric, le sol devra donc être frais et humide. La bécasse semble accorder une certaine préférence aux bois et taillis de feuillus peu étendus, âgés de 4 à 15 ans, entrecoupés de champs et de prairies. Elle apprécie la diversité dans les modes d'exploitation avec de nombreuses coupes et clairières laissant apparaître des places ensoleillées.

Dans les régions méditerranéennes, on la rencontre dans la garrigue, le maquis, les forêts de chênes verts, souvent à proximité de dépressions et de petits vallons.

Elle déteste les sols forestiers recouverts d'une haute végétation herbacée qui entrave sa progression à terre, et n'apprécie pas les hautes futaies denses qui gênent son envol et l'obligent à un long effort pour s'élever au-dessus de la cime des arbres.

Les lieux inondés ne lui conviennent guère, ces milieux asphyxiants étant défavorables à la faune du sol. Elle apprécie beaucoup la tranquillité et fuit les secteurs trop dérangés.

En période migratoire, ses remises diurnes sont parfois totalement inattendues : jardin public ou cimetière en plein centre urbain, haie, pré, verger, vigne, tas de fumier, jardin potager.

Durant cette époque, elle fréquente souvent des milieux plus ouverts : champs de choux en Bretagne, landes à bruyère, tourbières boisées.

Les circonstances climatiques influent sur les lieux de pose : le gel, qui durcit le sol, l'oblige à fréquenter la proximité de ruisseaux ou rigoles ; les vents violents peuvent l'inciter à gagner des secteurs très fourrés (ajoncs, fougères, vallons protégés) où on ne la rencontre pas habituellement.

Régime alimentaire

Une récente étude de l'O.N.C. indique que le régime alimentaire de la bécasse comporterait 80 % de lombrics. Le chercheur a compté les soies de ces invertébrés, seuls éléments visibles dans les contenus stomacaux des bécasses analysées. Il précise que les régions à forte densité bécassière (la Bretagne, par exemple) connaissent toujours un climat doux et humide favorable à la prolifération des vers. Les modes d'exploitation agricole jouent également un rôle important dans la répartition des oiseaux, les vers étant surtout abondants dans les régions à vocation d'élevage, là où le milieu naturel montre une succession de prairies entrecoupées de massifs boisés.

D'autres proies complètent le menu journalier de la bécasse, appartenant surtout à la microfaune du sol : myriapodes, crustacés (cloportes), insectes et leurs larves. La digestion de l'oiseau, rapide, l'oblige à être vorace. La bécasse capture ses proies en piquant son bec dans l'humus avant d'effectuer des mouvements de va-et-vient rapides. Pour attirer les vers à la surface, elle tambourine le sol à l'aide de ses pattes, sans doute afin de simuler la progression d'une taupe. Lorsque le sol est sec ou gelé, elle se contente de retourner la mousse ou les feuilles mortes. Dans les prairies, elle prospecte fréquemment les bouses de vache à la recherche de larves de diptères. Sous bois, elle explore les souches pourries pour dénicher cloportes, myriapodes et animaux xylophages. Lorsque le froid rend la nourriture inaccessible, la bécasse fréquente les rives des cours d'eau, capturant des larves d'insectes aquatiques.

Elle consomme également quelques baies sauvages : myrtilles, airelles, graines de joncacées, jeunes pousses au printemps.

Reproduction

La période de reproduction débute par la croûle, qui fait référence à l'appel du mâle en vol. Si les conditions climatiques sont clémentes, et dans les secteurs où la bécasse est sédentaire, la croûle peut commencer en janvier ou février. Ailleurs, elle se déroule dès l'arrivée des premiers mâles, à partir du mois de mars. Jusqu'à la mi-avril, un mâle qui croûle ne fournit pas un indice certain de nidification, car de nombreux oiseaux de passage peuvent s'adonner à cette démonstration amoureuse avant de poursuivre leur migration.

Le début de la croûle est étroitement lié à la température ambiante. Elle est très limitée par des vents frais du nord ou nord-est ; au contraire, des soirées calmes et tièdes sont particulièrement favorables. Les mâles quittent leurs remises diurnes environ une demi-heure avant la tombée de la nuit, «lorsque les merles ont cessé de chanter», et s'élancent dans les airs pour égrener leurs strophes. L'appel, destiné à repérer et à attirer les femelles, est une succession de 3 à 4 ronflements bas suivis d'un son bref et aigu, répété toutes les 2 à 4 secondes. Le mâle n'a pas de territoire attitré. Il effectue des circuits complexes, évoluant sur une soixantaine d'hectares et accordant sa préférence aux éclaircies, trouées, lisières, clairières, taillis bas. Au cours de ses allées et venues, il diminue progressivement son altitude de vol au fur et à mesure que l'obscurité s'installe. Ses ronflements se transforment en cris agressifs, aigus s'il rencontre un rival, sans toutefois qu'un réel combat s'engage. Les femelles manifestent leur présence en sautant sur place, à terre. Elles rejoignent souvent le mâle en l'air. Le couple effectue des figures aériennes compliquées avant de se poser. C'est alors que débute la véritable parade. Le mâle tourne autour de sa partenaire, faisant la roue et exhibant ses plumes rectrices blanches, les ailes pendantes et frémissantes. Lorsque l'accouplement a eu lieu, le mâle peut continuer la croûle pour séduire d'autres femelles, délaissant sa compagne. C'est à partir de cette période qu'elle va rechercher un site de nidification. Une deuxième croûle peut avoir lieu en juin-juillet.

La nidification

Les cas de nidification en France sont beaucoup plus fréquents qu'on ne le pense et notamment dans les régions montagneuses (Massif central, Jura, etc.), dans l'Ouest, les forêts du Nord et du Bassin parisien. La bécasse effectue une ou deux couvées par an. La première peut débuter à la fin du mois de février, la seconde en juin-juillet. C'est la femelle seule qui recherche un site de nidification, puis qui aménage le nid et couve les œufs. Elle creuse une petite dépression au sol d'environ 40 cm de profondeur pour un diamètre de 12 à 15 cm, qu'elle garnit d'herbes sèches et de feuilles. Le nid est souvent aménagé dans un grand bois clair où le sol est libre d'obstacles, afin de ne pas entraver les déplacements des poussins ou bécassons. On le rencontre souvent en lisière d'une allée forestière, au niveau de la zone de contact entre deux strates arborées de hauteurs différentes, à proximité d'une clairière, au pied d'un arbre ou d'un buisson de myrtilles en montagne.

Quatre œufs sont pondus à intervalles de 24 à 48 heures, dont les coloris, gris à brun-roux ponctués de taches et plaques sombres, sont très mimétiques. Ils pèsent de 23 à 26 g. Les poussins cassent leur coquille en même temps, après une incubation de 22 à 23 jours. Durant toute cette période, la femelle respecte la plus parfaite immobilité. Elle consacre une heure par jour à la recherche de sa nourriture, prise en deux repas fractionnés : un le matin à l'aube, le second en fin d'après-midi. Lorsqu'elle part en quête de nourriture , elle quitte son nid et effectue un certain trajet «à patte» avant de prendre son envol. Elle accomplit le même manège au retour, ne se posant jamais à proximité immédiate du nid. Les poussins, nidifuges, explorent les environs du nid sous la conduite de leur mère quelques heures après leur naissance. Leur duvet mimétique est roux barré de sombre sur le dessus du corps. Ils piètent et courent avec aisance dans les sous-bois. Lorsqu'un prédateur ou l'homme approche sa progéniture, la femelle mime le comportement d'un oiseau blessé afin d'attirer l'attention sur elle. De nombreuses observations laissent à penser qu'elle peut transporter ses petits un à un en vol en les maintenant entre ses cuisses serrées et sa poitrine. Certains témoins racontent avoir vu une bécasse lâcher un jeune en l'air, dans le but évident de lui apprendre à voler.

Après la nidification, la bécasse se cache dans les halliers pour muer.

Comportement

La bécasse est un oiseau très discret, fidèle à ses places et à ses habitudes, solitaire ou plus rarement en «pairons». Bien qu'elle soit en mesure d'effectuer des décollages foudroyants au milieu des gaulis les plus serrés, elle se déplace plutôt à pied.

Jusqu'à une époque récente, on considérait la bécasse comme un oiseau aux mœurs nocturnes marquées. De récentes expérimentations réalisées par l'O.N.C. en utilisant la radiotélémétrie nuancent ces propos. En fait, la bécasse aurait deux rythmes saisonniers d'activité, pas forcément liés d'ailleurs à la recherche de nourriture. Durant tout le printemps et l'été, alors que la luminosité est forte, la bécasse s'alimente surtout le jour. La diminution de l'éclairage au cours de l'hiver l'incite plutôt à rechercher sa nourriture au crépuscule et durant la nuit. Elle aime se reposer au soleil dans des clairières ou en lisière de forêt.

Le miroir

Tout bon chasseur bécassier sait reconnaître la fiente de la bécasse, encore appelée miroir. Selon sa couleur, sa consistance, son aspect, il peut en déterminer l'état de fraîcheur. Le miroir est souvent émis lors de l'envol. Très fluide, il forme une tache blanche, montrant en son centre une ponctuation noire de composition terreuse. Lorsqu'il est frais, il est luisant.

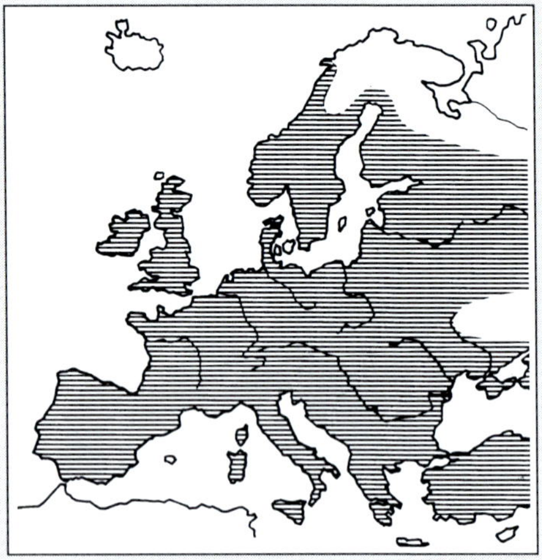

Répartition

La bécasse est présente dans toute l'Europe. Un certain contingent d'oiseaux nicheurs est observé chaque année en France.

Les migrations de la bécasse

La bécasse, à l'inverse de la plupart des oiseaux migrateurs au long cours, n'est qu'une migratrice partielle dont l'époque et l'importance des déplacements sont surtout liées aux conditions climatiques locales. Le mouvement migratoire de descente peut se manifester dès le mois de septembre dans le nord de l'Europe.

En France, les arrivées massives d'oiseaux se situent plutôt de mi-novembre à début décembre, selon les perturbations atmosphériques qui sévissent dans les régions nordiques.

Dès que le climat l'autorise, l'hivernage est tenté dans une région donnée, la bécasse n'abandonnant les lieux pour poursuivre sa descente que si le gel ou la neige l'empêche de se nourrir. La limite d'hivernage régulier correspond à l'isotherme 2 °C en janvier. Elle varie ensuite pour un même secteur d'une année sur l'autre selon les rigueurs de l'hiver, jusqu'à l'isotherme 0 °C.

LES RÉFLEXES DE DÉFENSE

Face au chien d'arrêt ou au prédateur, la bécasse déploie des astuces étonnantes pour survivre.
Le réflexe d'immobilité : sachant que c'est l'envol qui l'expose le plus au danger, son premier réflexe, lorsqu'elle perçoit un danger, est l'immobilité. Confiante en son mimétisme, elle peut ainsi rester de longues minutes à l'arrêt d'un chien.
La fuite à pied : ce sont surtout les mâles qui montrent cette tendance. Ils piètent à toute allure devant le chien, emmêlant leur voie dans la végétation épaisse des taillis, parfois sur une vingtaine de mètres avant de prendre leur envol.
Le saut de crapaud : il s'agit d'une ruse fréquemment observée chez la bécasse pour tromper le chien d'arrêt. Après une multitude de crochets effectués à la piète, elle fait un bond de côté d'environ 1,50 m de haut sur 2 à 3 m de longueur, en s'aidant de ses pattes et de ses ailes, avant de s'immobiliser totalement.
L'envol : le vol migratoire de la bécasse est considéré comme lent puisqu'il ne dépasse guère 60 km/h. Sous bois, elle est cependant capable d'effectuer des décollages verticaux très rapides, effectuant un ou deux crochets foudroyants entre les gaulis avant de disparaître à la vue de l'observateur. La bécasse attend souvent l'ultime instant avant de prendre son envol, lorsqu'elle n'est pas trop dérangée. Dans les secteurs régulièrement fréquentés par des chasseurs, elle vide l'enceinte au premier bruit de grelot, d'abord «à patte» puis en un envol feutré rarement perçu. Ce sont les fameux «fantômes» du bécassier.
La nage : blessée, une bécasse sait parfaitement se tirer d'affaire en nageant à l'aide de ses ailes et de ses pattes.
La rétention d'odeur : il ne s'agirait pas d'un phénomène volontaire. L'émanation de l'oiseau s'affaiblit au-dessous des limites normales lorsqu'il parvient au bout de ses ressources, ou qu'il est terrorisé.
La bécasse branchée : ce phénomène a été observé à plusieurs reprises, bien que la morphologie des pattes de l'oiseau ne s'y prête guère. Dans tous les cas, il s'agit de bécasses fuyant un chasseur ou un prédateur.
La bécasse chirurgienne : de nombreuses observations prouvent que la bécasse peut réduire elle-même une fracture ou une atteinte musculaire en se confectionnant un emplâtre à l'aide d'un mélange de boue, d'herbe sèche, de plumes. Le plus extraordinaire est que l'emplacement de certains pansements exclut que l'oiseau ait pu s'administrer lui-même les soins (cas d'un bec fracturé par un plomb et remis en place grâce à un emplâtre). Il en a dont été déduit que ces mystérieux oiseaux pouvaient s'aider mutuellement.

Le vent joue un rôle important, le flux migratoire de descente étant favorisé par des vents arrière du nord, est ou nord-est. Il est freiné par un «vent debout» du sud ou sud-ouest. Les conditions inverses ont les mêmes conséquences lors du retour. Les pluies torrentielles ralentissent le mouvement, le froid et le gel l'accélèrent. Quant au brouillard, il stoppe toute migration. La bécasse voyage seule ou en petits groupes de 3 ou 4. On assiste parfois à des rassemblements d'une dizaine d'oiseaux face à un obstacle tel qu'un massif montagneux. Bien que sa vitesse de croisière ne soit pas très rapide , elle peut cependant effectuer des trajets de 500 km en une seule traite ! Chaque étape est estimée néanmoins à 300 km en moyenne, effectués en 6 à 8 heures.

Le mouvement de retour s'amorce en février, culmine à la fin mars, et décline jusqu'à fin avril. Contrairement au flux de descente où les jeunes partent les premiers, ce sont les mâles adultes, pressés par la croûle, qui entreprennent d'abord le voyage de retour, en ligne droite.

GESTION-AMÉNAGEMENTS

Appliquer des mesures de gestion cohérentes et adaptées à un oiseau migrateur tel que la bécasse n'est pas chose aisée. En raison du caractère erratique de l'espèce, les tailles de ses populations et ses structures sont mal connues : les scientifiques ne sont pas d'accord sur le nombre de couples nicheurs en Europe. Les données concernant les prélèvements effectués varient du simple au double. Le contingent migrateur d'automne est évalué à 10 millions d'oiseaux. Les techniciens de l'O.N.C. effectuent un travail remarquable en collaboration avec le Muséum national d'histoire naturelle de Paris, le Club national des bécassiers et diverses instances européennes. Leurs activités portent sur des récoltes d'ailes (détermination des âges et sex-ratio se rapportant aux oiseaux prélevés), des opérations de baguage, des analyses de contenus stomacaux, des repérages et comptages des nids.

Les menaces qui pèsent sur la bécasse

L'impact de la chasse

De tous les pays européens, la France semble détenir le record en matière de prélèvement avec 1 500 000 oiseaux tués chaque année. La pression de chasse grandissante qui s'exerce sur les populations de bécasses est liée à la raréfaction du petit gibier sédentaire. Selon les années et les estimations, elle affecte surtout les jeunes oiseaux (69 à 75 %) et, parmi cette classe d'âge, les femelles. Ces chiffres sont à analyser avec prudence, un complément d'étude étant nécessaire pour entrevoir la réalité. 96 % des oiseaux bagués dans les différents pays européens seraient tués par les chasseurs. Si les vrais bécassiers savent exercer une pression de chasse raisonnable et contrôlée, certains braconniers continuent allègrement à tirer les oiseaux à la passée ou à la croûle, lors d'affûts aux pigeons au moment du retour de mars, par exemple. L'utilisation de canons courts et rayés, de cartouches à croisillons, les oiseaux tirés en battues dans les régions à forte concentration d'hivernants, une période de chasse qui s'étale de mi-octobre à fin-février (époque à laquelle la croûle a débuté) n'arrangent pas les choses.

Les autres causes de mortalité

La moyenne d'âge d'une bécasse, dont l'espérance de vie dépasse théoriquement les 7 ans, n'est que de 2 ans. Seule la fréquence des deuxièmes nidifications permet de contrebalancer les pertes. Le taux de mortalité dû aux maladies, aux intempéries et à la prédation, affecterait 22 à 23 % des jeunes bécasses, de l'éclosion au premier vol.

Accidents en cours de migrations ou de déplacements erratiques

• Les phares : au cours de leurs déplacements migratoires nocturnes, les bécasses payent un lourd tribut à ces sources de lumière artificielle.

• Les fils et lignes électriques, câbles de télésièges et de remonte-pente : de nombreux oiseaux s'assomment sur ces obstacles, surtout par temps de brouillard.

• Les intempéries : un hiver très rigoureux accompagné de chutes de neige ou de périodes de gel prolongé entraîne une mortalité importante parmi les hivernants. Les poussins nés précocement peuvent souffrir des intempéries durant les premières semaines de leur existence, époque où ils sont particulièrement vulnérables.

• Les prédateurs : la bécasse adulte peut être victime de prédateurs tels que l'autour des palombes, le faucon pèlerin, le hibou grand duc. Les nichées sont également exposées, malgré le mimétisme de la couveuse. Corvidés (corneille, geai, pie), fouine, martre, renard, chat haret, putois et chien errant constituent une réelle menace.

• La transformation du biotope : la monoculture intensive des résineux entraîne la disparition d'une niche écologique nécessaire au maintien de l'espèce.

• Les traitements phytosanitaires : concentrés par les lombrics, ils peuvent intoxiquer gravement l'oiseau.

Les mesures propres à préserver les populations de bécasses

Des mesures concernant la limitation de la pression de chasse ont déjà été imposées :

- 23 juillet 1963 : interdiction de chasser la bécasse à la passée ;
- 17 mars 1978 : vente de la bécasse prohibée ;
- 26 avril 1978 : tir à la croûle interdit.

– Dans l'Ouest, plusieurs départements se sont mis d'accord pour déterminer un nombre limite et obligatoire de bécasses à prélever. Ce prélèvement maximal autorisé (P.M.A.) se résume à 3 oiseaux par jour et par chasseur, et à 50 bécasses dans la saison. Tout chasseur se livrant à la quête de la bécasse doit porter en permanence un carnet sur lequel il mentionne ses prises journalières. Cette mesure constitue un préliminaire au plan de chasse. Malheureusement, peu de chasseurs se sentent concernés par une telle limitation des prélèvements.

– Contrôle des heures d'ouverture et de fermeture journalière : afin d'éviter que les chasseurs ne se livrent au tir à la passée ou à la croûle, il serait intéressant d'imposer aux bécassiers (ainsi qu'aux chasseurs de petit gibier sédentaire) des heures légales de chasse incluses dans une fourchette qui ne comprend ni aube ni crépuscule, périodes propices à la croûle et à la passée. Des contrôles plus fréquents, opérés par la garderie, devraient permettre de limiter cette forme de braconnage indigne d'un vrai bécassier.

– Fermer la chasse lorsqu'un coup de froid rassemble les bécasses en grand nombre le long des côtes ou au fond des vallées.

– Limiter la chasse au début de la reproduction, en février.

– Sur les terrains à forte densité bécassière, créer un réseau de ressources pour favoriser l'hivernage des oiseaux en leur assurant une quiétude totale. Cette mesure a été prise par les départements bretons appliquant le P.M.A.

– Améliorer le biotope par une gestion forestière adaptée : diversifier le milieu par la multiplication des coupes et la création de réseaux de faux taillis, drainer les bois trop humides, entretenir certaines «mouilles».

– Éviter le dérangement créé par le développement de réseaux de chemins forestiers, qui favorisent l'envahissement des bois au printemps par les hordes de ramasseurs de champignons (morilles) souvent accompagnés de chiens non tenus en laisse.

Plusieurs départements de l'Ouest se sont entendus pour appliquer une mesure judicieuse, destinée à limiter la pression de chasse exercée sur la bécasse. Il s'agit du prélèvement maximal autorisé, qui se résume à 3 bécasses par jour et par chasseur, et 50 oiseaux par an. Pour le vrai bécassier, le plaisir d'une quête difficile récompensée par la récolte d'un ou deux oiseaux passe largement avant le «score».

Le petit gibier à poil

Lapins et lièvres représentent le petit gibier à poil de nos contrées. L'éradication des populations de lapins en 1952, suite à l'apparition de la myxomatose, a contribué à la ruine de la chasse française. La disparition de ce gibier de base a entraîné une pression de chasse accrue sur d'autres espèces plus fragiles et moins prolifiques. De nombreux chasseurs ont tenté de compenser cette perte par l'introduction d'un lagomorphe américain, le Sylvilagus floridanus, *qui ne contracte pas la terrible myxomatose. Malheureusement, son élevage et son implantation en France sont toujours prohibés. La situation du lièvre n'est guère plus brillante. Il souffre beaucoup de la modernisation de l'agriculture, de la circulation routière, de la destruction de son habitat. Les opérations de repeuplement, qui coûtent très cher, n'ont guère donné de résultats. Il semble que seule une gestion très stricte des populations naturelles accompagnée d'aménagements appropriés soit la solution pour sauvegarder l'espèce. De nombreux chasseurs l'ont compris, se regroupant en G.I.C. pour mieux chasser... et préserver !*

des plaines et des bois

Le lapin de garenne

Oryctolagus cuniculus

Fam. : Léporidés

Au tout début de notre ère, aux Baléares, la population locale exigea l'intervention des légions de l'empereur Auguste pour les débarrasser d'un véritable fléau : le lapin de garenne. C'est à cette occasion que furent utilisés pour la première fois les furets, importés de Libye !

CHASSER LE LAPIN DE GARENNE

LA CHASSE DEVANT SOI

Sauf dans les territoires où il est très abondant, il n'y a pas de chasse spécifique du lapin devant soi, au chien d'arrêt. Le rusé Jeannot est tiré au hasard des rencontres, alors qu'on prospecte à la billebaude friches, lisières de bois, bosquets fourrés ou bois épais.
La plupart des chiens courageux à la ronce adorent le lapin et se lancent à grands cris à sa poursuite. Ce gibier tient généralement bien et longtemps l'arrêt. Dans un couvert épais, il lui arrive fréquemment, sentant le danger, de s'esquiver prudemment avant de jaillir entre les jambes du chasseur.
Le tir en terrain découvert est plutôt facile. Pourtant, l'effet de surprise engendré par l'apparition brutale de ce petit lutin est source de bien des ratés par excès de précipitation. On tire alors souvent derrière ou sur les côtés, et à trop courte distance, comme en témoignent les mottes de terre qui volent alentour ! Sous bois, la petite boule rousse crochète à toute allure entre ronces et baliveaux, disparaissant à la vue du chasseur en quelques secondes. Dans ce cas, un tir très rapide s'impose, au coup d'épaule.
Parfois, il semble que le lapin a boulé, alors qu'il réapparaît quelques mètres plus loin en pleine santé ! En d'autres circonstances, on le voit disparaître dans les ronces au coup de feu. Il faut toujours aller vérifier les résultats du tir, pour avoir la surprise de découvrir la victime raide morte au milieu du couvert, ou d'entendre son cri d'agonie, si le chien l'a capturée. A moins de disposer d'un chien qui sait «tourner» le gibier, la chasse à la haie doit être pratiquée à deux.
C'est l'une des plus amusantes. Le chien arrête l'animal puis, au commandement, se précipite dans les épines pour l'inciter à fuir. Le diable de gibier ne sort généralement jamais où on l'attend. Il déboule fréquemment en plaine puis, en un brusque crochet, regagne la haie qu'il remonte avant de se jeter dans un terrier, ou de prendre un parti à découvert hors de portée de tir. Les chasseurs doivent demeurer silencieux devant l'arrêt afin de ne pas éveiller sa méfiance. Quant au chien, il doit faire preuve d'un esprit de décision afin de «bourrer» le gibier à l'ordre, sans lui laisser le temps de s'esquiver. Les conditions météorologiques conditionnent le succès de la chasse. Par temps humide ou pluvieux, les résultats sont maigres car les lapins sont au terrier. Inversement, ils adorent se chauffer au soleil d'hiver.
On pourra également les rencontrer sous les ronces et dans les bois, les matins de rosée blanche ou après une petite pluie nocturne. Le lapin répugne en effet à regagner son terrier lorsque son pelage est mouillé.
Un dernier conseil : on ne tire jamais un lapin serré de près par le chien, au risque de tuer ce dernier.

LA CHASSE AUX CHIENS COURANTS

Elle se pratique sur des espaces restreints de bois ou dans des boqueteaux. Cette chasse est très amusante. L'ardeur des chiens qui mènent à grands cris un animal insaisissable, les ruses déployées par le lapin offrent un plaisir incomparable. Les Bassets sont particulièrement adaptés, en raison de leur gabarit qui leur permet de fouiller les ronciers les plus épais de leur quête lente et méthodique. Le Basset Griffon Fauve de Bretagne est un fantastique auxiliaire.
Préalablement à la chasse, certains «Nemrods» vident tous les terriers de leurs occupants à l'aide de furets, puis les

Le chasseur de lapin qui opère à la billebaude dans un environnement broussailleux a tout intérêt à utiliser les services d'un Fox-Terrier.

rebouchent sommairement avec des chiffons ou du papier. Cette précaution est inutile, car les lapins ne regagnent pas un refuge imprégné de l'odeur du mustélidé. Les tireurs sont placés aux endroits stratégiques : lisières de bois, carrefours d'allées. Une fois levé, le lapin multiplie les ruses pour échapper aux chiens. Il revient sur sa voie, tourne, sort en plaine sur quelques dizaines de mètres avant de regagner un roncier, toujours loin devant la meute. Il s'arrête fréquemment pour situer ses poursuivants. Le tir n'est pas difficile, mais le chasseur doit être attentif à tout bruit anormal (bruissement de branche, pas furtif), car souvent le lapin se présente discrètement sur la ligne de tir.

La battue

Elle est pratiquée dans les boqueteaux très vifs en lapins. Le gibier est poussé par une ligne de rabatteurs, ou par un ou deux chasseurs aidés de chiens broussailleurs (Springer, Cocker). Les tireurs sont placés le long des layons et allées, en lisière de bois.

La chasse a courre

Elle est pratiquée par quelques jeunes équipages qui apprécient le travail d'une meute de Bassets. Les races les plus employées sont le Basset Artésien, le Basset Griffon Fauve de Bretagne et le Basset Griffon Vendéen. Les préliminaires de la chasse sont identiques à ceux pratiqués pour la chasse aux chiens courants, à savoir un furetage à blanc des terriers. Les chiens, très fins de nez, doivent savoir déjouer les «changes» sur les sites vifs en lapins. Tous les épisodes de la chasse sont ponctués de fanfares.

La chasse au furet

Le furet est un putois domestique dont la taille est légèrement inférieure à celle de son cousin sauvage. Il s'agit donc d'un ennemi naturel du lapin. L'aptitude du furet à vider une garenne de ses occupants a été mise à profit depuis fort longtemps. Un siècle avant J.-C., les Romains auraient ainsi régulé les populations de lapins qui dévastaient les Baléares. A partir du XIIe siècle, son élevage et son utilisation à la chasse furent privilèges réservés à la noblesse.
Le furetage est meurtrier. Il ne peut être envisagé que sur les territoires où la densité de lapins est dangereuse pour les cultures. Lorsque la population est moyenne ou faible, elle peut être éradiquée en quelques séances ! Ce procédé est très intéressant pour effectuer des reprises d'animaux

La chasse au furet peut être meurtrière. Elle ne doit pas être pratiquée après la fin du mois de janvier, époque à laquelle les premières mises bas ont lieu.

vivants, à l'aide de petits filets, ou bourses, placés devant les terriers. C'est le seul moyen efficace pour vacciner une population de lapins contre la myxomatose. Encore faut-il appliquer cette méthode en dehors de toute saison de reproduction, afin d'éviter la destruction de jeunes portées. Le mois de janvier est la période idéale ; au-delà, certaines femelles sont gestantes ou ont déjà mis bas.

Les chasseurs à tir éclaircissent régulièrement les abords des garennes de manière à favoriser la visibilité à travers la végétation. Tous les terriers doivent être repérés... et surveillés ! En action de chasse, la garenne est approchée dans le plus grand silence. Lorsqu'elle est très vaste, on peut utiliser plusieurs furets en attaquant par le centre, afin de refouler peu à peu les lapins vers les extrémités. Pour une garenne comportant 15 à 20 trous, deux furets seront placés, chacun à une extrémité. Le petit mustélidé peut refuser de pénétrer dans une gueule, ou ressortir après une courte exploration. Dans ce cas, la galerie est certainement vide. Si elle est occupée, il pénètre sans hésitation. L'attente peut durer une vingtaine de minutes. On entend bientôt un bruit sourd qui correspond aux signaux d'alerte des lapins. Ils tambourinent le sol de leurs pattes postérieures, pour manifester leur inquiétude (en terme cynégétique... ça roule !). Le chasseur se tient prêt à tirer sur la cible qui jaillit comme un diable pour s'engouffrer immédiatement dans un autre terrier.

Le succès de la chasse dépend du respect de précautions élémentaires. Lorsqu'ils sont plusieurs, les chasseurs se tiennent dos à dos, tirant seulement devant eux. Ils doivent demeurer discrets face à un trou. Qu'un lapin perçoive un danger en surface, et il refuse de quitter son refuge. Cela conduit à la catastrophe du furet qui «colle», c'est-à-dire qui s'endort après avoir capturé puis saigné sa victime. L'attente peut alors être longue. Certains chasseurs cherchent à l'incommoder en enfumant les galeries avec des mèches de soufre, d'autres creusent la garenne pour retrouver leur auxiliaire. La meilleure solution consiste à laisser sa boîte de transport garnie de foin à proximité des gueules ; on retrouvera le furet endormi dans son refuge au bout de quelques heures. Le même incident peut se produire lorsqu'un lapin blessé parvient à regagner son terrier. Tout gibier non tiré proprement doit être systématiquement redoublé.

Le tir au lapin, dans ces conditions, exige une grande habileté et des réflexes ultra-rapides.

L'ENTRETIEN DES FURETS

Les furets s'élèvent facilement et se reproduisent bien en captivité, effectuant une portée annuelle de 5 à 8 petits. Il faut simplement éviter que ces animaux très frileux ne soient victimes d'un coup de froid. Pour cela, on évite toujours de les rentrer mouillés. On placera le local qui les héberge à l'abri des courants d'air. Un clapier de lapin ou une caisse de bois de 1,50 m de long et 50 cm de large suffisent largement. Le furet étant très propre, il est important de diviser son logis en deux parties, un dortoir aménagé douillettement à l'aide de paille, et une salle à manger. Les déjections, toujours émises au même endroit, seront ôtées journellement.

Le furet doit disposer d'eau propre en permanence. Il est nourri une fois par jour d'un grand bol de lait dans lequel trempent des morceaux de pain. Pour le motiver, on évite de l'alimenter le jour de la chasse. De menus morceaux de viande ou un œuf cru, distribués un jour par semaine, développent son agressivité. Le furet a une fausse réputation d'animal mordeur. S'il est régulièrement caressé, c'est un compagnon très doux !

BIOLOGIE-ÉCOLOGIE DU LAPIN DE GARENNE

Description

Ce petit lutin de nos campagnes au corps râblé est recouvert d'un pelage gris-brun. Les oreilles, penchées vers l'avant, n'atteignent pas la pointe du museau. Leur extrémité n'est pas marquée de noir. Les pattes postérieures, développées, sont adaptées au saut. La queue, sombre sur le dessus, est blanche dessous. Le lapin pèse, selon les régions, de 1,7 à 2,2 kg pour une longueur de 35 à 45 cm.

Habitat

Très éclectique, le lapin montre une surprenante capacité d'adaptation aux milieux les plus variés. On le rencontre aussi bien dans les bois touffus, le long des lisières de forêts, dans les bosquets, les zones de remblais, sur les talus et les coteaux, dans la garrigue ou le maquis en région méditerranéenne, sur les cordons dunaires qui bordent les façades maritimes. Il semble rechercher les sols légers (sablonneux) où il peut facilement creuser ses terriers et les terrains secs et filtrants. Le lapin doit disposer d'une végétation buissonnante épaisse qui lui sert de zone refuge, à proximité des cultures et des prairies où il recherche sa nourriture.

Il vit souvent en grandes colonies le long des fleuves. On le rencontre jusqu'à une altitude de 1 200-1 400 m. Le lapin de garenne n'est pas franchement adapté à un mode de vie fouisseur. C'est pourtant le seul léporidé qui creuse des terriers. Selon les territoires, les densités de lapins varient de 10 à 200 individus pour 100 ha.

Régime alimentaire

Herbivore, le lapin adapte son menu en fonction des saisons et des ressources offertes par le milieu. L'hiver, il se nourrit de végétation ligneuse ou semi-ligneuse. Il consomme des feuilles de ronce, pratique des écorçages sur les jeunes arbres qu'il peut aussi couper. Durant le printemps et l'été, il se nourrit surtout de graminées sauvages et cultivées, de céréales, de légumineuses (feuilles de luzerne et de trèfle), de thym et de bruyère. L'automne, il varie son menu en consommant des fruits tombés au sol.

Les principaux dégâts commis par le lapin concernent les céréales (34 %), les vignes (11 %), les plants forestiers (5 %) et les cultures horticoles (1 %).

Le lapin réingère certaines crottes, les cæcotrophes, enrichies en vitamines et qui activent entre autres des bactéries intestinales spécifiques.

Reproduction

L'activité sexuelle débute en janvier. Les premières mises bas, au nombre de 4 à 6 par an, ont lieu en février et pourront se prolonger jusqu'en septembre. C'est le mâle dominant du groupe qui assure seul la reproduction, après des semblants de parades qui consistent en

Coupe d'une rabouillère
Peu avant de mettre bas, la lapine aménage un terrier particulier comportant une galerie unique terminée par une chambre spacieuse, où naîtront les petits.

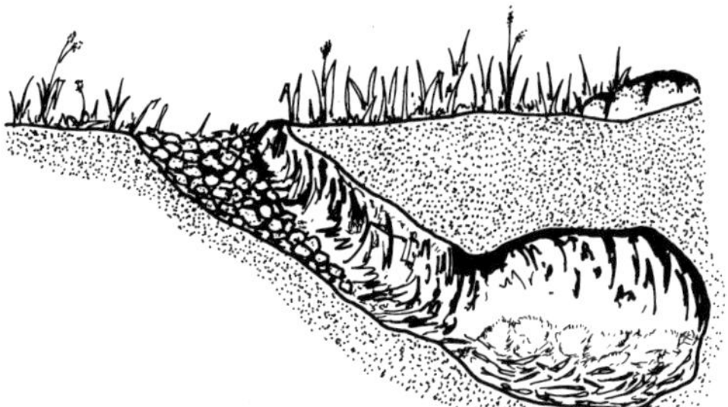

courses poursuites. Il atteint sa maturité sexuelle à 9 mois, mais ne peut guère se reproduire avant 1 an. La femelle est mature à 6 mois. Elle peut être fécondée sitôt la mise bas accomplie : c'est le phénomène d'œstrus post-partum. En cas de disette ou de surpopulation, un mécanisme de régulation interne tout à fait extraordinaire intervient chez le lapin. Les embryons fixés sur la paroi de l'utérus régressent, détruits par des enzymes spécifiques.

Un mâle dominant bien entreprenant, qui cherche visiblement à s'attirer les faveurs d'une femelle.

La durée de gestation est de 30 jours. Chaque portée comporte de 3 à 5 jeunes, parfois plus (jusqu'à 10) chez les vieilles lapines et lorsque les ressources alimentaires sont abondantes.

Les lapereaux naissent dans un terrier spécialement aménagé, nommé rabouillère, dont la longueur peut atteindre 1 m, qui comporte un nid douillet fait d'herbes sèches et de poils que la lapine arrache sous son ventre. Nus et aveugles durant les premiers temps de leur existence, les petits ouvrent les yeux et revêtent leur premier pelage à 10 jours. Ils quittent la rabouillère à 3 semaines, alors qu'ils pèsent 200 g environ, et sont sevrés à 1 mois. Chaque fois que la lapine part en quête de nourriture durant la période d'allaitement des jeunes, elle rebouche la rabouillère.

Voie de lapin dans la boue

Comportement

Grégaire, le lapin vit en groupes sociaux régis par une hiérarchie stricte, assurée par un mâle et une femelle dominants.

La cellule sociale de base est le groupe familial, qui comporte de 2 à 8 individus. Le mâle dominant assure la sécurité du territoire, particulièrement en période de reproduction. Il délimite alors son domaine à l'aide de sécrétions glandulaires odorantes, d'urine et de crottes, trois ou quatre fois par jour. Tout intrus est impitoyablement chassé après parfois un combat spectaculaire où les adversaires, se jetant les uns contre les autres, s'infligent des morsures cruelles. Les touffes de poils arrachées et éparpillées sur le sol autour des garennes témoignent de la violence de ces rixes.

La femelle dominante joue également un rôle essentiel. C'est elle qui assure la cohésion du groupe familial et la reproduction. Plusieurs groupes familiaux peuvent occuper une même garenne et se partager les mêmes zones de gagnage, formant une colonie.

Les rythmes d'activité du lapin sont en relation étroite avec les conditions météorologiques, et notamment avec le degré d'hygrométrie. En période de pluies abondantes, il reste tapi dans son terrier ou sous le couvert protecteur d'un fourré. Lorsqu'il est mouillé alors qu'il s'alimente au-dehors, il attend que son pelage soit sec pour regagner la garenne.

Ses principales périodes d'activité se situent tard le soir ou tôt le matin. Il se nourrit également durant la nuit.

Le lapin est un véritable baromètre. Le fait qu'on l'observe en grand nombre en plein jour signifie immanquablement un changement de temps et l'arrivée d'une perturbation.

Ce lagomorphe est très sédentaire. Attaché à son territoire, il ne s'en éloigne guère de plus de 300 à 400 m pour se nourrir. Seuls les jeunes lapins effectuent parfois des déplacements plus longs, à la recherche d'un nouveau territoire. Un lapin lâché à plus d'un kilomètre de son terrier serait incapable de le retrouver.

Craintif, il est constamment sur ses gardes, notamment quand il cherche sa nourriture. On observe toujours quelques guetteurs attentifs lorsque les animaux sont au gagnage. Qu'ils perçoivent une menace quelconque, et ils se dressent, assis sur leurs pattes arrière. Si le danger se confirme, ils tambourinent violemment le sol, provoquant une débandade générale.

Répartition

Le lapin est commun dans toute l'Europe occidentale, y compris les îles Britanniques.

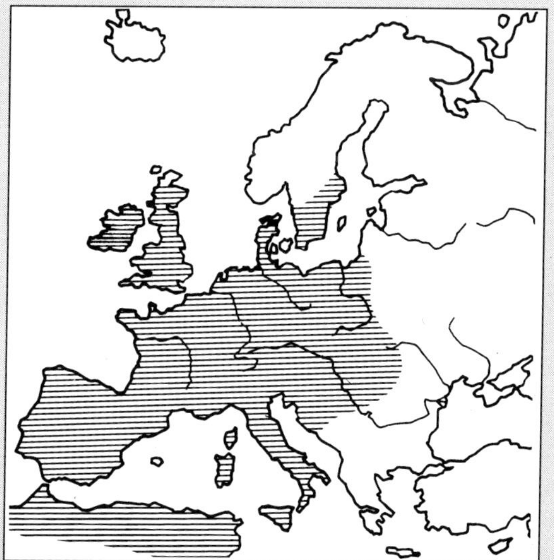

GESTION-AMÉNAGEMENTS

L'implantation de garennes artificielles permet de reconstituer une population de lapins là où elle a disparu.

Les aménagements préconisés

Les garennes artificielles

Cet aménagement, aisé à réaliser et peu coûteux, semble le meilleur moyen d'implanter ou de reconstituer une population de lapins. Il supplée à l'absence de refuge naturel, offre un excellent site de reproduction et une protection contre les intempéries et les prédateurs. Le choix de l'emplacement est important. La garenne sera toujours située sur un terrain meuble, sec et filtrant, à l'abri des inondations. On évite les lieux trop ombragés, le lapin appréciant un maximum d'ensoleillement. Les abords de friches, de prairies naturelles ou artificielles sont à rechercher, ainsi que la présence de bas taillis et de fourrés aux environs immédiats de l'aménagement. Sur un territoire favorable à l'espèce, une garenne est installée tous les 10 ha environ.

• Plusieurs types de garennes peuvent être préconisés :

– Une tranchée est creusée de manière à enfouir deux ou trois carcasses de voitures, retournées sur le toit et les unes derrière les autres, vitres ouvertes. L'ensemble est ensuite recouvert de souches, puis de terre. Les véhicules peuvent être posés à même le sol. Dans ce cas, ils sont entourés de souches, après creusement de petites tranchées disposées en étoile puis recouvertes d'un toit de branchages. Une couche de 50 à 80 cm de terre est ensuite répartie sur l'ensemble, éventuellement ensemencée en graminées cultivées (raygrass). La garenne ainsi aménagée mesure environ 10 m de long, 3 ou 4 m de large et 2 m de haut.

Aménagement d'une garenne artificielle

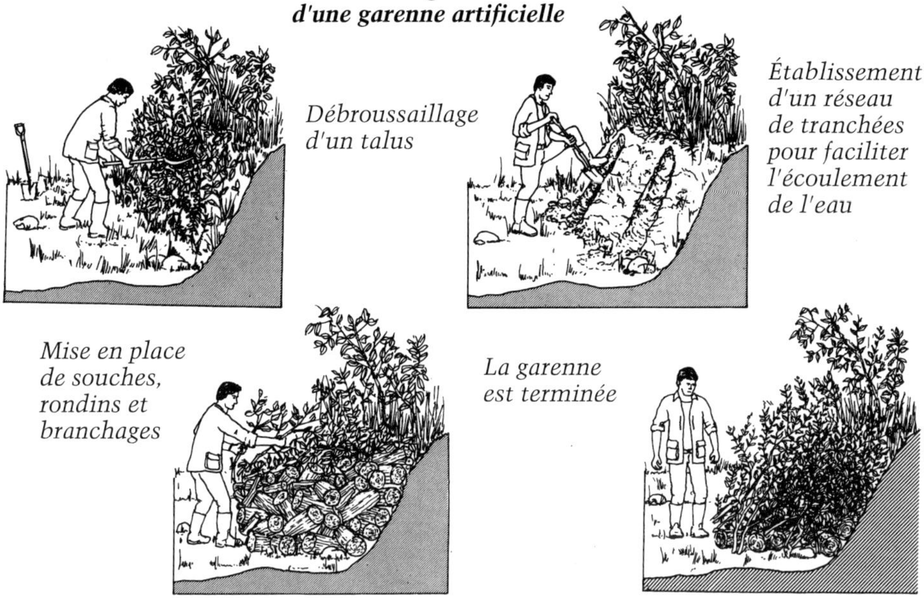

• Plusieurs palettes peuvent être disposées les unes sur les autres, à l'intérieur desquelles sont glissés des tuyaux de terre ou de plastique où se réfugieront les lapins en cas de danger. Les palettes sont ensuite recouvertes de paille ou de foin, puis d'un toit épais de branchages. Les côtés sont protégés par un amoncellement de souches soutenues par un remblais de terre meuble. L'ensemble a une longueur de 15 à 20 m, une largeur de 5 m et une hauteur d'environ 2 m.

• On peut également choisir un talus bien sec au sol meuble, creusé d'un réseau de tranchées pour l'écoulement de l'eau. Quelques tuyaux sont disposés à même le sol, ou à l'intérieur de palettes mises en place dans la pente. L'ensemble est ensuite recouvert de souches puis de paille, de branchages et, enfin, de 50 cm de terre semée de graminées ou plantée en végétaux semi-ligneux (genêts, ronces).

Les lapins sont introduits dans ces aménagements au nombre d'une quinzaine pour 200 m^3. Il est inutile d'en lâcher plus, car les phénomènes de concurrence inciteront certains sujets à déserter le site. Le sex-ratio est de 1 mâle pour 2 femelles, qui seront tous vaccinés et éventuellement marqués.

• De nombreux aménageurs préconisent, pour réimplanter une population disparue, de créer un parc au centre de la chasse, véritable «unité de reproduction» où seront puisés les sujets destinés à être relâchés. L'emplacement est entouré d'un grillage de 1,50 m de haut, enterré à 30 cm de profondeur. Une clôture électrique installée en retrait, sur 2 ou 3 rangs, arrête les prédateurs. Une garenne artificielle est installée à l'intérieur du parc, à proximité d'une haie implantée, sur toute la longueur engrillagée, et d'une culture à gibier (parcelle de raygrass). Le nombre de reproducteurs introduits ne dépasse pas 15 individus pour 1 000 m^2 d'enclos, avec un sex-ratio de 1 mâle pour 2 femelles. Ils sont implantés avant le 1er janvier, pour ne pas perturber l'entrée en reproduction. Tous les lapins sont issus de reprises en milieu naturel. Des garennes artificielles satellites aménagées autour du parc sont destinées à héberger les produits des reproducteurs captifs. On distribuera en toute saison à proximité de ces secteurs refuges un complément alimentaire à base de granulés (luzerne déshydratée).

Les autres mesures favorisant l'implantation des lapins

• Recéper les taillis tous les 4-5 ans, pour favoriser le développement d'une végétation appétente et offrir des couverts protecteurs sous forme de fourrés épais et de ronciers.

• Faucher ou broyer régulièrement les bordures d'allées, de chemins, les clairières, afin de stimuler la croissance des plantes herbacées qui fournissent une nourriture appréciée.

• Créer ou entretenir des zones de friches riches en couverts buissonnants.

Les autres mesures destinées à limiter les pertes

Hormis la vaccination des reproducteurs ou la désinfection des terriers, elles sont communes à tous les petits gibiers de plaine.

En ce qui concerne la chasse, il est conseillé de ne pas exercer un prélèvement excessif de manière à éviter une éradication totale en cas de flambée de myxomatose, et d'éviter le furetage à partir de fin janvier. En effet, les risques sont grands alors d'éliminer des lapines gestantes, et surtout des femelles dominantes qui assurent la cohésion du groupe familial.

Les animaux résistent mieux aux maladies lorsqu'ils sont bien nourris. Il est donc recommandé, tout particulièrement en période hivernale, de mettre en place quelques cultures à gibier (trèfle, luzerne, raygrass) pour un complément alimentaire. La luzerne déshydratée sous forme de granulés mêlés à des traitements anticoccidiens est fort prisée. Bien entendu, les prédateurs doivent être régulés. La limitation des pertes accidentelles relève de la même démarche que celle préconisée pour la perdrix grise.

Lorsqu'il pullulait, le lapin était le véritable sauve-bredouille du chasseur. C'est, encore aujourd'hui, un gibier fort prisé. Sa disparition, totale en certains endroits, a sonné le glas de la chasse à la billebaude.

Les facteurs de mortalité

La myxomatose

Les effets catastrophiques de cette maladie ont été observés pour la première fois en 1896, dans un élevage uruguayen de Montevideo. Un savant italien, Guiseppe Sanarelli, parvint à isoler le virus responsable de la myxomatose.

Le réservoir naturel de la maladie est un petit lagomorphe sud-américain, *Sylvilagus brasiliensis*. La myxomatose fut ensuite implantée en Australie, en 1950, pour éradiquer les populations de lapins introduites au XIXe siècle, qui devenaient un fléau pour l'agriculture. En juin 1952, elle fut inoculée à quelques lapins dans une propriété close d'Eure-et-Loir, appartenant à Armand Delille. Très rapidement, le virus se propagea hors des murs, contaminant l'Europe entière en moins de 10 ans. Dans tous les départements touchés, 90 à 99 % des populations de lapins disparurent. La chasse française était ruinée.

• Épidémiologie

La puce de terrier et le moustique sont les principaux vecteurs de la maladie. Lorsqu'une puce infectée pique un lapin, une petite tumeur cutanée apparaît en quelques jours au point d'inoculation. La maladie se généralise en une semaine : tête énorme aux yeux larmoyants, lésions aux paupières qui gonflent anormalement, respiration difficile. La mort survient en une dizaine de jours. Avec le temps, des souches atténuées sont apparues, et les lapins ont acquis une certaine résistance à la maladie. Les souches les plus communes en France, nommées IIIA et IIIB, entraînent, dans la nature, un taux de mortalité de 50 à 70 %. Les souches I et II sont plus virulentes, les IV et V affectent moins de 50 % des sujets.

Les flambées d'épidémie se produisent surtout en juillet et août, lorsque le temps est chaud et humide. Une puce de terrier peut conserver le virus actif jusqu'à environ 3 mois.

• Remèdes

Il y a peu ou pas de moyens de lutte directe contre la myxomatose, si ce n'est la vaccination.

– Le SG 33. Il y a quinze ans, un groupe de chasseurs méridionaux demandait au Professeur Saurat, de Toulouse, de mettre au point un vaccin contre la myxomatose. Avec le Professeur Gilbert, il créa le SG 33, dont l'appellation correspond aux initiales des noms des deux chercheurs suivies de la température de culture en degrés Celsius. Le vaccin, actuellement commercialisé par l'Institut Mérieux, immunise les lapins dans la nature pendant 9 à 12 mois. Ces derniers ne peuvent être vaccinés qu'à l'âge de 1 mois et demi. Leur progéniture n'est pas immunisée. La vaccination des lapins ne résoud pas entièrement le problème, d'autant plus qu'il est impossible de traiter tous les reproducteurs sur un territoire. A l'échéance de leur immunité, les animaux peuvent parfaitement être contaminés à nouveau. D'autres méthodes sont à l'étude ou sont employées pour endiguer ce fléau.

– Les «puces seringues». Les puces sont trempées dans un bain contenant une solution de SG 33 (vaccin lyophilisé), qu'elles inoculent ensuite au lapin. Le problème est d'obtenir suffisamment d'insectes. Les puces ne s'accouplent que sur des lapereaux, et ne se reproduisent que sur des femelles gravides.

• L'ANCLATRA (Association nationale des chasseurs de lapins et de défense des chasses traditionnelles) distribue une poudre insecticide à pulvériser devant l'entrée des terriers durant les périodes à haut risque, en juillet-août.

• Des procédés de vaccination par aérosols dans les terriers ont été testés, sans grand résultat en raison de la longueur des galeries et des multiples orifices d'aération.

• L'O.N.C. a demandé à l'I.N.R.A. de créer des souches de lapins génétiquement immunisées contre la myxomatose.

Les autres facteurs de mortalité

30 à 60 % des lapereaux meurent alors qu'ils occupent la rabouillère. Sur les individus restants, 40 à 80 % sont victimes de multiples affections ou accidents entre la sortie du terrier et l'ouverture de la chasse. Les pertes d'adultes hors chasse sont estimées à 50 %. Malgré une grande prolificité, le taux d'accroissement des populations n'est donc pas très élevé. Sur 20 lapereaux mis au monde par la femelle, seuls 4 ou 5 atteindront l'âge adulte. Ils peuvent être victimes de noyade dans les rabouillères, de destruction par le renard, le blaireau ou le putois. Lorsque la population est trop importante, certains lapins en quête d'un site de mise bas peuvent détruire les portées de leurs congénères.

Les rabouillères situées en plein champ sont souvent écrasées par les labours de printemps. Plus tard, les adultes sont également victimes de prédateurs (renard, chat et chien errants, autour), et surtout d'accidents tels que des collisions avec des véhicules, des traumatismes occasionnés lors des travaux des champs (récolte des fourrages), de braconnage, ou d'autres maladies comme la coccidiose.

Reconnaître l'âge d'un lapin

Les lapins de l'année montrent un bourrelet de cartilage sur le côté externe du cubitus, qui disparaît vers 9 mois. Le chasseur gestionnaire pourra ainsi estimer le taux de reproduction annuel d'une population de lapins dès sa première chasse.

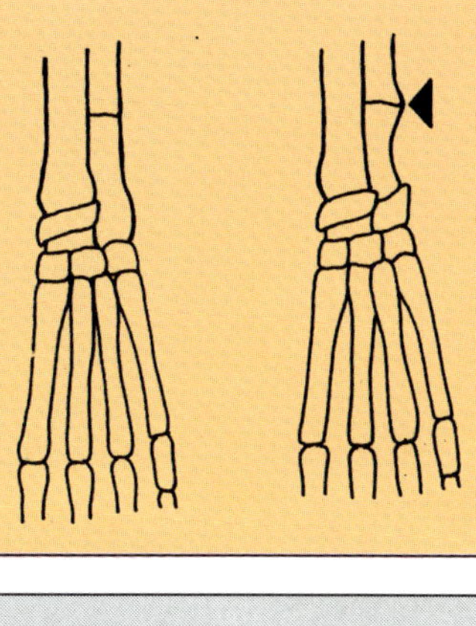

Le lièvre

Lepus europaeus

Fam. : Léporidés

Le lièvre est le «gros gibier du chasseur de petit gibier». Très populaire, il est recherché pour les plaisirs que procure sa chasse, et les adeptes de sa quête l'ont affublé de sobriquets qui font référence à son allure ou à la couleur de son pelage : oreillard, capucin, bossu, rouquin, bourru...

CHASSER LE LIÈVRE

Une enquête, effectuée au niveau national par l'O.N.C. en 1974-1975, indiquait que 3 150 000 lièvres étaient prélevés annuellement en France. Cette tendance semble actuellement en régression.

La chasse devant soi

Ce mode de chasse est considéré avec un certain mépris, voire une hostilité non dissimulée, par les chasseurs aux chiens courants, qui jugent le procédé indigne, quand ils ne l'assimilent pas à un acte de braconnage !

Il s'agit pourtant d'une quête subtile qui impose une parfaite connaissance du terrain et des habitudes du gibier.

L'action de chasse consiste à explorer lentement et minutieusement, à bon vent (sans quoi le lièvre, surtout en fin de saison, file hors de portée de tir), tous les emplacements propices. La progression s'effectue en lacets, entrecoupée d'arrêts irréguliers. C'est bien souvent à cet instant que le lièvre, se sentant découvert, prend la fuite.

En début de matinée, lorsque la rosée a trempé les couverts ou que des précipitations se sont abattues, les lièvres seront gîtés dans des chaumes, entre deux sillons d'un labour, dans une haie, un talus ou un boqueteau.

Au cours des belles journées ensoleillées qui marquent le début de la saison de chasse, l'animal recherche la fraîcheur de couverts tels que luzerne ou betteraves. On peut parfois le rencontrer dans un pré ras, où il sait se dissimuler.

Cette quête peut s'effectuer avec ou sans chien d'arrêt. Ce dernier rend néanmoins de fiers services pour détecter un lièvre qui refuse obstinément de démarrer. Le capucin peut tenir longtemps l'arrêt dans un fourré. Cela n'est pas toujours vrai en terrain découvert ou en sous-bois, lorsqu'il est gîté sur un tapis de feuilles mortes. Les bons chiens à lièvres restent sages au départ. Le tir au déboulé n'est pas jugé difficile. Pourtant, combien de lièvres sont manqués par excès de précipitation ! Il est conseillé de laisser filer l'animal sur une vingtaine de mètres, avant de tirer dans le mouvement, à la pointe des oreilles. On apprécie souvent mal la vitesse de l'animal, qui est tout de même de 30 km/h au départ (et s'accélère ensuite !). Cela explique la fréquence des impacts de la gerbe en arrière du lièvre. «Cul de lièvre, cul de

Le lièvre peut être chassé en plaine, devant soi, au chien d'arrêt. Bien que le tir dans de telles conditions ne soit pas considéré comme difficile, de nombreux ratés sont observés chez les tireurs émotifs, dus à un excès de précipitation.

plomb», dit le dicton. Il est, en effet, fréquent qu'un animal mortellement atteint poursuive sa course sans difficulté apparente.
En plaine, il est conseillé de suivre longuement la course de l'animal... et de tenter de s'en approcher s'il semble ralentir ou s'arrêter. Sous bois, et accompagné d'un chien désobéissant, on a parfois la surprise de voir revenir son compagnon après une course effrénée, tenant le lièvre fièrement dans sa gueule.

Les chasses en battue et en rond (le chaudron)

Très meurtrières, elles ne sont pratiquées que dans les régions à très forte densité de lièvres telles que la Picardie, la Beauce, la Brie, les plaines du nord du Bassin parisien. La battue se déroule comme pour la chasse à la perdrix grise. De nombreux lièvres restent tapis, laissant passer les rabatteurs. D'autres tournent, affolés, au centre du dispositif, forçant souvent la ligne de traque pour partir en retour. Il est donc important d'intercaler quelques fusils au milieu des rabatteurs.

La chasse du lièvre aux chiens courants est une pratique conviviale très appréciée au sud de la Loire ainsi qu'en Bretagne. Une belle menée de Beagles ou de Bassets qui doivent démêler la voie d'un animal particulièrement rusé est un plaisir inégalable.

Le «chaudron» ou «rond de Beauce» consiste à entourer une surface d'environ 100 ha. Les chasseurs convergent ensuite lentement vers un point situé au centre du cercle, qui peut être couvert, ou un quelconque repère visible placé à l'avance. Parvenus à une centaine de mètres du point désigné, des rabatteurs ou les chiens sont envoyés pour débusquer le gibier, qui ne peut, pour des raisons évidentes de sécurité, être tiré qu'en arrière.

La chasse aux chiens courants

Beaucoup la considèrent comme la seule manière sportive de chasser le lièvre. Elle est très appréciée dans les régions bocagères ou de moyenne montagne du Centre, de la Bretagne et du Midi. Le meneur de chiens recherche tout d'abord une voie fraîche de la nuit. Les autres chasseurs se postent ensuite sur les lieux de refuite possibles de l'animal, prêts à changer d'emplacement si la chasse prend une direction inattendue. En début de saison, lorsque le sol est très sec, il est conseillé d'attaquer tôt le matin, car les chiens ont toujours de grosses difficultés à trouver une voie dans de telles conditions, et surtout à la suivre ensuite lorsque le lièvre est lancé. Le vent a également son importance durant cette période. Un vieux dicton résume bien ses effets : «Vent du nord, chien dehors ; vent du midi, chien au chenil.»

Les chiens battent méthodiquement le terrain, nez au sol. Les premiers cris signalent la découverte d'une émanation fraîche qui est peu à peu démêlée. Les hurlements de la meute augmentent au cours du rapprocher, puis éclatent en concert lors du lancer de l'animal qui vient d'être débusqué.

Le lièvre va multiplier alors les ruses pour échapper à ses poursuivants, sur un territoire qu'il connaît parfaitement. Il emprunte les routes goudronnées où son «sentiment» devient fugitif, recoupe sa voie, longe des ruisseaux, se tapit brusquement puis revient en arrière. Parfois, il traverse des troupeaux d'animaux domestiques pour y perdre les chiens, ou se laisse dériver au fil de l'eau avant de gagner la rive opposée (on dit qu'il «bat l'eau»). Il porte la «hotte» lorsqu'il se déplace sur la pointe des pattes, le dos voûté, pour limiter la zone d'impact avec le sol.

Le lièvre n'est jamais tiré au cours du lancer, le plaisir de cette chasse étant avant tout le travail des chiens. Il n'est pas non plus abattu lorsqu'il est mené à grands cris par une autre meute. Les chasseurs disposés sur les lieux de refuite possibles doivent connaître parfaitement leur territoire et les habitudes de l'animal. S'ils sont peu nombreux, ils se déplacent en fonction de la direction prise par la chasse, de l'intensité des tonalités dans la voix des chiens.

Le tireur posté doit toujours être vigilant, y compris lorsque la meute semble éloignée. En effet, un lièvre prend fréquemment une avance confortable, et peut se présenter à tout instant sur la coulée surveillée avec la plus grande discrétion.

LES CHIENS A LIÈVRE

Les chiens d'arrêt : les Braques, Griffons, Drahthaars, Épagneuls ou Setters conviennent bien dans les terrains sales.

Les chiens courants : les chiens doivent être ardents, courageux et résistants, car le lièvre se bat longtemps. La finesse de leur nez doit leur permettre de remonter des voies parfois imperceptibles. Les races les plus efficaces sont le Petit Fauve de Bretagne, le Petit Griffon Vendéen, le Petit Anglo-Français, le Petit Bleu de Gascogne, le Basset d'Artois, le Bruno du Jura, en région de moyenne montagne, le Beagle, le Beagle-Harrier, l'Ariégeois, le Gascon Saintongeois, excellent dans ce travail, ainsi que bon nombre de bâtards connaissant leur terrain à la perfection.

BIOLOGIE-ÉCOLOGIE DU LIÈVRE

Description

Le mâle est appelé bouquin, la femelle hase, le jeune levraut. On peut difficilement confondre le lièvre avec le lapin de garenne.

Chaque région possède ses souches locales, adaptées à leur environnement spécifique. L'introduction de sujets non autochtones peut se révéler catastrophique en altérant, suite aux croisements qui s'ensuivent, des facultés d'adaptation à un milieu donné.

Selon les souches et les territoires, la robe est roussâtre à jaunâtre sur le dessus et les flancs, plus ou moins piquetée de poils noirs. Les «lièvres de bois» sont plus sombres que leurs homologues des plaines. Le dessous du corps et celui de la queue sont blancs. Les yeux, placés latéralement, sont dorés. Ils offrent un champ de vision réduit vers l'avant. Le lièvre est également caractérisé par de longues oreilles, festonnées de noir à leur extrémité, et qui, une fois repliées, atteignent l'extrémité du museau. L'allure caractéristique de l'animal au trot ou en course est due au développement particulier de ses pattes postérieures. En France, le lièvre pèse de 3 à 5 kg au maximum, pour une longueur de 60 à 70 cm. Il dépasse fréquemment les 12 kg dans les pays de l'Est.

Pour échapper à une meute lancée à ses trousses, le lièvre multiplie les ruses. L'une de ses astuces consiste à effleurer le sol de la pointe des pieds, afin d'y laisser une voie fugace. On dit qu'il «porte la hotte».

Habitat

Le lièvre est essentiellement un animal de plaine, que l'on peut toutefois rencontrer jusqu'à 1 800 m en montagne. Les densités les plus élevées se trouvent dans les grandes plaines céréalières de la Picardie, du Bassin parisien, de la Brie, où il semble s'être accommodé du dérangement occasionné par le machinisme agricole. L'extension de la monoculture intensive du maïs lui offre un couvert appréciable jusqu'en arrière-saison. Il apprécie les sols secs, sains et filtrants. Les terrains humides favorisent en effet de nombreuses maladies auxquelles il est sensible, telles que la tularémie, les strongyloses, la coccidiose et la pseudo-tuberculose. De fort belles populations peuvent aussi se développer dans des paysages bocagers qui montrent une alternance de petites cultures diversifiées, de haies, de bosquets, de prairies. Les grands massifs forestiers, les garrigues sèches ou les régions d'élevage lui sont moins favorables. Il préfère se tenir en plaine durant les beaux jours, regagnant le couvert protecteur des bois à partir de novembre pour fuir les intempéries. Cela ne l'empêche pas de rejoindre des espaces découverts ou la proximité d'une haie, en plein hiver, lorsque le soleil fait son apparition. Le lièvre occupe un domaine vital de 300 ha, qu'il partage avec des congénères sans qu'apparaissent des problèmes de territorialité. Sur cette surface, qui comprend des itinéraires de fuite, seuls 10 à 15 ha sont régulièrement fréquentés.

Régime alimentaire

Herbivore, le lièvre est très éclectique dans le choix de son menu, qui varie selon les saisons et les ressources offertes par le milieu. Ses longs déplacements nocturnes l'amènent à consommer des pousses de graminées ou de légumineuses, des feuilles ou des graines de céréales, des tubercules, des fruits ou des bourgeons, des légumes tels que choux ou carottes. L'hiver, il consomme des feuilles de ronces, et peut causer quelques dégâts en écorçant ou en abroutissant de jeunes arbres fruitiers ou de petits conifères. Comme le lapin, il réingère des cæcotrophes, petites crottes molles et humides riches en vitamines, en acides aminés et en bactéries, qui lui sont indispensables.

Comportement

Le lièvre est très individualiste, contrairement au lapin. En dehors de la période de reproduction, il vit isolément sur un territoire bien défini. De mœurs nocturnes ou crépusculaires, il connaît deux pics d'activité, le matin peu avant l'aube et à la tombée de la nuit. Il peut effectuer de longues randonnées nocturnes, quêtant çà et là sa nourriture. Ce comportement vagabond l'expose au danger de collisions avec des véhicules. A l'aube, il regagne une petite excavation sommairement aménagée au sol, le gîte ou forme. Il occupe plusieurs gîtes sur un même territoire selon la saison, les conditions atmosphériques et l'évolution du couvert végétal. L'animal est casanier et l'emplacement de ses gîtes et itinéraires de fuite est immuable d'une année sur l'autre, de génération en génération. Cela explique les succès enregistrés par les vieux chasseurs de lièvres qui connaissent parfaitement leur territoire. En début de saison, lorsque le temps est chaud et sec, notre capucin recherche la fraîcheur de la luzerne, du trèfle, du maïs ou de la betterave. On le rencontre aussi dans les couverts boisés à proximité d'un cours d'eau. Lorsque surviennent des intempéries, il rejoint une friche ou un labour, qu'il fréquente également par temps de gel. Il apprécie beaucoup les haies épaisses, les petites ronces, les talus enherbés et les prairies humides où il se camoufle entre des touffes de joncs. Au bois, on le rencontrera au pied d'un chêne, sous un petit roncier. Il se tient à proximité des lisières et des allées, afin de voir venir le danger.

Le lièvre compte souvent plus sur son étonnant mimétisme que sur la fuite pour échapper à un danger. C'est pourquoi il démarre fréquemment «entre les jambes» du chasseur, attendant l'ultime instant pour prendre la fuite. Il est vrai qu'un lièvre «en forme» échappe au regard le plus perçant ! Lorsqu'il est contraint de détaler en espace découvert, il file généralement en ligne droite pour se réfugier dans une culture sur pied. En forêt, il gagne la plaine, où il effectue un large détour pour tromper la sagacité des chiens, avant de retourner d'où il vient. Ses yeux étant placés sur les côtés, le lièvre a une très mauvaise vue, mais cela ne l'empêche pas de percevoir tout mouvement anormal : son ouïe et son odorat sont particulièrement développés.

Reproduction

Le bouquin est polygame. Le cycle de reproduction se trouve sous sa dépendance. En effet, ses testicules régressent de mai à octobre, trouvant une position intra-abdominale. Ce phénomène explique la fausse croyance concernant des lièvres supposés castrés provenant des pays de l'Est ! Les organes génitaux retrouvent leur taille normale dès la reprise de l'activité sexuelle, lorsqu'ils se retrouvent dans le scrotum.

La période de reproduction débute par le bouquinage, qui donne lieu à des rassemblements pouvant comporter de 10 à 15 lièvres, entre décembre et mars. Les mâles, attirés par l'odeur d'une femelle en chaleur, se jettent les uns contre les autres, debout sur leurs pattes postérieures, cherchant à s'infliger des griffures et des morsures. Le bouquin dominant, qui a vaincu ses adversaires, s'accouple avec la hase. L'instinct de reproduction incite parfois les lièvres à s'éloigner de plusieurs kilomètres de leur territoire.

Perdant toute méfiance, ils peuvent se retrouver surpris en plein découvert à l'aube, loin de tout refuge connu. Ils se gîteront alors n'importe où, avec tous les risques que cela comporte.

CAUSES DE MORTALITÉ

La tularémie : l'agent responsable est un bacille transmis par les tiques et les puces véhiculés par les petits mammifères. Le cortège clinique (amaigrissement, perte d'appétit) conduit toujours vers une issue fatale.

La pseudo-tuberculose : la maladie, dont l'issue est fatale, se développe à la suite d'automnes froids et humides. L'agent responsable est aussi contracté par le lapin de garenne ou la perdrix.

Les coccidioses intestinale et hépatique (maladie du «gros ventre») sont des maladies parasitaires également fréquentes chez le lapin. Elles sont contractées par l'absorption d'aliments souillés par les déjections d'animaux atteints.

Les strongyloses sont dues à des parasites qui se présentent sous la forme de petits vers (des nématodes) présents dans l'herbe humide.

Les conditions climatiques : le froid, la neige ou l'humidité diminuent la résistance immunitaire des adultes et des levrauts.

Les prédateurs : le chat et le chien errants, la corneille et le renard.

Les causes accidentelles : la circulation routière est responsable, dans certaines régions, de 40 à 85 % des pertes hors chasse ; le machinisme agricole, notamment pour la récolte des fourrages, constitue un facteur important de mortalité des levrauts.

Les pesticides : comme pour la perdrix, leur degré de toxicité varie selon les conditions d'emploi.

Les premières mises bas ont lieu en janvier, et se prolongent jusqu'à début octobre. La gestation dure 41 jours. La hase peut être fécondée alors qu'elle se trouve encore gestante. C'est le phénomène de superfétation, qui réduit l'intervalle entre mises bas à 35-38 jours, augmentant ainsi le nombre de portées annuelles.

50 % des hases sont allaitantes au début du mois d'octobre. Il est donc recommandé de ne pas chasser le lièvre avant le 15 octobre.

Chaque portée comporte de 1 à 5 levrauts, plus généralement de 2 à 4. Une hase née en début de saison peut procréer la même année, à l'âge de 6 mois. Dans ce cas, elle mettra au monde 1 ou 2 petits. Les levrauts naissent les yeux ouverts et couverts de poils. Une denture parfaite leur permet d'améliorer très vite l'ordinaire du lait maternel. Ils sont déposés à terre, parfois dans un gîte sommairement aménagé à proximité d'un point de repère (touffe de joncs, d'herbe folle), toujours en terrain découvert. Les observations de mises bas dans des haies et broussailles sont extrêmement rares. La seule défense des jeunes est leur parfaite immobilité qui les rend très mimétiques. Ils se dispersent aux alentours au bout de 3 jours, ne se rassemblant qu'à l'heure de la tétée, qui a lieu une fois par jour, après le coucher du soleil. Au cours de cette période, ils sont totalement vulnérables et peuvent suivre n'importe quel objet en mouvement. La période d'allaitement ne dépasse guère 15 jours à 3 semaines. Les jeunes acquièrent ensuite leur indépendance.

Répartition

Le lièvre brun est présent dans une grande partie de l'Europe, y compris l'Irlande où il a été introduit. Dans les pays nordiques, il est remplacé par le lièvre variable.

CHASSER LE LIÈVRE DANS LE MONDE

Argentine

Les densités de lièvres sont phénomales, à tel point que les campements de chasse ont fixé un quota journalier de 10 pièces par tireur afin d'éviter les abus.
Le lièvre est chassé devant soi, au chien d'arrêt, du 2 avril au 31 juillet.
10 jours de chasse reviennent à environ 18 000 F dans ce pays fabuleux, certainement l'une des meilleures destinations pour l'amateur de petit gibier.

Yougoslavie

Les lièvres sont abondants, mais, attention ! la taxe d'abattage est fixée à 360 F par pièce prélevée !
La chasse est ouverte du 16 octobre au 5 janvier. 2 jours de chasse reviennent à environ 8 000 F. La saison de chasse prochaine pourrait être compromise en raison des événements qui se déroulent actuellement dans le pays.

Bulgarie

Chaque lièvre prélevé, qui peut être chassé du 1er octobre au 31 décembre, revient à 170 F.

Hongrie

La chasse est pratiquée devant soi ou en battue dans des fermes d'État situées dans des régions à vocation de grande culture.
Les périodes d'ouverture spécifiques du lièvre se situent du 1er novembre au 31 décembre.
Trois jours de chasse reviennent à environ 10 000 F.

Pologne

Le lièvre est chassé exclusivement en battue, du 15 octobre au 15 janvier. La taxe d'abattage a été fixée à 95 F par pièce. 3 jours de chasse reviennent à environ 10 000 F.

Beau tableau de lièvres, réalisé en Hongrie.

GESTION-AMÉNAGEMENTS

Malgré une apparente prolificité, l'accroissement des populations reste faible. Sur 6 à 10 levrauts qui viennent au monde annuellement, seuls 2 ou 3 atteindront l'âge adulte. Dans le meilleur des cas, une population double (ou exceptionnellement triple) à la fin de la période de mise bas. Encore faut-il, pour maintenir ce taux d'accroissement, que le chasseur exerce des prélèvements compatibles avec le maintien d'un nombre suffisant de reproducteurs en début de saison. Pour parvenir à ce résultat, il doit connaître :

• le nombre de lièvres adultes avant reproduction, estimé grâce à des battues de ratissage à blanc, des comptages nocturnes au phare ou sur des bandes échantillons ;

• le taux de reproduction estimé lors de la première traque. Les jeunes de l'année conservent jusqu'à l'âge de 9 mois une petite excroissance cartilagineuse sensible au toucher, située sur la face externe du membre antérieur, à la base du cubitus.

• si le nombre de jeunes est inférieur à celui des adultes, tout prélèvement est cessé ;
• s'il est équivalent, un prélèvement de 20 % peut être envisagé ;
• s'il est supérieur à celui des adultes, on peut effectuer un prélèvement de 30 à 50 % des animaux estimés avant l'ouverture. Ce taux peut s'élever à 70 % lorsque l'on compte 3 ou 4 jeunes pour un adulte.

Les aménagements destinés à limiter les pertes

Il n'existe pas d'aménagements spécifiques destinés au lièvre ; il sait tirer profit de ceux destinés aux autres petits gibiers tels que faisans ou perdrix. Il faut éviter le repeuplement en lièvres à l'aide de souches étrangères, afin de ne pas altérer le patrimoine génétique des races locales. Il est préférable de gérer comme il se doit la population autochtone :

• Le maintien de couverts : ils assurent une protection contre les intempéries, un refuge contre les prédateurs, et offrent une nourriture supplémentaire. Leur présence est surtout souhaitable l'hiver, sous la forme de bandes abris de luzerne, d'engrais verts comme la moutarde ou de parcelles de maïs fourrager. Tous les éléments qui contribuent à rompre la monotonie du paysage (bois, bosquets, bandes d'herbes ou de céréales entre les zones de semis ou de terre nue) sont souhaitables. Certains aménageurs préconisent d'installer des zones de ressui, sous la forme de quelques mètres carrés de sable ou de cendre situés à proximité des axes routiers, de manière à dissuader les lièvres de venir se sécher les pattes sur le goudron. Pour limiter les collisions avec les véhicules, il faut éviter les semis dont l'axe se termine sur une route.

• On limite les pertes accidentelles dues au machinisme agricole selon les mêmes démarches que celles préconisées pour la perdrix grise : attaquer les parcelles par le centre pour favoriser la fuite du gibier sur les côtés, broyer les pailles en même temps que la récolte (les andains constituent des refuges de choix pour le lièvre), éviter le brûlage des chaumes ou, s'il a lieu, l'effectuer en une seule ligne à contre-vent. Placer un système d'effarouchement (barre d'envol) devant l'engin de récolte. Au niveau d'une commune, par exemple, implanter une réserve qui constitue au moins 10 % du territoire, et dont la surface minimale est de 300 ha.

• Pour limiter les pertes dues aux infestations parasitaires et augmenter la résistance immunitaire des animaux, un apport complémentaire de nourriture hivernale est conseillé, sous la forme de betteraves sucrières, de rameaux d'arbres fruitiers tels que pommiers, merisiers, ou de branchettes de trembles ou d'acacias.

Systèmes d'effarouchement ou «barres d'envol» fixés devant le tracteur

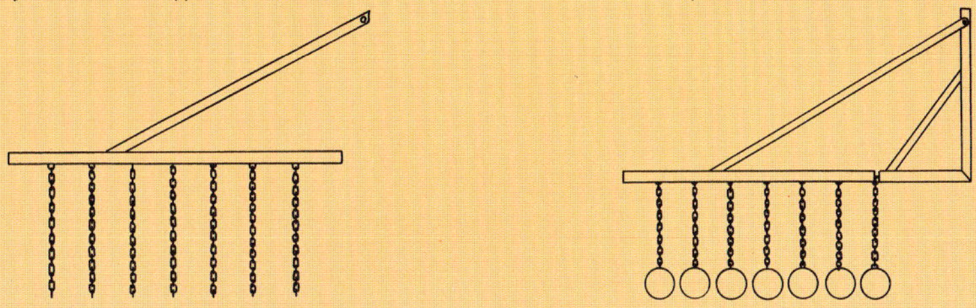

Un traitement préventif contre les coccidioses et strongyloses peut être effectué entre novembre et février. A ces époques, les grandes plaines céréalières sont dépourvues des betteraves sucrières convoitées par les lièvres. Les tubercules sont donc distribués à raison de 5 betteraves par hectare, imbibées de médications destinées à limiter les infestations parasitaires. Une solution de sulfadimétoxine à 5 % , à raison de 10 cm^3 par 1,5 kg de betterave, est injectée dans les tubercules, accompagnée de tétramyzone dilué à 15 %, en quantité égale pour lutter contre les strongyloses. Lorsque les produits ont imbibé les tissus de la betterave, elle est coupée en morceaux, car le lièvre préfère le cœur !

• Réguler les prédateurs.

• Adapter les dates d'ouverture et de fermeture à la biologie du gibier. Éviter donc de chasser avant le 15 octobre (les deux tiers des hases sont encore allaitantes) et après le 15 décembre, de manière à ne pas perturber les premiers bouquinages.

Les lâchers de lièvres

Ils ne peuvent être envisagés que pour réimplanter une souche totalement disparue, en respectant un arrêt total de la chasse durant 2 à 3 ans. Leurs inconvénients sont en effet très nombreux. Ces opérations sont onéreuses, et leurs résultats aléatoires et décevants. Seuls 20 % des animaux lâchés entre mai et juillet sont retrouvés à l'ouverture de la chasse… et moins de 10 % l'année suivante, cela malgré toutes les précautions prises, et notamment l'acclimatation de lièvres à leur nouvel environnement après un séjour en parc de prélâcher. L'implantation de souches étrangères peut également favoriser des croisements avec les individus appartenant à la race locale, et altèrent la rusticité, l'adaptabilité, la résistance aux maladies des sujets qui en sont issus. Malgré cela, 57 % des sociétés de chasse grèvent toujours lourdement leur budget en introduisant chaque année de nombreux reproducteurs (1 000 000 de lièvres sont «injectés» annuellement en France !), qui proviennent d'élevages régionaux des pays d'Europe centrale (Tchécoslovaquie, Pologne, Hongrie).

L'élevage du lièvre

Les éleveurs ont testé différentes méthodes pour accroître la production du lièvre, qui reste faible en captivité. L'élevage en vastes enclos, ou dans un environnement aussi proche que possible du milieu naturel, comportant de petits couverts et des cultures à gibier, n'a pas donné de résultats satisfaisants. Il semble que la meilleure technique soit l'élevage en caisses de bois à sol grillagé (pour évacuer les excréments), par couples séparés les uns des autres. Les couples, constitués au début du repos sexuel, peuvent être assemblés pour plusieurs années. Le nombre de portées peut être augmenté avec une photopériode de 16 heures.

Grâce à la généralisation du plan de chasse appliqué à la plupart des grands animaux, les populations de grand gibier semblent en pleine expansion en France. Cette mesure de protection s'est accompagnée d'une évolution des pratiques : le tir sélectif des animaux commence à se généraliser, assurant un développement harmonieux et une meilleure dynamique des populations, l'obligation de tir à balle est désormais admise. Seul le sanglier ne bénéficie pas de mesures de protection particulières... il est même classé nuisible dans plusieurs départements ! Pourtant, l'état de ses effectifs, en nette régression dans de nombreux secteurs, devrait nous préoccuper davantage.

Le grand gibier des bois

Le chevreuil

Capreolus capreolus

Fam. : Cervidés

L'aube point sur la forêt encore endormie. Un magnifique brocard déjà sur pied broute paisiblement sur une allée forestière.

CHASSER LE CHEVREUIL

L'application obligatoire du plan de chasse sur tout le territoire national depuis 1979 a favorisé un redressement spectaculaire des populations de chevreuils. On estime actuellement la densité du cheptel en France à environ 500 000 têtes. Le tableau de chasse, qui a doublé depuis la dernière décennie, atteint aujourd'hui (officiellement) 120 000 animaux. On est pourtant encore loin de la densité optimale que pourraient accueillir la plupart de nos territoires, en raison de l'indiscipline de nombreux chasseurs ou du braconnage nocturne.

La battue

Il s'agit du mode de chasse le plus pratiqué dans les petites associations communales, dont les adhérents se retrouvent ainsi pour chasser ensemble et partager une venaison très appréciée. Si elle est conviviale, cette grande fête de la chasse manque de sélectivité : chacun prélève un peu n'importe quoi, tirant sur des animaux affolés qu'il est bien difficile de juger durant les quelques secondes où ils sont aperçus, au saut de l'allée. Il est d'ailleurs bien rare que les chasseurs se sentent concernés par une quelconque notion de tir sélectif au cours de ces chasses pratiquées en groupe. Le premier chevreuil lancé par les chiens, puis aperçu par un chasseur posté à distance raisonnable est celui qui est tiré. Le principe d'une battue est immuable : une ligne

Un chevreuil blessé a été retrouvé très rapidement par le petit Teckel à poil dur, spécialiste du pistage au sang.

de traqueurs pousse le gibier en direction de tireurs postés sur les lieux connus de refuite. Il faut tenir compte des spécificités du comportement du chevreuil face au danger.
En effet, il est fréquent qu'un animal affolé ou ayant détecté la présence de tireurs à l'affût recule et force la ligne de traque pour sortir sur les côtés... ou en retour ! Parfois, le chevreuil se tapit au plus profond d'un fourré ou d'un bosquet, attendant d'être dépassé par les rabatteurs pour s'esquiver en arrière. Les traqueurs doivent donc battre soigneusement tous les fourrés, y compris les plus impénétrables. Ils peuvent se faire aider en cela par des chiens de petit pied, mordants et courageux, tels que Fox, Jagd-Terriers ou Teckels, qui lancent le gibier sans provoquer une panique générale dans tous les massifs forestiers.
La battue perturbe le grand gibier. Il est donc conseillé de limiter la chasse dans le temps et dans l'espace, en s'appliquant à réduire la surface des enceintes parcourues par les rabatteurs, à maintenir des zones de refuge où la quiétude est toujours assurée, à ne pas renouveler trop fréquemment ces opérations bruyantes.
Le tir du chevreuil à balle en battue est très difficile, particulièrement au saut de l'allée où il offre une cible fugitive.

L'ORGANISATION D'UNE BATTUE AU GRAND GIBIER

Toute association ou société doit d'abord, c'est élémentaire, désigner un responsable chargé de veiller au bon déroulement de la battue et au respect de la discipline la plus stricte. En effet, le nombre de participants, souvent élevé, augmente les risques d'accidents, ou de dépassement involontaire du plan de chasse prévu. Discipline ne signifie pas pour autant excès d'autorité : l'organisateur doit savoir se faire écouter sans pour cela gâcher une journée qui est avant tout un grand moment de plaisir partagé.
La première règle (et elle est importante !) découle du simple savoir-vivre : tous les participants doivent être ponctuels au rendez-vous. Le directeur de battue, après avoir réuni l'ensemble des chasseurs et des traqueurs, rappelle les règles de sécurité : se placer ventre au bois, effectuer des tirs fichants en plaine, ne jamais tirer dans les enceintes rabattues. Il indique ensuite aux participants les espèces à prélever, le nombre autorisé, éventuellement les classes d'âge et les sexes, en rappelant les sonneries conventionnelles qui indiquent la vue ou la mort d'un animal, le début et la fin de battue. Les chasseurs doivent être bien entendu munis de trompes et de leur permis de chasse. Lorsque la battue se déroule sur de grands territoires que les participants connaissent mal, il peut s'avérer utile de distribuer à chacun un plan sur lequel sont mentionnés l'ordre des traques, leur direction, les postes occupés par tous les tireurs, les lieux et heures de rassemblement après chaque rabat. Le responsable formule ensuite les ultimes recommandations de discrétion lors de la mise en place des tireurs postés. Ces derniers doivent se placer dans le plus grand silence, éviter tous mouvements brusques et allées et venues (l'immobilité absolue au poste est de rigueur), et ne pas communiquer avec leur voisin si ce n'est au départ, par un signe discret, pour repérer son emplacement et éviter un accident. Les armes sont chargées lorsque la sonnerie conventionnelle annonce le début de la traque, déchargées dès la série de coups longs signalant sa fin.
L'invité de marque, ou le «bon copain» à qui l'on souhaite faire plaisir, sera placé au meilleur poste. En fin de journée, il est d'usage de «faire le tableau» afin de rendre honneur au gibier tué. Le partage de la venaison est un épineux problème qui peut créer des jalousies. Le tueur est gratifié du trophée, et d'un cuissot ou d'une gigue, sauf opposition formelle de sa part. Les morceaux de choix sont réservés aux invités de marque. Il peut arriver qu'une bécasse soit tirée au cours d'une battue. Elle est toujours offerte au tireur.

Réaction de l'animal selon le point d'impact du projectile

Balle de thorax bas

Balle de rein

Balle de patte avant

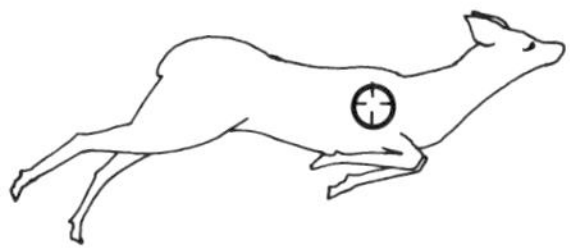

Balle de thorax haut

Balle de patte arrière

Balle de foie

Balle d'apophyse

Balle de panse

Le sang, indicateur de l'emplacement d'une blessure et de sa gravité

Selon sa couleur et sa consistance, il est possible de présumer du point d'impact et de la gravité de la blessure :

• sang rosé clair, mousseux : il indique une atteinte aux poumons ; les recherches sont parfois longues ;

• sang brun-rouge, contenant des éléments verdâtres formés d' aliments non digérés : «balle de panse» ou qui a traversé les intestins, mortelle à court terme ; la recherche n'est pas forcément considérée comme difficile.

• sang rouge foncé, contenant des grumeaux : balle de foie ; selon son emplacement, la recherche sera plus ou moins longue ; cette blessure est mortelle ;

• sang rouge foncé contenant des caillots, très abondant : balle ayant traversé le cœur, très rapidement mortelle ;

• sang rouge vif rare : balle en séton dans un muscle, pas forcément mortelle ; recherche pouvant être longue et délicate ;

• sang rouge vif abondant : balle ayant atteint un muscle de la venaison ; recherche difficile.

LA CHASSE AUX CHIENS COURANTS

Ce mode de chasse, également très apprécié, est pratiqué avec passion dans la plupart de nos petites chasses communales. Un chasseur expérimenté parcourt les enceintes de bon matin, afin de repérer les entrées d'animaux et de situer les lieux de reposées, de manière à décider du lieu de l'attaque. Il peut se faire aider par un limier qui saura détecter le passage récent de cheveuils. Il n'est pas forcément obligatoire de «faire le pied», le chevreuil étant casanier et ses lieux de fréquentation souvent bien connus des chasseurs qui parcourent régulièrement leur territoire. Une équipe de chasseurs se place ensuite sur les lieux de passage connus, parfois à grande distance de la «brisée d'attaque» où le piqueux (le conducteur des chiens) lâche les chiens. Ces derniers, qui apprécient toujours la voie du chevreuil, l'empaument avec ardeur, rapprochant l'animal jusqu'à sa couche avant de le lancer. La forêt résonne alors des récris de la meute, qui offre un spectacle impressionnant. L'éthique veut que l'animal ne soit jamais tué à l'attaque, mais une ou deux heures plus tard, de manière à faire travailler les chiens. Le chevreuil se fait souvent «tourner» sur le même territoire, où les chasseurs expérimentés se placent en devançant la chasse, connaissant l'emplacement des coulées.

LA CHASSE A L'APPROCHE OU PIRSCH

Le tir est ici l'acte final d'une démarche qui exige une grande connaissance de la biologie des animaux, de leurs mœurs, de leurs habitudes. Il faut avant tout connaître «ses» chevreuils, et pour cela les avoir observés pendant de longs mois... en sachant apprécier un animal, reconnaître un individu malade ou chétif. La tâche est particulièrement ardue lorsqu'on sait que le développement des bois n'est pas forcément lié au potentiel génétique d'un brocard ni à son âge, mais peut varier d'une année sur l'autre selon une multitude d'éléments extérieurs.

La pirsch est un mode de chasse silencieux, solitaire, qui vise à tromper la vigilance d'un animal particulièrement méfiant. Le brocard n'est pas seulement doté d'une ouïe et d'un odorat très fins... il est aussi parfaitement capable de discerner le moindre mouvement, à grande distance.

La recherche au sang à l'aide d'un chien spécialement dressé est une démarche impérative que tout chasseur de grand gibier doit entreprendre, s'il a découvert des indices laissant supposer qu'il a atteint un animal.

Achever un animal blessé

Rien n'est plus affligeant qu'un chasseur demandant de l'aide pour achever un animal blessé. Le chasseur de grand gibier doit être responsable de ses actes. Un tir malheureux n'est jamais à exclure, et il arrive fréquemment qu'un animal ne soit pas tué sur le coup. L'éthique de la chasse exige que l'on abrège ses souffrances le plus vite possible. Il ne s'agit pas de cruauté, mais simplement de respect vis-à-vis d'un noble adversaire.

Celui qui se sent incapable d'accomplir cet acte s'abstient de chasser. Une balle au cou assure une mort instantanée. Il est impératif de tenir compte de la correction à faire si l'arme est munie d'une lunette ; on recule alors de plusieurs mètres.

Si une meute de chiens est parvenue sur les lieux du drame, il est souvent impossible de ne pas blesser l'un d'eux. On «sert» alors le gibier à la dague, dont la lame mesure au moins 15 cm ; tout chasseur de grands animaux la porte en permanence. L'animal est abordé par l'arrière. Un chevreuil peut être foudroyé par enfoncement de la lame sur le dessus du cou, entre deux vertèbres cervicales. Un gibier plus gros (cerf, sanglier) est tué par un coup franc et rapide porté de l'arrière vers l'avant, en enfonçant la lame entre deux côtes en direction du cœur, tout en tournant obliquement.

L'action de chasse consiste à parcourir silencieusement les layons et allées forestières. Le chasseur s'arrête fréquemment et se dissimule alors parmi la végétation pour observer les alentours à l'aide de jumelles puissantes et lumineuses. Il scrute surtout les secteurs favorables : clairières, lisières bordées de cultures, jeunes coupes, prenant garde à les aborder à bon vent (c'est-à-dire contre le vent), en utilisant au maximum le relief et la végétation pour masquer son approche. Le but est de repérer l'animal avant que ce dernier ait détecté une quelconque présence.

Au moindre signe d'inquiétude de sa part, on respecte la plus parfaite immobilité, durant le temps nécessaire à la reprise de confiance. Attention à ne pas poursuivre l'approche d'un animal qui a brusquement levé la tête, avant de se replonger tout aussi vite dans son repas. Il s'agit d'une ruse fréquente employée par le brocard qui, en réalité, fait semblant de brouter tout en observant attentivement, le regard en biais, les alentours !

Le chasseur reprend sa progression lorsqu'il est certain que toute manifestation d'inquiétude a disparu.

Il doit porter des vêtements aux teintes neutres, absolument silencieux lors de tout mouvement ou frottement contre les branches. Seuls certains tissus (laine, velours) répondent à ce critère de discrétion. Les vestes en coton huilé, très bruyantes lors du contact avec les ronces, sont à proscrire. Le port de chaussures souples à semelles de caoutchouc, qui permettent de «sentir» la nature du terrain et la présence éventuelle de branchettes tombées en travers du sentier est fortement conseillé. Les Pataugas conviennent parfaitement. Lorsqu'un brocard est repéré, il est soigneusement observé pour estimer si le prélèvement peut être effectué. On tire un animal connu à l'avance pour son mauvais état physiologique ou morphologique (tête bizarde, chevreuil chétif), en accordant la priorité aux jeunes et aux vieux sujets.

Le tir est effectué à distance raisonnable, c'est-à-dire à moins de 150 m. Le chasseur doit toujours être appuyé pour limiter les effets du tremblement, d'autant plus sensibles que le grossissement de la lunette est important. Sur les étendues rases dépourvues de tout support végétal, on peut utiliser un bâton fourchu fabriqué à cet effet, ou «bâton de pirsch». Il est très important de bien noter la réaction de l'animal à l'instant du tir, et d'attendre une dizaine de minutes avant d'aller vérifier le succès de l'approche. L'animal

Le tir du chevreuil en battue, au saut de l'allée, exige des réflexes très rapides et une grande habileté. La vitesse à laquelle se présente l'animal ne permet pas toujours de juger son état ou sa qualité.

peut en effet s'effondrer, blessé à mort, puis s'enfuir à toute allure en apercevant la silhouette du chasseur qui vient l'examiner pour aller périr à grande distance. En cas d'insuccès apparent, le chasseur vérifie toujours la présence éventuelle, sur le sol, d'indices laissant supposer que le chevreuil a été atteint : esquilles d'os, touffes de poils, taches de sang. Si tel est le cas, il fait appel à un conducteur de chien de sang pour retrouver l'animal.

LA POUSSÉE SILENCIEUSE OU «DRÜCKEN»

Cette variante de la chasse en battue permet un tir sélectif sur des chevreuils qui empruntent calmement leurs coulées habituelles, poussés par des rabatteurs silencieux. Sa technique est exposée en détail à propos des modes de chasse du cerf.

LA CHASSE A L'AFFÛT

Le chasseur opère d'un mirador, afin d'échapper à la vue et à l'odorat du chevreuil. Le principe et les installations sont les mêmes que pour la chasse du cerf. Le mirador est construit à proximité des aires de gagnage, des coulées empruntées régulièrement pour rejoindre les sites privilégiés, des croisées d'allées forestières. Le tir sélectif du brocard durant la période du rut, de juin à août, est souvent effectué à partir d'un mirador, tôt le matin ou tard le soir.

LA CHASSE A L'APPEAU

Seuls quelques départements de l'Est de la France (Haut-Rhin, Bas-Rhin, Moselle) sont autorisés à pratiquer ce mode de chasse, durant la période du rut. Le chasseur attire le brocard en imitant l'appel doux et modulé de la chevrette en chaleur. Il utilise un appeau de corne prévu à cet effet, ou tout simplement une feuille de hêtre. La chasse à l'appeau exige un savoir-faire et de l'expérience.

RÉGLEMENTATION PARTICULIÈRE

Le tir sélectif est pratiqué de juin à août, durant le rut. Seul le tir des brocards est autorisé, les chevrettes allaitant encore. Exception faite de certains départements de l'Est de la France, la *pirsch* nécessite une autorisation préfectorale individuelle de tir sélectif, délivrée par le ministère chargé de la chasse. Elle est sollicitée auprès de la fédération des chasseurs ou de l'O.N.F. en même temps que la demande du plan de chasse. Une fiche mentionnant le poids, l'âge approximatif, la qualité du trophée et l'état sanitaire du brocard prélevé est retournée à la D.D.A. après le tir. Les petits attributaires ne se sentent guère concernés par cette formule, et préfèrent réaliser leur plan de chasse lors de battues hivernales plus conviviales.

LE PLAN DE CHASSE DU CHEVREUIL

Le plan de chasse du chevreuil a été rendu obligatoire par l'article 17 de la loi du 29 décembre 1978, qui prévoit de fixer annuellement le nombre d'animaux à prélever sur un territoire donné.

Tout propriétaire ou locataire d'un territoire susceptible d'abriter une population de chevreuils est autorisé à formuler une demande individuelle de plan de chasse, qui doit être adressée avant le 15 février au chef de centre de l'O.N.F. s'il s'agit d'une forêt domaniale, ou au président de la fédération départementale des chasseurs pour les autres territoires. Le préfet, sur proposition d'une commission composée de représentants des chasseurs, des intérêts agricoles et forestiers, notifie sous forme d'un arrêté sa décision autorisant chaque bénéficiaire à prélever un nombre donné d'animaux. Les candidats retirent ensuite auprès de leur fédération les bracelets qui leur sont attribués. Dans les vingt jours qui suivent la fermeture de la chasse, ils sont tenus de déclarer le nombre de chevreuils éliminés et de remettre à la fédération départementale des chasseurs les bracelets non utilisés.

Les bracelets sont apposés et fermés sur la patte arrière de l'animal, sur les lieux mêmes de la capture et avant tout transport, y compris à pied.

Le chasseur intéressé par l'obtention d'un certain nombre de bracelets doit apporter un soin tout particulier au remplissage de sa demande individuelle. En effet, les dispositions restrictives de la Commission observées chaque année sont dues à une surestimation trop fréquente, volontaire ou non, des cheptels existants. Il est inutile d'exagérer le nombre de chevreuils présents sur un territoire donné, au contraire : le risque est grand de se voir attribuer un plan de chasse bien inférieur à la capacité réelle du territoire. C'est une simple question de bon sens et de gestion cohérente des cheptels. Un plan de chasse bien adapté est prévu pour favoriser une augmentation des populations compatible avec les intérêts agricoles et forestiers, et donc éventuellement une augmentation du nombre de bracelets attribués sans avoir à surestimer les effectifs.

Les erreurs de superficie et la mauvaise indication des lieux-dits sont également courantes. Pour éviter des erreurs qui pourraient avoir des répercussions sur les décisions prises par la Commission, certaines fédérations de chasse ont exigé, pour la demande du plan de tir concernant la saison de 1991/1992, une carte I.G.N. au 1/25 000. Parcelles de bois, friches, landes qui font l'objet de cette demande y sont entourées de manière visible. Le document est archivé au service technique de la fédération, et ne sera pas renouvelé tant que le territoire ne sera pas modifié.

Le bracelet de marquage doit être apposé à la patte arrière du chevreuil, sur les lieux mêmes du tir et avant tout transport, y compris à pied.

BIOLOGIE-ÉCOLOGIE DU CHEVREUIL

Description

Le chevreuil est le plus petit cervidé européen : il mesure de 60 à 70 cm au garrot pour un poids variant de 18 à 36 kg, selon la richesse du milieu en nourriture, la composition chimique du sol, la densité du cheptel, la quiétude de l'habitat. Le chevreuil est doté d'un corps trapu, dont les membres postérieurs très développés indiquent une adaptation au saut. Son pelage roux vif l'été devient brun-gris l'hiver : la toison est formée de poils creux qui assurent une bonne isolation thermique. Le chevreuil subit 2 mues annuelles. Les jeunes d'un an sont les premiers à revêtir leur parure d'été, en avril-mai, les vieux muant à la fin du mois de juin. Le pelage d'automne est acquis en octobre. De sa naissance à l'âge de 6 mois, le chevreuil est appelé faon, puis chevrillard de 6 mois à 1 an. Le mâle est ensuite nommé brocard, la femelle chevrette. L'apogée du développement physique est atteinte entre 2 et 3 ans.

La reconnaissance des sexes

• Vue de profil

Mâle : la silhouette puissante est trapue vers l'avant, le cou est large. Il porte des bois de mars-avril à octobre-novembre. On observe une touffe de poils sur l'abdomen : c'est le pinceau pénien.

Femelle : la silhouette est plus fine et plus élancée que celle du brocard. La masse du corps est plutôt placée à l'arrière (à l'avant chez le mâle). Elle ne porte jamais de bois. Une brosse de poils fait saillie autour de la vulve.

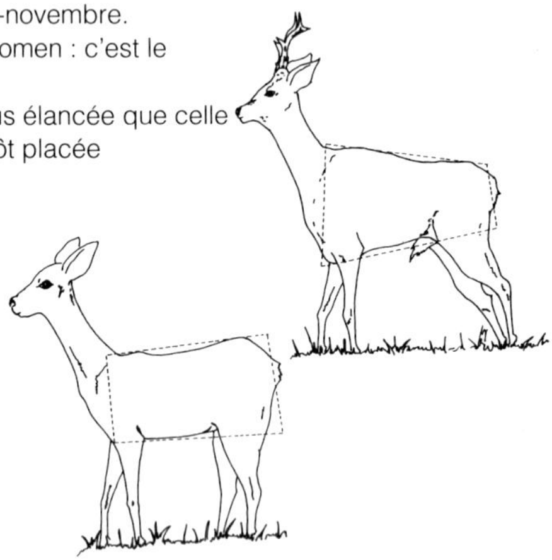

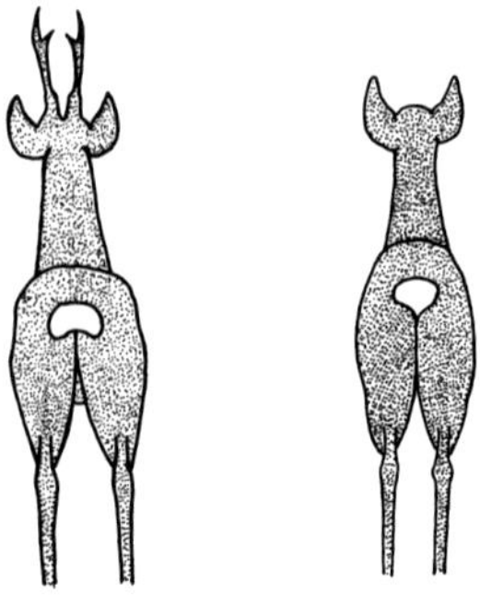

• Vue de l'arrière

Les 2 sexes sont dotés d'une tache fessière jaunâtre l'été, blanche l'hiver, nommée miroir ou roze.

– *Mâle* : le miroir adopte la forme d'un haricot ou d'un rein.

– *Femelle* : la roze ressemble à un cœur, en raison de la présence du pinceau pubien formant une brosse de poils qui fait saillie en bas du miroir.

La détermination de l'âge

Elle est difficile par simple observation de l'animal sur pied, l'examen des bois n'est guère plus fiable. Seul l'examen de la denture permet de reconnaître avec sûreté l'âge de l'animal.

• Examen de la silhouette du mâle (voir dessin ci-dessous)

Le jeune : corps svelte et élancé, cou allongé, tête courte et fine (1).

L'adulte : silhouette robuste, puissante, trapue. Le cou, large et musclé, porte fièrement une tête carrée (2).

Le vieux : le dos s'arrondit, conférant à l'animal une stature voûtée. La tête est portée presque à l'horizontale (3).

• Examen de l'usure de la table dentaire de la demi-mâchoire inférieure

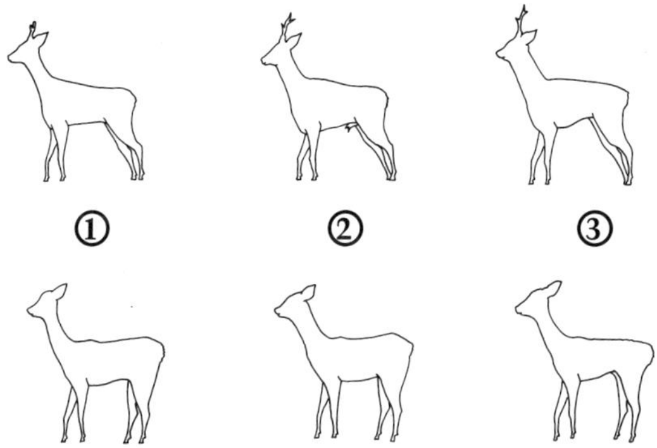

Mâle

Le chasseur qui pratique le tir sélectif peut estimer l'âge d'un chevreuil selon la silhouette qu'il présente de profil.

Femelle

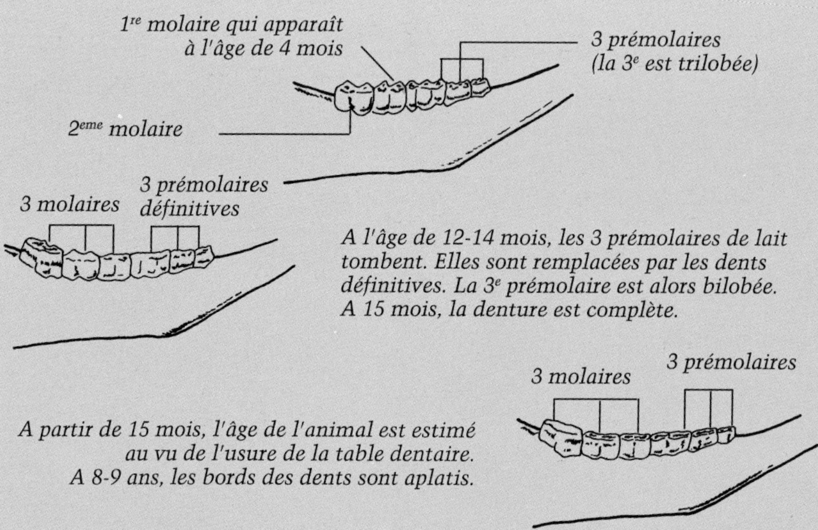

A l'âge de 12-14 mois, les 3 prémolaires de lait tombent. Elles sont remplacées par les dents définitives. La 3e prémolaire est alors bilobée. A 15 mois, la denture est complète.

A partir de 15 mois, l'âge de l'animal est estimé au vu de l'usure de la table dentaire. A 8-9 ans, les bords des dents sont aplatis.

Détermination de l'âge du chevreuil par l'examen de la demi-mâchoire inférieure

Faon : il porte 8 incisives et 6 prémolaires à la mâchoire inférieure, soit 3 prémolaires par demi-mâchoire. La 3e montre trois lobes.

Adulte : à l'âge de 12-14 mois, la 3e prémolaire de lait tombe ; elle est remplacée par une dent à 2 lobes. La mâchoire inférieure de l'adulte porte 8 incisives, 6 prémolaires, 6 molaires. La mâchoire supérieure est toujours dépourvue d'incisives.

Les bois du chevreuil

Ils présentent de nombreuses similitudes avec ceux du cerf. Ce sont des productions osseuses, pleines et caduques, renouvelées chaque année, qui constituent l'apanage des mâles. Les bois se développent à partir des pivots, petites excroissances crâniennes. L'axe principal ou merrain, dont la base est appelée meule, porte des andouillers postérieurs et antérieurs. Il se termine par la pointe. Les diverticules ou cors sont au nombre de 3 sur chaque merrain chez le chevreuil adulte.

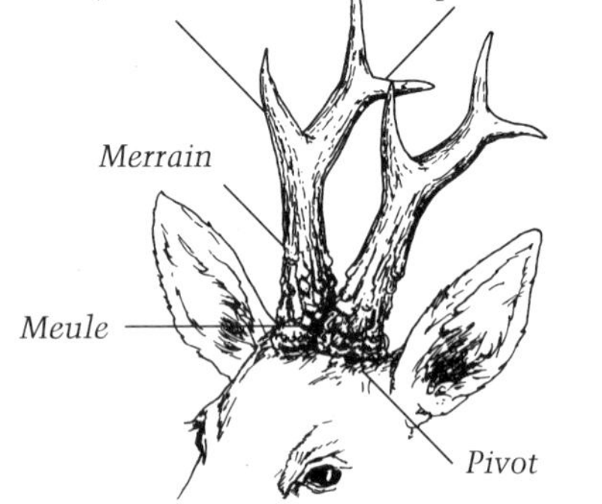

Les bois du chevreuil adulte comportent 6 cors

La chute des bois et leur repousse est liée au cycle sexuel du brocard. La diminution du taux de testostérone dans le sang, au profit de l'augmentation du taux de concentration en hormones de croissance, induit en effet une fissure entre les bois, dont les cellules meurent, et les pivots. Les animaux les plus âgés perdent leurs bois d'abord, vers la mi-octobre, les jeunes sont décoiffés fin novembre. La repousse est très rapide, puisque le renouvellement complet de la tête exige 3 mois. Elle s'effectue sous la protection d'une fine peau soyeuse richement vascularisée, le velours, dont le brocard se débarrasse ensuite en se frottant aux arbustes : on dit qu'il fraye, ou encore qu'il «touche aux branches». Chez les plus vieux sujets, le développement complet a lieu fin janvier, et la fraye fin février. Les plus jeunes perdent leur velours en mai. Ce phénomène est très important : il permet d'expliquer comment les brocards territoriaux parviennent à évincer sans difficulté de jeunes rivaux, à une époque où ces derniers ne sont encore coiffés que de bois très sensibles, protégés par le velours.

Répartition

Le chevreuil est répandu dans toute l'Europe. Il a été introduit en Irlande, dans le Donegal où son statut demeure précaire . En France, il colonise actuellement les régions de grandes plaines

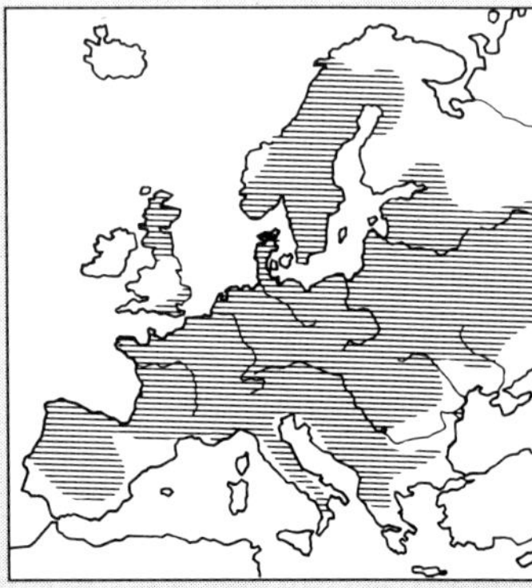

Le développement des bois

Deux petites apophyses apparaissent sur l'os frontal du chevrillard vers l'âge de 3 mois, courant septembre. Ce sont les pivots, sur lesquels se développent les premiers bois, ou *broches*, longs de 3 à 4 cm chez les sujets vigoureux, et dépourvus de meules. Les broches sont débarrassées de leur velours en novembre-décembre et tombent en janvier-février. Au mois de juin suivant, le chevreuil porte de nouveaux bois appelés *dagues*, d'où son nom de *daguet* ou 2ᵉ tête. Ces dagues tombent en novembre. D'autres bois repoussent, qui atteignent leur plein développement en avril-mai. Le chevreuil âgé de 24 mois porte 4 ou 6 cors. Il est nommé 3ᵉ tête.

Croissance des bois chez un brocard

Novembre : les bois sont tombés. Seuls les pivots sont visibles.

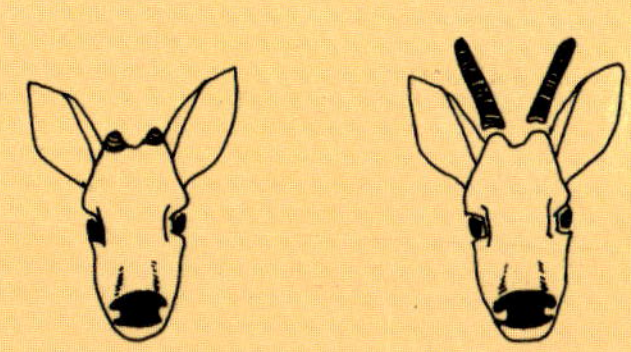

Chevillard âgé de 3 mois. Sur les pivots apparaissent les broches qui tombent en janvier.

Décembre - Janvier

Février - Mars

Mai-Juin à Novembre

Les bois se développent ensuite en poids et en volume, atteignant leur apogée lorsque l'animal est âgé de 5-6 ans (certains très bons brocards sont précoces et montrent des trophées magnifiques à l'âge de 2-3 ans). Ils peuvent mesurer alors entre 20 et 25 cm et peser 400 à 600 g. Ils sont massifs, abondamment perlés. A partir de 7 ans, les bois régressent. Leur observation minutieuse permet alors de déterminer l'âge de l'animal. Les bois de vieux brocards sont dotés de pivots courts et épais, dont la meule s'incline largement vers l'extérieur, sans transition marquée avec le merrain vers le haut. Les bois sont plus ramassés, et leur masse se situe vers le bas. Ils ont tendance à se rapprocher l'un de l'autre.

La couleur des bois

Blancs au départ, ils se colorent peu à peu pour devenir plus ou moins foncés selon l'action de la lumière, la composition chimique des essences végétales sur lesquelles l'animal se frotte, et l'hérédité.

La conformation des bois

Elle ne préjuge en rien de l'âge de l'animal, un chevreuil au stade «2e tête» pouvant porter une paire de dagues, mais aussi 4, voire 6 cors dans certains cas exceptionnels. En fait, le développement et la structure individuelle des bois varient d'une année à l'autre, selon les conditions offertes par le milieu (nourriture, etc.). Le refait coïncide avec la mauvaise saison. Lorsque l'hiver est long, très rigoureux, abondamment enneigé, le brocard souffre de disette qui influe sur la croissance des bois. La nature du terrain est également importante : les terrains calcaires, plus riches en éléments minéraux assimilables favorisant la croissance osseuse induisent une meilleure repousse en poids et en longueur.

Les facteurs psychologiques jouent un rôle majeur : le stress occasionné en cas de surpopulation chez un animal fondamentalement individualiste, les dérangements trop fréquents ne favorisent pas un développement harmonieux des bois, d'où la formation de nombreuses «têtes bizardes».

Ces anomalies sont fréquentes chez le chevreuil. Elles peuvent correspondre à un état durable ou passager, dont l'origine n'est pas forcément héréditaire. C'est ainsi qu'un excellent 6 cors une année peut n'être coiffé que de boutons l'année suivante s'il a souffert, par exemple, d'une disette hivernale. Il existe plusieurs types d'anomalies :

La perruque : les bois se développent de manière aberrante, en tous sens. Ce phénomène relativement rare peut avoir des origines génétiques. Le plus souvent, il est dû à un dérangement hormonal lié à une blessure des organes sexuels, ou au stress.

Les dagues : certains brocards portent des dagues définitivement. On les appelle improprement «assassins», en raison des blessures qu'ils peuvent éventuellement infliger à leurs rivaux en utilisant ces armes acérées.

Les boutons : les bois ne se développent pas, se résumant à 2 moignons ou aux seuls pivots. Ce phénomène est plus fréquent que la perruque ou les dagues. Il peut affecter d'excellents brocards qui ont subi durant le refait une blessure, une mauvaise alimentation, un stress prolongé. Le phénomène n'est significatif que s'il devient fréquent au sein d'une population. Il conviendra alors d'y remédier au plus vite.

Habitat

Le chevreuil montre sa capacité d'adaptation aux milieux les plus variés. C'est ainsi qu'il a colonisé progressivement aussi bien l'étage montagnard dans les Alpes et les Pyrénées, jusqu'à une altitude d'environ 2 000 m, que les grandes plaines céréalières du Bassin parisien, dépourvues de tout massif boisé. C'est avant tout un animal de lisière, qui est attaché à un biotope diversifié, riche en couvert bas. Il apprécie surtout les forêts de feuillus exploitées en petites parcelles, où alternent jeunes coupes, taillis, clairières, grandes allées. Le milieu de vie idéal du chevreuil serait un paysage bocager aux nombreux boqueteaux entrecoupés de prairies en friche et de cultures.

Régime alimentaire

Le chevreuil est un fin gourmet, exigeant pour la qualité de sa nourriture qu'il prélève en une dizaine de prises journalières entrecoupées de périodes de repos. Le volume réduit de sa panse l'oblige en effet à un fractionnement important de son rythme alimentaire, qui est intense le matin à l'aube et le soir au crépuscule. La nourriture hivernale du chevreuil est composée essentiellement de végétaux semi-ligneux (environ 60 %) tels que callune, bruyère, feuilles de lierre, de ronce, de framboisier. Le printemps venu, il se régale de végétaux ligneux (feuilles, jeunes pousses, bourgeons de charme, de saule, de chêne, d'aubépine) et consomme également

Le chevreuil peut commettre des dégâts dans les jeunes plantations de conifères en abroutissant les bourgeons terminaux des arbustes, et en pratiquant des écorçages ou des frottis sur les branches.

une certaine proportion de plantes herbacées telles que des graminées. L'automne, il améliore son menu avec des fruits et des baies (myrtilles, airelles, pommes sauvages, glands, faines), et parfois quelques champignons. Les dégâts commis sur les cultures sont négligeables, étant donné la faible consommation de plantes herbacées. Néanmoins, des déprédations peuvent atteindre parfois les jeunes plantations.

Reproduction

Le brocard est polygame. Le rut débute aux alentours du 15 juillet, atteint son paroxysme au début août, pour se terminer à la fin de ce mois. Le brocard se montre alors très belliqueux. Son agressivité se traduit par des séries d'aboiements rauques répétés régulièrement. De violents combats opposent parfois un mâle, «dominant territorial», à un rival qui a franchi les limites de son domaine. La période prénuptiale se traduit par des comportements spectaculaires, le brocard se lançant dans des courses effrénées derrière la chevrette qu'il convoite. Des coulées circulaires ou elliptiques, bien visibles dans les hautes herbes, les fougères, les champs de céréales ou parmi le tapis de feuilles mortes qui recouvre le sol des forêts, témoignent de cette activité intense, prélude à l'accouplement. Ce sont «les ronds de sorcières». Après sa fécondation, la femelle est soumise à un phénomène d'ovo-implantation différée. Le développement de l'embryon reste en effet bloqué jusqu'au mois de décembre, date à laquelle l'œuf s'implante dans l'utérus, induisant la phase réelle de gestation qui est de 130 jours. La diapause est donc de 170 jours ! Ce phénomène de gravidité prolongée correspond à une adaptation extraordinaire de l'animal au milieu. Le faon vient au monde au mois de mai, quand la végétation, abondante, offre une provende riche pour la mère allaitante, et un couvert au faon dont l'immobilité est la meilleure défense. En effet, durant les premiers temps de son existence, il reste le plus souvent tapi aux côtés de sa mère, aplati au sol, bien qu'il soit parfaitement en mesure de se déplacer. Son pelage roux tacheté de blanc lui confère un étonnant mimétisme parmi l'environnement végétal.

Il est recommandé de ne jamais toucher au faon, au risque de le faire abandonner par sa mère. Le jeune, allaité durant 5 à 6 mois, reste en permanence aux côtés de sa mère, y compris pendant le rut. Durant cette période, le brocard peut exprimer sa jalousie en brutalisant la chevrette, lorsque celle-ci se montre trop attentionnée vis-à-vis de sa progéniture. Bien qu'il se désintéresse totalement de cette dernière, le brocard n'en demeure pas moins attentif à toute intrusion sur son territoire. Il évince sans ménagement tout congénère qui en franchit les limites.

Chaque portée comporte en moyenne 1,8 faon par chevrette. On considère que 38 % des femelles donnent naissance à un seul petit, 59 % à 2 petits, 3 % seulement mettant au monde des triplés !

Un faon de cerf ou de chevreuil ne doit jamais être manipulé, car sa mère, fuyant l'odeur de l'homme, risquerait de l'abandonner.

Comportement

Le noyau de l'organisation sociale de l'espèce est la cellule familiale, composée de la chevrette accompagnée de sa progéniture de l'année. En certaines circonstances, particulièrement au cours de l'hiver, il arrive que le brocard accompagne ce groupe social de type matriarcal, qui éclate au mois de mai. Peu avant la mise bas, la chevrette devient en effet nerveuse, agressive. Elle finit par évincer les chevrillards. Le jeune mâle, s'il y en a un, va alors émigrer à la recherche d'un territoire inoccupé, parfois fort loin, contribuant ainsi à un meilleur brassage génétique de l'espèce. La femelle de l'année s'éloigne moins, restant à proximité de son lieu de naissance, où elle formera à son tour une nouvelle cellule familiale. Le cas particulier de rassemblements de chevreuils en plaine, ou de constitution de grandes hardes durant l'hiver dans les régions qui connaissent une forte densité d'animaux, doit être mentionné. Dans ces situations précises, une hiérarchie stricte basée sur des rapports de dominance régit les rapports sociaux des brocards entre eux.

Le brocard est casanier et individualiste. La superficie de son domaine vital varie de 5 à 70 ha, selon la richesse et la diversité du biotope, et la densité de population. A partir de l'âge de 3 ans, il détermine un certain espace correspondant grossièrement à cette zone d'activité, à l'aide de signaux visuels et olfactifs (grattis au sol, frottis aux branches, régalis). Il développera de manière spectaculaire ce comportement territorial à partir de la chute des velours en janvier-février, jusqu'à la fin du rut, en septembre. Durant cette période, il ne tolère aucune présence étrangère, chassant impitoyablement tout rival (à commencer par les chevrillards mâles de l'année, qui accompagnent la chevrette).

Bien qu'il se nourrisse surtout à la faveur de l'obscurité, tôt le matin et tard le soir, le chevreuil est un animal essentiellement diurne. Il s'aventure volontiers en plaine pour aller viander dans les cultures, demeurant toutefois toujours à proximité des lisières. Il apprécie également les grandes allées ensoleillées et herbeuses. Perpétuellement aux aguets, méfiant et craintif, il s'enfuit à la moindre alerte. Son départ précipité est souvent accompagné d'un aboiement rauque et bref, émis à plusieurs reprises, témoignant de la frayeur et du mécontentement de l'animal.

INDICES DE PRÉSENCE

Les empreintes : elles sont facilement reconnaissables à la marque des pinces, étroites, allongées et resserrées lorsque l'animal marche au pas. Au galop, les os, sabots rudimentaires, sont bien visibles en arrière des pinces et sont alors largement écartés.

Des pinces fines et allongées caractérisent l'empreinte du chevreuil.

Les coulées : les coulées régulièrement fréquentées sont très facilement détectables. Elles forment parfois de véritables sentiers qui aboutissent en lisière de forêt, ou coupent les grandes allées forestières.

Les ronds de sorcières : ces coulées particulières présentent un trajet circulaire ou elliptique. Elles témoignent des courses effrénées effectuées par le brocard, en période de rut, qui poursuit une femelle.

Les crottes : elles sont nommées moquettes. D'aspect noirâtre, elles se présentent sous la forme de petits cylindres dont une extrémité est allongée, déposés en tas.

Les indices sur les végétaux : ils peuvent avoir une origine comportementale ou témoigner simplement de l'activité alimentaire du chevreuil. Durant le printemps, le chevreuil est particulièrement friand des jeunes pousses de résineux dont il prélève les bourgeons terminaux, commettant ainsi de gros dégâts, le jeune arbre ayant ensuite une croissance anarchique. Il pratique également des écorçages à l'aide de ses incisives, qui peuvent mettre le tronc à nu. Les frottis sur les troncs ne sont pas seulement commis lors de la fraye des bois en velours. Ils correspondent à un certain comportement territorial du chevreuil. Ce dernier marque en effet l'écorce à une hauteur de 20 cm à 1 m à l'aide de substances contenues dans une glande située à la base de l'os frontal, pratiquant parfois de profondes cicatrices dans l'arbre. Lorsque le frottis est accompagné de grattis au sol, l'indice est nommé régalis.

GESTION-AMÉNAGEMENTS

Il peut s'avérer nécessaire d'apporter un complément alimentaire hivernal au chevreuil sous la forme de fruits, de fourrage vert ou de betteraves en période d'enneigement prolongé. Cette démarche n'est réellement nécessaire que sur les territoires pauvres en nourriture, ou fréquentés par une trop forte population de cervidés.

Dynamique des populations

Le taux d'accroissement annuel d'une population non chassée, en plein développement, est de 60 à 80 % de l'effectif des chevrettes estimé après chasse et avant les naissances.

Facteurs de mortalité : les pertes annuelles affectent en moyenne 5 à 10 % des adultes, et 10 à 20 % des jeunes. Elles sont très variables selon la rigueur des hivers, le braconnage, etc.

Le braconnage

Il est exercé par des chasseurs peu scrupuleux qui ne respectent pas le plan de chasse attribué, ou par des délinquants abattant les animaux la nuit, au projecteur. Le braconnage peut conduire à l'éradiquation d'une population sur un territoire.

La prédation

Elle affecte essentiellement le faon dans les premiers jours de sa naissance. Dans nos forêts, elle est exercée par les chiens errants, et occasionnellement par le renard qui semble toutefois consommer surtout des cadavres. Les véritables prédateurs du chevreuil sont le loup et surtout le lynx, réintroduit depuis peu dans certains de nos massifs. Un lynx, qui occupe un territoire d'environ 20 000 ha, peut consommer un chevreuil adulte par semaine.

La circulation routière

On estime à 4 000 le nombre de collisions annuelles concernant le chevreuil. Elles ont lieu surtout aux heures crépusculaires.

Compétition inter-spécifique

Le chevreuil supporte mal la concurrence alimentaire avec le cerf, lorsque ce dernier est abondant. Il tend alors à émigrer vers d'autres secteurs. Il cohabite bien avec le sanglier, quoique ce dernier puisse parfois dévorer un chevrillard.

Compétition intra-spécifique

La surdensité est très défavorable à l'espèce. Les femelles, sous-alimentées, ne peuvent nourrir 2 faons. On estime parfois la mortalité juvénile à 40 % en cas de surpopulation. Les brocards émigrent, tous les animaux subissent des stress sociaux importants.

Les conditions climatiques

Les pertes occasionnées par des hivers rigoureux oscillent entre 10 et 30 %. Le faon est très sensible aux fortes précipitations du mois de juin.

Les accidents divers

Une cause importante de mortalité est la noyade dans les canaux, les animaux qui tentent de traverser un canal à la nage ne pouvant remonter des pentes trop abruptes. La mécanisation agricole, lors de la récolte des fourrages en juin, est également meurtrière. Les faons, tapis dans les hautes herbes, ne s'enfuient pas à l'approche de la faucheuse et sont broyés par la lame de coupe.

Densité des populations

La densité d'un cheptel dépend des conditions offertes par le milieu. Sur terrain pauvre et acide, peuplé de résineux, elle ne dépasse pas 2 à 5 individus par 100 ha. Elle peut atteindre 10 voire 20 individus aux 100 ha sur sol riche, argilo-calcaire, avec un peuplement de feuillus traité en taillis sous futaie.

Les méthodes de comptage pour évaluer une population

Les comptages sont réalisés en mars-avril, époque où le feuillage n'a pas encore repoussé, ce qui autorise une bonne visibilité sous bois. L'identification des sexes est aisée, la plupart des grands brocards étant coiffés. Ces derniers, dont le comportement territorial commence à s'affirmer, sont plus facilement observables.

La battue totale à blanc

Elle concerne l'ensemble d'un massif de taille moyenne, ou une succession de boqueteaux dans les régions bocagères. Des observateurs fixes sont postés à une centaine de mètres les uns des autres, sur les layons, les lisières, à proximité de tous les lieux de refuite connus des animaux. Une ligne de rabatteurs, dont l'espacement dépend de la densité de végétation, parcourt les enceintes en direction des observateurs fixes. Ils s'attachent à prospecter les secteurs les plus fourrés. Tout chevreuil identifié est mentionné sur une fiche sur laquelle figurent également l'heure et le lieu d'observation.

La battue échantillon

Elle est pratiquée sur les vastes massifs forestiers. Un certain nombre de secteurs échantillons, correspondant à 20 % du territoire, sont parcourus par des rabatteurs. Le choix des secteurs doit être représentatif, sur le plan des peuplements forestiers et de leurs traitements, de l'ensemble du territoire.

L'approche sur secteur d'observation

Le même observateur parcourt un secteur d'environ 100 ha (moins si les fourrés sont épais) 4 à 8 fois durant le mois, en privilégiant la prospection des zones favorables au gagnage : allées forestières, lisières, jeunes coupes. Son trajet est bien entendu effectué durant les heures crépusculaires (matin et soir), lorsque les chevreuils sont sur pied et en mouvement. Chaque parcours dure environ deux heures.

On peut également effectuer des sorties d'observation en août et en septembre, en parcourant discrètement tous les secteurs favorables, de manière à estimer le taux de reproduction de l'année (nombre de jeunes par rapport aux adultes) et le taux d'accroissement de la population.

Le vrai chasseur gestionnaire entreprend très régulièrement cette démarche. Il pourra ainsi repérer les animaux chétifs, maladifs, apprécier les qualités des trophées des grands brocards territoriaux à l'époque du rut. Des sorties fréquentes permettent de mieux connaître le territoire ainsi que le cheptel qui l'occupe et, pourquoi pas, de constater d'éventuels actes de braconnage et toutes autres formes d'agression dont sont victimes les chevreuils (promeneurs trop nombreux, chients errants...).

Les règles de prélèvement

Beaucoup de chasseurs répugnent à tirer des chevrillards de l'année, estimant le procédé déloyal... lorsqu'ils ne jugent pas que la quantité de viande ainsi récupérée ne vaut pas la bague. L'élimination prioritaire des jeunes est pourtant nécessaire au maintien d'une bonne structure des populations et d'un taux d'accroissement convenable.

Imaginons un chasseur disposant de 2 bagues. Le prélèvement de 2 chevrillards n'a que peu d'incidence sur le développement futur de la population. Le tir de 2 chevrettes suitées peut provoquer la disparition des 4 jeunes qui les accompagnent, auxquels on ajoute les 4 suivants qui seraient venus au monde l'année suivante. Cela revient à dire que 10 animaux ont potentiellement été éliminés... au lieu de 2 ! Il existe donc quelques règles d'or que tout chasseur gestionnaire doit connaître :

• respecter l'équilibre des sex-ratios, en prélevant dans la mesure du possible autant de mâles que de femelles ;

• ne pas prélever plus que de raison, le plan de chasse autorisant théoriquement un taux d'élimination adéquat. Toutefois, il peut arriver que les chevreuils aient souffert de rigueurs climatiques exceptionnelles, ou du braconnage : c'est alors au chasseur de prendre les mesures qui s'imposent, en se limitant. Le prélèvement ne doit en aucun cas dépasser 20 à 25 % de la population totale estimée au mois d'avril, après chasse et avant les naissances ;

• éliminer en priorité les jeunes, de manière à conserver les meilleurs reproducteurs.

On prélèvera donc :

– 60 % de jeunes (chevrillards et chevreuils de 1 à 3 ans) ;
– 20 % d'adultes (3 à 7 ans) ;
– 20 % de vieux (7 ans et plus).

Le chasseur amateur de beaux et grands trophées ne pourra donc récolter qu'un brocard à l'apogée de sa force, sur 10 chevreuils tirés. Les mâles doivent être tirés en début ou en fin de saison, lorsqu'ils sont coiffés. On peut alors facilement les identifier. Pour des raisons évidentes de reconnaissance, les jeunes sont éliminés en tout début de la chasse. Leur taille est alors inférieure à la moyenne ; ils accompagnent toujours la chevrette. Les femelles suitées sont chassées en fin de saison, lorsque les jeunes sont sevrés.

Quelques aménagements préconisés pour le chevreuil

Toutes les actions visant à diversifier le paysage, les peuplements végétaux et les ressources alimentaires, à améliorer la quiétude de l'habitat, sont favorables à l'accroissement des populations de chevreuils.

L'amélioration des biotopes

• Le traitement des massifs forestiers : il est important de multiplier les jeunes coupes sur de petites surfaces (environ 1 ha), de manière à entretenir un couvert bas et dense. On favorisera ainsi la repousse des ronces, dont les feuilles sont très appréciées lors des périodes hivernales de disette alimentaire. L'entretien de secteurs fourrés et de taillis recépés tous les 10-15 ans offre des zones de refuge indispensables à la quiétude de l'animal.

• Les surfaces boisées d'essences caduques (chêne, charme, hêtre, etc.) sont de loin préférables aux enrésinements massifs sur de grandes surfaces.

La diversification des ressources alimentaires

• Implanter un réseau de prairies permanentes enclavées dans le massif forestier. La mise en place de nombreuses parcelles, dont la surface n'excède pas un demi-hectare, est préférable à l'entretien d'une seule et même grande prairie en raison du comportement territorial du chevreuil. Graminées (dactyle, fétuque, ray grass) ou légumineuses (trèfle, luzerne), offriront une nourriture d'appoint non négligeable, surtout l'hiver.

• Entretenir les allées forestières : leurs abords doivent être régulièrement recépés de manière à augmenter l'ensoleillement, qui favorisera la pousse de l'herbe.

• Mettre en place un réseau de pierres à sel. Le sel est très recherché par le chevreuil. Augmentant la résistance physiologique de l'animal aux maladies et au parasitisme, il régularise les grandes fonctions vitales.

• Apport d'un complément d'alimentation hivernale : il doit répondre à une nécessité vitale, et n'est réalisé que sur les territoires très pauvres en nourriture, lors des périodes d'enneigement prolongées, ou sur les territoires occupés par une densité anormalement élevée d'animaux. Il est bon de prévoir deux postes d'affouragement tous les 100 ha, en milieu moyennement riche, placés dans des secteurs ensoleillés, situés à l'abri du vent. Le fourrage sec est peu apprécié. On lui préférera des betteraves coupées en tronçons, des fruits (pommes), des topinambours, des épis de maïs, du fourrage vert.

Dans les régions connaissant des hivers très rigoureux, le complément alimentaire peut être distribué très tôt, au début de l'automne, afin que les animaux puissent affronter la mauvaise saison au mieux de leur forme.

• Éviter tout dérangement durant la période de rut et des mises bas. Les chiens doivent être tenus en laisse, et les promeneurs s'abstiendront absolument de toucher un faon découvert dans des fourrés : il risquerait d'être ensuite abandonné par sa mère.

Pierres à sel

Le sel est très recherché par le chevreuil. Il augmente la résistance physiologique de l'animal aux maladies et régularise les grandes fonctions vitales. Il est donc important de prévoir un réseau de pierres à sel disposées judicieusement sur l'ensemble d'un territoire à chevreuils.

Mise en place d'un bloc de sel sur une souche ; il est préférable de le fixer afin qu'il ne roule pas au sol

Bloc de sel maintenu en hauteur

Le cerf élaphe

Cervus elaphus

Fam. : Cervidés

*Poussé par un besoin irrésistible,
le grand cerf pèlerin a parcouru
une distance considérable, quittant
ses reposées les plus secrètes
pour rejoindre les biches...*

CHASSER LE CERF ÉLAPHE

Pour beaucoup, le cerf représente le gibier le plus prestigieux. De nombreux artistes ont reproduit, sous forme de gravures rupestres, sa silhouette magnifique. Durant tout le Moyen Age, la chasse du cerf était le privilège de la noblesse. Les seigneurs aimaient le poursuivre à courre dans les grands massifs forestiers. Après la Révolution, et surtout au XIXe siècle, le cerf a subi une pression de chasse telle qu'il a été éradiqué de régions entières, disparaissant de la moitié sud de la France. La mise en œuvre du plan de chasse obligatoire en 1963 a sauvé l'espèce et permis un redressement spectaculaire des effectifs. De récents comptages effectués par l'O.N.C. permettent d'établir que le cheptel national compte environ 40 000 têtes, réparties sur 79 départements. 9 000 à 10 000 animaux sont prélevés chaque année. Pourtant, les effectifs sont loin d'atteindre la capacité d'accueil du milieu. Depuis 1980, une politique de réduction des populations est entreprise, suite au mécontentement des sylviculteurs qui se plaignent des dégâts occasionnés aux jeunes plantations. L'O.N.F. impose une densité inférieure à 3 têtes par hectare. Les intérêts agricoles et forestiers représentent 50 % des voix dans la commission d'attribution du plan de chasse, ce qui explique certains prélèvements excessifs.

LA CHASSE A L'AFFÛT

Elle est surtout pratiquée à partir d'un mirador, plus ou moins sophistiqué et confortable, installé pour dissimuler en hauteur la présence du chasseur à la vue et à l'odorat des animaux. Il peut s'agir d'installations fixes ou démontables et mobiles. Le gros avantage de ce mode de chasse est qu'il s'adresse à des animaux paisibles, qui broutent ou se rendent sur leurs aires de gagnage. Le chasseur dispose de tout son temps pour identifier le cerf et juger de son état morphologique ou physiologique. Il peut ainsi effectuer un prélèvement sélectif. L'inconvénient est le risque de dérangement par les promeneurs.

Le choix de l'emplacement

Il est essentiel. Les installations lourdes, fixes, sont mises en place à proximité des

Le mirador est souvent installé à proximité d'une allée forestière.

secteurs fréquentés en permanence par les animaux : il peut s'agir de coulées empruntées régulièrement par les cerfs pour se rendre sur leurs lieux de gagnage et retourner ensuite à leurs reposées, ou du site même occupé pour le viandage (lisières, clairières, jeunes coupes, prairies).
Le mirador peut être installé à la jonction d'allées forestières régulièrement parcourues par les animaux. Le choix de l'emplacement prend en compte la visibilité, qui doit être aussi bonne que possible, la sécurité de tir, la direction des vents dominants. Un arrêté du Code rural, en date du 1er avril 1986, interdit le tir sur les places d'affouragement ou à proximité des dépôts de sel.

Les types de mirador

Le choix d'un type particulier de mirador dépend de son utilisation. Il existe des installations fixes et lourdes, très sophistiquées, et des installations mobiles.

Les installations mobiles

– Il peut s'agir de simples sièges situés à l'extrémité d'une échelle articulée métallique, dont la hauteur varie entre 4 et 6 m pour un poids qui n'excède pas 50 kg. L'ensemble est attaché à un arbre par une chaîne de tension avec ressort qui ceinture le tronc. L'avantage du système réside dans sa légèreté, mais le confort est sommaire.
– Le Hochsitz : la mise en place de ce mirador indépendant ne demande pas de point d'appui. Il peut être installé sur une plaine rase, à proximité d'une lisière où les animaux viennent brouter. On le dissimule souvent derrière une haie. Le Hochsitz peut recevoir un toit ; l'échelle d'accès se situe à l'arrière de l'installation.

Les installations fixes

Elles sont mises en place sur les sites constamment fréquentés. Nous retrouvons le siège sur échelle, rudimentaire, fabriqué en bois et adossé à un tronc d'arbre. Il comporte une barre d'appui permettant un tir plus précis.
Le mirador classique est une construction lourde destinée à rester en place très longtemps. Situé à une hauteur de 8 à 12 m, il comporte un toit, un plancher, des murs de rondins qui dissimulent le chasseur, avec des ouvertures de tir ou guignettes.
Ces installations très confortables permettent de longues attentes dans les pires conditions atmosphériques. Certains chasseurs leur reprochent d'être trop bien isolées : ils perçoivent moins bien les sons.
La parfaite intégration du mirador au paysage incitera les animaux à s'habituer à sa présence. Les contours des sièges sur échelle peuvent être effacés grâce à un treillis garni de fougères et de branches feuillues.

L'accès au mirador et la chasse

Le chasseur est souvent repéré lors de son approche. Le sentier d'accès au mirador doit être parfaitement dissimulé et surtout régulièrement entretenu de manière à éviter tout bruit incongru (branchette cassée sous la semelle, froissement de feuillage). La progression est entrecoupée d'arrêts fréquents : le chasseur observe à la jumelle les alentours. L'arme est chargée loin de l'installation, sécurité enclenchée. En effet, la manœuvre bruyante de la culasse à l'instant du tir peut éveiller la méfiance des animaux.
Les cerfs sont actifs surtout tôt le matin et tard le soir. Le chasseur se rendra au mirador bien avant le lever du jour ou en milieu d'après-midi, pour être en place avant l'arrivée des animaux. Les cerfs peuvent également être sur pied entre 12 et 14 heures ou après une pluie violente. Ils recherchent alors des endroits dégagés pour se sécher.
Sur le mirador, le chasseur place sa carabine de façon à ne pas effectuer de mouvements visibles à l'instant du tir. Il doit se montrer patient et éviter tous mouvements brusques. Après avoir repéré et

identifié un animal comme tirable, il lève lentement son arme. Le tir dans les meilleures conditions est effectué sur un cerf immobile et placé de profil, à la base du cou ou légèrement en arrière du défaut de l'épaule... à une distance compatible avec le réglage optimal de la lunette. Il est inutile de tenter un coup hasardeux dans la semi-obscurité.

LA CHASSE EN BATTUE

La chasse en battue, à cor et à cri, est pratiquée localement dans les secteurs où la densité de gibier élevée autorise ce mode de prélèvement. Son manque de sélectivité ne répond pas aux impératifs de gestion. Il est en effet presque impossible de juger un cerf sur pied lorsqu'il saute un layon. La

APRÈS LE COUP DE FEU

Le tir d'un grand animal doit toujours être vérifié. Cette démarche ne souffre aucune exception, même si le gibier poursuit son chemin sans blessure apparente.
Après le tir, y compris si le gibier semble foudroyé, il est important d'attendre une dizaine de minutes avant d'aller vérifier le succès du coup de feu. En effet, une balle d'apophyse peut paralyser momentanément un gibier, sans que pour autant il soit blessé gravement.
Si l'animal ne semble pas avoir été atteint, le chasseur doit observer et noter toute réaction anormale : écart, dos qui se voûte, changement brutal de direction. En battue, il ne quitte pas son poste afin de ne pas perdre des yeux l'endroit précis du point d'impact. A la fin de la traque, il enverra un aide qui marquera l'emplacement présumé exact du tir, avant de se consacrer à la recherche du point d'impact, qui peut être visible sur un baliveau, une souche, ou avoir tracé un sillon au sol. Il se gardera bien de piétiner le secteur afin de ne pas masquer de précieux indices qui pourront donner une indication sur la partie corporelle atteinte. La prospection peut se dérouler sur une centaine de mètres. Si elle se révèle infructueuse, on fait appel à un conducteur de chien de sang, qui peut se trouver parmi les participants de la battue. Dans ce cas, les recherches se déroulent toujours au moins deux heures après le tir, afin que l'animal soit suffisamment affaibli et ne s'enfuie pas sur des distances considérables lors de l'approche.

Les dangers du tir à balle

Le tir à balle impose des règles de sécurité strictes, lorsqu'on sait qu'un projectile utilisé dans une arme rayée a une portée supérieure à 3 000 m s'il est tiré selon un angle de 30°, et qu'une balle de fusil lisse peut atteindre la distance de 1 500 m.
Il est donc très important de visualiser avec certitude, à l'instant du tir, la direction présumée de la balle. On ne tire jamais un animal debout sur une crête, car on ne connaît pas la trajectoire du projectile après qu'il ait traversé... ou manqué le gibier ! Le tir doit toujours être fichant. Il n'est jamais effectué à hauteur d'homme, surtout en plaine. Il est évité sur les surfaces planes telles que les plans d'eau, les chemins empierrés, les routes, le sol gelé, en raison des risques importants de ricochets. Il est recommandé, lorsque le tir est effectué au rembucher, après le saut de l'allée, de ne pas lâcher le coup de fusil ou de carabine à une distance supérieure à trois fois la largeur du layon. Au-delà, l'angle de tir trop ouvert devient dangereux. C'est pourquoi les organisateurs de battues s'appliquent à placer les tireurs à proximité immédiate des coulées fréquentées par les animaux. Cette précaution présente l'intérêt supplémentaire d'effectuer un tir à courte distance, dans les meilleures conditions.
Les balles de fusils lisses, plus lentes, ont tendance à ricocher plus facilement, les modèles dits indéformables étant considérés comme très dangereux. En effet, le projectile perd d'autant plus d'énergie, donc ricoche d'autant moins qu'il se déforme à l'impact. Nous avons été témoins d'un accident lors d'une battue au sanglier en Algérie. Un berger, situé à environ 800 m du lieu de chasse, a été blessé par une balle cylindrique indéformable tirée dans un fusil lisse. Il se trouvait pourtant presque à 45° de la trajectoire initiale du projectile, dont la direction a été brusquement modifiée par l'impact sur une roche.

La saison du brame dure environ un mois. A raison de 20 saillies journalières, le grand cerf dominant, épuisé, a perdu 20 % de son poids après cette période !

chasse gagne toutefois en convivialité ce qu'elle perd en sélectivité, une battue réunissant souvent un nombre important de chasseurs. Le président doit assurer la plus parfaite organisation des opérations : rappel des règles de gestion, des notions de prudence élémentaires, du nombre d'animaux à prélever en précisant les sexes et les classes d'âge. Dès le matin, le territoire a été parcouru enceinte par enceinte par un ou deux chasseurs expérimentés qui ont rembuché les animaux. D'après la reconnaissance de certains indices (voies, coulées, empreintes), ils savent que les cerfs se tiennent dans certaines enceintes qui seront attaquées en priorité. Les tireurs se placent sur les lieux de refuite connus des animaux (jamais face à une coulée !). Ils prennent soin d'adopter un alignement rectiligne et de bien se situer les uns par rapport aux autres, afin d'éviter un accident. Ils se tiennent ventre au bois et, à moins d'y être expressément invités par le directeur de battue, ne tirent jamais dans l'enceinte, attendant que l'animal ait franchi l'allée pour tirer. Des traqueurs parcourent l'enceinte en direction de la ligne, en battant les fourrés plus épais. Éventuellement, quelques tireurs gardent les flancs de la ligne de traque, et d'autres sont postés en retour. Les traqueurs peuvent se faire aider par des chiens de petit pied tels que Fox-Terriers, Jagd-Terriers ou Teckels.

La poussée silencieuse ou Drücken

Ce mode particulier de battue exige une parfaite connaissance du territoire et du gibier. Il présente l'énorme avantage de permettre un tir sélectif dans de bonnes conditions.
Les tireurs se placent discrètement à proximité des coulées fréquentées et autres emplacements favorables. Quelques rabatteurs parcourent les enceintes en si-

lence, de préférence sans chiens. Les animaux s'enfuient calmement et se présentent aux tireurs à allure modérée, empruntant leurs coulées habituelles. Ils se déplacent dans l'ordre hiérarchique habituel. Le chasseur dispose d'un certain délai pour juger l'animal et le tire dans d'excellentes conditions. Il ne doit jamais tuer la biche de tête qui est la biche meneuse. Il est préférable d'attendre que la première moitié de la harde ait sauté l'allée pour tirer, car ce sont toujours les mâles qui ferment la marche.

LA BATTUE DE BICHES

Elle est destinée à éliminer bichettes et hères en surnombre. Le tir des bichettes est indispensable à la régulation des populations naturelles de cerfs et à la gestion des cheptels. Il est préférable de pratiquer la poussée silencieuse pour ce type de prélèvement.
Les animaux se présentant dans l'ordre hiérarchique habituel, il est plus aisé de choisir l'animal à tirer.

LA CHASSE A L'APPROCHE

La chasse à l'approche du cerf est un art difficile et sportif. L'animal, doté d'une vue perçante, d'une ouïe et d'un odorat développés, ne se laisse pas surprendre en d'autres circonstances que celle du brame. Tout détenteur d'un plan de chasse peut bénéficier d'une autorisation de tir sélectif, qui prend effet le 1er septembre et conserve sa validité jusqu'à l'ouverture générale de la chasse. Il ne s'agit pas ici de prélever un cerf pour la beauté de son trophée. Seul compte le maintien d'une population saine et équilibrée. Le chasseur profite de l'époque privilégiée du brame pour apprécier la composition du cheptel et repérer les animaux déficients ou en surnombre. Le «tir au brame» ne signifie en aucun cas prélever le grand cerf dominant, qui est le meilleur reproducteur. Le chasseur repérera tous les animaux relégués au rang de témoins, dont certains montrent des anomalies morphologiques. Cette chasse n'est pas seulement pratiquée à l'époque du brame. Dans les autres circonstances, le cerf, très méfiant, rend l'approche délicate. Elle est pratiquée lorsque les animaux quittent leurs lieux de reposée pour se nourrir tôt le matin ou tard le soir. Le chasseur est revêtu de vêtements neutres et non bruyants. Des gants et un chapeau cachent le visage et les mains. Le chasseur progresse lentement, silencieusement, à bon vent, c'est-à-dire contre le vent. Il explore tous les endroits favorables (friches, clairières, jeunes coupes et cultures de lisières) et étudie les alentours avec des jumelles lumineuses. Le moindre craquement de branchettes sous la semelle peut provoquer la fuite du cerf ! Le chasseur effectue l'ultime approche en utilisant au mieux la configuration du terrain et la végétation pour masquer sa présence. Au moindre signe d'inquiétude montré par le cerf, il s'immobilise, jusqu'à ce que l'animal reprenne confiance et se remette à brouter. Le tir est effectué à distance raisonnable, compatible avec le réglage de la lunette. Il est préférable d'être appuyé sur un bâton prévu à cet effet (bâton de pirsch) ou contre une branche.

Le découpage

Cette tâche devrait être soumise à l'examen du permis de chasser. Elle appartient en effet à l'éthique de la chasse, bien que malheureusement peu de chasseurs soient en mesure de l'accomplir correctement.

Les testicules ou «parties» d'un mâle doivent être ôtés le plus tôt possible, afin de ne pas gâter la saveur de la venaison. Pour cela, il suffit de découper la peau du scrotum qui entoure les organes génitaux. On détache également le pénis. En début de saison, lorsque le temps est lourd et orageux, il peut être préférable d'éviscérer l'animal sur place, car la fermentation des aliments contenus dans la panse entraîne un gonflement rapide de l'abdomen, causé par une prolifération de bactéries qui peuvent altérer la qualité de la viande. Il suffit pour cela d'inciser la peau de l'abdomen à partir de la symphyse pubienne, puis de prolonger la découpe jusqu'au sternum, le tranchant de la lame maintenu vers le haut. Au cours de cette opération, on introduit

DU GIBIER

*Ces dessins illustrent quelques étapes du vidage et du découpage d'un grand gibier.
L'opération est exécutée par un chasseur seul sur le terrain, qui ne peut donc soulever l'animal et doit effectuer son travail au sol.
Lorsqu'il le peut, l'apprenti boucher suspend le gibier par les pattes arrière, et le scie en deux parties dans le sens longitudinal, en suivant la colonne vertébrale, après l'avoir vidé.
Le chasseur désirant naturaliser la tête doit prendre garde à conserver une large surface de peau en arrière du cou.*

deux doigts de la main gauche dans l'ouverture de départ, afin de relever la peau tout en guidant la lame. Cela évite de trancher les intestins ou la panse, qui sont ôtés lorsqu'on parvient au diaphragme. Il est important de prendre garde à ne pas percer la vessie.
Le foie, dépourvu de la vésicule biliaire, et les rognons sont placés à part (car excellents). Le diaphragme est ensuite incisé afin d'ôter le cœur (conservé pour la consommation) et les poumons. L'œsophage est coupé le plus loin possible, au fond de la cage thoracique.
Lorsque l'animal est dépecé dans un local, ces opérations préliminaires sont effectuées selon le même processus. Le gibier est suspendu à des crochets par les pattes arrière, et les viscères récupérés dans des seaux.
Il est ensuite découpé longitudinalement à l'aide d'une scie ou d'un couperet, en suivant la colonne vertébrale jusqu'à la base du cou, alors tranché. Nous disposons ainsi de deux quartiers dont le partage dépend du nombre de parts.

Silhouettes de jeunes animaux, âgés de 1 à 2 ans

Le cerf en langage de vénerie

Les veneurs utilisent un vocable particulier pour chaque étape de l'existence du cerf. L'animal est ainsi appelé :
– faon, de 1 jour à 6 mois ;
– hère, de 6 mois à 1 an ;
– daguet ou cerf 1re tête, de 1 à 2 ans ;
– grand daguet ou cerf 2e tête, de 2 à 3 ans ;
– cerf 3e tête, de 3 à 4 ans ;
– cerf 4e tête ou huit cors, à 5 ans ;

Cerf et biche âgés de 2 à 5 ans

Cerf à l'apogée de sa corpulence, âgé de 6 à 10 ans

– dix cors jeunement ou cerf 5e tête, à 6 ans ;
– dix cors ou 6e tête, à 7 ans ;
– grand cerf, vieux cerf, grand dix cors ou vieux dix corps, ou cerf 7e tête, à 8 ans ;
– grand vieux cerf, grand dix cors à 9 ans et plus.

La femelle est nommée :
– bichette de 1 à 2 ans ;
– biche, à partir de 2 ans et plus ;
– biche suitée, lorsqu'elle est accompagnée de sa progéniture ;
– biche bréhaigne, quand elle devient stérile en vieillissant.

Vieille biche et cerf âgés de plus de 10 ans

BIOLOGIE-ÉCOLOGIE DU CERF ÉLAPHE

Description

Le cerf élaphe est le plus grand des gibiers mammifères peuplant nos forêts. Sa taille au garrot varie de 105 à 150 cm pour une longueur totale du corps de 160 à 250 cm et un poids oscillant entre 90 et 100 kg chez la biche et 150-200 kg chez le cerf, en France. Certains individus des pays de l'Est peuvent atteindre le poids record de 350 kg. Ce sont là des exceptions... obtenues, parfois, grâce à quelques injections d'hormones !

Le cerf élaphe est aussi appelé cerf rouge, en référence à son pelage fauve clair à brun rougeâtre l'été, qui s'assombrit et présente des dominantes grises l'hiver. Il subit deux mues annuelles, l'une en avril-mai, l'autre début novembre, laquelle lui permettra d'acquérir une épaisse toison protectrice. Le pelage du faon, fauve tacheté de blanc crème, lui permet d'échapper aux regards indiscrets lorsqu'il se tient couché, immobile, au milieu de fourrés.

L'ÉVOLUTION DES BOIS

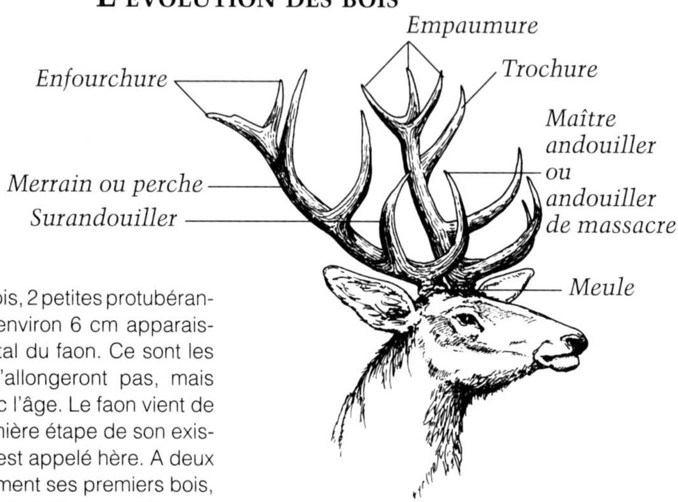

Vers l'âge de 6 mois, 2 petites protubérances osseuses d'environ 6 cm apparaissent sur l'os frontal du faon. Ce sont les pivots, qui ne s'allongeront pas, mais s'épaissiront avec l'âge. Le faon vient de franchir une première étape de son existence de cerf : il est appelé hère. A deux ans, il porte fièrement ses premiers bois, les dagues, dépourvus de meules. Comme leur nom l'indique, il s'agit de deux courtes perches droites et effilées qui tombent fin avril et qui valent au cerf l'appellation de daguet. La repousse qui s'ensuit voit le développement d'un axe principal plus fort, le merrain, sur lequel se greffe un andouiller. Ce diverticule, situé près de l'œil, est nommé aussi andouiller de massacre : le cerf l'utilise en effet lors de combats contre ses congénères ou contre des chiens lancés à sa poursuite, pouvant causer ainsi de graves perforations. Un surandouiller surmonte l'andouiller de massacre l'année suivante, alors que le cerf est âgé de 3 ans. Il en sera ainsi tous les ans, le merrain s'ornant d'un ou plusieurs andouillers supplémentaires au cours de chaque saison. A 6 ans, il est appelé 10 cors jeunement et porte en principe au moins cinq andouillers sur chaque merrain, dont 3 situés au sommet, qui forment l'empaumure. Puis il devient grand dix cors, portant 12, 14, 18 ou 24 andouillers.

Pour apprécier un trophée, on double le nombre d'andouillers situés sur le côté le plus fourni. Lorsqu'on observe par exemple 5 cors à droite et 6 cors à gauche, le cerf est nommé douze cors... irrégulier !

Les bois du cerf

Seul le mâle porte des bois, productions osseuses caduques qui tombent et sont renouvelées chaque année. En cela, ils diffèrent fondamentalement des cornes de chamois, par exemple, portées par les deux sexes en permanence, et dont la croissance est régulière tout au cours de l'existence.

Les bois de cerf sont composés d'un élément central, le merrain, sur lequel sont greffés des diverticules tournés vers l'avant, les andouillers. La base du merrain est constituée par une collerette osseuse ornée de pierrures, la meule, qui s'est développée à partir d'une excroissance de la boîte crânienne nommée pivot.

Chaque année, les bois deviennent plus forts et plus épais ; ils sont généralement dotés d'un nombre d'andouillers plus élevé, cela jusqu'à l'âge de 14 ans chez les meilleurs sujets. Ensuite, les bois régressent : on dit alors que le cerf ravale. La chute des bois a lieu chaque année, d'autant plus précocement que le cerf est âgé. Ils tombent au mois de février chez les vieux cerfs, en mars chez les plus jeunes, et en avril-mai chez le daguet. Dépourvu de son trophée, le cerf paraît un peu ridicule. Il est nommé cerf mulet, en opposition avec le terme cerf coiffé. La repousse débute environ 10 jours après la chute des bois. Elle s'effectue sous une peau fine et douce, recouverte d'une légère pilosité et richement irriguée en vaisseaux sanguins : le velours. Cette phase de formation des nouveaux bois, qui dure environ 130 jours, se nomme le refait.

Au terme de cette période, le velours se nécrose et tombe en lambeaux. Le cerf se débarrasse des derniers résidus de cette peau en se frottant contre les branches des arbres ; on dit qu'il fraye ou «touche aux branches». Les bois apparaissent, intacts, dans toute leur blancheur immaculée. Leur coloration sombre, qui se développe ensuite peu à peu, est en partie due à la qualité et à la composition des essences végétales contre lesquelles l'animal se frotte. L'extrémité des andouillers, qui subit moins ces frottements, demeure plus claire que les merrains. Ces derniers montrent des irrégularités qui marquent profondément leur surface : ce sont les gouttières, vestiges de l'emplacement des vaisseaux sanguins.

Le développement des bois est lié au cycle sexuel de l'animal. Contrairement à une affirmation largement répandue, le nombre d'andouillers n'indique pas l'âge de l'animal. Seule une étude approfondie de la denture permet de l'établir. Il n'est pas non plus uniquement le reflet du potentiel génétique de l'animal.

La qualité d'un trophée est également dépendante de facteurs extérieurs tels que la richesse du milieu en nourriture, la nature du terrain (un sol calcaire apporte les compléments minéraux indispensables à une bonne croissance des bois), l'inquiétude ou le stress occasionnés par un dérangement incessant qui peuvent nuire au développement harmonieux du trophée. Néanmoins, la croissance des bois de cerf est plus régulière que celle des bois de chevreuil. Les têtes bizardes et autres anomalies sont moins fréquentes chez le cerf que chez le chevreuil. Lorsqu'elles existent, elles sont souvent dues à un accident en cours de croissance (fracture sous le velours, blessure de l'animal).

Habitat

A l'origine, c'est un habitant des grands espaces découverts : steppes ou plaines dénudées entrecoupées de boqueteaux. Le cerf d'Écosse occupe un biotope de landes de bruyère pratiquement dépourvues de toute végétation arbustive. Dans la plupart des pays européens, le cerf a été contraint par l'homme à se réfugier dans les grandes forêts de feuillus ou les massifs boisés mixtes d'une superficie de plusieurs milliers d'hectares. Il apprécie la diversité des peuplements et surtout des stades d'exploitation, où la haute futaie alterne avec le taillis sous futaie et les jeunes coupes.

C'est aussi un animal de lisière, qui recherche la proximité de cultures, de prairies, de lieux humides (marais, étangs) constituant autant d'aires de gagnage. On le rencontre en montagne jusqu'à 2 000 m.

Régime alimentaire

L'activité alimentaire du cerf connaît un pic le matin à l'aube et le soir au crépuscule. Il peut également se nourrir la nuit et vers midi.

Un cerf adulte consomme 15 kg de nourriture par jour, répartis en végétaux ligneux et semi-ligneux qui représentent 30 % du régime alimentaire (feuilles de ronce, de framboisier, de lierre, de bruyère, qu'il consomme surtout l'hiver, feuillage tendre de chêne et jeunes pousses au printemps), en végétaux herbacés qui représentent 60 % (graminées et légumineuses, plantes cultivées consommées surtout l'été) et en fruits (10 %) tels que glands, faines, poires et pommes sauvages durant l'automne.

LES DÉGÂTS DU GRAND GIBIER

Les cervidés (cerfs et chevreuils) occasionnent des dégâts de type alimentaire et comportemental. Le cerf exerce des déprédations beaucoup plus importantes que le chevreuil sur les cultures et les plantations.

Les dégâts alimentaires correspondent aux abroutissements des bourgeons terminaux de chênes, sapins, pins, merisiers dans les plantations, et provoquent une croissance anarchique de l'arbre qui se développe en rejets désordonnés. Les écorçages favorisent les maladies parasitaires. Le cerf commet également des dégâts importants sur le maïs.

Les dégâts comportementaux correspondent aux frottis des animaux lors des marquages territoriaux et pendant la fraie des bois, sur de petits arbres tels que merisiers, douglas, mélèzes, qu'ils peuvent ainsi briser.

Le sanglier commet surtout des dégâts sur les cultures, et plus particulièrement sur le maïs. Les indemnisations annuelles concernant ses déprédations s'élèvent à environ 50 millions de francs.

L'article 14 de la loi de Finance du 27 décembre 1968 oblige l'O.N.C. (donc les chasseurs !) à indemniser les dégâts occasionnés aux cultures par le grand gibier soumis au plan de chasse et par le sanglier. Le montant de ces indemnisations augmente d'année en année, plus rapidement que la densité du grand gibier ! Il est vrai que certains mettent en place, de façon ostentatoire, des réseaux de cultures attractives sur des lieux connus de gagnage... Devant l'importance de ces indemnisations, certaines fédérations ont mis au point un timbre spécial grand gibier acquitté par les chasseurs concernés. Compte tenu de la situation difficile de certains agriculteurs particulièrement sinistrés, l'O.N.C. a également été amené à envisager l'utilisation de systèmes de protection des cultures. Diverses expérimentations ont été entreprises par ses services techniques, dont la mise en place de clôtures électriques.

Reproduction

Le rut se déroule du 15 septembre au 15 octobre. Il est déclenché par l'état physiologique des biches en œstrus.

Il débute par le brame ou raire, qui correspond à un cri de défi et d'intimidation lancé par les mâles dominants. Par ce mugissement rauque et impressionnant, ils entendent marquer leur suprématie et leur autorité. Ce sont les plus vieux cerfs qui brament les premiers. Polygames, ils rassemblent, sur un certain périmètre, une harde composée d'une dizaine de biches, dont ils interdisent l'approche à tout rival. Les jeunes cerfs sont relégués au rang de simples témoins ! Il arrive qu'un mâle dominant soit provoqué par un nouvel arrivant de force égale, attiré par les raires du premier auxquels il a répondu. Après quelques affrontements verbaux, le combat s'engage, souvent très violent. La forêt résonne alors des claquements secs de ramures qui s'entrechoquent

Contrairement à la chevrette, la biche ne met au monde qu'un seul faon. Les naissances gémellaires sont rares.

et s'emmêlent parfois de manière inextricable. Dans ce cas, les deux cerfs sont condamnés à mourir d'inanition, enchaînés l'un à l'autre. Le plus souvent, l'un des adversaires se sentant vaincu cède du terrain et se retire, poursuivi par son rival hors des limites de la place de brame. Les protagonistes s'infligent parfois des blessures mortelles, à l'aide des andouillers de massacre qui perforent des tissus vitaux, ou lors d'assauts violents qui peuvent occasionner des ruptures de vertèbres cervicales. Pendant que leurs aînés s'affrontent, les jeunes cerfs profitent de l'occasion pour couvrir les quelques biches qui s'éloignent du harpail.

Les limites du territoire occupé par le mâle dominant ne correspondent pas seulement à une démarcation sonore. Elles sont aussi indiquées par les fumées, des jets d'urine, des frottis aux branches (destinés à imprégner les fibres végétales de sécrétions lacrymales et anales) et des grattis au sol.

Cette période, au cours de laquelle les animaux perdent toute timidité, est très favorable à leur observation. On peut ainsi apprécier la densité du cheptel, éventuellement repérer les animaux déficients. Il faut se montrer prudent, afin de ne pas déranger les animaux durant une époque sensible pour l'avenir de l'espèce. Le rut cesse un mois environ après le début de ces manifestations. Les cerfs dominants, à raison de 20 saillies journalières, sont épuisés. Ils ont perdu 20 % de leur poids. Les biches couvertes mettront bas 240 jours après l'accouplement, c'est-à-dire en mai-juin. Le faon sera allaité jusqu'en janvier-février.

En milieu riche, les biches sont matures sexuellement à 15, 16 mois. Le taux d'accroissement annuel des populations peut atteindre 60 %. En milieu pauvre, la maturité sexuelle est atteinte à 30-36 mois. Dans ce cas, le taux d'accroissement des populations n'excède guère 30 %.

Comportement

Habituellement diurne, le cerf montre volontiers un comportement nocturne lorsqu'il est dérangé par l'homme. C'est surtout la nuit qu'il s'aventure en terrain découvert et dévaste les cultures de maïs situées en lisière de forêt. Ses deux pics d'activité alimentaire se situent le matin à l'aube et le soir au crépuscule. Le reste de la journée est occupé à de longues périodes de repos dans les fourrés (là où se trouve sa reposée), qui alternent avec quelques phases d'activité intenses surtout entre 12 et 14 heures. En dehors de la période du rut, le cerf ne montre pas de comportement territorial très affirmé. Plusieurs hardes peuvent se partager sans agressivité la même aire de gagnage.

Tout comme le sanglier, le cerf adore se vautrer dans une souille, particulièrement l'été et en période de rut.

Les cerfs vivent en sociétés structurées, parfaitement organisées, basées sur le matriarcat. L'unité de base est la cellule familiale, fondée sur un trio composé de la biche, accompagnée de son faon et de sa progéniture issue de la portée précédente (bichette ou daguet). La réunion de plusieurs cellules familiales constitue la harde ou harpail, conduit par une biche adulte très expérimentée : la biche meneuse. C'est elle qui assure la cohésion et la sécurité du groupe, qui incite des animaux à s'enfuir en cas de danger.

Les cerfs âgés de plus de 3 ans, qui ont été chassés des hardes durant la période du brame, se rassemblent également par affinités d'âge et de stature. Aux stades 6e, 7e ou 8e tête, un cerf dominant apparaît dans le groupe. Au moment du rut, il tentera sa chance sur une place de brame, en affrontant un vieux cerf. La biche ne s'isole que durant la mise bas. Elle rejoint la harde dès que le faon est capable de se déplacer et de suivre les mouvements des animaux. Les très vieux cerfs et les vagabonds (cerfs pèlerins) vivent souvent isolés. D'humeur acariâtre, ils peuvent toutefois supporter la présence d'un page, jeune animal qui les accompagne dans tous leurs déplacements.

Ces malheureux disciples sont souvent chassés à la place du maître lorsque les chiens n'ont su déceler le change.

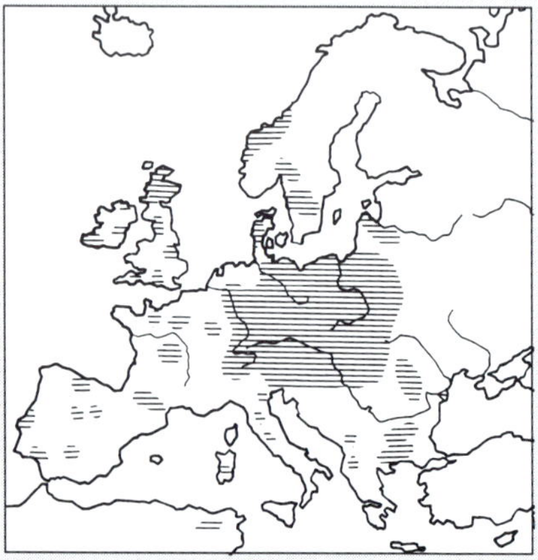

Répartition

Le cerf élaphe est présent en Europe tempérée jusqu'au sud de la Norvège. La répartition irlandaise concerne le cerf sika.

INDICES DE PRÉSENCE

En raison de sa taille imposante, le cerf laisse des indices bien visibles de sa présence, qu'il est important de connaître pour l'appréciation d'un cheptel sur un territoire donné, ou plus simplement afin de situer l'emplacement des lieux de reposée avant une battue.

Les marques et indices au sol

Les empreintes : en langage de vénerie, les empreintes de cerf sont nommées vol-ce-l'est. Elles mesurent 8 à 9 cm de long chez le mâle, pour une largeur de 6 à 7 cm. La taille de l'empreinte est plus réduite chez la femelle : 6 à 7 cm de long pour 4 à 5 cm de large. Les os, sabots rudimentaires situés au-dessus des pinces, en arrière du pied, ne marquent généralement pas, à moins que le cerf ne soit au grand galop sur un sol mou ou lors de la réception après un saut de layon. Les pinces sont d'autant plus écartées que l'allure de l'animal est rapide.

La voie : lorsque l'animal se déplace au pas, l'empreinte du pied postérieur est posée dans l'antérieur. L'observation de la disposition des pinces permet d'évaluer l'âge du cerf : plus elles marquent en oblique, plus l'animal est vieux.

Les fumées : les fumées du mâle sont reconnaissables à leur taille, plus importante que celles de la biche. L'une des extrémités est terminée en pointe, l'autre montre une légère dépression. Leur longueur peut atteindre 2,5 cm pour une largeur de 1,5 cm. Les fumées de la biche, plus fines et légèrement plus longues, sont dépourvues de dépression.

La souille : il s'agit d'une dépression humide dans laquelle l'animal aime se vautrer, avant de se frotter vigoureusement à un tronc d'arbre, pour se débarrasser des parasites.

Les grattis : pour délimiter son territoire en période de rut, le cerf gratte le sol avec ses pattes antérieures et se roule dans les excavations qu'il a creusées et marquées de sécrétions et d'urine.

Les indices sur les végétaux

Les frottis sur les arbres : après son bain de boue, le cerf se frotte contre l'écorce rugueuse d'un arbre ; elle finit par disparaître lorsque le lieu est régulièrement fréquenté. Le tronc présente alors une surface lisse sur une hauteur d'environ 2 m, supérieure à celle observée lorsqu'il s'agit d'un sanglier. Il casse également les branchettes en se débarrassant de ses velours.

Les atteintes aux arbustes : le cerf se régale de jeunes pousses de feuilles ou de conifères, dans les plantations récentes. L'extrémité des branches est alors cassée, semblant arrachée plutôt que coupée net, car l'animal est dépourvu d'incisives à la mâchoire supérieure.

Les écorçages : ils sont surtout observés l'hiver, en bordure d'étang, sur les troncs de saules. L'écorce est arrachée en longues lanières.

Empreinte de cerf dans la boue. Les doigts postérieurs nommés os, rudimentaires, ne marquent pas sauf lorsque l'animal bondit.

GESTION-AMÉNAGEMENTS

La gestion des populations

Elle a pour objet de maintenir une densité de population compatible avec la capacité d'accueil du milieu. Trop nombreux, les cerfs migrent. Ce phénomène est d'autant plus regrettable que ce sont généralement les meilleurs reproducteurs qui quittent les lieux en premier ! Une population importante génère également des dégâts sur les cultures et plantations. La gestion consiste non seulement à établir des plans de prélèvements quantitatifs, mais également qualitatifs. Pour obtenir un taux d'accroissement normal des populations, qui est de 30 % en milieu pauvre, il est très important de maintenir un sex-ratio équilibré. La meilleure structure externe d'une population est obtenue en respectant le plan de prélèvement suivant :

- 33 % : faons et hères ;
- 20 % : daguets et bichettes ;
- 20 % : 2ᵉ, 3ᵉ, 4ᵉ têtes et biches adultes non suitées ;
- 10 % : 5ᵉ, 6ᵉ, 7ᵉ, 8ᵉ, 9ᵉ têtes et biches adultes ;
- 7 % : vieilles biches 10ᵉ tête et plus.

La régulation se fait donc par élimination prioritaire des jeunes animaux et des cerfs non coiffés. Il ne faut jamais tuer une biche meneuse, sous peine d'entraîner la dislocation de la harde. Les faons sont prélevés très tôt, au mois de novembre, avant qu'ils aient atteint la taille des bichettes. Les bichettes sont tirées ensuite, en accordant la préférence aux animaux déficients. Les biches adultes sont tirées en janvier ou février. On évite ainsi de laisser un orphelin.

Établissement du plan de chasse

Une commission départementale, constituée de représentants des intérêts des chasseurs, des agriculteurs et des sylviculteurs, fixe annuellement le quota d'animaux à prélever en fonction de la densité des cheptels et des dégâts éventuels occasionnés par les grands animaux.

Les comptages sont généralement effectués en février. Cette époque permet une bonne observation des animaux (pas de feuillage aux branches) ainsi qu'une évaluation de la densité de population après chasse, et avant les mises bas. Les comptages exigent une mise en œuvre importante ; de très nombreux participants prospectent des surfaces boisées dont la superficie peut atteindre 20 000 ha. Ces comptages sont généralement organisés par l'O.N.C., en collaboration avec les Fédérations départementales de chasseurs.

QUELS ANIMAUX DOIT-ON ÉLIMINER ?

Les mâles :
- les cerfs dont les bois sont anormaux, ou qui s'incurvent dans un triangle, vus de profil ;
- les cerfs en velours à l'époque du brame ;
- les daguets dont les perches sont plus courtes que les oreilles ;
- les cerfs dont la tête ne laisse prévoir qu'une enfourchure ;
- les animaux dotés de 4 ou 6 cors au stade 2e tête ;
- les animaux sans empaumures au stade 4e tête.

Les femelles :
les biches non suitées, y compris celles dont on a tiré le faon.

Autres cas :
tous les animaux déficients, malingres, blessés (boiterie), qui muent anormalement tard, dont le poil présente un mauvais éclat (sale, terne) ou dont la taille est inférieure à la moyenne sont également éliminés en priorité.

Déroulement du comptage
La répartition d'une population de cerfs n'est jamais homogène. Le territoire est découpé en lots selon la densité végétale et la topographie ; ses limites sont caractérisées par les repères visibles : chemins, rivières... Chaque lot a une surface qui varie ainsi de 30 à 60 ha. Tout y est recensé, y compris les secteurs les plus fourrés. Un certain nombre d'observateurs sont placés à des postes fixes, préalablement répertoriés, correspondant à des lieux de passage obligés des animaux et offrant une excellente visibilité. Il peut s'agir parfois de promontoires rocheux ou de miradors ! Dans chacun des lots, un ou plusieurs observateurs mobiles parcourent lentement l'ensemble de la parcelle de manière à déplacer les animaux sans les affoler. Chaque observateur fixe ou mobile prend des notes. L'emplacement exact de chaque rencontre avec des animaux est répertorié sur une carte. Le C.E.M.A.G.R.E.F., qui a mis au point la méthode, estime que ce type de comptage sous-estime de 10 à 20 % les effectifs réels, les mâles étant parfois difficiles à observer et se situant souvent en périphérie des massifs.

Le sanglier

Sus scrofa

Fam. : Suidés

Il n'est guère de grand gibier plus passionnant à chasser que le sanglier. Son statut de nuisible dans environ 60 départements lui a valu d'être prélevé sans discernement, d'où une régression alarmante de ses effectifs en de nombreuses régions.

CHASSER LE SANGLIER

En ce matin de décembre, les premiers récris d'une meute se font entendre dans l'enceinte fourrée parcourue par un «piqueux» et ses chiens. L'homme a reconnu la voix... c'est Fanfare, magnifique Griffon Nivernais, son meilleur rapprocheur ! Les cris augmentent brusquement d'intensité, et c'est bientôt un concert d'aboiements rageurs qui résonne dans les halliers. Le sanglier est au ferme ! D'après les empreintes relevées le matin même, c'est un très gros sanglier. «La Brisée», le piqueux, qui est aussi le plus fameux traqueur de bêtes noires de la région, accourt, épieu à la main. Soudain, les fourrés s'écartent brutalement, dans un grand fracas de branches cassées. Le vieux solitaire se tient campé face à son adversaire, puis disparaît, comme avalé par les épines noires. La meute hurlante prend la voie, tandis qu'éclatent les sonneries de la trompe : «Sanglier vu par corps à la ligne !» Répartis tout autour de l'enceinte, les tireurs se figent alors, le cœur battant...

Un nombre grandissant de passionnés vouent un culte sans partage à la chasse du sanglier, qu'ils qualifient du plus noble, du plus intelligent, du plus courageux des gibiers.
Les chasses aux chiens courants et en battue comptent parmi les plus spectaculaires et les plus riches en émotions.
Les populations de sangliers se portent plutôt bien dans les régions où il est classé gibier et non nuisible, ainsi que sur les territoires où des règles de gestion rigoureuses sont appliquées, accompagnées d'un plan de chasse adapté à la biologie de l'espèce, tout en répondant aux aspirations légitimes des agriculteurs ou des sylviculteurs qui peuvent souhaiter limiter la prolifération.

La désertification rurale en de nombreuses régions méditerranéennes a conduit au développement d'une végétation de type garrigue ou maquis. Ces immenses zones fourrées et impénétrables ont permis au sanglier de prospérer de façon spectaculaire. On estime le tableau annuel à 80 000 animaux, auxquels il faut ajouter 10 000 sangliers et autres «cochongliers» prélevés en Corse.

La battue

Cette pratique conviviale, très populaire en France, spectaculaire, réunit un grand nombre de participants qui nourrissent tous le secret espoir d'être placés au bon endroit, là où les bêtes noires vont surgir !

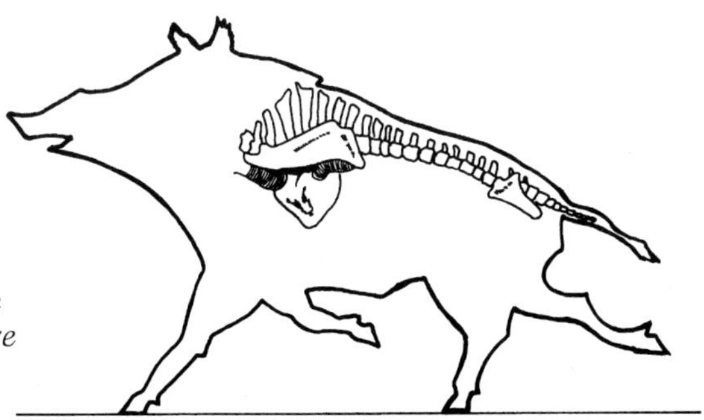

Pour stopper un sanglier en pleine course, il est important d'atteindre une zone vitale, cœur ou colonne vertébrale.

Réactions d'un sanglier selon l'emplacement de l'impact d'un projectile

Balle de rein. La colonne vertébrale est brisée, obligeant l'animal à se traîner à l'aide de ses pattes avant.

Balle de colonne vertébrale située au niveau des cervicales. L'animal roule et s'immobilise, incapable d'effectuer un mètre de plus.

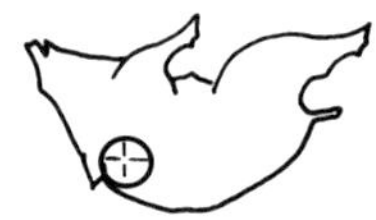

La balle d'apophyse paralyse instantanément mais momentanément le sanglier.

Balle placée à une patte postérieure, qui occasionne un léger fléchissement arrière.

Balle placée à une patte antérieure. L'animal boule comme un lapin avant de reprendre sa course, apparemment indemne.

Les vertèbres lombaires ont été brisées. L'animal se traîne sur place et crie souvent.

Balle de groin. Le sanglier chute vers l'avant et effectue des cercles, grogne, avant de repartir.

Balle de panse ou de foie. Le dos s'arrondit. Selon l'emplacement de la blessure, l'animal effectuera un trajet plus ou moins long.

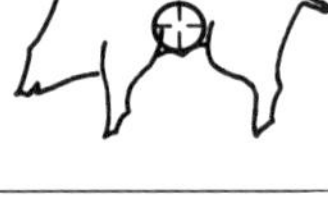

Balle de thorax, située au cœur ou aux poumons. Le sanglier peut s'affaisser ou continuer sa course sur quelques dizaines de mètres.

La chasse débute toujours par l'action de «faire le pied». De bon matin, un chasseur averti parcourt les lisières, sentiers, layons et autres allées forestières, accompagné d'un chien très sûr de nez, le limier. Certains spécialistes se passent du concours de l'animal, sachant apprécier les indices laissés par les sangliers, indiquant leur présence ou leur absence d'une enceinte. Cette randonnée matinale consiste en effet à localiser (on dit «rembucher») les animaux présents dans un certain secteur. Pour cela, il faut savoir interpréter l'état de fraîcheur de leurs indices de présence, qui doivent dater de la nuit même. L'étude des empreintes, l'examen des bouttis, des vermillis, des fumées, l'observation des souilles représentent une science que seuls quelques initiés maîtrisent. L'examen des empreintes apporte une multitude de renseignements à qui sait les «lire», concernant leur état de fraîcheur, le sexe, l'âge, le poids d'un animal, la composition d'une compagnie. L'empreinte peut avoir brisé une fine pellicule de glace qui s'est formée au matin : dans ce cas, elle est toute fraîche. En revanche, elle a pu être légèrement «lavée» par une petite pluie de la veille, indiquant que le sanglier, malgré l'état de fraîcheur apparent de son «pied», n'est passé que la nuit précédente.

Une compagnie regagne toujours directement sa remise. Au contraire, un solitaire emmêle sa voie à mesure qu'il parvient à proximité de la bauge : il est alors bien difficile de situer l'animal avec précision. Néanmoins, de telles ruses ne sauraient tromper le traqueur de sangliers ! Lorsqu'il a découvert une voie rentrante datant de la nuit, le chasseur contourne toute l'enceinte, pour vérifier qu'il n'existe pas de sortie. Il effectue discrètement cette opération, pour ne pas éveiller la vigilance des sangliers qui pourraient alors vider les lieux. Ayant constaté qu'aucun pied sortant n'est inscrit dans le sol, il a maintenant acquis la certitude que le ou les sangliers sont bien dans l'enceinte. Il marque l'entrée d'une branche fichée dans le sol, la «brisée», avant d'aller rendre compte au directeur de battue. Ce dernier décide de l'ordre dans lequel vont être attaquées les enceintes, si plusieurs compagnies sont rembuchées, en tenant compte du vent et du nombre de participants. Il rappelle ensuite les règles de prudence, de gestion, le nombre d'animaux à prélever, les signaux conventionnels sonnés à la trompe, les

Une battue réussie grâce au concours de chiens de petit pied courageux et mordants : les Fox-Terriers. Leur concours se révèle précieux dans les bois très fourrés où hésitent parfois à s'aventurer de grands chiens courants. Leur petite taille leur permet d'esquiver les coups de boutoir infligés par un sanglier au ferme.

classes d'âge à tirer en priorité. Il attribue ensuite son poste à chaque tireur. Les chasseurs se tiennent «ventre au bois», et ne tirent jamais dans l'enceinte. Tous les participants gagnent ensuite leur poste, dans le plus grand silence. On n'insistera jamais assez sur l'importance de cette précaution. Le succès de cette chasse repose avant tout sur la discrétion, les animaux pouvant parfaitement vider l'enceinte au moment où les tireurs se placent, ou au contraire (dans le cas d'un vieux solitaire, par exemple) refuser de sortir. Dans ce cas, un ferme, qui n'est jamais vraiment souhaitable, peut avoir des conséquences désastreuses, l'animal blessant les chiens. Ce sont souvent les mêmes chasseurs qui enregistrent les succès les plus réguliers. Pas forcément meilleurs tireurs que les autres, ils savent en revanche être discrets et immobiles.

Lorsque l'enceinte est entièrement encerclée (tous les lieux de refuite potentiels doivent être gardés), le conducteur de chiens, accompagné éventuellement de quelques traqueurs, lâche sa meute au niveau de la «brisée d'attaque». Dans une battue, on préférera des chiens de petit pied, qui ne poursuivent pas trop longuement les animaux manqués hors des enceintes. Certaines races sont parfaitement adaptées à cette chasse : Fox-Terriers, Jagd-Terriers, Teckels à poil dur sont mordants, courageux à la ronce, infatigables. Les chiens remontent très vite la voie et attaquent le ou les sangliers à la bauge. Une compagnie prend vite un parti, et franchit

Entre deux traques, les chasseurs se concertent... et tendent l'oreille pour suivre le déroulement d'une autre chasse.

la ligne de tir poussée par les chiens. Un solitaire, en revanche, tiendra souvent le ferme, ou se déplacera en fermes roulants. Dans ce cas, le piqueux intervient au plus vite. Si le sanglier refuse de sortir, il est abattu au fusil (on prendra garde à ne pas blesser un chien par la même occasion), ou «servi» à l'épieu.
Le tir du sanglier en battue est souvent difficile, car l'animal peut parfois surprendre le chasseur. Il sait franchir une allée à toute allure, offrant une cible mouvante dont il n'est pas aisé d'apprécier la hauteur réelle. On tire souvent derrière, dessus... ou entre les pattes !
Le sanglier doit impérativement être tiré à balle, la chevrotine, là où elle est tolérée, n'étant guère efficace au-delà de 10-15 m et dangereuse en raison des ricochets possibles. On risque de blesser un animal qui sera perdu pour tout le monde, ou rendu furieux par la douleur ! Dans ce cas, ce sont les chiens ou le piqueux qui en subiront les conséquences.
Le tir au fusil à balle lisse n'est efficace et précis que jusqu'à une cinquantaine de mètres. Seul l'emploi de calibres 12 ou 16 doit être envisagé. Les armes rayées les mieux adaptées au tir du sanglier en battue sont les carabines express dans les calibres 9,3 x 74 ou 8 x 57 JRS. Parmi les calibres destinés aux carabines à verrou, on peut conseiller tous les 7 mm, à condition que les balles pèsent au moins 10 g (7 x 64, 7 mm Rem. Mag, 270 Win., 280 Rem.). Les calibres 300 Win. Magnum, 9,3 x 62, 8 x 68S conviennent parfaitement. Le calibre réellement adapté à la chasse du sanglier est le 9,3 mm, développant une puissance de 2 500 joules à 100 m.

LA CHASSE AUX CHIENS COURANTS

Pour beaucoup, elle surpasse en beauté la chasse en battue à l'aide de chiens de petit pied. La voix grave et profonde d'une meute de grands courants lancée derrière le gibier, l'émotion bien légitime qui s'empare alors de tous les tireurs postés, attentifs à la direction prise par les chiens, toutes ces sensations font de cette chasse l'une des plus belles qui soient. L'organisation des différentes phases de la chasse est identique à celle décrite pour la battue. Les chiens courants rapprochent très vite, sitôt mis sur la voie fraîche des sangliers, à grands cris. Les chasseurs doivent se tenir prêts à tirer à tout instant, car les courants vont souvent très vite ! Cette chasse ne peut guère se pratiquer que sur les grands territoires, les chiens poursuivant loin et longtemps le gibier.
Les Griffons Nivernais, Griffons Vendéens, Bleus de Gascogne, Anglo-Français, Griffons Fauves de Bretagne conviennent parfaitement.

LES AUTRES MODES DE CHASSE

On peut chasser le sanglier à l'affût, à partir d'un mirador, ou posté à terre, près d'un lieu de passage fréquenté. En raison des mœurs nocturnes de l'animal, il n'est guère possible de pratiquer ce mode de chasse en France.
Le chasseur doit respecter la plus parfaite immobilité, posté près des souilles, des lieux de gagnage, des coulées régulièrement fréquentées par les animaux qui regagnent leurs bauges au petit matin.

L'empreinte du sanglier mesure 5 à 8 cm de long. Les traces du pied sont reconnaissables aux 4 doigts qui apparaissent nettement. Les ongles postérieurs, ou gardes, sont plus petits et plus écartés que les doigts antérieurs.

BIOLOGIE-ÉCOLOGIE DU SANGLIER

Description

Le sanglier se reconnaît à son corps massif. La tête, énorme, porte le nom de hure, et est dotée de deux grandes oreilles mobiles, les écoutes. Le nez, ou boutoir, très allongé, permet à l'animal de fouiller profondément le sol lorsqu'il recherche sa nourriture. Le pelage est formé de poils rêches, durs au toucher : les soies. Sa coloration varie, selon les souches locales et l'âge, du brun roussâtre au noir ou au gris. Le sanglier subit 2 mues annuelles, l'une à partir du mois de mai, l'autre dès le mois d'octobre. La pelisse estivale est formée de soies plus fines et plus claires. Au contraire, la toison hivernale est très dense. Sa coloration sombre est due à la présence d'une bourre laineuse isolante, qui pousse entre les soies. Au cours de la mue printanière, l'animal se débarrasse de son pelage d'hiver en se frottant vigoureusement aux arbres. Les poils de l'échine, plus longs, forment une crinière érectile dressée lorsque le sanglier est surpris ou irrité. La queue ou vrille, longue d'environ 35 cm, est prolongée par une longue touffe de soies. Normalement pendante, elle exprime chez le sanglier l'anxiété ou l'irritation lorsqu'elle est dressée. A l'avant du corps, au niveau des épaules et du thorax, l'animal est protégé par un cuir très épais et très dur (l'armure) qui protège ses organes vitaux lors des combats entre mâles. Lorsque les conditions d'alimentation offertes par le milieu sont bonnes (fructification abondante des chênes ou des hêtres), le sanglier développe sous la peau une couche adipeuse épaisse, le sain, réserve nutritive destinée à supporter les disettes hivernales.

La taille et le poids de l'animal varient selon les souches locales, la qualité et l'abondance de la nourriture, les facteurs géoclimatiques (les sangliers sont toujours plus gros dans les régions de plaine que dans les massifs montagneux). En France, où le sanglier est long de 120 à 160 cm pour une hauteur au garrot comprise entre 80 et 100 cm, les spécimens pesant plus de 120 kg sont rares. Dans les pays de l'Est, il mesure couramment 220 cm pour un poids de 300 kg ! Les mâles sont toujours plus gros que les laies, ces dernières ne pesant guère plus de 90 kg à l'âge adulte. Elles sont également moins trapues, plus élancées. Les sangliers connaissent une croissance identique, selon les sexes, jusqu'à l'âge de 2 ans. Dès la troisième année, le mâle devient nettement plus gros qu'une femelle de même âge et appartenant à la même population. L'importance du poids ne signifie pas forcément que l'animal soit très âgé. Dans des conditions optimales, un sanglier mâle âgé de 2 ans peut peser 100 kg. Dans ce cas, la taille des défenses est sans rapport avec la taille de l'animal. Inversement, un vieux solitaire fortement armé peut ne pas excéder 90 kg s'il est mal nourri.

Le sanglier porte des canines dont la taille diffère selon l'âge et le sexe. Chez le mâle, les canines situées sur la mâchoire supérieure s'appellent les grès. La mâchoire inférieure est dotée de défenses, qui aident l'animal dans sa quête de nourriture... et lors de combats qui l'opposent à ses congénères ou à des chiens.

La taille des défenses augmente régulièrement avec l'âge. Les deux tiers de ces canines sont logées à l'intérieur de la mâchoire. Elles sont aiguisées en permanence contre les grès. Ce comportement peut également indiquer un état d'irritation extrême, signe que l'animal va charger :

Hure d'un mâle adulte

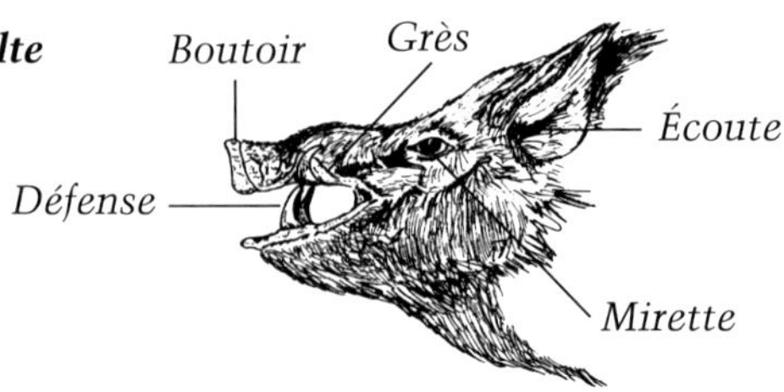

Détermination de l'âge du sanglier par l'observation des défenses
DT : diamètre à la base de la table d'usure.
DD : diamètre à la base de la défense.

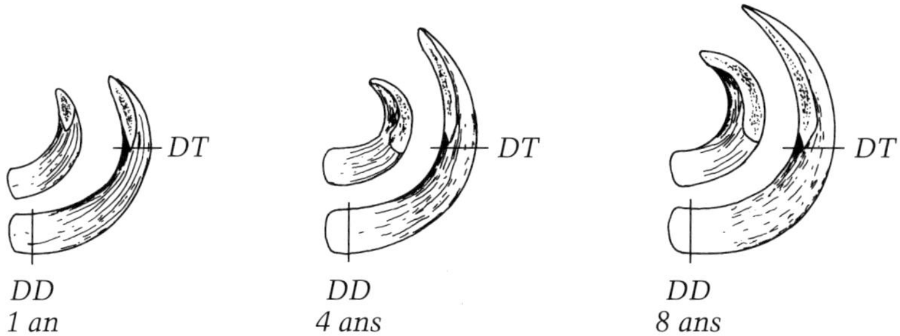

on dit alors qu'il «casse la noisette». Au-delà de l'âge de 6 ans, les défenses se recourbent vers l'arrière, adoptant une forme curieuse : on dit que l'animal est miré. Il peut arriver qu'un mâle perde un crochet lors d'un combat. Dans ce cas, l'usure de la défense devient impossible, et sa croissance aberrante gêne le sanglier dans la quête de sa nourriture. Ce handicap le rend souvent agressif.

Au cours d'un combat, le mâle porte ses coups de bas en haut, cherchant à «découdre» son adversaire à l'aide de ses défenses aiguisées comme des rasoirs. La femelle, qui en est dépourvue (ses mâchoires supérieure et inférieure ne portant que des crochets), se défend en mordant.

Estimation de l'âge d'un sanglier par l'examen des dents de la mâchoire inférieure
Cette méthode est valable jusqu'à 3 ans, âge auquel l'animal a acquis sa dentition définitive.

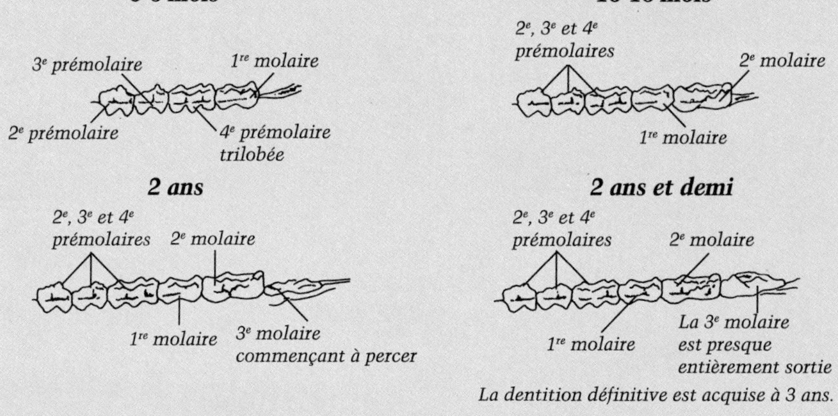

La dentition définitive est acquise à 3 ans.

Habitat

L'habitat du sanglier est essentiellement forestier. Il peut toutefois s'adapter à de très nombreux biotopes dès lors qu'il dispose d'une nourriture suffisante, d'abris et d'une certaine quiétude.

Les conditions qui lui conviennent le mieux correspondent aux grandes forêts de feuillus traitées en taillis sous futaie, avec de nombreuses jeunes coupes qui offrent un couvert arbustif dense, riche en végétation semi-ligneuse. Ses remises sont souvent situées dans de gros fourrés de ronces ou d'épines noires, impénétrables. On peut le rencontrer également dans les zones marécageuses pourvues en végétation haute (roselières), dans le maquis et la garrigue, où la densité de végétation lui assure la tranquillité qu'il recherche. Dans les régions à grandes cultures de maïs ou de blé, il peut momentanément résider dans les parcelles sur pied en pleine maturation. Le développement de cette agriculture intensive peut transformer les habitudes du sanglier, qui devient un animal de lisière, s'établissant dans de petits boqueteaux de plaine. Il fréquente également l'étage montagnard jusqu'à la limite des forêts, fuyant toutefois ces zones lorsque l'épaisseur de la couche de neige ou le gel l'empêchent de trouver sa nourriture au sol. La présence d'eau est absolument obligatoire, l'animal se vautrant quotidiennement dans une mare boueuse, nommée souille.

Régime alimentaire

Le sanglier se nourrit surtout la nuit. Omnivore, il consomme essentiellement des matières végétales qu'il prélève au sol, ou en retournant la terre avec son groin. Selon la saison, son menu est composé de fruits, de racines, de tubercules, de plantes cultivées telles que blé, orge, maïs,

Avant de regagner sa bauge, au petit matin, le sanglier aime se vautrer dans une souille.

LES APPELLATIONS DU SANGLIER SELON L'AGE, EN TERMES CYNÉGÉTIQUES

De sa naissance à l'âge de 6 mois, où il pèse environ 15 kg, le sanglier est revêtu d'un pelage fauve rayé de blanc. On dit qu'il est en livrée et porte le nom de marcassin. A partir de ce stade jusqu'à 1 an, les rayures, qui assuraient un excellent camouflage, disparaissent au profit d'une toison roussâtre. L'animal, pesant alors 25 à 35 kg, est nommé bête rousse.
Il subit une mue printanière et acquiert un poil foncé classique qui lui vaut l'appellation de bête noire, ou bête de compagnie. Il se situe dans la tranche d'âge de 1-2 ans et pèse 40 à 60 kg. Agé de 2 à 3 ans, le mâle est appelé ragot, la femelle laie ragote. Il peut peser de 60 à 80 kg, certains sujets mâles exceptionnels pouvant atteindre le poids respectable de 100 kg. Les défenses commencent à être bien visibles chez le mâle qui s'éloigne de la compagnie.
Entre 3 et 4 ans, la femelle porte définitivement l'appellation de laie. Le mâle, appelé tiers-an, deviendra quartanier entre 4 et 5 ans et dépassera couramment les 100 kg. Puis il sera grand sanglier, vieux sanglier ou solitaire à 5-6 ans, grand vieux sanglier ou vieux solitaire au-delà de 6 ans.
A partir du stade solitaire, le sanglier évite le contact avec ses congénères sauf à l'époque du rut. Il est parfois accompagné d'un ragot nommé page.

avoine, pommes de terre. L'ensemble de ces végétaux représente 90 % de son régime alimentaire. Le sanglier affiche une préférence très nette pour les glands. Les années de bonne fructification du chêne, le gland entre pour moitié dans la composition du bol alimentaire, et cela jusqu'à l'été suivant. Durant tout l'automne, et surtout l'hiver, la part accordée à ce fruit peut atteindre 90 %. Les années de bonne glandée ont aussi d'importantes répercussions physiologiques, les laies entrant en œstrus plus précocement. Le sanglier sait décortiquer habilement ces fruits, rejetant l'écorce avec sa langue. Très opportuniste, il varie son menu selon les possibilités du milieu. Les étés très secs, par exemple, qui mettent hors d'atteinte les larves d'insectes et autres invertébrés ainsi que les tubercules, l'obligent à consommer beaucoup plus de plantes herbacées et de feuillages. L'hiver, lorsque le sol est gelé, il se rabat sur les végétaux semi-ligneux (feuilles de ronce).

Ses besoins en protéines animales l'incitent à rechercher les insectes et leurs larves, qu'il découvre dans le sol ou dans les souches pourries. Il ne dédaigne pas non plus chenilles, mollusques ou reptiles. Après une pêche d'étang, il se gave d'amphibiens et de cadavres de poisson. Il dévore également un nombre incalculable de petits rongeurs (mulots, campagnols) dont il détruit les galeries souterraines, se repaissant également des nids. Quelques cas de cannibalisme ont été observés en enclos, en raison de la forte concurrence alimentaire et de carence en certains éléments. La laie dévorerait également parfois des petits chétifs lorsque la nourriture vient à manquer.

Reproduction

Le rut principal se déroule au mois de décembre. Les vieux mâles solitaires quittent alors leurs remises habituelles, pouvant parcourir de très longues distances en quête de femelles à couvrir. Dans une compagnie, la laie meneuse détermine la synchronisation des chaleurs : elle entre en œstrus la première, induisant l'apparition des chaleurs chez les autres femelles. Deux semaines auparavant, elle a marqué l'écorce de certains arbres de bave et de sécrétions des glandes lacrymales, signal destiné à avertir les mâles. Lorsque l'un d'eux rejoint une compagnie, il évince les autres jeunes mâles. Polygame, il assure aussi sa dominance en repoussant sans ménagement tout rival. De violents combats peuvent opposer deux grands mâles, mais l'issue de l'affrontement, parfois cruel, ne sera que rarement fatale, le sanglier étant doté d'une vitalité exceptionnelle !

Le mâle dominant accompagne les laies pendant 4 à 5 semaines, affirmant sa dominance en marquant les arbres de bave et en entaillant les troncs à grands coups de boutoirs de manière à décourager d'éventuels adversaires potentiels. Toutes les laies qui n'ont pas été couvertes sont susceptibles d'entrer à nouveau en chaleur 21 jours plus tard. La femelle connaît une période de repos sexuel total de juin à fin août. Si les conditions sont favorables, les activités sexuelles peuvent reprendre plus précocement, à partir de septembre. Les naissances auront lieu alors en janvier, bien qu'elles connaissent surtout un pic correspondant au rut principal de décembre, en avril-mai. Il s'agit là d'une adaptation de l'espèce aux conditions climatiques, l'un des principaux facteurs de mortalité du marcassin étant les rigueurs hivernales. Selon les capacités d'accueil du biotope, la laie aura 1 ou 2 portées par an. Dans le second cas, les naissances s'étaleront sur une grande

La laie porte une attention constante à sa progéniture. Gare à l'intrus qui importunerait un marcassin !

partie de l'année, de janvier à la fin de l'été. On n'a jamais observé de laie effectuant 3 portées annuelles. Un milieu riche favorise la croissance de l'animal, donc la précocité sexuelle. Une laie ne peut entrer en gestation si elle ne pèse pas au moins 30 à 35 kg.

Or, dans certaines circonstances exceptionnelles, des bêtes rousses qui atteignent ce poids sont en mesure de procréer. La maturité sexuelle est atteinte à 8-12 mois chez le mâle (bien qu'il soit encore incapable d'affronter un grand solitaire pour s'approprier le contrôle d'un harem), et en moyenne à 18-20 mois chez la femelle.

La durée de gestation est de 3 mois, 3 semaines et 3 jours. Peu avant la mise bas, la laie quitte la compagnie et s'isole dans un endroit paisible. Fougères, herbes rases et feuillages formeront la litière, tandis que des branchages constitueront le toit. Elle met ensuite au monde 2 à 10 marcassins (selon l'âge et le poids de l'animal). Les petits resteront 4 à 6 jours dans le chaudron, avant de s'aventurer à l'extérieur. Au bout d'une vingtaine de jours, ils accompagnent leur mère dans tous ses déplacements. La laie rejoint alors la compagnie. Les marcassins sont sevrés à l'âge de 3 ou 4 mois.

Comportement

Le regretté Heinz Meynhart, qui a consacré son existence à l'étude de la biologie et de l'éthologie du sanglier, affirmait que cet animal supérieurement intelligent présentait bien des similitudes comportementales avec le chien, notamment en ce qui concerne les rapports affectifs qu'il peut nouer avec l'homme. C'est pourtant sa méfiance instinctive de l'homme qui incite le sanglier à adopter un mode de vie nocturne, préférant se reposer le jour dans une bauge au plus profond des fourrés.

L'organisation sociale

La structure de base, de type matriarcal, s'appelle la compagnie. Elle est composée d'une laie adulte, accompagnée de sa portée de l'année, et des jeunes issus de la mise bas précédente (bêtes de compagnie ou bêtes rousses).

Plusieurs de ces cellules familiales peuvent se rassembler pour former des bandes de 15 à 20 individus, composées de 3 à 4 femelles suitées.

Dans ce cas, une hiérarchie s'installe au sein des laies. La plus vieille, qui est la plus prudente et la plus expérimentée, occupe une place dominante au sein du groupe, menant la bande, et en assurant la cohésion.

Son rôle social, essentiel, lui vaut la dénomination de laie meneuse. Qu'elle soit abattue, et toute l'organisation sociale s'en trouve ébranlée. La compagnie sera désorientée jusqu'à ce qu'une nouvelle laie affirme sa domination. Deux laies de même force ne se rencontrent jamais dans la même compagnie, qui peut être suivie par un ragot en dehors de la période du rut, époque à laquelle le malheureux serait évincé par un mâle dominant. La laie meneuse abandonne la compagnie quelques jours avant la mise bas, pour la retrouver 2 à 3 semaines après la naissance de sa progéniture.

Durant cette période, les bêtes rousses, bêtes de compagnie et laies non gestantes forment des groupes satellites qui errent sans but précis. Après les avoir rejoints, la laie peut encore se montrer agressive durant toute la période d'allaitement des marcassins.

Les mâles, quant à eux, sont évincés de la compagnie, dès l'âge de 1 an à 18 mois, par un solitaire dominant, durant la période du rut. Ils forment alors de petits groupes instables, rejoignant parfois des aînés de l'année précédente encore incapables d'imposer leur présence face à un solitaire dominant. Ils peuvent graviter autour des compagnies.

A partir de 5 ans, le mâle fuit la présence de ses congénères.

Les déplacements

Le sanglier a longtemps eu la réputation d'être un nomade qui vagabonde d'une région à l'autre au gré de sa fantaisie.

Cette affirmation est aujourd'hui dénuée de tout fondement : on sait en effet, grâce à des études de radiotélémétrie très poussées, que les sangliers (et plus particulièrement les compagnies) ont tendance à se sédentariser lorsque le biotope comble leurs exigences (l'absence d'eau se révélant être un facteur limitant).

Toutefois, les mâles adultes sont souvent plus erratiques, effectuant parfois, en dehors de la saison de reproduction, des déplacements de 30 à 40 km en une nuit (voire 80 km). Il n'en demeure pas moins que sur des territoires étudiés par l'O.N.C., 90 % des animaux marqués puis relâchés sur un certain secteur ont été abattus par des chasseurs, deux ans après, dans un rayon inférieur à 10 km. Les sangliers ne deviennent vraiment erratiques que lorsque les conditions leur sont défavorables : absence de nourriture, dérangements trop fréquents, pression de chasse intolérable, intempéries.

Les groupes matriarcaux sont très fidèles à leurs habitudes. Ils effectuent des circuits nocturnes de 5 à 8 km, regagnant au petit jour 1 à 2 remises précises. Ils occupent un domaine vital dont la superficie est comprise entre 500 et 2 000 ha. Les mâles effectuent des trajets plus longs au cours de leurs randonnées nocturnes, de l'ordre de 15 à 20 km. Les emplacements des bauges occupées le jour sont plus irréguliers. Leur territoire est également plus vaste, de l'ordre de 1 200 à 10 000 ha.

Les systèmes de communication

Les sangliers utilisent pour communiquer et pour se reconnaître au sein du groupe un véritable langage, établi sous forme de couinements (chez le marcassin), de cris, de gémissements, de soufflements, de grognements qui constituent autant de signaux. La fureur est exprimée par des claquements de dents très audibles. Le port de la vrille constitue un signal visuel important. Chacun des membres d'une compagnie est responsable de la détection d'un péril, y compris le marcassin.

Si un individu remarque un danger, il alerte ses congénères et fuit. La laie meneuse, lorsqu'elle n'a rien aperçu, s'approche du danger présumé, la queue droite, prenant le vent en dressant le groin. Si elle ne perçoit rien d'anormal, elle rejoint le groupe en remuant la queue. Dans le cas contraire, elle s'enfuit en poussant un cri d'alerte, la queue droite, provoquant la débandade de ses congénères.

LES ORGANES DES SENS

Le plus sophistiqué est sans doute l'odorat, très développé, qui vaut bien celui d'un chien d'arrêt. Le sanglier peut détecter à bon vent toute présence humaine jusqu'à 300 m. Cette «finesse de groin» l'aide dans sa quête de nourriture. Il peut détecter n'importe quelle menue proie animale, et racines ou tubercules à plusieurs dizaines de centimètres sous terre.

Son ouïe est également très aiguisée : il décèle à plus de 100 m le moindre bruit anormal, le plus petit craquement de branche grâce au développement particulier de ses oreilles mobiles, nommées à juste titre «écoutes».

Sa vue, médiocre, n'est pas un réel handicap lorsqu'on connaît le développement de ses autres sens. S'il identifie mal un objet immobile, il distingue toutefois tout mouvement insolite et parvient à différencier certaines couleurs, reconnaissant les teintes vives ou neutres.

Lorsqu'une épaisse couche de neige recouvre le sol, le sanglier éprouve des difficultés dans la recherche de sa nourriture. Il peut perdre alors momentanément son habitude de retourner les mottes de terre pour se consacrer au broutage des végétaux semi-ligneux tels que la ronce.

Les indices de présence du sanglier

Le sanglier laisse de nombreux indices de sa présence, que l'on peut détecter avec un peu d'habitude.

Les empreintes

Caractéristiques, elles montrent les doigts qui apparaissent nettement sur le sol : les pinces, situées à l'avant, et les gardes, sabots rudimentaires marquant en arrière. Leur écartement peut donner une indication quant au sexe de l'animal : des gardes resserrées appartiennent à une femelle ; largement écartées, elles signalent un mâle. Un grand vieux sanglier montre des gardes très écartées, des pinces longues et arrondies. La taille d'une empreinte varie de 5 à 8 cm.

La voie

L'écartement entre les pas est de 10 à 20 cm chez le mâle, 10 à 15 cm chez la femelle, 5 à 10 cm chez le jeune. Lorsqu'il se déplace à allure lente ou modérée, l'empreinte postérieure du sanglier se pose dans l'antérieure, les pinces légèrement tournées vers l'extérieur. Chez la laie, en revanche, les pinces sont orientées en dedans.

La souille

Il s'agit d'une cuvette humide dans laquelle le sanglier se vautre pour favoriser sa régulation thermique interne (comme de nombreux mammifères, il ne transpire pas). Il se frotte ensuite contre un arbre pour éliminer la boue qui le recouvre et, par la même occasion, la vermine qui l'incommode. Il peut également prendre ces bains de boue lorsque, blessé, il tente de stopper une hémorragie. Il existe des souilles utilisées régulièrement, car maintenues humides ou en eau en permanence, et situées près des lieux de remise des animaux. D'autres ne sont utilisées qu'occasionnellement par des animaux de passage, lorsqu'elles ne sont pas asséchées.

La bauge

Cette dépression aménagée au sol, toujours dans un endroit sec et abrité du vent, est située au plus profond des fourrés, là où le sanglier se sent en sécurité. Les bauges régulièrement fréquentées sont parfois recouvertes d'un douillet tapis d'herbe sèche. On les reconnaît à l'odeur forte laissée par l'animal.

Les traces de fouilles

Lorsqu'il recherche des vers blancs et autres insectes dans les couches superficielles du sol, le sanglier trace des sillons en zigzag, profonds d'environ 10 cm : ce sont les vermillis. S'il a senti la présence de tubercules enterrés profondément, il creuse de larges excavations dont la profondeur peut atteindre 30 à 50 cm : les boutis.

Les laissées

Ce sont les excréments du sanglier, longs de 10 cm environ, formés de plusieurs éléments agglomérés, d'une couleur sombre.

GESTION-AMÉNAGEMENTS

Classé nuisible dans de nombreux départements (environ 60), le sanglier a longtemps été chassé sans discernement.

Cette pression cynégétique aveugle a conduit à une réduction alarmante des effectifs en de nombreuses régions où il abondait autrefois. L'idée de gérer les populations de sangliers et d'appliquer des plans de tir aussi bien qualitatifs que quantitatifs commence à faire son chemin. Dans certaines régions, l'animal est soumis à un plan de chasse : chaque sanglier prélevé est doté d'une bague.

L'estimation des cheptels

Un comptage précis est tout à fait impossible, pour plusieurs raisons. Le sanglier, étant donné ses mœurs nocturnes, passe inaperçu durant la journée. Le principe de la battue à blanc, destinée à évaluer la densité du cheptel, est exclu : le sanglier, qui tient à sa quiétude, pourrait se décantonner suite à ce dérangement.

De plus, une telle méthode nécessiterait l'usage de chiens de petit pied pour aller déloger l'animal à la bauge, située généralement dans un repaire inexpugnable. Seule la bonne connaissance du territoire, des indices laissés par les animaux (empreintes, boutis, vermillis) permet d'apprécier avec une relative précision la population présente, en tenant compte des allées et venues de mâles erratiques, donc éliminés des comptages destinés à établir le plan de chasse.

Le calcul des prélèvements

Le taux d'accroissement d'une population est de 50 à 300 % des effectifs de femelles présentes avant les naissances. Il dépend de la reproduction, liée à l'âge moyen des laies et aux ressources alimentaires disponibles, et du taux de survie des marcassins (les petits venant au monde en janvier peuvent souffrir cruellement d'un enneigement prolongé ; les marcassins qui naissent en mai-juin supportant mal les périodes de fortes précipitations).

De nombreuses observations tendent à prouver que l'âge moyen des sangliers est beaucoup trop bas.

Une population est composée en moyenne de 60 % d'animaux âgés de 1 an, de 25 % âgés de 2 ans, et seulement de 10 % âgés de 3 ans et plus ! Lorsqu'on sait que la production de jeunes dépend de l'âge et du poids de la laie, que les meilleurs reproducteurs ont au moins 2 à 3 ans, on comprend mieux l'intérêt d'appliquer un plan de tir qualitatif, préservant certaines classes d'âge.

Si l'on souhaite stabiliser ou augmenter la population, le tir des jeunes doit être prioritaire, selon les pourcentages suivants : 80 % de bêtes rousses (tous sangliers dont le poids est inférieur à 50 kg) ; 10 % de bêtes de compagnie, âgées de 1 à 2 ans et dont le poids atteint 60 à 70 kg ; 10 % d'adultes âgés de plus de 3 ans. Il est important de ne pas prélever plus de 50 % des effectifs estimés avant l'ouverture, les années de mauvaise reproduction. Certaines sociétés établissent un système de points attribués par classe d'âge, qui correspond au nombre total d'animaux à tuer.

Un seul point peut être attribué à une bête rousse, 2 à une bête de compagnie ou un adulte mâle, 3 à une laie adulte. Si la société ne s'est attribué pour sa saison que 3 points, elle ne pourra tirer que 1 laie, ou 3 bêtes rousses, ou encore 1 bête de compagnie et 2 bêtes rousses. En raison du caractère craintif du sanglier, il est important de limiter les jours de battue «à cor et à cri» qui perturbent le gibier.

Une bonne gestion peut permettre un redressement spectaculaire des effectifs. Il est de loin préférable (et coûte moins cher !) aux opérations de repeuplement (interdites dans les départements où l'espèce est classée nuisible), souvent à base de sujets d'élevage, aux origines douteuses, dont les caractéristiques sont plus proches de celles des cochons que des vrais sangliers sauvages.

Retenir les sangliers sur un territoire

Le chasseur qui a la chance de posséder un cheptel de sangliers sur son territoire doit tout mettre en œuvre pour le retenir, tout en maintenant une densité compatible avec les intérêts agricoles et forestiers.

Plusieurs aménagements spécifiques peuvent être proposés.

Le traitement de la forêt

• Le sanglier recherche des zones fourrées où il établit sa bauge. Un réseau de taillis recépés, tous les 10 ans, de jeunes coupes doit donc être entretenu et disséminé judicieusement dans le massif forestier.

Pouvant à l'occasion servir de zones de gagnage, ces parcelles doivent être réparties de manière à éviter de trop fortes concentrations d'animaux.

• Conserver des vides qui peuvent être exploités en prairies ou en cultures à gibier. Ces places ensoleillées favorisent la pousse des plantes herbacées et semi-ligneuses (ronce, myrtille, framboisier) appréciées du sanglier et des autres grands gibiers.

• Conserver lors des coupes tous les arbres fruitiers (merisiers, pommiers sauvages) qui favorisent une nourriture d'appoint très appétante.

• Privilégier le peuplement en feuillus : le chêne fournit les glands, le hêtre les faines.

• Interdire la circulation de véhicules dans le massif en barrant les allées forestières. Le sanglier a besoin de quiétude.

• Tenir tous les chiens en laisse.

Créer un réseau de prairies temporaires ou permanentes

Les prairies pourront être mises en place après défrichement de certaines zones, ou plus simplement sous les emprises de lignes électriques, sur les pare-feux, dans les éclaircies et trouées naturelles.

Il est préférable de multiplier ces sites privilégiés en petites parcelles de 0,5 ha, plutôt que de créer un nombre réduit d'unités à grande surface.

Les prairies peuvent être semées en graminées (dactyle, fleole, ray grass) ou en légumineuses (trèfle violet, luzerne).

La culture de la luzerne, intéressante, nécessite peu d'entretien. De plus, elle attire un grand nombre de micro-mammifères dont se régale le sanglier.

Il suffit d'observer la boue séchée qui macule la base lisse de ces troncs de chênes pour constater que la souille est régulièrement fréquentée.

Entretenir un réseau de points d'eau

La présence d'eau est essentielle, afin que le sanglier puisse s'abreuver et se souiller. Il est important de conserver tous les points d'eau, voire d'en créer. Les ornières retenant bien l'eau de pluie doivent être préservées.

Les troncs d'arbres situés à proximité de la souille peuvent être badigeonnés de goudron végétal, dit goudron de Norvège. Le sanglier s'y frottera avec plus de plaisir. Ce goudron favorise la guérison de nombreuses petites atteintes de la peau.

On peut également déverser du Crud-ammoniac dans les souilles, afin d'inciter les animaux à s'y vautrer.

Mise en place de cultures à gibier

Les cultures à gibier ne sont pas seulement destinées à favoriser le cantonnement du sanglier en lui fournissant un complément alimentaire appréciable : elles dissuadent également l'animal de commettre des dégâts dans les cultures environnantes. Pour remplir ce dernier rôle, elles doivent donc être au moins aussi attractives !

Les cultures à gibier ont une superficie d'environ 1,5 ha. Elles sont établies dans des sites éloignés de toute source de dérangement et situées à proximité des remises des animaux.

De nombreuses plantes cultivées sont appréciées du sanglier : maïs (que l'on peut coucher et enfouir une fois qu'il est parvenu à maturité, afin d'inciter le sanglier à passer du temps à la recherche de sa nourriture), sorgho, chou fourrager, féverole, topinambour, pomme de terre, betterave.

L'agrainage

Il a pour objet de fixer le sanglier, de limiter ses déprédations, d'apporter un complément alimentaire hivernal. Il aide l'animal à développer sa couche de lard (sain) avant les rigueurs hivernales.

Le circuit d'agrainage

Il est établi parallèlement aux lisières des cultures appétantes pour le sanglier, à une distance de 300 à 600 m à l'intérieur du bois. 40 kg de maïs/km sont épandus à la main, ou mieux, à l'aide d'un épandeur à engrais rotatif attelé derrière un tracteur. Il est préférable d'épandre le maïs le soir et à l'intérieur des fourrés, de manière à éviter que les oiseaux en consomment trop.

• L'agrainage en fût de 200 litres, cylindrique, percé de fentes : en poussant le bidon du groin, le sanglier fait tomber le grain. Les fûts sont installés à proximité des remises de sangliers.

• L'agrainage automatique : il se présente souvent sous la forme de poubelles en plastique, suspendues, chacune étant munie d'une minuterie qui distribue le grain, régulièrement et en petites quantités (10 kg par jour environ).

Apport de fruits et de tubercules

Pommes, betteraves sucrières, pommes de terre sont distribuées à proximité des remises. Il est bon de prévoir une place d'affouragement de ce type, qui accompagne le système d'agrainoir automatique, tous les 100 ha environ.

On évite ainsi l'établissement de rapports de concurrence alimentaire entre les compagnies.

Pour les cantonner sur un territoire précis et éviter qu'ils ne commettent des dégâts sur les cultures, il est bon d'apporter une nourriture d'appoint aux sangliers. La photo illustre ici un distributeur automatique de grains de maïs, dont le fonctionnement est simple : le récipient est formé d'une poubelle suspendue complétée par un système de minuterie fonctionnant à l'aide d'une batterie de voiture.

Le chevreuil

Écosse

Chasse très sportive, qui s'exerce dans le cadre incomparable des landes écossaises du 1er avril au 20 octobre, uniquement à l'approche.

Autriche

Dans ce pays de haute tradition cynégétique, il est possible de chasser le chevreuil, uniquement à l'approche, du 16 mai au 15 octobre. La meilleure période se situe pendant le rut, en juillet-août. 4 jours de chasse reviennent à environ 6 000-7 000 F.
Les taxes d'abattage, fixées par chaque propriétaire, varient de 2 000 à 7 000 F.

Bulgarie

Le chevreuil est chassé à la pirsch ou au mirador, avec l'aide d'un guide spécialisé, du 1er mai au 31 octobre. Le week-end revient à 6 000-9 000 F. La taxe d'abattage est de 2 000 F environ pour un animal pesant jusqu'à 450 kg, et de 3 400 F au-delà.

Roumanie

Le chevreuil est chassé à l'approche avec un garde, du 15 mai au 31 octobre. Les taxes d'abattage sont établies selon un barème compliqué. Elles varient de 600 à 23 000 F.

Le cerf

Irlande

Il est possible d'y chasser à l'approche le cerf sika, du 1er septembre au 28 février.

Écosse

La meilleure période pour chasser le cerf à l'approche, dans les landes écossaises, se situe à l'époque du brame, en septembre-octobre. La chasse est ouverte du 1er juillet au 20 octobre. Elle est très «physique» et exige de longues heures de marche.
Selon la qualité du trophée, la taxe d'abattage a été fixée entre 6 000 et 10 000 F.

Autriche

Le cerf est chassé à l'approche ou au mirador, du 1er avril au 15 janvier. Le guide qui accompagne chaque chasseur exige une discipline sans faille de la part de son client, qui doit effectuer un tir test sur cible à 100 mètres. Tout trophée récolté n'est rendu à son propriétaire qu'après l'exposition annuelle qui a lieu au mois de mars. Il est conseillé de réserver à l'avance sa chasse, chaque propriétaire disposant d'un quota limité de sujets à prélever.
4 jours de chasse reviennent à environ 9 000 F. La taxe d'abattage, établie selon le poids du trophée, varie de 11 500 à 28 750 F.

Bulgarie-Hongrie

De très nombreuses médailles d'or sont récoltées chaque année en Hongrie, concernant des trophées qui dépassent les 240 point C.I.C. (cotation internationale).
La chasse, pratiquée à l'affût et à l'approche, est autorisée du 1er septembre au 31 janvier.
La taxe d'abattage est établie selon le poids du trophée.
Elle varie de 13 600 (7 à 9 kg) à 153 000 F pour les trophées capitaux.

DANS LE MONDE

Roumanie

On chasse surtout le cerf à l'approche, du 1er septembre au 30 novembre. Un coup manqué est pénalisé à 1 000 F environ. Selon le poids du trophée, qui varie de 3 kg à 12 kg et au-delà, les taxes d'abattage sont comprises entre 3 000 et 46 500 F.

Le sanglier

Maroc

Il est possible d'y chasser le sanglier entre le 29 septembre et le 8 mars. Considérée comme nuisible par les agriculteurs, notamment lorsqu'elle éventre littéralement les terrasses, la bête noire, abondante, est activement pourchassée, en battue et à l'affût près des cultures ou au point d'eau. Passer par une agence spécialisée revient à environ 10 000 F pour un week-end de chasse. La taxe d'abattage est de 50 F pour un animal pesant jusqu'à 100 kg, 1 000 F au-delà. L'importation d'armes rayées est interdite.

Tunisie

Le sanglier est chassé du 25 octobre au 25 février, uniquement en battue (l'approche ne peut être pratiquée car l'utilisation d'armes rayées est interdite), par groupes de 5 à 8 chasseurs. Le poids moyen de l'espèce (*Sus scrofa lylicus*) est de 70 kg, avec des records atteignant 130 kg.
Les traques sont effectuées dans des forêts de chênes verts, à l'aide de meutes conséquentes (15 à 30 chiens). Un week-end revient à environ 5 500 F par le biais d'un tour operator, la taxe d'abattage étant fixée à 600 F par tête.

Algérie

Peu d'organismes spécialisés y sont implantés. Pourtant, le sanglier, parfois de fort belle taille, est abondant. J'ai personnellement chassé chez un ami qui possédait une meute de Teckels à poil dur dans la région de Tipazan. 6 à 10 sangliers étaient tués à chaque battue, dont des spécimens dépassant les 100 kg.

Bulgarie

Le pays détient le record du monde du plus gros sanglier. L'animal, tiré en 1988, pesait 396 kg. Les défenses ont été estimées à 158,20 points C.I.C.
Le gibier est chassé en petites battues silencieuses (Drücken), ou à l'affût. C'est d'ailleurs en pratiquant cette méthode par temps de neige, l'hiver, qu'on peut espérer tirer les plus gros spécimens. Une taxe d'abattage est prévue, estimée selon la longueur des défenses. Elle varie de 1 800 à 11 000 F.

Roumanie

La bête noire est chassée à l'approche, à l'affût ou au mirador, et en battue du 1er octobre au 15 février.
Un week-end de chasse revient à environ 7 500 F par le biais d'une agence spécialisée. La taxe d'abattage, différente selon qu'on pratique à l'affût ou en battue, est comprise entre 1 500 et 15 000 F.

Le gibier de montagne

L'application du plan de tir obligatoire sur le chamois va certainement favoriser son retour en force dans nos massifs montagneux. Le petit gibier de montagne paie un lourd tribu aux aménagements d'infrastructures touristiques et au développement de l'agriculture. La surcharge des pâturages, les câbles de téléskis et de télécabines, le dérangement occasionné par l'aménagement de sentiers de randonnée et de routes forestières constituent des menaces très graves qui risquent fort, si aucune action d'envergure n'est envisagée, d'éradiquer totalement et définitivement des animaux aussi prestigieux que le tétras, le lagopède ou la perdrix bartavelle. La situation de l'ours, qui a été le premier à supporter (mal !) cette dure loi du progrès, devrait pourtant nous faire réfléchir !

Le lagopède des Alpes

Lagopus mutus

Fam. : Tétraonidés

Un skieur progresse à flanc de montagne, traçant son itinéraire à travers la neige épaisse. Seul le bruit soyeux des peaux de phoque glissant sur la poudreuse trouble le silence des lieux. Soudain, le manteau neigeux semble se disloquer sous les pas de l'homme. Un instant, il pense être englouti dans une crevasse, alors qu'éclate autour de lui une compagnie de merveilleux oiseaux blancs : des lagopèdes, qui avaient fui le froid en s'enfouissant sous la neige !

CHASSER LE LAGOPÈDE

La chasse du lagopède exige une grande endurance et une parfaite connaissance de la montagne. Elle se déroule à haute altitude, entre 2 000 et 3 000 m, parmi les zones d'éboulis et les pierriers. Le lagopède est un fantastique piéteur qui se laisse rarement arrêter et se défile avec habileté «à pattes» parmi des blocs rocheux. Le chasseur de lagopède, comme tous les montagnards qui s'intéressent au petit gibier, n'est pas un amateur de «tableaux». Seule compte pour lui la progression dans un cadre incomparable, en nourrissant l'espoir de parvenir à «voler» aux hauts sommets l'un de ses habitants les plus secrets. La chasse du lagopède semble plus aisée dans les Pyrénées que dans les massifs alpins, en raison de la configuration du terrain, et elle y est donc plus pratiquée, au chien d'arrêt. Les réactions de l'oiseau sont tout à fait imprévisibles. Il peut montrer tantôt une grande hardiesse dictée par la curiosité, tantôt une méfiance instinctive qui le rend inabordable, piétant à grande distance devant le chien en refusant de se laisser bloquer.

Les cartouches sont chargées en plombs n°s 6 et 7. Certains spécialistes affirment que le tir est moins difficile que celui du coq noir ou de la bartavelle, l'oiseau effectuant d'abord un vol latéral parallèle au relief avant de plonger dans la pente.

La grouse

Lagopus lagopus scoticus

La grouse est le gibier national en Grande-Bretagne. Il s'agit d'un lagopède, apparenté au lagopède des saules, qui conserve le même plumage toute l'année en raison de son isolement géographique. L'oiseau est en effet confiné aux îles Britanniques, qui connaissent un climat tempéré et humide.

La race locale *Lagopus lagopus hibernicus* a été décrite en Irlande. Le plumage hivernal du mâle et de la femelle est identique l'hiver, brun-roux rayé de noir. Les pattes sont blanches. La femelle est plus claire en plumage estival. Le mâle porte durant cette période un caroncule rouge bien visible au-dessus de chaque œil. La grouse ne présente jamais de blanc aux ailes. Son vol ressemble à celui d'une perdrix grise, où alternent des séries de battements d'ailes courts et rapides, et de longs glissés. L'oiseau peut couvrir d'une traite 2 à 3 km. On rencontre la grouse à partir du niveau de la mer jusqu'à une altitude maximum de 1 000 m, uniquement dans les grandes landes à bruyère ou «moors» dont elle dépend totalement. Elle y niche, y recherche sa pitance constituée des feuilles, des fleurs et des bourgeons de la plante. Cette spécialisation explique les échecs enregistrés lors des tentatives d'introduction qui ont lieu en Europe (en France particulièrement), sur des sites où la bruyère n'était pas suffisamment présente. En Grande-Bretagne (notamment l'Écosse), les moors sont des milieux artificiels créés par le surpâturage, la déforestation et les incendies. Ils sont aujourd'hui entretenus par brûlage régulier pour préserver les populations de grouses, gibier très recherché et apprécié. On note de fortes variations dans les taux de reproduction, selon l'année, dues à la qualité de la nourriture au printemps et aux conditions climatiques. Ce n'est qu'à partir du mois de juin que l'on connaîtra avec exactitude l'importance des populations qui seront présentes à l'ouverture, en fonction de la production de jeunes estimée.

La grouse est chassée du 12 août au 10 décembre, en battue (elle offre alors un tir très difficile pour le chasseur posté, dissimulé dans un «butt»), ou devant soi au chien d'arrêt.

BIOLOGIE-ÉCOLOGIE DU LAGOPÈDE DES ALPES

Description

Ce magnifique gallinacé présente la particularité de subir plusieurs mues qui rendent son plumage mimétique en toute saison.

Selon de nombreux auteurs, son poids varierait de 350 à 600 g. Fions-nous aux observations du docteur Couturier qui pesait systématiquement ses victimes et avait établi une moyenne de poids de 428 g pour le mâle (maxi 515 g) et 401 g pour la femelle (maxi 471 g), et estimait que l'oiseau est légèrement plus lourd au cours de la mauvaise saison que l'été.

Son appellation latine signifie «patte de lièvre». De longues plumes recouvrent en effet la sole plantaire, isolant les pattes du froid et améliorant la portance dans la neige poudreuse.

Ses trois mues seraient non seulement destinées à lui assurer le plus parfait des mimétismes, lui permettant d'échapper à l'œil acéré des prédateurs, mais représenteraient également une adaptation aux difficiles conditions climatiques régnant en haute montagne. En effet, le plumage blanc emmagasine la chaleur. De plus, il est très épais, d'où une bonne isolation contre le froid. Voilà pourquoi l'oiseau, dont le plumage estival est brun-roux tacheté de noir, devient, à partir de septembre, gris et brun-roux bariolé de blanc, puis blanc immaculé fin octobre. Seules la queue et une petite tache allant du bec à l'arrière de l'œil demeurent sombres. Au printemps, il subit à nouveau une mue, et acquiert son plumage intermédiaire, puis son plumage estival.

Habitat

Le lagopède vit dans les Alpes et les Pyrénées, au-dessus de la limite supérieure des arbres, entre 2 000 et 3 000 m selon la saison. Certains oiseaux ont été observés au-delà de 3 600 m. Il s'agit donc d'un gibier fréquentant les biotopes situés aux plus hautes altitudes. L'été, il occupe l'étage nival ; on le rencontre sur les moraines, les glaciers, parmi les éboulis et les pierriers, toujours ou presque sur des versants orientés au nord. L'hiver, il occupe un territoire restreint, fuyant le vent et le froid en s'abritant, par petites compagnies, derrière un rocher, ou à l'intérieur de galeries individuelles creusées dans la neige.

Régime alimentaire

Durant l'hiver, le lagopède se nourrit surtout de pousses et de bourgeons de myrtille, de rhododendron ou de saule nain, qu'il atteint en grattant la neige jusqu'à une profondeur de 30 cm. L'été, il consomme une grande variété de plantes herbacées des alpages (saxifrages, potentilles, renouées, graminées), ainsi que divers invertébrés (insectes, araignées) qui constituent la base du régime alimentaire du poussin.

Reproduction

Les groupes hivernaux, qui comportent 5 à 10 individus, se disloquent au début du printemps. Les lagopèdes forment alors des couples qui s'attribuent un territoire d'une dizaine d'hectares entre mars et mai, défendu par le mâle, monogame, contre des rivaux éventuels. Les combats entre mâles sont toutefois très rares.

C'est sur cette surface qu'auront lieu les parades. Les oiseaux pavanent, font la roue et de mâle, mobile et volubile, croasse, effectuant de nombreux petits vols au ras des pentes. Le nid est installé dans une excavation creusée dans le sol, puis aménagée sommairement sous un arbrisseau avec espace découvert, entre des blocs rocheux. La femelle y dépose 6 à 8 œufs tachetés dont elle assure seule l'incubation qui dure 21 à 23 jours. Les poussins, nidifuges, suivent leur mère quelques heures après la naissance. Le mâle abandonne alors le groupe familial, qui restera uni jusqu'à l'automne.

Répartition

Le lagopède des Alpes, habitant typique des régions arctiques, réside au nord de l'Europe. Seuls des îlots relictuels sont présents dans nos montagnes. *Lagopus mutus pyrenaicus* est isolé dans les Pyrénées.

La grouse habite l'ouest et le nord de la Grande-Bretagne, l'Irlande, les archipels des Orcades et des Hébrides intérieures.

GESTION-AMÉNAGEMENTS

Ce gibier, vivant dans des biotopes inaccessibles, ne fait pas l'objet d'études suivies et poussées. Il n'est connu que par quelques rares spécialistes qui savent où l'observer, afin d'estimer ses effectifs très dispersés. Le lagopède est surtout menacé, comme tous les gibiers de montagne, par le dérangement et les infrastructures touristiques.

Chaque année, ses populations payent un lourd tribut à l'aménagement des stations de ski alpin, raccordées d'une crête à l'autre. Le ski hors piste leur fait fuir des zones qui constituaient pour eux des refuges.

Enfin, les avalanches déclenchées artificiellement par des tirs de mine ensevelissent des compagnies entières enfouies dans leurs galeries individuelles sous des mètres de neige, dont elles restent prisonnières.

Le petit tétras ou tétras-lyre

Tetrao (Lyrurus) tetrix

Fam. : Tétraonidés

Tels des gladiateurs, deux «coqs noirs» s'affrontent dans l'arène, en une joute irréelle. Les sauts verticaux qui succèdent aux claquements d'ailes forment un étrange ballet exécuté par les mâles de tétras-lyre, pris d'une véritable frénésie dictée par le besoin de conquérir un harem.

CHASSER LE PETIT TÉTRAS

Ailes écartées, plumage gonflé, le tétras-lyre entame une parade nuptiale au cours de laquelle les combats entre mâles ne sont pas rares.

Cette chasse exaltante est l'une des plus belles qu'on puisse rêver de pratiquer lorsqu'on se consacre à la quête du petit gibier sédentaire. La beauté de l'oiseau, l'environnement où se déroule l'action de chasse, les efforts exigés, la difficulté de tir, font de cette pratique un summum de l'art cynégétique.

La réglementation actuelle interdit le tir de printemps des oiseaux au chant. Seul le coq maillé peut être prélevé, du jeudi suivant le 15 septembre au 11 novembre. La chasse par temps de neige est prohibée.

La chasse du tétras-lyre, nommé coq noir par ses adeptes, n'est guère pratiquée qu'au chien d'arrêt. Le chasseur dispose souvent de deux auxiliaires qui effectuent une quête croisée, battant ainsi plus de terrain. Il est important de disposer de races adaptées à la nature du terrain et au travail qu'on attend d'eux : les chiens de grande quête, tels que le Pointer ou le Setter Anglais, semblent le mieux convenir. Très résistants, ils disposent d'une finesse de nez indispensable pour percevoir les effluves légers d'oiseaux sur un terrain sec ou rocailleux. Leur quête étendue favorise la prospection de vastes territoires.

Les meilleures périodes de chasse correspondent aux toutes dernières journées chaudes et ensoleillées de début novembre. Les coqs se laissent plus facilement arrêter en pleine journée, pendant la digestion, camouflés dans la végétation buissonnante, ou aux premières lueurs de l'aube.

Le tir de l'oiseau est très difficile. Après un envol qui surprend le tireur, il plonge très vite dans la pente. Si le coq a perçu la présence du chasseur, il peut remonter le relief au lieu de gagner la vallée. Il sait utiliser à merveille la configuration du terrain pour échapper dès que possible à la vue du tireur. C'est un remarquable piéteur, qui se déplace à vive allure, notamment en paysage ouvert lorsqu'on le surprend dans les prairies rases d'altitude. Désailé, il peut s'enfuir à grande vitesse dans la pente : l'oiseau est perdu si on ne dispose pas d'un excellent chien.

Les longues randonnées à travers un terrain difficile exigent une arme légère et maniable. Certains chasseurs utilisent à cet effet un calibre 20, bien suffisant pour basculer un coq à distance raisonnable. Les numéros de plombs communément utilisés sont le 7 et le 5.

BIOLOGIE-ÉCOLOGIE DU PETIT TÉTRAS

Dans le crépuscule qui s'installe, un coq de tétras-lyre continue son chant nuptial pour marquer son territoire et défier ses adversaires.

Description

L'espèce présente un dimorphisme sexuel très net, visible au niveau des dimensions et des coloris du plumage. Le mâle a une longueur de 60 cm (46 cm chez la femelle) et un poids de 1 500 g (1 100 g pour la femelle).

Il est surtout reconnaissable à la forme de sa queue, qui lui a valu son appellation : en effet, 3 plumes caudales se retournent vers l'extérieur de part et d'autre de l'oiseau, adoptant l'apparence d'une lyre. Le plumage, noir, montre de beaux reflets brillants couleur bleu nuit. Seules les 2 bandes alaires et les sous-caudales, blanches, tranchent sur cet ensemble sombre. Au printemps, l'oiseau porte une caroncule rouge vif au-dessus de chaque œil, bien visible. Ces 2 protubérances enflent à un tel point qu'elles se rejoignent au sommet du crâne à l'époque des parades. Dès l'automne, les caroncules sont réduites à de simples marques.

Le plumage de la femelle, roussâtre, est beaucoup plus terne.

Habitat

En France, le tétras-lyre n'est guère présent que dans les Alpes. Selon la saison, on le rencontre entre 1 000 et 2 500 m d'altitude. Cet oiseau plutôt forestier apprécie les versants frais et humides, orientés au nord. En forêt, il est présent dans des peuplements mixtes composés de feuillus et de résineux, entrecoupés de clairières ensoleillées pourvues d'un couvert herbacé et buissonnant (airelles, myrtilles...) abondant. Il recherche également des places sablonneuses pour y prendre ses bains de poussière.

A la faveur de la belle saison, il n'hésite pas à gagner la limite supérieure des arbres. Il occupe alors des versants couverts d'une végétation rabougrie et buissonnante (rhododendrons), qui alternent avec des pelouses où apparaissent des affleurements rocheux. Dans le nord et l'est de l'Europe, c'est un oiseau de plaine et surtout de tourbières boisées (saules, aulnes, bouleaux, pins épicéas).

Il est présent en Scandinavie, Écosse et U.R.S.S.

Régime alimentaire

Il est adapté en fonction du lieu où il vit, qui est conditionné par la saison. Durant tout l'hiver, il se nourrit d'aiguilles de résineux, de bourgeons, d'écorces, de mousse, de lichen ou d'herbe desséchée. Le printemps venu, il consomme des chatons de saule et de jeunes pousses. Au cours de la saison estivale et durant tout l'automne, il se régale de fruits et de baies sauvages. Il ne dédaigne pas, durant la période de reproduction, les invertébrés (vers, mollusques, insectes) qui constituent la nourriture de base des poussins.

Reproduction

Elle débute par des parades spectaculaires qui donnent lieu à de grands rassemblements d'oiseaux en altitude, sur des places restreintes nommées «lek», immuables d'une année sur l'autre. Les parades débutent au mois de mai, pouvant se prolonger jusqu'en juin. Dans «l'arène», chaque mâle défend un petit territoire d'environ 100 m² dont il interdit l'accès à tout rival. Qu'un concurrent franchisse les limites de ce domaine et il entreprend alors une parade d'intimidation, exhibant les plumes blanches situées sous la queue et ses grandes caudales en forme de lyre. Il gonfle son plumage de manière à être plus impressionnant, puis écarte les ailes. Si l'intimidation demeure vaine, les deux coqs s'affrontent en un combat, où les sauts verticaux succèdent aux claquements d'ailes. Ils cherchent à s'infliger des coups de bec (sans gravité !), visant mutuellement leurs caroncules. Les femelles seront par la suite fécondées par les vainqueurs. Ces joutes spectaculaires sont très bruyantes, les coqs émettant des cris aigus audibles à plusieurs kilomètres.

La femelle pond au sol, à l'intérieur d'une excavation sommairement aménagée. Le nid se situe généralement à la limite supérieure des arbres, dissimulé au pied d'un mélèze, d'un épicéa, d'une touffe de bruyère ou de rhododendron. La ponte, qui a lieu en juin, comporte 7 à 10 œufs qui incubent en 26 à 28 jours.

Les poussins volent bien à 3 semaines et demeurent avec la mère jusqu'en août ou septembre.

Comportement

Le tétras-lyre est un oiseau sédentaire qui occupe durant toute l'année un territoire d'environ 100 ha. Au cours de la mauvaise saison, dès que la couche de neige dépasse 40 cm, il s'isole du froid nocturne en creusant un tunnel sous la neige. Plusieurs oiseaux peuvent ainsi se côtoyer, situés à quelques mètres les uns des autres. Pendant toute la belle saison, il passe sa nuit branché dans un conifère pour échapper aux prédateurs.

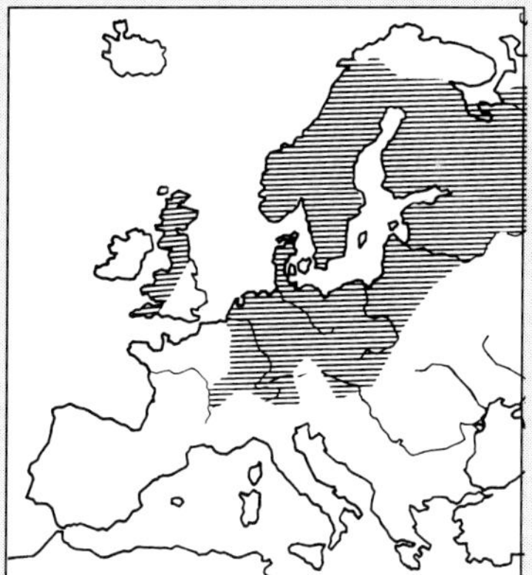

Répartition

En France, le tétras-lyre est présent dans les Alpes, y compris les massifs méridionaux. Ailleurs, il habite tout le nord de l'Europe. Une race particulière *(Tetrao tetrix britannicus)* est présente en Écosse.

GESTION-AMÉNAGEMENTS

Les menaces qui pèsent sur le tétras-lyre

Ses populations sont en régression alarmante sur de nombreux secteurs. Les causes de cette raréfaction ont longtemps été imputées à la chasse. Aujourd'hui, on sait que la pression de chasse n'est pas seule en cause, loin s'en faut ! Des réserves ont été créées pour sauvegarder l'espèce ; elles n'ont abouti à aucun résultat concret, en tout cas pas à une augmentation significative des effectifs, les coqs territoriaux chassant toujours les plus faibles hors des limites de leur territoire. En fait, l'avenir du tétras-lyre est lié à la sauvegarde des biotopes qu'il occupe à chaque période de l'année. Ce sont toutes les agressions subies par le milieu naturel de l'oiseau qui entraînent sa raréfaction.

Les aménagements touristiques

Il s'agit là d'un problème majeur, qui conditionne la survie des petits villages montagnards. Une question essentielle doit être débattue lors de concertations entre élus locaux, sylviculteurs, agriculteurs, scientifiques : faut-il sacrifier l'avenir économique d'une région dont le seul atout est le développement touristique, au profit du coq noir ? Sans tomber dans l'excès, il est envisageable de préserver des sanctuaires de la faune et de la flore montagnarde, en accord avec les intéressés.

Les aménagements les plus dangereux sont les constructions de stations de ski avec l'extension des pistes rejoignant plusieurs vallées en passant par les crêtes. Les plus longs kilométrages de pistes se rencontrent sur les pentes orientées au nord, qui correspondent aux aires d'hivernage des petits tétras. Toutes les zones d'altitude équipées sont désertées. Un téléski qui traverse une place de chant provoque son abandon. Les câbles, sillonnant nos massifs, constituent des pièges contre lesquels les oiseaux s'assomment ou se brisent les ailes.

L'augmentation de la fréquentation humaine engendre une multiplication des dépôts d'ordures qui attirent quantité de prédateurs (corvidés, renards, chiens errants), défavorables au tétras.

L'agriculture et la sylviculture

Le milieu forestier, exploité en plantations serrées, tend à se fermer. Ce nouveau traitement des forêts montagnardes freine le développement d'un couvert herbacé ou arbustif indispensable à l'alimentation de l'oiseau. De plus, l'ouverture de routes forestières constitue une source de désagréments supplémentaires dans des secteurs jusqu'alors inviolés.

Les nouvelles méthodes d'élevage favorisent une concentration importante de bovins et d'ovins qui pâturent sur des sites vitaux pour la nidification. Nids et poussins sont piétinés, les femelles dérangées en permanence. L'appauvrissement du tapis végétal entraîne une raréfaction des insectes, nourriture de base des jeunes tétras.

Le dérangement humain

Il est surtout occasionné, de juin à octobre, par les promeneurs, ramasseurs de champignons ou de baies sauvages, véhicules tout-terrain, chiens non tenus en laisse, mais aussi chasseurs photographes qui perturbent le déroulement des parades pour quelques clichés.

Prédateurs et conditions climatiques

On estime que 40 à 60 % des nichées sont détruites, écrasées par le bétail ou dévorées par les prédateurs (renards, chats harets, chient errants, corvidés). Les jeunes peuvent souffrir également de conditions climatiques parfois difficiles au mois de juin, si celui-ci est froid et humide.

Les remèdes et les aménagements

• Créer des zones protégées correspondant à des biotopes favorables au petit tétras, excluant tous types d'aménagements touristiques ;

• Limiter le dérangement en période de reproduction en contrôlant la chasse photographique sur les aires de parades, en imposant que les chiens soient tenus en laisse par les randonneurs ;

• Inciter (ce n'est pas facile !) les agriculteurs à pratiquer un élevage extensif de juin à mi-août sur les prairies de graminées hautes, favorables à l'oiseau. Il pourrait être envisagé un système d'indemnisation dans ce cas précis pour compenser le manque à gagner d'éleveurs déjà en difficulté !

• Exploiter la pessière en futaie irrégulière, de manière à préserver des espaces ouverts où se développera une flore herbacée et arbustive abondante.

La gestion cynégétique proprement dite

Le petit tétras risque un jour ou l'autre d'être soumis au plan de chasse quantitatif, qui supposera une parfaite connaissance de l'évolution de ses populations. Dès aujourd'hui, il s'avère indispensable de limiter les prélèvements en fonction des effectifs. Pour cela, un comptage préalable des oiseaux présents sur un territoire s'impose. Il est facilité par le caractère sédentaire du petit tétras et son comportement grégaire en période de reproduction. Les dénombrements peuvent se dérouler à l'époque des parades en mai, où ils sont facilités par le regroupement des oiseaux sur des places de chant. Il est important d'avoir également une idée de la réussite de la reproduction. Des observateurs peuvent prospecter le territoire au mois de septembre, en utilisant les services d'un chien d'arrêt.

CE QUE LES CHASSEURS POURRAIENT ENVISAGER

L'ouverture de la chasse au mois de septembre est trop précoce, les couvées n'étant pas encore dispersées. De plus, les coqs adultes n'ont pas terminé leur mue. L'ouverture dans les premiers jours d'octobre paraît être une mesure raisonnable qui satisferait plus d'un vrai chasseur.

Environ 500 oiseaux sont abattus annuellement dans les Alpes... c'est beaucoup trop ! La limitation des jours de chasse et la mise en place d'un «bag limit» (1 oiseau par jour et par chasseur accompagné d'un maximum annuel calculé selon la valeur du biotope) peut être envisagée pour sauvegarder l'espèce... et préserver sa chasse ! Les effectifs de la garderie doivent être renforcés pour limiter le braconnage des poules et des coqs non maillés.

Le grand tétras

Tetrao urogallus

Fam. : Tétraonidés

CHASSER LE GRAND TÉTRAS

Cette chasse est le privilège de quelques très rares spécialistes qui savent où rencontrer l'oiseau, dans les massifs les plus reculés. Seul le tir du coq maillé est autorisé, l'approche au chant étant interdite. La législation autorise la chasse seulement dans quelques départements pyrénéens. On chasse le grand tétras avec un chien d'arrêt puissant, résistant et très fin de nez. Il devra en effet déjouer les ruses d'un gibier subtil, qui emmêle sa voie, piète à toute allure et s'esquive habilement en se faufilant dans les fourrés les plus épais. Le chasseur doit parcourir le matin, dès l'aube, ou en fin de journée, les champs d'airelles et de myrtilles situés en limite supérieure de la zone forestière, dans le but de surprendre l'oiseau occupé à se nourrir. Lorsqu'il perçoit le chasseur ou son chien, le tétras se dérobe pour disparaître dans la pente hors de portée. Le chien aura bien des difficultés à remonter une voie très emmêlée, et surtout à bloquer l'oiseau. Le chasseur se tient sous son auxiliaire, l'urogalle, qui prend son envol, basculant généralement dans la pente en direction de la vallée. Le tir, acrobatique, exige des réflexes rapides. La taille de l'oiseau, proche de celle d'un dindon, nécessite l'emploi de gros plombs (n°s 2 et 4).

BIOLOGIE-ÉCOLOGIE DU GRAND TÉTRAS

Description

Le grand tétras, ou grand coq de bruyère, est l'oiseau le plus prestigieux de notre faune sédentaire. On distingue 2 races géographiques : la première occupe une aire assez vaste, qui s'étend des Alpes au Jura et jusqu'aux Vosges. Il s'agit de *Tetrao urogallus urogallus*, plus grand et plus lourd que *Tetrao urogallus aquitanicus* présent dans les Pyrénées.

Le mâle est reconnaissable à sa grande taille: il peut atteindre 85 cm et peser de 3 à 5 kg. La femelle, plus petite, mesure environ 60 cm et pèse 1,5 à 2 kg.

Le plumage sombre du coq montre des reflets métalliques sur le plastron. Une caroncule rouge orne le dessus de chaque œil. Une barbe de plumes sombres, implantée sous le menton, est bien visible au chant. La femelle, roussâtre, est très mimétique.

Les ailes, puissantes, courtes et arrondies, permettent à l'oiseau des décollages en chandelle parmi une végétation dense, puis une descente en vol plané dans la pente.

Habitat

Jadis répandu dans la forêt primaire mixte de plaine, le grand tétras a été contraint, du fait de son extrême sauvagerie, à occuper les habitats les plus reculés des régions montagneuses. Ses très grandes exigences expliquent également sa raréfaction. En effet, il n'est guère présent que dans de vastes massifs forestiers aux arbres âgés, non exploités par l'homme. Le peuplement espacé assure un bon ensoleillement du sous-bois qui favorise la pousse d'une végétation herbacée et arbustive. Ces types d'associations végétales permettent à l'oiseau de se mettre à couvert et fournissent surtout une nourriture abondante. Le grand tétras recherche en effet des arbustes à baies ou à fruits tels que sorbiers, alisiers, sureaux, noisetiers, genévriers, groseilliers, fraisiers, ronces, houx. Cette diversité végétale favorise aussi la prolifération d'insectes, nourriture de base des poussins.

Cet oiseau fuit les massifs denses et surtout morcelés ou entrecoupés de routes, de cultures, de villages. Il recherche les versants frais et humides exposés au nord. Ses biotopes de prédilection sont la hêtraie sapinière ou, en été, la pineraie à crochet qui forme la limite forestière supérieure en montagne.

Régime alimentaire

Le grand tétras adapte son régime alimentaire aux saisons et au biotope occupé.

Durant toute la période hivernale, il exploite surtout les conifères, se nourrissant d'aiguilles de sapins, de pins à crochet ou de pins sylvestres. Dès le début du printemps, il consomme bourgeons prêts à éclore, jeunes pousses et feuilles. Il marque une prédilection pour les feuilles de bouleau, de renoncule, de pissenlit. L'été venu, il se gave de fruits tels que myrtilles, framboises ou sorbes, complétant son menu par quelques invertébrés (fourmis, araignées, sauterelles, mollusques).

Reproduction

La période de reproduction débute en avril-mai par des parades spectaculaires qui peuvent se dérouler plus tôt (dès le mois de mars) si les conditions climatiques sont clémentes. Elles donnaient lieu autrefois à de grands rassemblements pouvant comporter plus de 20 coqs. Aujourd'hui, la présence simultanée de 3 ou 4 coqs devient un événement ! Ils délimitent chacun un territoire de 300 à 400 m². Ces places de chant, immuables, sont situées dans des clairières ou en lisière de forêt, plantées alentour d'arbustes dont les branches sont capables de supporter le poids de l'oiseau. C'est en effet du haut d'un petit arbre ou d'un promontoire rocheux que le coq lance son chant, puissant et peu harmonieux, destiné à indiquer à d'éventuels rivaux les limites du territoire et, surtout, à attirer des femelles. Au cours du chant, il tend le cou, montrant les plumes du menton hérissées. Ses ailes sont maintenues légèrement écartées et pendantes, la queue est déployée en éventail. Le cri va ainsi en s'amplifiant, alors que la tête se relève et part vers l'arrière, pour se terminer par un bruit très particulier, évoquant celui d'un bouchon qui saute. L'urogalle devient alors sourd l'espace de quelques instants, mis à profit par le chasseur (là où cette pratique est autorisée) pour approcher cet oiseau très méfiant. Lorsque les femelles s'avancent vers la place de chant, l'excitation du mâle grandit. Il cesse progressivement son appel pour féconder les poules. Les parades débutent le soir et se poursuivent jusqu'à la nuit tombée. Elles reprennent le matin à l'aube. Les combats entre mâles sont rares : il semblerait qu'une hiérarchie se fonde uniquement sur la compétition vocale !

A partir du mois de mai, la femelle pond à terre 7 à 11 œufs de couleur crème, tachetés de brun, dans une excavation aménagée au pied d'un arbre ou sous le couvert d'un arbuste. Seule la poule assure l'incubation des œufs, qui dure 25 jours en moyenne. Elle s'occupe ensuite des poussins jusqu'à l'âge de 3 à 4 semaines, époque à laquelle ils commencent à voleter. Le groupe familial reste uni jusqu'en automne.

Comportement

Très sédentaire, le grand tétras occupe un territoire de 30 à 50 ha durant toute son existence. Il fuit la présence de l'homme ou d'un prédateur en se faufilant à travers les fourrés avec habileté. Il peut aussi bien se tapir au sol, immobile et mimétique. Il passe sa nuit sur la branche élevée d'un arbre, préférant vivre à terre en cours de journée. Sa vue est excellente : le moindre mouvement anormal décelé jusqu'à une distance de 1 000 m provoque sa fuite. Son ouïe n'est pas moins exceptionnelle. Farouche, il souffre beaucoup du dérangement.

Répartition

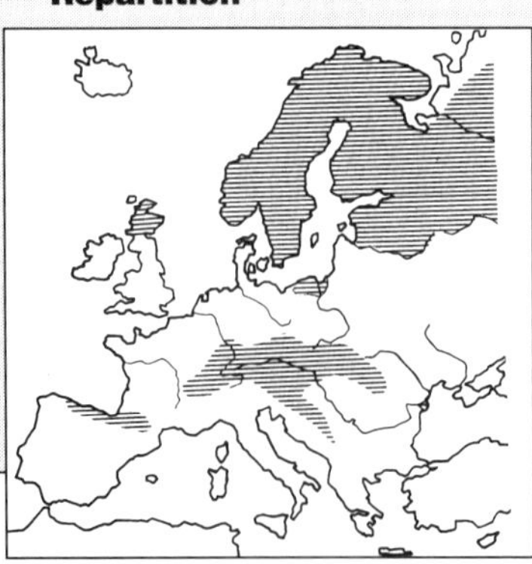

GESTION-AMÉNAGEMENTS

Gestion des populations

La situation du grand tétras en France et en Europe

Une enquête de l'O.N.C. a permis d'établir que la situation du grand tétras n'est guère brillante, malgré l'interdiction de chasse promulguée depuis 1974 dans les Vosges, les Alpes et le Jura.

Seuls les effectifs présents dans les Pyrénées semblent être stables, surtout dans les massifs reculés qui n'ont pas subi une trop forte fréquentation. La conclusion de l'étude révèle la présence du grand tétras sur plus de 500 communes, couvrant 2 % du territoire national, soit quelque 100 000 km².

• Les Pyrénées : les effectifs sont estimés à 5 000 oiseaux qui se répartissent dans les départements des Pyrénées-Atlantiques, Hautes-Pyrénées, Haute-Garonne, Pyrénées-Orientales, Aude, Ariège.

L'urogalle est signalé dans 316 communes qui représentent une superficie de 6 700 km². Il est présent dans la hêtraie sapinière, entre 500 et 2 000 m, et dans les pins à crochet, qui constituent le boisement naturel en limite supérieure de la forêt.

• Les Alpes : le grand tétras a totalement disparu des Hautes-Alpes et de l'Isère. Quelques populations relictuelles, estimées au total à 50 oiseaux, sont présentes en Savoie et en Haute-Savoie, dans la hêtraie sapinière et la pessière d'altitude vers 1 800 m.

Seules 19 communes paraissent occupées par l'oiseau aujourd'hui, soit une aire d'extension de 500 km².

• Le Jura : son aire d'extension représente 1 800 km^2, répartis sur les départements du Doubs, du Jura et de l'Ain. Il serait présent dans 98 communes, entre 800 et 1 800 m d'altitude dans la hêtraie sapinière. On note une nette régression dans les parties les plus basses de l'aire d'extension. Les effectifs sont estimés à 500 oiseaux.

• Les Vosges : l'urogalle est signalé dans tous les départements du massif vosgien : Vosges, Territoire de Belfort, Moselle, Bas-Rhin, Haut-Rhin, Meurthe-et-Moselle. Il a subi une régression constante (qui semble aujourd'hui stabilisée) et n'est plus présent que dans 131 communes qui représentent une aire d'extension de 2 200 km^2.

La plupart des oiseaux évoluent entre 900 et 1 200 m, et sont rencontrés dans la hêtraie. La chasse du grand tétras est interdite dans toutes les Vosges depuis 1974. Autrefois, la chasse au chant était pratiquée, bien que soumise à une autorisation individuelle délivrée par le ministre chargé de la chasse. En trente ans, la population aurait subi une énorme régression puisqu'elle était estimée à plus de 1 000 oiseaux, alors qu'elle n'en compte plus guère aujourd'hui que 200 à 250.

Les causes de disparition du grand tétras

Les causes essentielles de la raréfaction du grand tétras sont le dérangement et la modification de son habitat.

La destruction des biotopes

Le grand tétras voit ses effectifs diminuer régulièrement depuis le Moyen Age et surtout les XVIIe et XVIIIe siècles, qui ont correspondu à des déboisements massifs, responsables de la disparition des forêts de plaine et de moyenne montagne.

La présence de l'oiseau est liée à celle de la forêt primaire, où les arbres ne sont pas trop serrés, favorisant un bon ensoleillement du sous-bois et le développement d'une strate herbacée et arbustive indispensable à l'espèce. L'exploitation de la forêt en futaie serrée de résineux provoque la désertion d'un secteur devenu inhospitalier.

La pénétration humaine

Très farouche, le grand tétras ne supporte pas le dérangement occasionné par la présence humaine, qui revêt maints aspects :

L'utilisation de la montagne à des fins récréatives, tous loisirs qui constituent des sources de dérangement insupportables.

L'utilisation de la montagne à des fins économiques

Les méthodes modernes de sylviculture ne détruisent pas seulement les biotopes du grand tétras : elles favorisent aussi la pénétration humaine dans les massifs les plus reculés qui devraient constituer des refuges pour la faune montagnarde, par l'établissement d'un réseau de routes forestières.

L'aménagement d'infrastructures touristiques telles que les stations de ski alpin, les pistes balisées et régulièrement damées de ski de fond perturbent considérablement le grand coq de bruyère... ainsi que la plupart des espèces montagnardes, dont l'ours !

Les solutions

Elles ne peuvent être envisagées que dans le cadre d'une large concertation entre les différents utilisateurs de la montagne.

Le grand tétras pourrait être soumis à un plan de chasse basé sur les effectifs présents sur un territoire donné (comptage au printemps, sur les places de chant, puis estimation de la qualité de reproduction par observation des femelles accompagnées de jeunes à partir de juillet). Cette mesure ne suffirait pourtant pas à freiner la régression ! Seule la préservation de peuplements forestiers correspondant aux exigences de l'oiseau peut assurer sa survie.

La véritable protection du grand tétras consiste à prendre des mesures destinées à limiter la pénétration humaine dans quelques sanctuaires, et s'appuie sur une large information du public, qui doit s'abstenir de quitter les sentiers dans ces quelques sites privilégiés.

La gélinotte

Bonasia bonasia

Fam. : Tétraonidés

S'il est un oiseau discret, c'est bien la gélinotte. L'œil le plus averti ne peut déceler sa présence lorsque pour fuir un danger, elle se faufile à la piète parmi les fourrés les plus épais.

CHASSER LA GÉLINOTTE

Là où sa chasse est autorisée, la gélinotte se révèle être un gibier quasi inabordable. Elle ne tient en effet pas l'arrêt, fuyant très vite à patte devant le chien. Seuls nos auxiliaires «bécassiers», dotés d'une solide expérience, d'un esprit d'initiative et de décision, parviennent en certaines circonstances à bloquer l'oiseau dans les couverts arbustifs.

Autrefois, la gélinotte était surtout chassée à l'appeau, nommé «réclin», fabriqué dans l'os, le bois ou l'ivoire. Les imitateurs habiles parvenaient ainsi à réaliser des prélèvements excessifs de 50 oiseaux, qui ont certainement contribué à la raréfaction de l'espèce. Ils savaient mettre à profit le comportement territorial de la gélinotte qui ne supporte pas la présence de ses congénères sur son domaine vital, ou sévissaient lors de la période de reproduction en imitant l'appel de la femelle.

Certains chasseurs embusqués à l'affût guettaient l'oiseau durant les heures où il est visible, tôt le matin ou tard le soir, lorsqu'il se nourrit ou s'abreuve.

BIOLOGIE-ÉCOLOGIE DE LA GÉLINOTTE

Description

On l'appelle aussi gélinotte des bois ou «poule des coudriers» en raison de son environnement sylvicole. Les coloris de son plumage, aux tons feuille-morte, évoquent son mode de vie forestier. Le dessus du corps présente plutôt des nuances grises, qui deviennent rousses sur la poitrine et le ventre. Le mâle porte une huppe, qu'il hérisse sous l'effet d'une émotion. Les coloris de la femelle sont plus neutres. La gélinotte a une taille d'environ 35 cm.

Habitat

La gélinotte est présente dans les Alpes entre 900 et 1 500 m, dans le Jura entre 700 et 800 m, dans les Vosges aux alentours de 150 m. Un ami, excellent ornithologue, affirme avoir observé une gélinotte dans les «bois de Mareuges», situés au pied du Mont-Dore, dans le Puy-de-Dôme. La gélinotte fuit les hautes futaies denses, dépourvues de strates herbacées ou arbustives.

Elle n'apprécie pas plus les couverts trop épais. Son habitat correspondrait plutôt à la futaie jardinée, ou à la forêt primaire avec de grands arbres au peuplement mixte feuillus-résineux, favorisant un bon éclairement du sous-bois.

Ainsi, les arbustes à baies, nécessaires à l'alimentation de l'oiseau, se développent, sans pour cela créer un taillis trop fourré. L'oiseau recherche surtout les secteurs favorables à la pousse du saule, du noisetier, du bouleau dont les bourgeons et les fleurs constituent l'une des bases de son régime alimentaire.

Régime alimentaire

Il varie selon la saison et les ressources du milieu. La gélinotte se nourrit surtout d'aiguilles de conifères en période hivernale. Au printemps, elle se régale de chatons de saules, de noisetiers, de peupliers, de bouleaux, de charmes et de diverses jeunes pousses. Durant tout l'été et l'automne, elle fera son ordinaire des fruits sauvages de la forêt.

Reproduction

La gélinotte est strictement monogame. Les couples peuvent être formés pour la vie, les cas «d'infidélité» étant rares. Les parades débutent à partir du mois de mars si les conditions climatiques sont clémentes, au milieu de la forêt. La ponte débute en avril-mai, période durant laquelle la femelle aménage à terre un nid, petite excavation creusée dans le sol, et sommairement rembourrée de mousse et d'herbe sèche. Le nid est généralement situé à proximité d'un arbre ou d'un rocher, qui le dissimule et offre un point de repère. 8 à 10 œufs sont pondus, qui incubent en 24 jours. 3 à 4 semaines après la naissance, les jeunes effectuent de courts vols. Ils deviennent peu à peu indépendants et quittent la cellule familiale à l'âge de 3 mois.

Comportement

L'un des traits remarquables du comportement de la gélinotte est son caractère asocial. Peu ou pas grégaire, elle ne supporte pas la présence de ses congénères et vit en solitaire ou en couple. C'est pourquoi les jeunes se séparent tôt de leur mère pour coloniser un domaine propre à chacun, faisant preuve d'un esprit d'indépendance rare chez les gallinacés. La gélinotte est un hôte très discret de nos forêts de moyenne montagne, ce qui en rend l'observation difficile. Elle fuit le danger en piétant à toute allure sur les petits layons ou à travers les fourrés. Si son envol à terre peut être bruyant, il n'en va pas de même lorsqu'elle est branchée. Elle s'esquive alors silencieusement, en quelques coups d'ailes discrets. Il lui arrive de se dérober à la vue d'un promeneur ou d'un prédateur en escaladant le tronc d'un arbre à l'écorce rugueuse, plutôt que de prendre un envol qui l'exposerait au regard de l'observateur. Elle passe sa nuit et une partie de la période hivernale branchée dans un arbre, là où le feuillage (ou les aiguilles) camouflent sa silhouette, c'est-à-dire environ à mi-chemin entre les branches basses et le sommet.

Répartition

En France, la gélinotte est confinée aux forêts des Ardennes, des massifs alpins jusqu'à la Drôme, vosgiens et jurassiens. On la rencontre également dans le nord de l'Europe, jusqu'en Laponie.

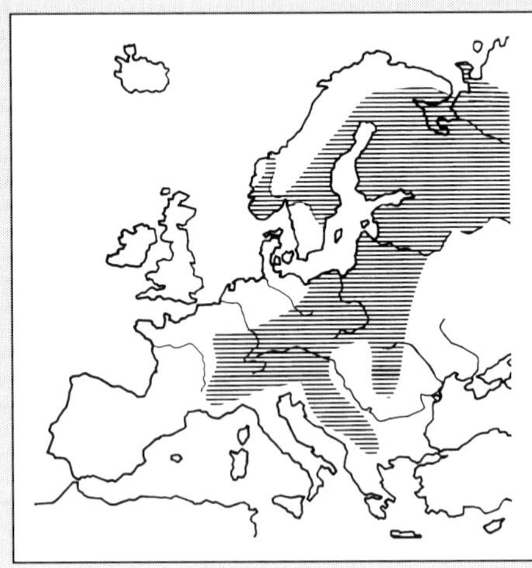

GESTION

La chasse de la gélinotte est interdite dans la quasi-totalité des régions où elle subsiste. Comme tous les gibiers de montagne, sa raréfaction est liée à la modification de son biotope. Pour sauvegarder l'espèce, il est nécessaire de préserver les habitats qui lui sont favorables, en accord avec les sylviculteurs. La régulation de certains prédateurs pourra favoriser son expansion. L'enrésinement intensif de régions entières a favorisé la prolifération de la martre, principal prédateur de la gélinotte. Ce petit mustélidé aux mœurs nocturnes exerce ses prélèvements la nuit, lorsque les oiseaux sont branchés.

La perdrix bartavelle

Alectoris graeca
Fam. : Phasianidés

Un brusque claquement d'ailes qui paralyse d'étonnement le chasseur épuisé, un plongeon foudroyant dans la pente... et la perdrix des sommets, la bartavelle, n'est plus qu'un point minuscule qui disparaît vers la vallée. Tristement, le Pointer observe son maître : le diable d'oiseau leur a encore échappé !

CHASSER LA PERDRIX BARTAVELLE

Ce gibier exceptionnel, tant par sa rareté que par la difficulté de son approche, est réservé à quelques spécialistes qui savent le trouver et l'aborder. Il est préférable de chasser la bartavelle aux heures chaudes de la journée. Elle se laisse alors mieux arrêter, et offre des coups de fusil plus faciles. On ne peut guère parler de facilité en évoquant cet oiseau qui décolle comme une bombe et plonge dans la pente à grande vitesse, ailes fermées. Il est donc essentiel de tirer l'oiseau à l'instant précis de l'envol, alors que le maximum de vitesse n'est pas acquis. Le chien doit être puissant, résistant et expérimenté. En effet, les perdrix piètent longtemps avant de prendre leur envol dans des conditions délicates pour le tireur.
La perdrix gambra d'Afrique du Nord ressemble beaucoup, par la taille, le comportement et les biotopes occupés, à la perdrix bartavelle. Plus abondante, sa chasse en montagne est une école de tir et de discipline sportive. C'est une chasse exceptionnelle. La perdrix bartavelle est tirée à l'aide de plombs n°s 6 et 7.

BIOLOGIE-ÉCOLOGIE

Description

La perdrix bartavelle, ressemblant à une perdrix rouge, est toutefois plus volumineuse. Elle mesure 38 à 42 cm pour une envergure de 54 cm en moyenne, et pèse entre 400 et 850 g. Certains mâles pesant 1 kg auraient été tirés dans les Alpes.

Il est impossible de distinguer les sexes en observant les plumages, identiques chez le mâle et la femelle. Le premier est toutefois doté d'un ergot qui apparaît dès l'âge de 3 mois. La femelle en est dépourvue ou, s'il est visible, montre des dimensions moindres. La gorge de la bartavelle, uniformément blanche, est bordée d'un collier noir très net. Les plumes des flancs montrent deux barres noires séparées par un espace blanc-crème, qui surmontent une grande plage rousse.

Habitat

La perdrix bartavelle est présente en France uniquement dans le sud des Alpes. Sédentaire, elle effectue toutefois des déplacements saisonniers liés à la recherche de sa pitance. Dès la fin de l'automne, les perdrix se rassemblent en groupes parfois importants pour regagner les vallées, fuyant les forts enneigements. L'oiseau ne supporte pas, en effet, les grands froids, et encore moins la neige, ne possédant pas, comme les tétraonidés de montagne, des pattes emplumées.

Durant tout l'hiver, la perdrix bartavelle sera observée à basse altitude (500-1 500 m) dans les petits champs cultivés, les vignes, les terrasses ensoleillées. Au printemps, elle regagne les étages supérieurs, situés au-dessus de la ceinture forestière. Elle se plaît particulièrement dans une mosaïque de prairies sèches exposées au sud, entrecoupées de zones d'éboulis, de pentes parsemées d'une végétation buissonnante clairsemée. On peut rencontrer des perdrix jusqu'à une altitude de 3 000 m.

Régime alimentaire

Durant les trois premières semaines de sa vie, la perdrix bartavelle, comme tous

Répartition

En France, la perdrix bartavelle est présente dans le sud des Alpes.

DE LA PERDRIX BARTAVELLE

les gallinacés, se nourrit essentiellement de protéines animales (insectes et larves). Cette nourriture indispensable est abondante en lisière des petites cultures céréalières d'altitude. Au stade adulte, elle consomme graines de graminées sauvages ou cultivées, bourgeons, feuilles vertes, jeunes pousses, fruits et baies.

L'hiver, poussée par la faim, elle se rapproche des habitations et des granges garnies de paille ou de fourrage pour rechercher une nourriture qui devient rare (graines de céréales).

Reproduction

La perdrix bartavelle est monogame. Les couples se forment dès le mois d'avril, après dissolution des groupes hivernaux, et les parades peuvent s'étaler jusqu'au mois de juin.

Chaque couple s'attribue un territoire défendu par le mâle. La ponte débute lorsque les limites du territoire ne sont plus disputées par des couples rivaux.

Le nid, rembourré d'herbes sèches, est aménagé au sol dans une petite excavation creusée entre des touffes de graminées, sous un rocher ou un arbrisseau. Il est orienté au sud. Chaque ponte comporte 9 à 15 œufs, couvés uniquement par la femelle, qui incubent en 24 à 26 jours.

Les pouillards peuvent effectuer de courts vols dès l'âge de 10 jours. Ils volent bien à 3 semaines, et resteront groupés en compagnie jusqu'à l'hiver suivant. La maturité sexuelle est atteinte à 1 an chez les deux sexes.

Comportement

Durant tout l'été, les perdrix bartavelles vivent en compagnies farouches, qui savent admirablement se dissimuler dans les rocailles. Leur vol est rapide, les oiseaux plongeant dans la pente sitôt après le décollage. Ce sont d'excellents piéteurs, qui se déplacent au sol à grande vitesse, mettant en échec les chiens d'arrêt les plus habiles. Il s'agit d'ailleurs là du moyen de défense le plus utilisé pour fuir un prédateur ou un chasseur.

La bartavelle piète généralement en remontant la pente. Après la couvaison, les coqs, qui ont perdu leur humeur belliqueuse, se réunissent en petits groupes de 4 ou 5 individus.

GESTION-AMÉNAGEMENTS

Les effectifs de perdrix bartavelles se sont beaucoup amoindris depuis 1960. La modification des biotopes, liée à la disparition d'anciennes pratiques pastorales et agricoles de montagne, est mise en cause, beaucoup plus que les épizooties ou une pression de chasse excessive. Les granges d'altitude, garnies de réserves de paille et de fourrage en toutes saisons, fournissaient autrefois une manne providentielle aux oiseaux qui s'y réfugiaient en cas d'intempéries et picoraient le grain résiduel. La disparition des petites cultures vivrières explique également la régression des perdrix bartavelles, qui y trouvaient refuge, sites de nidification et nourriture.

La perdrix bartavelle, comme la perdrix rouge, peut être soumise à un plan de chasse (voir perdrix rouge). Il est important de réaliser en premier lieu des comptages, afin d'estimer l'importance des effectifs. Le territoire est divisé en parcelles d'une vingtaine d'hectares, parcourues par un observateur accompagné d'un chien d'arrêt ; tous les oiseaux vus sont recensés.

Le lièvre variable

Lepus timidus

Fam. : Léporidés

CHASSER LE LIÈVRE VARIABLE

Si certains chasseurs au chien d'arrêt parviennent parfois à surprendre un lièvre variable au gîte, la véritable technique adaptée à ce gibier exceptionnel, nommé blanchot ou blanchon par les montagnards, est la chasse aux chiens courants. Le lièvre multiplie les ruses pour échapper à ses poursuivants. Il double sa voie avant d'effectuer un bond formidable de côté et de se tapir, ou monte en flèche dans les pentes les plus raides, jusqu'à plus de 3 000 m, où la meute le perd parmi les éboulis. En forêt, il effectue fréquemment un parcours en cercle, revenant à son point de départ. A gibier exceptionnel, chien exceptionnel. Les courants doivent être très fins de nez et dotés d'une résistance physique à toute épreuve. Les Bruno du Jura, ou Bassets Griffons Vendéens répondent tout à fait à ces exigences.

Quant aux chasseurs, ils doivent bien connaître les trajets habituellement empruntés par le lièvre. Les plombs employés sont le n° 6 et le n° 4. La chasse de ce gibier n'est autorisée qu'au fusil, et elle est interdite par temps de neige.

BIOLOGIE-ÉCOLOGIE DU LIÈVRE VARIABLE

Description

Il est légèrement plus petit et plus trapu que son proche parent le lièvre brun, pesant 2 à 3 kg (maximum 5 kg) pour une longueur de 45 à 65 cm. Ses oreilles sont nettement plus courtes. Le lièvre variable est étonnamment mimétique. Il subit trois mues annuelles dont deux principales, qui lui permettent de passer inaperçu en toute saison. Brun roussâtre l'été, le pelage devient progressivement blanc immaculé à l'entrée de l'hiver. Le processus s'amorce en octobre pour se terminer en novembre. Début avril, la robe blanche se ternit de plages grises et brunes qui vont progressivement s'étaler au point de former un pelage estival uniformément roussâtre à partir de juillet . Seules les extrémités des oreilles restent noires en toute saison. La mue hivernale s'accompagne d'une augmentation du nombre de poils par cm^2, qui passe de 200-300 à 400-700. Les espaces emplis d'air situés entre les poils améliorent la qualité isolante du pelage. Ses pattes (surtout postérieures) sont transformées en raquettes qui lui évitent de s'enfoncer trop profondément dans la neige, la surface portante des pattes étant accrue par de longs poils denses.

Habitat

Le lièvre variable est présent dans 7 départements alpins : les Hautes-Alpes, les Alpes de Haute-Provence, les Alpes-Maritimes, la Savoie, la Haute-Savoie, la Drôme, l'Isère. Grâce à ses facultés d'adaptation aux froids les plus vifs, le lièvre variable peut vivre une bonne moitié de l'année dans la neige. Bien qu'il soit présent en haute montagne l'hiver, il préfère toutefois regagner le couvert protecteur des forêts. L'été, il occupe les prairies d'altitude, champs de rhododendrons, zones d'arbres rabougris. Dans le nord de l'Europe, il est présent jusqu'au niveau de la mer.

Régime alimentaire

L'été, le lièvre variable consomme des graminées sauvages, des linaigrettes, du genévrier, des pousses d'arbustes, de la bruyère. L'hiver, il se nourrit des seuls végétaux qui apparaissent au-dessus du manteau neigeux : écorces, bourgeons, mousses, lichens.

Reproduction

Le rut débute fin février et peut se poursuivre jusqu'en avril. Une deuxième période reproductrice a lieu en juin-juillet. La gestation dure 50 jours. Chaque femelle met bas 2 ou 3 fois par an, 2 à 5 jeunes qui naissent les yeux ouverts et couverts de poils, entre avril et août. Dès l'âge de 2 semaines, ils commencent à se nourrir d'herbe. Ils sont sevrés à 1 mois, pesant alors environ 1 kg. Le lièvre brun et le lièvre variable sont interféconds, mais les sujets issus de ces hybridations restent stériles.

Comportement

Il est semblable à celui du lièvre brun, c'est-à-dire surtout crépusculaire et nocturne, périodes consacrées à la recherche de nourriture. Le jour, il se tient gîté dans une anfractuosité rocheuse ou sous un buisson. Il peut creuser parfois un terrier assez court dans le sol, et surtout sous la neige, pour s'isoler du froid. Le gîte comporte alors fréquemment deux issues. En hiver, il s'abrite sous des branches basses recouvertes de neige. Durant cette période, la faim peut le pousser à rechercher sa nourriture en pleine journée. En Europe du Nord, il lui arrive d'être grégaire. Cet excellent nageur est aussi un rude montagnard.

Répartition

Le lièvre variable est présent en France dans les massifs alpins. Ailleurs, on le rencontre partout en Irlande, en Écosse et dans tous les pays du nord de l'Europe.

Le chamois

Rupicapra rupicapra

Fam. : Bovidés

Alors qu'il traversait un couloir dangereux, le Père Burgeot se figea. Cinquante mètres plus haut, la plus belle des hardes se tenait immobile, l'observant... avant de s'enfuir brusquement. Dans un fracas de tonnerre, l'avalanche se déclencha. La dernière vision du braconnier fut la chèvre guide qui semblait sourire, campée sur un éperon rocheux.

CHASSER LE CHAMOIS

La chasse de cet animal très farouche est particulièrement difficile. Elle exige une parfaite connaissance du territoire et des habitudes du gibier. Le chasseur est avant tout un montagnard qui sait déjouer les dangers de ce milieu hostile. 4 200 chamois et 1 800 isards sont prélevés chaque année.

LA CHASSE A L'APPROCHE

De tous les modes de chasse, c'est certainement le plus sportif et le plus éprouvant, mais le seul envisageable. Le chasseur devra être doté d'une solide condition physique, qui lui permettra de supporter sans faillir de longues randonnées à travers un relief tourmenté. Les dangers auxquels il peut être confronté sont nombreux et souvent sournois. Orages, chutes de pierres, glissades sur les névés, dégringolades dans les falaises ont fait de nombreuses victimes parmi des montagnards pourtant aguerris. Une précaution élémentaire qui fera sourire les vrais chasseurs de chamois est de ne jamais partir seul, ou au moins de prévenir du lieu où l'on se rend en donnant une heure approximative de retour. Une simple entorse ou une fracture peuvent immobiliser le chasseur qui se retrouve dans une situation délicate, surtout s'il n'a pas prévu de passer une nuit en montagne. La nécessité de se trouver sur place avant le jour oblige le chasseur à effectuer sa marche d'approche en pleine nuit, ce qui suppose la connaissance des itinéraires. Dans bien des cas, le départ a lieu la veille :

Durant tout l'hiver, le chamois est protégé par une fourrure sombre et épaisse qui s'éclaircit l'été.

La chasse à l'approche du chamois exige de longues et minutieuses observations des lieux propices à la présence du gibier.

il est suivi d'un bivouac en altitude. La partie de chasse se transforme alors en expédition qui doit être parfaitement organisée. Le sac à dos contient tout le nécessaire pour supporter le froid, ainsi que le minimum vital en nourriture et en eau. Il ne faut pas se surcharger, et tenir compte du poids supplémentaire de la victime à redescendre, qui sera parfois portée durant plusieurs heures !

L'ACTION DE CHASSE

Le chasseur gagne les étages occupés par le gibier à la faveur de l'obscurité, afin de ne pas dévoiler sa présence. Dès les premières lueurs de l'aube, il se dissimule derrière un obstacle quelconque, sur un point élevé. Les chamois se méfient en effet beaucoup plus du danger venant de la vallée que de celui, plus improbable, en provenance des crêtes. Le chasseur cherche alors à repérer à la jumelle les hardes, mobiles durant les premières heures de la journée. Une fois un gibier aperçu et estimé tirable, l'approche, phase la plus délicate de l'opération, peut commencer. On préfère toutefois souvent attendre que le gibier ait terminé son repas et se repose pour ruminer. Le chasseur a pris la précaution de repérer un itinéraire qui lui permettra d'aborder l'animal à bonne distance de tir dans les meilleures conditions possibles et parfaitement à couvert. Il a observé chaque rocher, chaque banquette herbeuse afin de s'assurer qu'aucun chamois ne se situe sur le trajet prévu, car un animal mis sur pied lors de l'approche provoque une débandade générale. Il est préférable d'aborder le gibier par le haut, en prenant garde de ne pas provoquer de bruits inhabituels : chutes de pierres, glissades sur la neige... L'animal est approché contre le vent ; le chasseur progresse lentement, utilisant le relief ou la végétation pour masquer sa présence. Une brusque saute de vent peut faire échouer l'opération alors que l'on s'apprête à tirer.

La bonne distance de tir est de 150 m. Au-delà, y compris avec une lunette, les risques de blesser l'animal s'accroissent.

La phase ultime de la chasse engendre des émotions violentes qui peuvent faire manquer le tir si le chasseur est nerveux. Ce dernier monte lentement la carabine à l'épaule, veillant à ne pas renvoyer de reflets avec l'acier de l'arme ou les lentilles de la lunette. La carabine est bien entendu approvisionnée et armée dès le début de l'approche afin d'éviter une manœuvre de culasse à courte distance. L'appui (roche, sac à dos) doit être excellent. Une fois le tir

effectué, il est important de noter la réaction de l'animal, qui peut être foudroyé sur place ou s'enfuir, apparemment indemne. Dans bien des cas, il sera blessé gravement. Le chasseur suivra alors le chamois qui s'affaiblit peu à peu, avant de retenter une approche et de conclure la chasse.
Les armes utilisées pour ce type de chasse doivent être courtes, légères, maniables afin de ne pas gêner le chasseur dans ses mouvements, de ne pas constituer un handicap par leur poids ou leur encombrement.
Les calibres les mieux adaptés à ce tir de précision sont le 243 Winchester (balle de 6,5 g), le 6,5 x 57 (balles de 6 g) et le 6,5 x 68 (balles de 6 g).

LA POUSSÉE

C'est un mode de chasse beaucoup moins sportif qui exige un grand nombre de participants. Des chasseurs se postent au bas des itinéraires de fuite des animaux (couloirs), alors que des traqueurs rabattent les chamois en partant des crêtes. Les chiens ne sont pas utilisés dans cette chasse.

LE PLAN DE CHASSE

L'année 1991 a vu s'instaurer un plan de chasse obligatoire pour le chamois et l'isard. Comme on pouvait s'y attendre, cette mesure n'a pas toujours suscité l'enthousiasme des chasseurs qui refusaient cette restriction depuis de nombreuses années. Pourtant, le plan de chasse se révèle indispensable en de nombreux massifs où une pression cynégétique abusive et anarchique a conduit à l'éradication pure et simple des animaux. Les réductions des périodes d'ouverture et du nombre de jours de chasse autorisés, ainsi que la mise en place de réserves préalablement à l'application du plan de chasse, n'ont pas eu les effets escomptés. Tous les animaux qui se situaient à la périphérie des zones protégées étaient abattus dans les premiers jours qui suivaient l'ouverture. Ce prélèvement aveugle a eu des conséquences inattendues sur les animaux prospérant au sein même des réserves. En effet, les chamois abattus étaient surtout de jeunes mâles. On a donc assisté à un vieillissement des populations à l'intérieur des parcs, et à un déséquilibre du sex-ratio qui ont conduit, entre autres effets défavorables, à un allongement des périodes de rut avec les conséquences que l'on imagine : les boucs sortent affaiblis de cette phase reproductrice alors que les premiers grands froids sévissent. Certaines naissances ont lieu au mois d'octobre, exposant de très jeunes animaux aux rigueurs hivernales.
De plus, on observe souvent des concentrations anormales d'animaux dans les réserves, ce qui favorise la propagation d'épidémies : c'est ainsi qu'une épidémie de kératoconjonctivite, rendant les chamois aveugles, a anéanti des populations entières situées dans des parcs à trop forte fréquentation.
Tout chasseur se livrant à la quête du chamois ou de l'isard doit se munir d'un bracelet de marquage, qui sera fixé à la patte arrière de l'animal immédiatement après le tir, et avant tout transport.
Dans certaines sociétés communales où le nombre d'adhérents dépasse celui des bracelets attribués, chaque chasseur se voit remettre un collier de transport apposé sur tout chamois prélevé. Cette «bague temporaire» est ensuite remplacée par le bracelet définitif au siège de la société (ou chez le président qui le détient). Une fois atteint le quota prévu par le plan de tir, la chasse est suspendue sur le territoire de la société.
Cette méthode risque de favoriser les fraudes, et de développer haine et révolte au sein d'un groupe dont les membres devront, chacun de leur côté, faire leur possible pour abattre un gibier avant les autres et avant que le nombre de bracelets attribués ne soit épuisé.

BIOLOGIE-ÉCOLOGIE DU CHAMOIS

Le chamois se déplace avec une surprenante agilité sur les pentes les plus raides, grâce à la conformation particulière de ses sabots.

Description

Le nom «chamois» est un terme générique qui désigne l'espèce. Le mâle est appelé bouc, la femelle chèvre, les jeunes, âgés de moins d'un an, chevreaux ; ceux inclus dans la tranche d'âge 1-2 ans éterloux pour les mâles, éterles pour les femelles, tandis que la vieille femelle stérile est nommée bréhaigne.

Le chamois a développé de remarquables adaptations au milieu montagnard, aussi bien sur le plan morphologique que physiologique. Prenons le cas particulier de son cœur, qui pèse 350 g ! Nous imaginons avec quelle facilité il peut accomplir des efforts violents et prolongés, à une altitude où l'air est raréfié, lorsqu'on sait que l'homme, comparativement beaucoup plus lourd, est doté d'un cœur pesant seulement 250 g. L'oxygénation de son organisme est assurée grâce à un nombre élevé de globules rouges (12 millions contre 5 millions chez l'homme !). Le tube digestif de l'animal est adapté aux ressources alimentaires offertes par le milieu. Le chamois est capable de digérer les éléments ligneux tels que les écorces, guère assimilables par les autres bovidés. La sole plantaire, de nature caoutchouteuse, lui assure une excellente adhérence sur les roches lisses. L'extrémité des pinces, relativement tendre, lui permet de prendre appui sur des prises minuscules. Une palmure interdigitale accroît la surface portante, empêchant l'animal de s'enfoncer dans la neige molle.

Le chamois a une longueur de 110 à 135 cm selon les souches, l'isard étant légèrement plus petit que son congénère des Alpes. La hauteur varie de 70 à 80 cm au garrot. Le poids, compris entre 25 et 50 kg, est très variable selon les sexes (les femelles sont plus légères), les races, la richesse du milieu. Les chamois les plus lourds appartiennent à la sous-espèce de Chartreuse, le plus léger étant l'isard.

Le chamois est un animal puissant, bâti pour le saut et la course. Le pelage subit deux mues annuelles. La première se déroule en avril-mai. Le poil, court, est alors roussâtre chez les jeunes, brun à dominante beige chez l'adulte, gris chez le vieux.

L'isard est roux vif ; la toison hivernale est revêtue en août-septembre. Le poil est très sombre. Chez le chamois alpin, il est presque noir.

Les cornes

Il ne s'agit pas de productions osseuses caduques comme chez le cerf ou le chevreuil. Les cornes du chamois sont des productions cutanées qui se développent de façon permanente à partir de l'os frontal, dès l'âge de 3 à 4 mois et cela chez les deux sexes. En raison du manque de nourriture, la croissance des cornes est stoppée l'hiver, puis reprend au printemps. Elle est très importante durant les 3 ou 4 premières années, particulièrement au cours de la seconde tandis que les crochets se forment.

L'examen des cornes

Il donne une excellente approximation de l'âge de l'animal. Se développant dès la première année, la croissance des cornes cesse l'hiver pour reprendre au printemps suivant : chaque mauvaise saison est ainsi marquée sur le trophée par un sillon (surtout visible sur la face postérieure), qu'un segment de croissance, dont la longueur va en s'amenuisant au fil des années, repousse vers le haut. A partir de l'âge de 6 ans, la distance entre deux sillons, qui correspond à l'accroissement annuel, n'est plus que de 1 mm, cela jusqu'à la mort de l'animal ! L'appréciation de l'âge devient alors difficile, surtout chez la femelle, où les sillons ne sont jamais très visibles.

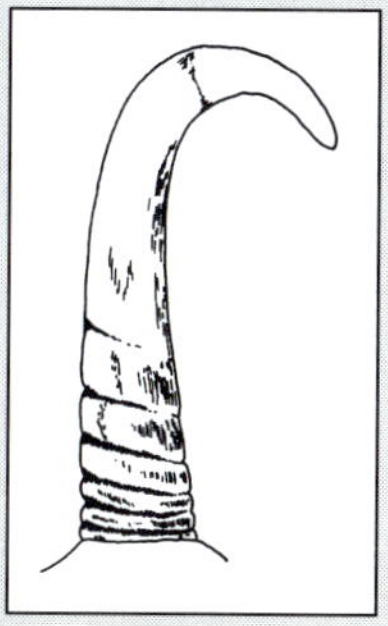

ÉVOLUTION DU TROPHÉE DU CHAMOIS

Années de vie	1	2	3	4	5	6	7	8	9	10	11	12
Mâle	6	10,5	4	1,1	0,6	0,4	0,3	0,3	0,2	0,2	0,2	
Femelle	4,7	9,5	3,5	0,9	0,5	0,3	0,3	0,3	0,2	0,2	0,2	

Détermination de l'âge du chamois

Certains critères morphologiques, des comportements caractéristiques permettent de déterminer grossièrement l'âge ou de connaître le sexe des animaux par simple observation oculaire. Toutefois, on ne devient pas un naturaliste averti, capable de juger à distance un chamois, par simple connaissance livresque : une grande expérience de terrain est ici indispensable.

Morphologie

Les chevreaux, âgés de moins d'un an, sont reconnaissables à leur petite taille, leurs cornes peu ou pas visibles, en tout cas jamais courbées.

L'éterle et l'éterlou sont dotés de cornes montrant déjà une courbure qui ne dépasse jamais la hauteur des oreilles.

Le chamois qui entre dans sa troisième année, ou plus âgé, montre des cornes qui dépassent nettement le dessus des oreilles. Il a acquis sa taille définitive.

L'examen des dents

Il permet d'estimer, après la mort de l'animal, son âge exact jusqu'à sa cinquième année. Le chevreau est en effet doté d'«incisives de lait», remplacées l'année suivante par une paire d'incisives définitives sur la mâchoire inférieure.

Reconnaître les sexes

La distinction des sexes à distance demande une grande habitude, car il faut savoir juger une silhouette pas toujours caractéristique. Le sexe des chevreaux est impossible à reconnaître sur le terrain.

Le mâle adulte paraît plus puissant que la femelle. Le poids du corps semble être porté à l'avant. A partir de 4 ans, un pinceau pénien est bien visible, surtout l'hiver. Le mâle est également doté d'un cou plus trapu et épais, d'une tête plus courte. Les crochets de ses cornes, plus écartées à la base, sont fermés. Ceux de la femelle sont plus ouverts. Sa morphologie générale est fine, élancée, le cou est moins massif que celui du mâle, sa tête est plus allongée. Les vieilles femelles stériles montrent parfois des trophées impressionnants, leurs réserves minérales n'étant plus utilisées pour la gestation et la lactation.

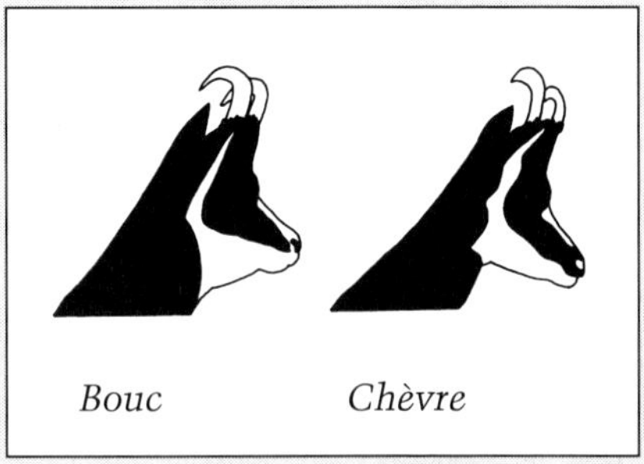

Habitat

Le chamois n'occupe pas les mêmes étages selon la saison. Hôte de la moyenne montagne, le chamois regagne pourtant les hauts sommets dès l'arrivée des beaux jours, par crainte de l'homme car il est victime de dérangements répétés à basse altitude. On le rencontre à des altitudes comprises entre 800 et 2 800 m, bien que des hardes aient été aperçues à 4 000 m ! Durant toute la saison estivale, il colonise les hauts sommets, dissimulé parmi les falaises et les éboulis, les couloirs et cirques suspendus. Il fréquente surtout les zones d'alpage pour s'alimenter. La disette et les mauvaises conditions atmosphériques l'incitent à regagner l'étage montagnard en période hivernale. Certains restent cantonnés en altitude, sur les crêtes déneigées par la violence du vent.

Régime alimentaire

La capacité d'accueil d'un territoire est liée à ses ressources alimentaires hivernales, qui conditionnent la densité du cheptel. Ainsi, les populations seront d'autant plus fortes que le biotope comportera en toute saison des secteurs déneigés tels que crêtes battues par les vents, vallons exposés au sud où la neige fond vite, et autres zones où le couvert végétal peut être atteint par les animaux. C'est pourquoi les chamois entament, dès les premières chutes de neige, une migration verticale depuis les vallées, se concentrant dans les forêts.

Le régime alimentaire du chamois varie selon la saison et les conditions atmosphériques. Durant tout l'été, il est surtout composé de graminées et légumineuses des prairies alpines, jeunes pousses, feuilles d'arbustes, fruits tels que myrtilles, sorbiers... L'hiver venu, il se contente de mousses et de lichens, d'aiguilles de conifères ou de genévrier, de bourgeons de hêtre, de fougères, de feuilles de ronces. Ses besoins en eau sont en principe couverts par son alimentation végétale habituelle ; il peut toutefois être obligé de s'abreuver par temps très sec, vent chaud ou froid rigoureux accompagné de gel intense.

Le chamois commet peu de dégâts, excepté quelques abroutissements sur les conifères (bourgeons terminaux, rameaux).

Reproduction

La période de rut s'étale de novembre à décembre. Elle donne lieu à des rassemblements importants de chamois ; les vieux boucs, habituellement solitaires, rejoignant les hardes de femelles. Certains d'entre eux peuvent défendre un petit territoire sur lequel ils tentent de rassembler des chèvres, chassant les rivaux. Des combats spectaculaires opposent parfois deux mâles de même force qui entrent en concurrence pour le contrôle d'une harde. Durant la saison de reproduction, toutes les femelles dont l'âge est supérieur à deux ans et demi sont susceptibles d'être saillies. A la fin de cette période, les grandes hardes se disloquent. Après une durée de gestation d'environ 170 jours, la chèvre s'isole afin de mettre bas, abandonnant sa progéniture de l'année précédente. Les éterloux vont généralement migrer vers d'autres secteurs en périphérie du massif, alors que les éterles vagabondent à proximité de leur mère. Chaque portée ne comporte qu'un petit (les naissances gémellaires sont exceptionnelles). Allaité durant 2 à 3 mois, il restera toute la première année lié à sa mère. Dès qu'il se trouve en mesure de suivre la chèvre dans tous ses déplacements, cette dernière rejoint ses congénères et retrouve l'éterle ou l'éterlou issu de sa précédente portée. De grandes hardes se forment à nouveau, constituées de femelles et de jeunes qui vont évoluer durant tout l'été au-dessus de la limite de l'étage forestier.

Comportement

Le chamois est un animal diurne dont les périodes d'activité connaissent deux pics (le matin, à la pointe du jour, puis en fin de soirée) consacrés à la recherche de nourriture. Il occupe le reste de sa journée à ruminer et à se reposer à l'ombre d'un arbuste ou d'un rocher. Nous verrons qu'il est important de tenir compte de ces cycles d'activité lors de la chasse à l'approche. La «chevrée» classique, qui correspond à l'unité sociale de base, est fondée sur le trio. Cette cellule matriarcale comprend la chèvre, accompagnée de sa progéniture de l'année en cours et du jeune issu de la portée précédente, généralement une éterle. Plusieurs chevrées se regroupent pour former de grandes hardes durant l'été, menées par une femelle expérimentée. Les vieux mâles, qui rejoignent les hardes à l'époque du rut, conservent une certaine méfiance. Ils se tiennent toujours à l'écart de leurs congénères. On observe le même comportement chez les chèvres âgées.

Le cri d'alarme du chamois est un sifflement long et chuintant, qui incite la harde à prendre garde. La mère et son petit communiquent par des chevrotements.

Répartition

Le chamois est répandu dans toute l'Europe, à l'exception des îles Britanniques, de la Scandinavie et du Benelux. Il existe trois sous-espèces en France, qui correspondent à des races géographiques :

– *Rupicapra rupicapra* : le chamois des Alpes ;
– *Rupicapra rupicapra cartusiana* : le chamois spécifique de la Chartreuse ;
– *Rupicapra rupicapra pyrenaica* : l'isard, rencontré dans les Pyrénées.

Les effectifs actuels sont estimés à 38 000 individus dans les Alpes, 14 000 dans les Pyrénées, 1 200 dans le Jura, 600 dans les Vosges (introduits en 1956, mais qui semblent être en régression), 150 dans le Massif central (introduits en 1978 dans le Cantal, au puy Mary : les effectifs pourraient être actuellement plus élevés en raison du succès de cette introduction et du taux d'accroissement rapide des populations qui ont colonisé la vallée du Falgoux).

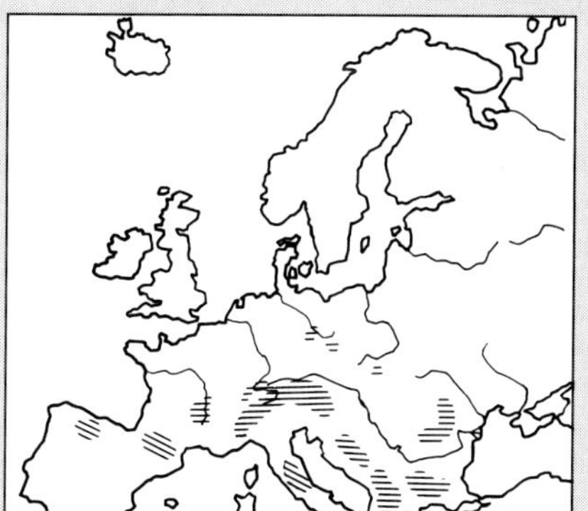

GESTION-AMÉNAGEMENTS

L'isard est une sous-espèce géographique du chamois, qui vit dans les Pyrénées.

Les variations des conditions climatiques et la recherche de nourriture incitent le chamois à effectuer des déplacements saisonniers de grande amplitude. La mise en œuvre de règles de gestion efficaces et cohérentes concernant une population donnée ne peut donc s'envisager qu'à l'échelle d'un massif d' au moins 2 000 ha. L'application de telles mesures n'est pas toujours facile en raison du morcellement des territoires souvent partagés entre plusieurs A.C.C.A. La création de G.I.C. regroupant toutes les sociétés ou associations d'un même massif pourrait être la solution logique destinée à assurer un meilleur suivi des populations.

Les densités souhaitables

Dans la plupart des massifs, on observe une très mauvaise répartition des populations en raison d'une pression de chasse excessive, exercée durant de nombreuses années. C'est ainsi que les parcs et réserves abritent des concentrations anormales d'animaux (supérieures parfois à 15 chamois/100 ha), alors que les zones périphériques n'accueillent que des éléments isolés, souvent représentés par moins de 2 individus / 100 ha. Les densités varient selon la capacité d'accueil du biotope. L'O.N.C. estime que des populations comptant 4 à 5 animaux/100 ha sont correctes et souhaitables dans les massifs montagneux de basse altitude, situés à moins de 1 700 m. Ces étages montrent généralement un couvert forestier à base de résineux. L'enneigement y est faible et peu prolongé.

Les massifs de moyenne altitude (moins de 2 500 m), qui comportent des alpages et des forêts et subissent un enneigement de 4 à 5 mois, peuvent accueillir 8 à 10 animaux/100 ha.

En haute altitude (plus de 2 500 m), le biotope est formé de zones d'éboulis qui alternent avec des alpages. Les sommets sont couverts par des glaciers. L'enneigement, dont la durée est supérieure à 5 mois, est très important. Les densités optimales sont de 5 à 8 animaux/100 ha.

Les facteurs de mortalité

On estime que les taux de mortalité les plus importants affectent les jeunes animaux durant leur première année d'existence, et les vieux chamois. Le taux le plus élevé (50 %) affecte la classe d'âge 0-1 an. Il dépend de nombreux facteurs : rudesse des conditions hivernales, durée de l'enneigement, prédation exercée par les chiens errants, l'aigle royal ou le renard. Le taux de survie, élevé, des chamois adultes, peut atteindre 90 %. Les 10 % de mortalité sont imputables au braconnage, aux accidents (avalanches, chutes de pierres, perte d'équilibre dans les barres rocheuses) et aux intempéries hivernales. La dynamique des populations dépend donc surtout du taux de survie des classes reproductrices, âgées de 4 à 8 ans.

L'accroissement maximal des populations est de 23 à 25 % en théorie. En matière de gestion cynégétique, il est estimé à 15 %.

Le dénombrement des populations

Il est indispensable pour déterminer ultérieurement un plan de tir adapté à la dynamique des populations. Les comptages permettent aussi de mieux connaître la structure interne des cheptels et d'estimer la valeur de la reproduction. Ils sont effectués à l'époque du rut, ou au mois de juin, période au cours de laquelle l'accès en montagne est facile. De plus, les hardes viennent de se regrouper, permettant aux observateurs d'estimer le nombre de jeunes nés en mai. Peu perturbées par les promeneurs, elles n'ont pas encore rejoint les hauteurs peu accessibles. Les observateurs, disposés à plusieurs endroits stratégiques, couvrent l'ensemble du massif. Ils notent tous les animaux vus en précisant l'heure, la localisation exacte, la composition des chevrées.

Établissement du plan de tir

Aspect quantitatif

Il fixe le nombre d'animaux à prélever en fonction de la densité du cheptel, de manière à concilier les plaisirs de la chasse avec la nécessité de maintenir une population stable ou de favoriser son expansion. On estime que 10 à 12 % du cheptel existant peut être prélevé.

Aspect qualitatif

L'objectif est de maintenir une bonne structure interne des populations. Il est important d'épargner, dans la mesure du possible, les meilleurs géniteurs qui appartiennent aux classes d'âge 4-8 ans. On peut éliminer les boucs trop nombreux qui désorganisent le rut. Cela ne signifie pas pour autant qu'il faille créer un déséquilibre trop important en faveur des femelles, cause d'allongement de la période du rut qui compromet la survie des chevreaux en raison des naissances tardives. L'essentiel des prélèvements doit être effectué sur les jeunes animaux et les très vieux.

RÈGLES DE PRÉLÈVEMENT PRÉCONISÉES PAR L'O.N.C.

Classe 0 (chevreaux), 10 à 20 % : privilégier le tir d'infirmes, de déficients, d'orphelins à la fin de l'été, et de sujets au pelage insuffisant fin novembre.

Classe I : (éterles, éterloux), 40 à 50 % : les critères de sélection sont les mêmes que ceux appliqués aux chevreaux.

Classe II (4-9 ans), 10 % : ce sont les meilleurs géniteurs. En théorie, seuls les individus infirmes et malades sont éliminés.

Classe III (9 ans et plus), 30 % : on les reconnaît à leur échine creusée et à leur comportement solitaire. Les femelles bréhaignes portent des trophées qui peuvent s'allonger considérablement à partir du moment où elles ne se reproduisent plus. Attention à ne pas abattre la conductrice d'une harde !

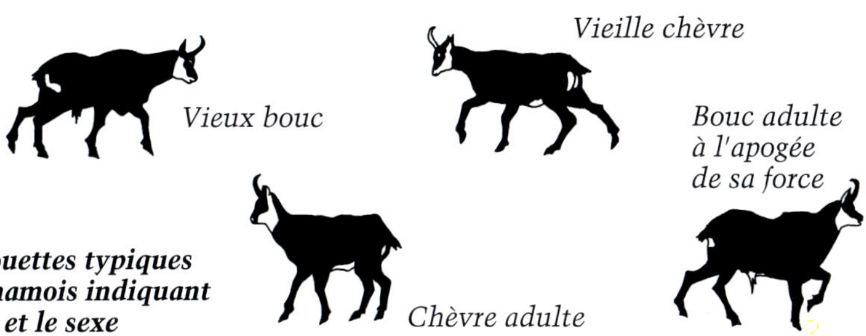

Silhouettes typiques de chamois indiquant l'âge et le sexe

Le mouflon

Ovis musimon

Fam. : Bovidés

En nette régression dans son pays d'origine, le mouflon de Corse, magnifique mouton sauvage, a été implanté avec succès dans plusieurs pays européens. La plus belle population habite le massif de Caroux-Espinouse, situé dans le parc naturel régional du haut Languedoc.

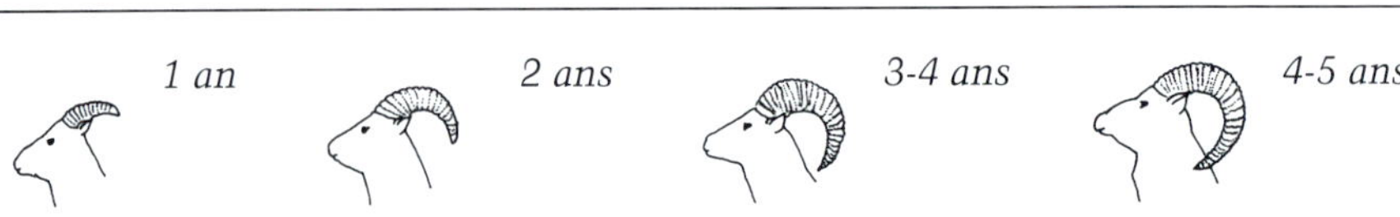

CHASSER LE MOUFLON

Un beau mouflon obtenu à l'approche.

700 mouflons ont été tués en 1989, le tiers dans le massif du Caroux.
Très méfiant, le mouflon est chassé à l'approche, avec les mêmes techniques que celles employées pour le chamois. Sa chasse, dans les reliefs tourmentés qui constituent son biotope, relève du grand sport ! La puissance de l'animal justifie l'emploi de munitions adaptées : 6,5 x 68, 7 x 64, éventuellement 300 Winchester magnum.
Dans certaines régions, il est encore chassé en battue. Si cette pratique gagne en convivialité, elle n'est absolument pas adaptée à la gestion de l'espèce. Un mouflon est un seigneur qui mérite mieux !

BIOLOGIE-ÉCOLOGIE DU MOUFLON

Description

Le mouflon est un solide mouton sauvage dont la hauteur au garrot varie de 70 à 85 cm pour une longueur de 120 à 140 cm et un poids de 40 à 55 kg. Le mâle est appelé bélier, la femelle brebis et le jeune de l'année agneau.

Le pelage, brun roussâtre l'été, devient brun-noir l'hiver. Les flancs des mâles sont souvent marqués d'une tache blanche, ou selle. Le museau montre des marques blanches et noires. Les taches claires tendent à s'agrandir avec l'âge.

Le mâle porte des cornes dont la croissance est continue tout au long de l'existence . Ces productions cutanées, comme celles du chamois, ne tombent pas. Elles se développent en cercle et peuvent mesurer jusqu'à 90 cm. La femelle est dépourvue de cornes chez la souche originelle de Corse. Les sujets introduits dans diverses régions d'Europe peuvent présenter de petites cornes dont la longueur ne dépasse jamais 15 cm. A partir de 8 ou 9 ans, les cornes du mâle subissent à leur extrémité une usure, qui compense la croissance à la base. Elles ne s'allongent donc plus.

5-6 ans

6-7 ans

7-8 ans

Habitat

Le mouflon est un animal de moyenne ou de basse montagne qui fuit les secteurs où l'épaisseur de neige dépassant 30 cm l'empêche de se nourrir. En fait, son habitat originel est la montagne sarde ou corse, placée sous influence méditerranéenne. C'est pourquoi les introductions qui semblent avoir le mieux réussi se situent dans le sud de la France (Caroux-Espinouse).

Il occupe différents milieux selon la saison : l'été, il occupe des crêtes rocheuses qu'il déserte dès l'arrivée des mauvais jours pour se réfugier en forêt et dans les fonds de vallée.

Régime alimentaire

Peu exigeant, le mouflon adapte son menu en fonction des saisons et des ressources offertes par le milieu. Il consomme des plantes herbacées, de jeunes pousses, des feuilles d'arbres, des mousses, lichens, fougères, fruits, glands, faines, écorces, bruyères et parfois des plantes cultivées.

Reproduction

La période du rut s'étale d'octobre à début décembre. Les mâles sont alors très mobiles : ils parcourent le massif à la recherche de femelles, s'aventurent parfois dans les troupeaux de moutons pour saillir les brebis. Les produits de ces croisements sont interféconds et il n'est pas rare, dans les régions où les mouflons côtoient de grands troupeaux d'ovins, d'apercevoir des individus à la robe très claire qu'il est sage d'éliminer afin de ne pas altérer le patrimoine génétique de l'espèce. La conquête des femelles donne lieu à des combats spectaculaires entre béliers, qui s'affrontent en se précipitant les uns vers les autres, fronts baissés. Les mâles dont l'âge est inférieur à 3 ans, aux cornes moins développées que leurs aînés, ne peuvent supporter un tel combat, et ne participent donc pas au rut. La gestation dure 5 mois. Peu avant la mise bas, qui a lieu en avril-mai, la femelle s'isole pour mettre au monde un seul agneau (les naissances gémellaires sont rares), dont le poids n'excède pas 2 kg.

Comportement

Les mouflons sont actifs de jour comme de nuit. Ce sont d'excellents grimpeurs ; leur ouïe et leur odorat très développés ne facilitent pas l'approche. Sociables, ils vivent en petits groupes sous la conduite d'une vieille brebis, les mâles formant l'arrière-garde. Les vieux béliers sont souvent solitaires.

Répartition

Originaire de Corse et de Sardaigne, le mouflon a été introduit dans de nombreux pays européens. En France, on le rencontre dans les Alpes (Mercantour), les Pyrénées (Carlit), le Massif central (Caroux, monts du Cantal, puy de Sancy). Le cheptel compterait actuellement 6 500 individus, dont 1 500 dans le seul massif de Caroux-Espinouse, qui constituent la plus belle population d'Europe. Protégé depuis 1956 en Corse, le mouflon n'est plus représenté que par deux petites populations résiduelles menacées (450 sujets au total) réparties à Asco et à Bavella.

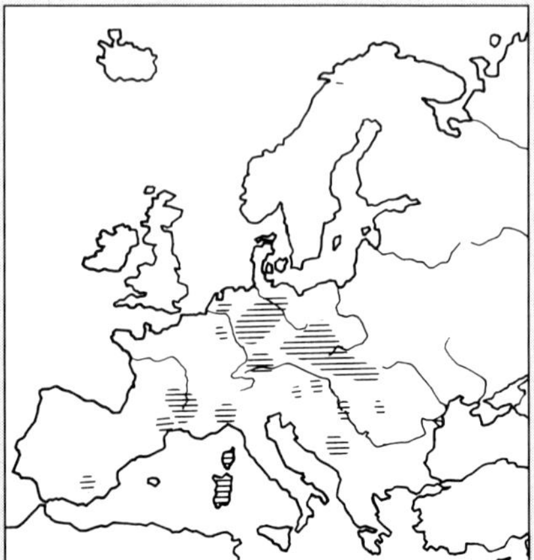

GESTION-AMÉNAGEMENTS

La gestion des populations

De nombreuses tentatives d'introduction sont effectuées dans la plupart de nos massifs. Il faut savoir toutefois qu'il est important de ne pas imposer le mouflon là où le chamois est présent, afin de ne pas créer de concurrence alimentaire. Une gestion cohérente ne peut s'envisager qu'à l'échelle d'un massif ou d'un territoire dont la superficie est d'au moins 5 000 ha.

Le dénombrement

Il constitue un préalable à toute action de gestion. Le dénombrement des populations, l'étude de leur structure, sont effectués au cours du rut, ou au début du printemps alors que les animaux ont quitté les couverts forestiers pour se rendre sur les espaces découverts riches en herbe nouvelle. Dans certains massifs, une battue à blanc est réalisée.

Les densités souhaitables

Les massifs situés en zone méditerranéenne sont favorables à l'expansion de l'espèce. Une densité de 8 à 10 individus pour 100 ha y paraît donc souhaitable en hiver.

Les massifs montagneux soumis à un climat continental, qui subissent des périodes d'enneigement prolongées, n'offrent pas une capacité d'accueil aussi importante. On estime que le cheptel comporte alors 1 ou 2 individus pour 100 ha en période hivernale.

Le calcul des prélèvements

On ne peut envisager de chasser l'espèce si la population totale est inférieure à 100 individus. Le taux d'accroissement d'une population est de 20 à 30 % selon les conditions offertes par le milieu. Le prélèvement n'excèdera jamais 25 % du cheptel total estimé à l'automne. Le plan de chasse doit être qualitatif, le tir concernant toutes les classes d'âge.

Il peut être établi de la manière suivante :

Classe d'âge	Pourcentages prélevés	Critères d'élimination
Agneaux	30 %	Doit peser 15 kg à 3 mois. Les individus chétifs sont abattus en priorité.
Jeunes d'un an	20 %	On juge la qualité du pelage, le développement corporel. Les individus trop clairs (issus de croisements avec des moutons) sont éliminés.
Adultes	10-15 %	Le développement du trophée est essentiel.
Vieux	30-35 %	Les formes atypiques entraînent l'élimination.

Deux formes de trophées atypiques qui entraînent l'élimination

L'équilibre des sex-ratios doit évidemment être respecté.

Le gibier d'eau

Cette magnifique diversité d'oiseaux, qui représente, pour nous chasseurs, une véritable manne céleste à l'époque des passages, n'est pas inépuisable. Chacun doit prendre conscience que les oiseaux d'eau constituent un patrimoine international auquel il convient de veiller. C'est le rôle du chasseur, qui doit se limiter dans ses prélèvements, de participer aux études entreprises dans le but de mieux connaître ces mystérieuses espèces. Ce n'est qu'à ce prix qu'il pourra continuer à pratiquer l'une des plus belles chasses qui soient... celle de la sauvagine !

CHASSER LE GIBIER D'EAU

La chasse au gibier d'eau regroupe une confrérie particulière de la branche cynégétique, les sauvaginiers, qui possèdent leur propre éthique et qui ont su mettre en œuvre des techniques originales, reflet d'un patrimoine culturel régional ou local. Au fur et à mesure de la disparition progressive du gibier sédentaire, elle fait de plus en plus d'adeptes. C'est une chasse sportive, enivrante, qui se déroule dans un cadre incomparable et s'adresse à des gibiers exceptionnels tant par leur diversité que par leur comportement farouche, vraiment naturel. Le sauvaginier est prêt à affronter les pires tempêtes, qui sont pour lui une bénédiction car annonciatrices de mouvements d'oiseaux, pour assouvir sa passion.

En parcourant «à la botte» les anses des rivières de plaine au petit matin, il est encore possible de tirer quelques canards au gagnage.

La chasse devant soi, a la botte

Les longues randonnées à travers tourbières, vasières, rives de fleuves ou d'étangs exigent une excellente condition physique. Cette chasse à la billebaude, basée sur une connaissance du terrain et des migrations des oiseaux, est passionnante et peut réserver des surprises lors de l'apparition brutale d'une vague de froid, synonyme de mouvements de canards.

La chasse à la botte est fructueuse en début de saison lorsqu'elle s'adresse aux halbrans, peu farouches car encore jamais tirés. Le sauvaginier progresse lentement, explorant les rives d'étangs pourvues d'une abondante végétation aquatique. Elle est pratiquée également dès les premières lueurs de l'aube, dans les mares ou bras morts situés à proximité des fleuves et des grands plans d'eau. On tente alors de surprendre quelques retardataires encore sur leurs zones de gagnage, ou à l'abri d'un vent violent. Les périodes de gel extrême et prolongé, qui figent en glace l'eau des lacs et des étangs, sont très favorables : le sauvaginier en profite pour prospecter les surfaces d'eau encore libres telles que rivières, ruisseaux ou simples rigoles. Les oiseaux se tiennent généralement dans les méandres calmes, les zones de courants lents recouvertes de saules et d'aulnes, les petites reculées. L'observation de la rivière aux jumelles permet de repérer les oiseaux stationnés. L'approche s'effectue après un long détour par l'intérieur des terres, de manière à ne pas révéler sa présence. Il est important d'aborder chaque méandre, même si rien n'a été repéré préalablement, avec la plus grande discrétion. De petites bandes d'anatidés se tiennent en effet fréquemment dissimulées entre les racines d'arbres situées sous les berges. Elles décolleront au dernier instant, au nez du chasseur qui se présente à leur aplomb. Les services d'un excellent retriever sont ici indispensables pour récupérer les canards qui dérivent au gré du courant, mais il ne faut pas l'inciter à gagner des courants dangereux, situés entre deux rives abruptes.

Le chasseur pourra aussi prospecter les prés inondés, en période de crue, en insistant tout particulièrement dans les boqueteaux baignant dans l'eau, qui offrent des refuges recherchés par les sarcelles. Il devra préalablement se renseigner auprès de la Fédération départementale des chasseurs de son lieu sur les conditions d'exercice de cette chasse, qui ne peut souvent être pratiquée que durant la période d'ouverture générale.

En domaine maritime, la chasse à la botte peut être fructueuse dans les champs de zostères ou d'herbus découverts à marée basse, qui dissimulent souvent mares résiduelles et petits canaux accueillant des anatidés. Ces zones refuges sont abordées à bon vent, dans le plus grand silence, en masquant sa progression, s'il le faut, en rampant. On peut également utiliser le relief ou la végétation éventuelle. Cette chasse est surtout pratiquée au début de la marée montante, lorsque les oiseaux, chassés par les flots, regagnent la côte. Elle s'adresse aussi (et essentiellement) aux échassiers.

LA PASSÉE

Pour beaucoup de chasseurs, la passée est un instant privilégié, véritable communion avec la nature. C'est la chasse par excellence du sauvaginier occasionnel qui, après une journée de quête à la billebaude en plaine, aime se retrouver, le soir venu, au bord de l'eau pour goûter quelques instants de quiétude. La passée peut être pratiquée sur les rives d'une mare, fréquentée de temps à autre par les anatidés, dont les poses seront d'autant plus fréquentes que les lieux seront agrainés.

Les canards, sans doute par méfiance instinctive de l'homme, adoptent un mode de vie nocturne ou crépusculaire au cours duquel ils s'alimentent. La journée est consacrée au repos sur les grands plans d'eau, les fleuves ou les estuaires où ils se sentent en sécurité. C'est donc dès les premières lueurs de l'aube (volée du matin), ou lorsque le crépuscule s'installe, que les mouvements d'oiseaux s'amorcent pour rejoindre des aires de gagnage ou de repos. Le chasseur profite de ces déplacements réguliers pour se poster à proximité des lieux de passage ou de pose des oiseaux. Si la chasse à la passée est tributaire des conditions météorologiques (les mouvements sont favorisés par l'arrivée de vagues de froid) et aussi, il faut bien le dire, du hasard, elle suppose néanmoins la connaissance des habitudes des oiseaux, de leurs couloirs aériens préférentiels, qui varient selon la direction du vent, des sites de gagnage propices. Ces derniers sont repérés à l'avance en explorant le marais à la recherche d'indices de présence (empreintes de palmes dans la vase et plumes dispersées en bordure des rives). En mer, les heures favorables à la passée se combinent avec celles des marées. Il est important de ne pas déranger trop fréquemment un site favorable à la passée, les canards comprenant rapidement d'où vient le danger et se décantonnant. Il est bon de ne pas chasser plus d'une fois par semaine sur la même zone.

Le chasseur vient se poster peu avant le coucher du soleil. Il s'embusque à proximité d'un arbuste, au milieu de roseaux ou de phragmites, prenant garde à bien dissimuler ses mains et surtout son visage (à l'aide d'un chapeau) qui forme une marque claire très visible dans l'obscurité. Il s'assure que sa silhouette ne se découpe pas en ombre chinoise face au couchant. Aujourd'hui, la passée ne dure guère plus de 15 à 20 minutes, les oiseaux arrivant de plus en plus tard, alors que la nuit s'installe, et volant de plus en plus haut.

L'arrivée des canards est signalée par un sifflement d'ailes caractéristique. Lorsque la pénombre n'est pas suffisante, les oiseaux explorent soigneusement le lieu de pose avant de s'abattre, effectuant plusieurs tours en réduisant peu à peu leur altitude ; lorsque la nuit est presque complète, ils s'abattent comme des pierres, surprenant le chasseur qui souvent n'a pas le temps de tirer. Une fois sur l'eau, ils sont totalement invisibles, à moins de se découper sur un ciel éclairé par la lune. On peut tenter de se montrer ou de claquer des mains pour provoquer l'envol et tâcher ensuite de visualiser les silhouettes dans le ciel. Le tir à la passée exige une grande habitude. Certains attendent la pose des canards pour tirer sur l'eau ; d'autres, qui jugent le procédé déloyal, tirent sur les voiliers en approche, que l'on visualise souvent au dernier instant. De plus, à la faveur de la pénombre, il est bien difficile d'apprécier avec exactitude les distances. La nuit, le chasseur a souvent tendance à tirer trop loin. Un fusil tombant parfaitement à l'épaule est ici indispensable, car la ligne de mire devient vite invisible.

Une lampe torche et un bon retriever seront naturellement utiles pour retrouver les oiseaux abattus.

Ce chasseur a eu bien de la chance de retrouver seul son canard, tombé dans le fouillis de la roselière.

Certains sauvaginiers utilisent des appelants ou des appeaux. Le fameux «Call Duck», appeau américain doté d'un manchon en caoutchouc, émet un son qui attire irrésistiblement les canards.
Il est important de prendre garde aux heures légales de passée, qui flottent dans un vide juridique complet. Théoriquement, le chasseur doit cesser son activité lorsqu'il ne distingue plus les objets. D'autres règlements stipulent que la chasse n'est autorisée que deux heures avant le lever du soleil (volée du matin) et deux heures après le coucher du soleil (passée du soir). Certaines fédérations exigent que l'on se rende sur les lieux de l'affût, qui s'effectue obligatoirement à poste fixe, fusil déchargé et rangé dans un étui.

Une manœuvre subtile effectuée à deux a permis de tromper la vigilance de ces canards, qui cherchaient leur nourriture dans une prairie humide.

LA CHASSE EN BATTUE

Beaucoup moins sportive que la chasse à la botte, elle offre cependant l'occasion de coups de fusil spectaculaires. La battue est surtout pratiquée en début de saison sur des étangs agrainés, et s'adresse généralement à des canards nés sur place. En période migratoire, elle permet de décrocher quelques oiseaux très méfiants sur les grands plans d'eau où ils seraient autrement inaccessibles.
Le directeur de battue doit connaître les trajectoires d'envol les plus fréquemment adoptées par les oiseaux et placer les tireurs en conséquence.
Ces derniers gagnent leurs postes dans le plus grand silence, dissimulant leur progression derrière des obstacles végétaux, des accidents du relief, ou tout simplement la chaussée de l'étang.
Les marais étudiés pour la chasse en battue comportent souvent une ligne d'arbres vers lesquels les traqueurs tâchent de diriger les canards.
Ces derniers surgissent alors brusquement à l'aplomb des tireurs, en formations rapides, adoptant une trajectoire ascendante dont la vitesse est difficile à estimer. Sur de vrais canards sauvages, le tir est difficile !
Il est conseillé de disposer d'un excellent retriever pour retrouver les victimes tombées dans les roselières ou sur le plan d'eau. Un canard blessé, et surtout une sarcelle, savent échapper au flair du chien en plongeant, ne laissant dépasser que le bout de leur bec entre les roseaux pour respirer.
La plus grande prudence s'impose lorsqu'on tire un oiseau sur l'eau, en raison des risques de ricochets.

LA CHASSE EN BATEAU

Seule la chasse à bord d'un canot à rames est autorisée, l'utilisation d'embarcations à moteur étant prohibée depuis 1976.
La chasse en bateau est pratiquée dans les grands fleuves, les estuaires, les marais sillonnés de canaux, ainsi que sur les vastes surfaces inondées lors des crues, qui offrent refuge aux anatidés en période de passage.
Le sauvaginier utilise des barques à fond plat, très stables, dont le maniement exige toutefois une certaine habileté et une connaissance des dangers de l'eau.
Sur les cours d'eau, cette chasse est surtout fructueuse au cours des périodes de gel intense qui figent lacs et étangs. Tous les canards regagnent alors les fleuves, devenus pour eux les seules zones hospitalières.
L'embarcation longe lentement les rives, en utilisant la végétation éventuelle de bordure pour masquer son avance. Il est préférable d'opérer à deux, le tireur se situant à l'avant du canot, pour des raisons de sécurité. Le rameur prospecte les parties calmes, les zones abritées du vent, les reculées.
Les bancs de sable ne doivent pas être négligés, bien que leur approche se révèle délicate (les oiseaux voient venir le danger de loin).
Ce sont pourtant des refuges très fréquentés, notamment par les volées de sarcelles qui se reposent ainsi à l'abri de tout danger.
Les moments les plus propices pour surprendre les volées de canards correspondent aux heures crépusculaires et à l'aube. Le brouillard est très favorable, car il masque l'approche du chasseur.
Les services d'un bon retriever ne sont pas négligeables, surtout au marais lorsqu'un oiseau tombe au beau milieu d'une roselière.
Quelques dizaines de sauvaginiers, notamment sur le bassin d'Arcachon, pratiquent encore une chasse traditionnelle très sportive, à bord d'une minuscule embarcation nommée punt, ou pédalo. Il s'agit d'un petit canot ponté dans lequel le chasseur se tient allongé, lesté de manière à dépasser à peine la surface des flots afin de passer inaperçu lors de l'approche. Le pédalier, actionné avec les pieds, est relié à une hélice située à l'arrière.
Pour aborder un vol de canards à portée de tir, le chasseur doit tenir compte du vent, de la direction des courants, des marées. Le canot est mis à l'eau, en raison de la difficulté de son maniement, à 600 ou 800 m des vols.

LA CHASSE A LA HUTTE

Les huttiers appartiennent à une catégorie de sauvaginiers à part, qui possèdent leurs règles propres et leurs techniques secrètes. La chasse à la hutte est réellement une pratique traditionnelle, qui fait l'objet d'une tolérance dans certains départements en raison des conditions de son exercice, le tir s'effectuant en effet de nuit. Elle consiste à attirer et à provoquer la pose de migrateurs près d'une installation fixe, à l'aide d'appelants. Elle permet de passer des soirées inoubliables dans l'ambiance conviviale d'un groupe d'amis réunis pour partager les émotions d'une chasse exceptionnelle.

Le choix de l'emplacement de la hutte est primordial. L'installation est située au bord d'un plan d'eau naturel ou artificiel, d'un estuaire, ou le long d'un cours d'eau, toujours sur une ligne de vol connue des chasseurs.

Les huttes sont plus ou moins sophistiquées. Elles comprennent une partie en dur enterrée sous le niveau des eaux, un toit en pente parvenant seul au ras de la surface. L'installation est entièrement camouflée.

Certaines sont de véritables petits appartements comportant une salle de repos équipée d'une table et de chaises pour «casser la croûte», de bas flancs pour dormir, d'un poêle pour réchauffer une atmosphère plutôt humide. Il faut veiller à aménager un système d'aération parfait dans ce milieu confiné. Cette pièce est séparée par une porte de la salle de tir, qui s'ouvre à l'extérieur par des meurtrières horizontales pouvant se fermer à volonté : les guignettes. La salle comporte un râtelier et une tablette pour déposer cartouches et jumelles. Elle doit toujours être plongée dans la pénombre, la moindre lueur provoquant la fuite des migrateurs. Sur les mares très larges, des guignettes latérales sont également aménagées.

La mare doit être étudiée pour inciter les canards à s'y poser. Sa longueur atteint au moins 100 m et sa profondeur peut varier de 20 cm (pour les canards de surface) à 2 m (pour les plongeurs). Quelques gazons ras peuvent être entretenus pour attirer les échassiers, ainsi qu'une végétation haute de bordure qui mettra les oiseaux à l'abri du vent.

LES APPELANTS

Leur rôle, essentiel, consiste à inciter des congénères sauvages à les rejoindre sur la mare. Le sauvaginier exploite ainsi le comportement sociable et grégaire des canards. Il met un soin jaloux à sélectionner ces auxiliaires précieux selon la tonalité de leur voix. En effet, il existe plusieurs types d'appelants, qui sont disposés différemment selon l'intensité de leur chant.

La *cane long-cri* attire l'attention des migrateurs en vol par un chant sonore et convaincant, annonçant ensuite leur arrivée. Lorsque le vol se rapproche, elle doit se taire pour ne pas éveiller la suspicion d'oiseaux qui répugnent à se poser près d'un congénère bruyant.

La *cane demi-cri* prend alors le relais. Elle invite le voilier à survoler la mare, à perdre peu à peu de l'altitude tandis que les migrateurs observent les alentours, cherchant à déceler la présence d'un piège éventuel.

C'est à la *cane court-cri* que revient le rôle majeur de conclure, par son petit chant en 3 notes discrètes, la pose des oiseaux sauvages. Elle fait l'objet d'une sélection rigoureuse, et ce n'est pas la plus facile à trouver !

Les *malards* sont chargés de stimuler les canes et de les inciter à chanter.

La plupart du temps, les appelants sont issus d'hybridations entre le canard colvert et le canard rouennais.
Les *blettes* ou *formes* : ce sont des leurres imitant des silhouettes de canards, disposés en paquets de 3 à 5 entre les appelants vivants. Autrefois, les vrais sauvaginiers savaient sculpter eux-mêmes leurs blettes, dont certaines étaient de véritables œuvres d'art. Elles sont souvent remplacées par des formes en plastique, dont la flottaison est moins naturelle. La couleur n'a guère d'importance, seule la silhouette de la blette étant visible la nuit.

L'ATTELAGE DES APPELANTS ET LEUR DISPOSITION

Le canard est attaché à un cordeau par l'intermédiaire d'une bague passée à la patte (la pattière), à laquelle sont fixés une agrafe et un émerillon. On évite ainsi un emmêlement inextricable de la cordelette qui nuit à une évolution naturelle de l'oiseau. Certains huttiers disposent de canards apprivoisés qu'ils préfèrent laisser vaquer à leurs occupations sur la mare, en toute liberté. On s'expose alors à confondre cet oiseau avec l'un de ses congénères sauvages...
Il existe deux modes d'attaches principaux :
– l'attache individuelle à un poids mort (plomb) est intéressante, car elle permet de redisposer les appelants selon les circonstances, notamment lorsque le vent tourne ;
– l'attache à une installation fixe, grâce à un système de va-et-vient constitué par un cordeau relié à un piquet planté au centre de la mare, sur lequel est fixée une poulie. Le sauvaginier dispose ainsi son attelage des rives. Si la mise en place des appelants est facilitée, le système présente quelques inconvénients. La disposition des canards en rangées rectilignes peut éveiller la méfiance des oiseaux sauvages, et cette installation, fixe, ne permet pas de modifier la disposition lorsque le vent tourne.
La disposition de l'attelage est différente selon les régions, les saisons, la direction du vent, la forme du plan d'eau et surtout

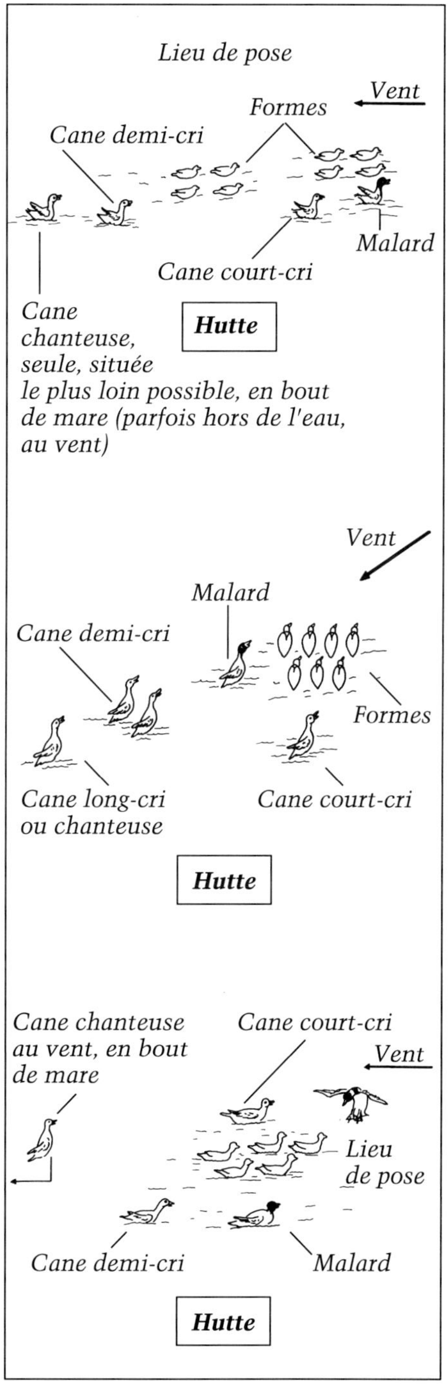

La disposition des attelages reflète souvent des traditions régionales, voire locales. Elle varie également selon l'époque de l'année. Chaque sauvaginier possède ses «petits secrets» qui lui permettent d'attirer les voiliers de migrateurs sur sa mare, en les détournant de celle du voisin ! Dans tous les cas, la cane chanteuse est située au plus loin du lieu de pose souhaité, la cane court-cri au plus près.

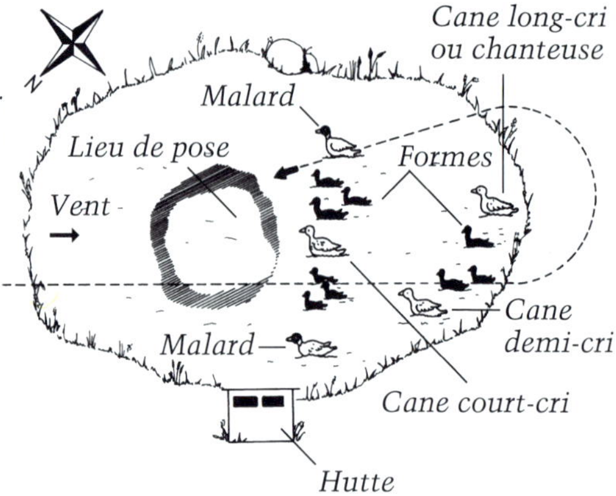

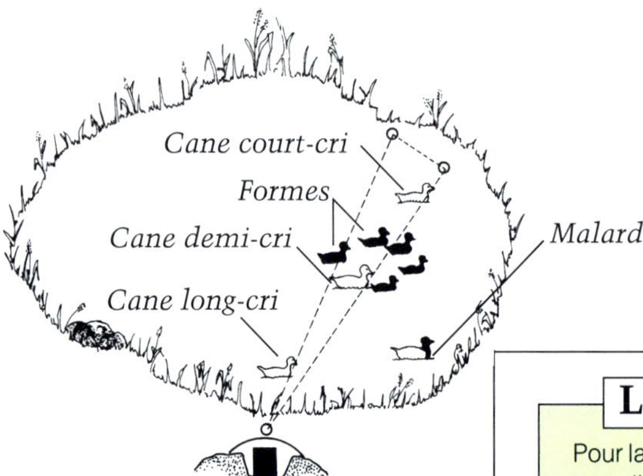

Disposition des attelages d'appelants

Attelage en V, avec une ligne de malards au plus près du vent. Les canes sont situées sur l'autre branche.

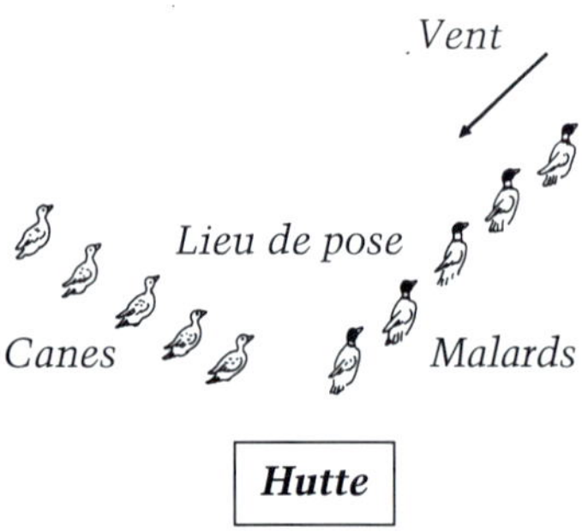

LES CHIENS DE MARAIS

Pour la chasse des canards, ce sont avant tout d'excellents retrievers, rustiques, résistants, ne craignant pas les séjours prolongés dans l'eau froide. Ils doivent être parfaitement obéissants, surtout lors des approches pratiquées quand on chasse devant soi, à la botte. On évitera les chiens à poil ras (Pointer, Braques) qui peuvent souffrir du froid. De nombreuses races sont adaptées, parmi lesquelles nous n'aurons que l'embarras du choix : les Épagneuls (Breton, Picard, de Pont-Audemer, Français), les Setters (surtout l'Irlandais et le Gordon), les Labradors, Golden Retriever, Flat-Coated Retriever, le Grand Caniche, l'Irish Water Spaniel, les Griffons d'arrêt (Korthals, Drahthaar). On veillera au bon entretien de ces chiens soumis à toutes les intempéries, et notamment à les sécher convenablement dès leur retour à la maison.

la nature du cri des appelants. Elle conditionne le succès, respectant quelques règles immuables : la cane long-cri, celle qui attaque les voiliers, est toujours placée dans la direction du vent, souvent à une extrémité de la mare. La cane court-cri est située près du lieu de pose souhaité, à bonne distance de tir des guignettes. La cane demi-cri est placée au centre du dispositif, lequel est bien entendu inversé si le vent tourne. L'attelage peut être mis en place sur une seule ligne. Il comporte alors les malards et la cane court-cri situés à proximité immédiate de la hutte, au plus près du vent, puis la cane demi-cri et enfin la cane long-cri.
Certains sauvaginiers préfèrent une disposition en V ouvert face aux guignettes, qui comporte les mâles sur une ligne, au plus près des guignettes, les canes sur l'autre selon la même disposition (court-cri, demi-cri, long-cri). Le milieu du V est occupé par des formes. Ce procédé offre un large champ de tir, mais peut inciter les migrateurs à se poser un peu plus loin des guignettes.
En fin de saison, lorsqu'on s'adresse à des oiseaux très méfiants, certains conseillent de supprimer la cane long-cri de l'attelage. Le tir s'effectue sur l'eau, après avoir formellement identifié l'oiseau comme n'appartenant pas à une espèce protégée, souvent à l'aide d'une lunette très lumineuse. Les huttiers utilisent des diamètres de plombs élevés (4 ou 5), de manière à tuer proprement l'oiseau.

LE GABION

Il s'agit d'une hutte rudimentaire, formée d'un caisson de bois étanche fixé au fond grâce à de fortes chaînes, qui monte et descend au gré des marées.

LE HUTTEAU ET LE CERCUEIL

Le *hutteau* est une caisse de bois enterrée dans le sable, à l'intérieur de laquelle se dissimule le chasseur qui guette, à marée montante, l'arrivée des limicoles et des becs plats chassés par le flot.
Il dispose quelques formes autour de son abri pour attirer d'éventuels vols de canards.
Certains sauvaginiers utilisent une simple toile de couleur neutre, qui dissimule leur présence. Ils se tiennent allongés sous ce toit rudimentaire, s'isolant du sable humide grâce à une bâche imperméable. D'autres préfèrent un abri plus «confortable» nommé *cercueil*, caisse en bois allongée qui est enterrée dans le sable.
Toutes ces chasses d'affût des anatidés et limicoles, qui se pratiquent en domaine maritime, supposent la connaissance des coefficients de marées, des axes empruntés par le gibier qui rejoint la côte au fur et à mesure que le flux avance, et qui peuvent varier en fonction du vent. L'abri n'est jamais installé complètement face au vent, pour éviter qu'embruns et grains de sable n'aveuglent le tireur.

Le hutteau
Une bâche de toile dissimule le chasseur, allongé dans une excavation creusée dans le sable

La protection des zones humides, les actions de sauvegarde

• La convention de Ramsar a jeté les bases d'une sauvegarde des zones humides, notamment dans le but de protéger les oiseaux d'eau. 40 pays signataires désignent les zones humides de valeur internationale et s'engagent à les conserver, cas de la France qui a ratifié la Convention en 1986. Elle entend ainsi préserver 400 000 ha de zones humides, répartis dans les marais du Cotentin, les rives du lac Léman, la Brenne, les étangs de la Champagne humide, le golfe du Morbihan, la Petite Wœuvre (en Lorraine), en accord avec les différents partis concernés :

• En 1984, l'Europe a redéfini une politique agricole incitant à la réduction de la production agricole (aide au gel des terres), tout en prenant en compte les problèmes d'environnement, et en proposant un règlement dont l'article 19 permet de donner des aides aux agriculteurs placés en zone sensible. Ainsi, la C.E.E. permet aux États membres de subventionner les agriculteurs dans le cadre de contrats d'exploitation prenant en compte les impératifs de préservation et (ou) de restauration des milieux naturels, des espèces menacées, des paysages, notamment des zones humides. Il ne s'agit d'ailleurs pas d'une panacée, car cette procédure se trouve en concurrence directe, dans les régions les plus défavorisées, avec celle du retrait des terres arables (gel des terres), dont la dotation est beaucoup plus attractive. Les deux procédures ne sont pas cumulables. Ainsi, les subventions accordées par l'article 19 sont de 500 F/ha. Celles destinées au retrait des terres arables, à la mise en jachère fixe ou au boisement se montent à 2 000 F/ha. Or, nous savons qu'un marais reboisé ou non entretenu (développement d'une roselière trop importante, puis d'une forêt marécageuse) n'est pas favorable aux oiseaux d'eau.

• Les Fédérations de chasse et l'O.N.C. gèrent 170 000 ha de réserves situées en zones humides.

• La Fondation nationale pour la protection des habitats de la faune sauvage a acquis 10 000 ha de marais.

Toutes ces actions, bien entendu, ne suffisent pas, et de graves menaces pèsent toujours sur les milieux humides et le gibier d'eau, qui constitue un patrimoine international. En effet, ces oiseaux, le plus souvent migrateurs au long cours, occupent durant leur cycle de vie annuel tout ou partie du Paléarctique occidental, à savoir une vingtaine d'États répartis du pôle Nord au continent africain. Tous les pays n'ont pas la même politique en matière de protection de l'environnement : des prélèvements excessifs peuvent être ainsi effectués au cours des hivernages ou des migrations de retour, et d'immenses surfaces de zones humides sont susceptibles d'être asséchées au profit du développement d'une agriculture moderne. Une politique globale en matière de protection des espaces naturels humides, une uniformisation dans les prélèvements et les modes de chasse pourraient seuls garantir la survie de cette richesse que constituent les milieux aquatiques, leur flore et leur faune.

Les menaces qui pèsent sur les zones humides et les animaux

Elles sont bien connues et n'en contribuent pas moins à faire disparaître chaque année 10 000 ha de marais !

• L'assainissement et le drainage : des subventions sont accordées aux jeunes agriculteurs contraints d' intensifier leur production pour assécher ou assainir les marais, assorties d'arrangements fiscaux, cela alors même qu'on note une certaine volonté européenne de réduction de la production agri-

LA CHASSE - SES PRÉLÈVEMENTS

Une enquête de l'O.N.C. a permis d'établir le nombre d'oiseaux d'eau abattus en 1983-1984.
Colverts : 1 345 000.
Bécassines : 675 000.
Vanneaux : 1 345 000.
Autres échassiers : 235 000.

LA GESTION DES OISEAUX D'EAU

Le dénombrement des populations

La gestion nécessite une entente internationale afin d'apprécier les effectifs d'oiseaux migrateurs.

Pour cela, il est important de définir des zones précises, sur lesquelles sont effectués des dénombrement à intervalles réguliers, au cours des migrations pré- et post-nuptiales, et lorsque les oiseaux se trouvent sur leurs aires de reproduction.

Les premières bases d'un plan de chasse

A partir de ces données, et du dépouillement des résultats obtenus par le baguage, il pourrait être établi un prélèvement maximal autorisé dans l'attente de mesures de gestion plus fiables.

Rappelons que les U.S.A. et le Canada ont établi une convention concernant l'établissement d'un «bag limit» commun aux deux pays qui semble satisfaire tous les chasseurs.

L'arrivée brutale d'une vague de froid provoque d'importants mouvements de canards migrateurs, ainsi que des déplacements erratiques d'hivernants qui quittent la surface gelée des étangs pour rejoindre les cours d'eau.

cole. Pour ne citer qu'un exemple, la Camargue a perdu 40 % de sa surface totale en milieu humide de 1942 à 1984.

• Le recul des activités traditionnelles : cela peut paraître contradictoire, mais l'exploitation du marais contribue à sa richesse, à sa diversité, et donc favorise la prolifération d'une flore et d'une faune variées. Or, l'abandon d'activités telles que la récolte des roseaux, l'entretien des canaux, etc., contribue à un envasement progressif du marais. L'eau recule au profit d'un envahissement végétal.

• Les pollutions diverses, et notamment les pesticides, ou les engrais (nitrates, phosphates).

• La chasse à l'étranger : chaque année, de 3 000 à 4 000 chasseurs français se rendent à l'étranger pour chasser le gibier d'eau, sur ses sites d'hivernage où il est rassemblé en grand nombre. Des prélèvements excessifs y sont souvent effectués, à tel point que la situation devient préoccupante.

Les zones humides françaises

1 - Étangs de Lorraine
2 - Ried d'Alsace
3 - Val de Saône
4 - Lac Léman
5 - Dombes
6 - Forez
7 - Étangs de Biguglia
8 - Camargue
9 - Étangs littoraux
10 - «Barthes» de Gascogne
11 - Bassin d'Arcachon
12 - Marais charentais
13 - Baie de l'Aiguillon
14 - Marais poitevin
15 - Brenne
16 - Val de Loire et d'Allier
17 - Sologne
18 - Marais d'Olonne
19 - Marais vendéen et baie de Bourgneuf
20 - Lac de Grand-Lieu
21 - Marais de la Vilaine
22 - Brière et marais de Guérande
23 - Golfe du Morbihan
24 - Baie de Saint-Brieuc
25 - Baie de Brest
26 - Baie du Mont-Saint-Michel
27 - Marais du Cotentin
28 - Baie de Seine
29 - Baie de Somme
30 - Lacs du Der et de la forêt d'Orient

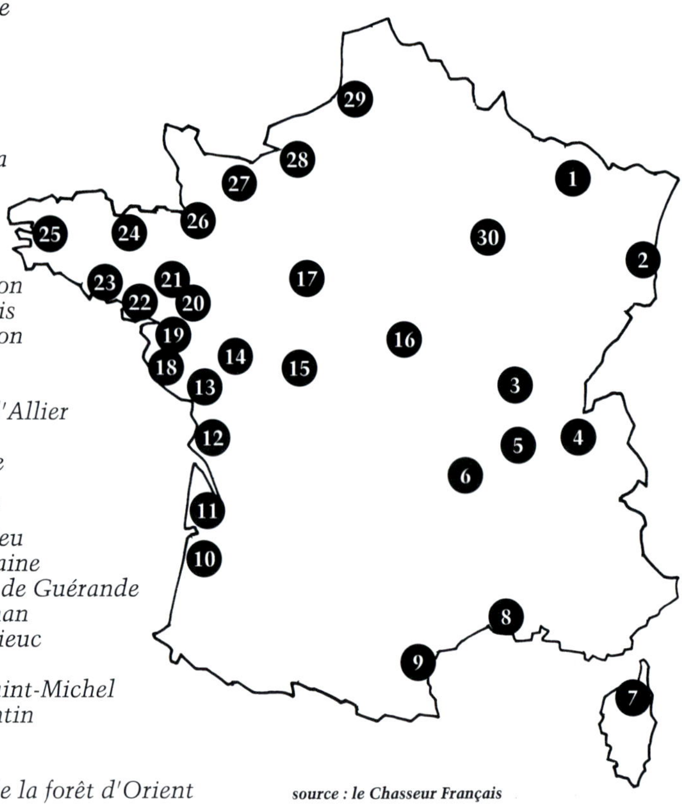

source : le Chasseur Français

Une chasse d'affût qui se pratique la nuit : la chasse à la hutte.

AMÉNAGEMENT ET PRÉSERVATION DES ZONES HUMIDES

La gestion des oiseaux d'eau

Le suivi scientifique des oiseaux d'eau, qui appartiennent pour la plupart à des espèces migratrices, est beaucoup plus délicat que celui des espèces sédentaires. Ce caractère migrateur ne dispense pas de mettre en place une gestion réfléchie à leur égard.

Quelques bases solides, mises en place au fil des années (opérations de dénombrement, baguage), pourraient permettre dans un proche avenir de mieux apprécier l'impact des prélèvements et de les réajuster selon la dynamique annuelle des populations.

La protection et l'aménagement des zones humides constituent aussi un préalable à la sauvegarde et au développement des populations de gibier qui en dépendent. Le chasseur de gibier d'eau est conscient de ces réalités. Il sait qu'un oiseau d'eau est étroitement lié à un certain biotope (tourbière, étang, estuaire...) et souffrira si ce milieu d'accueil est perturbé, avant de disparaître.

La gestion repose sur trois facteurs : suivi et défense des milieux, dénombrement des populations, connaissance des prélèvements.

Les zones humides, leur importance

Selon la Convention de Ramsar, qui a été adoptée en Iran en 1971, les zones humides sont les zones de marais, de marécages, de tourbières, d'eaux libres permanentes ou temporaires, naturelles ou artificielles, les eaux courantes ou stagnantes, douces, saumâtres, salées, qui incluent les eaux côtières jusqu'à une profondeur de 6 m à marée basse.

Les zones humides représentent moins de 3 % de l'ensemble du territoire national, soit plus de 1,5 million d'hectares sur lesquels évoluent tout de même 140 espèces aviaires, qui représentent le tiers des oiseaux visibles en France ! Elles sont partagées en plusieurs milieux typiques :

- les tourbières, roselières, landes humides : 300 000 ha ;
- les marais littoraux : 300 000 ha ;
- les vallées alluviales inondables (Loire, Allier...) : 700 000 ha ;
- les zones d'étang : 150 000 ha ;
- les étangs et marais méridionaux : 60 000 ha ;
- les marais endigués de l'Atlantique : 30 000 ha ;
- les prés salés : 10 000 ha.

Ces zones humides revêtent une importance majeure dans les équilibres biologiques. Les périodes de sécheresse que nous avons subies ces dernières années nous ont rappelé brutalement nos limites en matière de gestion de l'eau, et combien nous étions dépendants de cet élément essentiel à notre survie. Le triste cortège des pollutions aggravées par la sécheresse, elle-même responsable de la disparition des nappes phréatiques et de l'assèchement des sources, a eu le mérite de tirer une sonnette d'alarme.

Le canard colvert

Anas platyrhynchos

Fam. : Anatidés

Une silhouette courbée en deux sous les effets de la bourrasque progresse péniblement dans le marais. Qui peut être assez fou pour chasser dans de telles conditions ? Le sauvaginier, bien sûr, pour qui la pire tempête, les plus grands froids, sont une véritable bénédiction annonciatrice de passages.

AMÉNAGEMENT DES ÉTANGS

La France possède sans doute le plus bel ensemble d'étangs de toute l'Europe occidentale, répartis dans des régions aussi prestigieuses que la Lorraine, la Champagne humide, la Brenne, les Dombes, le Forez, la Bresse, la Sologne.

Un bon étang à canards répond à certaines normes de superficie, de profil des rives, de nature de la végétation, de quiétude. Les meilleurs ne sont pas les plus vastes, une surface moyenne de 3 à 5 ha étant préférable à d'immenses plans d'eau. De nombreux aménageurs préconisent une pièce d'eau centrale de 5 à10 ha, entourée d'étangs satellites d'environ 1 ha qui seront placés en réserves tournantes, et subiront des assecs réguliers tous les deux ou trois ans, de manière à limiter les effets de l'envasement.

L'étang doit comporter des anses, des reculées et des avancées prisées par les oiseaux. Les abords doivent être dégagés sur une centaine de mètres afin de favoriser la pose des canards. Seul, un rideau d'arbres de 15 à 20 m de haut peut être maintenu sous les vents dominants, pour protéger les canards du vent et des intempéries. Les rives sont, si possible, en pente douce pour faciliter la mise à l'eau des canetons et leur nourrissage.

Tout ce qui contribue à la diversité du biotope est favorable. Ainsi, la présence d'îlots boisés situés dans la grande eau protège des prédateurs et offre de bons sites de nidification. D'autre part, des bandes de terre plantées en végétation rase sont prisées des limicoles qui viennent y vermiller. Un réseau de petites mares situées derrière les rives offre des aires de gagnage appréciées.

Le maintien d'un couvert végétal est un élément fondamental pour le bien-être des becs plats. La roselière ne doit pas être trop dense ni trop développée. La partie la plus riche en nourriture de ce type de milieu se trouve à proximité immédiate de l'eau. Aussi est-il judicieux de pratiquer des éclaircies par faucardage ou gyrobroyage, d'aménager des canaux qui sillonnent cette ceinture végétale monotone, pour en améliorer la capacité d'accueil. La partie située près des rives peut être pâturée par le bétail qui, en limitant l'extension végétale, fertilise aussi le sol, offrant un milieu propice au vérotage des limicoles.

Les queues d'étangs sont souvent envahies par un fouillis végétal dont l'extension, qui favorise l'envasement, nuit à l'avifaune aquatique. On brisera la monotonie de ce milieu en créant un réseau de canaux et de petites éclaircies d'eau libre. Parfois, il est préconisé de barrer la queue avec une digue, afin de maintenir un niveau d'eau faible mais constant. Des bouquets de saules sont conservés pour la nidification.

Le repeuplement

Il ne peut être envisagé sans une régulation préalable de prédateurs tels que surmulot, rat musqué, renard, putois.

On peut augmenter la capacité de reproduction en plaçant des paniers de ponte à 5-10 m les uns des autres, ce qui facilite les relations des couples nicheurs. Ils seront fixés à des piquets de manière à pouvoir coulisser selon le niveau des eaux. On évitera ainsi que le panier de ponte ne soit noyé en période de crue.

Des reproducteurs peuvent être lâchés en février, à raison de cinq canes pour un malard, tous éjointés afin qu'ils ne puissent s'échapper de l'étang.

Une autre méthode consiste à lâcher au mois de juin des jeunes canards de 8 à 10 semaines qui seront parfaitement volants pour l'ouverture d'août. Bien entendu, les halbrans, qui marquent une nette tendance à l'erratisme s'ils ne sont pas nourris, doivent être agrainés journellement à heures et postes fixes en eau peu profonde, à l'aide d'avoine, afin d'obtenir des oiseaux rapides et en pleine santé.

BIOLOGIE-ÉCOLOGIE DU CANARD COLVERT

Description

Le canard colvert est le plus connu et le plus abondant de nos canards de surface. Il doit son nom aux coloris du mâle en plumage nuptial : la tête est joliment teintée de nuances vert bouteille, ainsi que le cou, lui-même barré d'un collier blanc immaculé. Le corps est gris clair, finement zébré de brun et de noir sur le dos.

Les sous-caudales et les sus-caudales sont noires ; certaines sont retroussées vers le haut en faucille. Ces plumes sont souvent conservées par le chasseur en guise de trophée. Les pattes sont orange vif, le bec jaune verdâtre. La femelle, plus terne, est revêtue d'un plumage brun sombre tacheté dessous et finement rayé sur le dessus du corps.

Les deux sexes sont dotés d'un miroir alaire bleu brillant bien visible en vol. Ils subissent une mue au cours de laquelle un changement de plumage spectaculaire s'opère chez le malard de juin à août. Durant cette période, et tandis qu'il est dépourvu de rectrices aux ailes, il se tient dissimulé dans les roselières. Le plumage d'éclipse est semblable à celui de la femelle, bien que plus contrasté au niveau du cou et de la poitrine.

Le canard colvert pèse de 800 g à 1 400 g selon les sexes, pour une longueur moyenne de 55 cm et une envergure de 85 à 95 cm.

Le mâle de sarcelle d'hiver est l'un des canards de surface les plus joliment colorés. Le vol de l'oiseau sarcelle, capricieux, en rend le tir très difficile.

Habitat

Il est présent dans la plupart des milieux humides d'eau douce tels que lacs, marais, étangs, ruisseaux, fleuves, prairies inondées. Au cours de la mauvaise saison, les sujets migrateurs peuvent fréquenter les bords de mer et estuaires, chassés par le gel à l'intérieur des terres.

Régime alimentaire

Omnivore, le colvert consomme aussi bien des graines de plantes aquatiques ou cultivées (il peut se rendre au gagnage dans les champs de céréales durant la nuit), que de jeunes pousses glanées sur les rives et dans l'eau, de fruits, de nombreux invertébrés aquatiques, ainsi que d'alevins et de têtards. Cette part animale est très importante chez le caneton durant le premier mois de son existence.

Reproduction

Les couples se forment en octobre, après une parade au cours de laquelle le malard séduit une cane en exhibant son plumage. Les oiseaux resteront unis jusqu'à la couvaison. Ils se cantonnent à partir de janvier (période à laquelle les jeunes oiseaux de l'année forment des couples) sur un certain territoire défendu âprement par le mâle contre toute intrusion. La femelle établit son nid à terre, parmi la végétation des rives ou sur un site surélevé tel que la tête d'un saule têtard. Elle pond ensuite de 8 à 12 œufs de couleur verdâtre, qu'elle recouvre de duvet lorsqu'elle part en quête de nourriture. Leur durée d'incubation est de 26 à 29 jours. Les canetons, nidifuges, nagent à la suite de leur mère quelques heures après leur naissance. Très vulnérables, ils peuvent être la proie de prédateurs tels que le brochet, le renard, le rat musqué, le busard des roseaux, le putois, le surmulot. Ils sont volants à l'âge de 2 mois environ, et sont alors nommés halbrans. La cane n'effectue généralement qu'une ponte par an, rarement deux, réparties de février à septembre si la première a été détruite, ou lors des débuts de saison cléments qui permettent des nichées très précoces. On estime à environ 80 000 le nombre de couples de colverts nicheurs en France.

Les canards plongeurs courent longuement à la surface avant de prendre leur envol. Ils peuvent plonger jusqu'à 8 m pour se nourrir (1, 2).

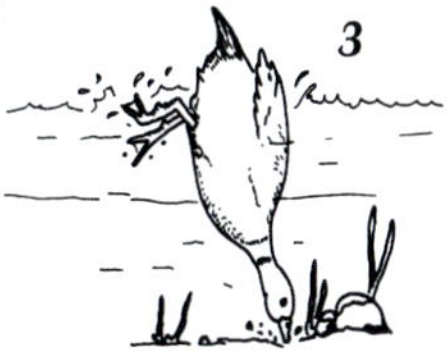

Les canards de surface décollent à la verticale. Ils ne plongent guère à plus de 20-30 cm (3, 4).

Comportement

Le canard colvert est un oiseau très sociable qui aime se regrouper en grandes bandes, côtoyant volontiers d'autres espèces d'anatidés. Sa crainte de l'homme l'incite à adopter des mœurs nocturnes. Il se nourrit, en effet, de la tombée du soir à la pointe du jour, gagnant les marais, petits étangs et rigoles pour chercher sa pitance. Il regagne dès l'aube les grands plans d'eau où il se sent en sécurité. Dans les réserves et autres lieux où il n'est pas dérangé, c'est un oiseau diurne. Le vol du canard est rapide et soutenu. En migration, il adopte des formations en V qui ne sont pas constantes chez les oiseaux dérangés, qui se déplacent plutôt en essaims ou en lignes brisées d'un étang à l'autre.

LES MIGRATIONS DU CANARD COLVERT

La plupart de nos colverts nicheurs en France sont sédentaires. Ils accomplissent toutefois des déplacements erratiques en période de gel prolongé, pour gagner des zones telles que grands fleuves ou estuaires, non prises par les glaces.

Ils sont rejoints par les contingents migrateurs en provenance des pays nordiques, dont le mouvement de descente s'amorce en août pour atteindre un point culminant fin octobre, et dont le mouvement de remontée s'effectue en janvier-février.

La bécassine des marais

Capella (Gallinago) gallinago

Fam. : Scolopacidés

Bercé par les échos d'une ballade irlandaise, il se laisse envahir par une bienheureuse torpeur. Il n'est plus dans ce petit pub du Connemara : il parcourt la lande immense, balayée par les vents, tandis que quelques modestes bécassines rôtissent maintenant au-dessus d'un feu de tourbe.

CHASSER LA BÉCASSINE

A l'image de la bécasse, la bécassine a ses fervents adeptes qui lui vouent un culte sans partage. Elle suscite un tel intérêt que nombreux sont les sauvaginiers gagnant chaque année les aires d'hivernage irlandais ou marocains, pour assouvir une passion dévorante. «L'oiselle», ainsi nommée par les amoureux de la bécassine, est un gibier exceptionnel. La beauté de ce limicole, véritable bécasse en miniature, sa rareté, la difficulté de son approche et de son tir dans des sites magnifiques, le travail exceptionnel du chien, font que la quête de la bécassine, aux yeux de nombreux sauvaginiers, est bien la reine des chasses !

La chasse a la botte

Pratiquée seul ou à deux, elle consiste à explorer minutieusement toutes les places favorables telles que les prés humides ou les bordures d'étangs. Il s'agit d'une chasse très sportive qui exige de grands moyens physiques.
Tous les chasseurs qui ont «pratiqué» l'Irlande savent combien la progression, des heures durant, dans les vastes tourbières au sol mouvant, est épuisante, mais aussi combien la récolte de quelques oiseaux, au prix de rudes efforts, est une merveilleuse récompense.
Le bécassinier doit connaître son marais, car pour diverses raisons certains secteurs sont meilleurs que d'autres selon l'heure de la journée, la saison, les conditions atmosphériques.
Lorsque la glace fige prés humides et étangs, on retrouve souvent les oiseaux le long de rigoles alimentées par un ruisselet, sur les berges vaseuses et sablonneuses des fleuves et des rivières.

La distance de fuite

Ou l'art et la manière d'aborder les bécassines à distance de tir !
Voici un sujet qui a fait couler beaucoup d'encre, et dont on n'a pas fini de parler ! Que de vérités assenées, de jugements péremptoires, qui reflètent bien mal le caractère capricieux et imprévisible de la bécassine. Il n'est donc pas question d'éluder ou de trancher des théories qui peuvent toutes êtres vérifiées au cours d'une même partie de chasse. Selon l'heure de la journée, la saison, l'ensoleillement, la topographie des lieux, la fréquence des dérangements, la bécassine prendra son essor à 100 m, dans les jambes du chasseur... ou restera dissimulée dans la végétation si le chien ne parvient pas à déceler sa présence. Une chose paraît certaine : c'est la vue du danger et non le bruit qui provoque son envol. De plus, la bécassine semble beaucoup plus craindre l'apparition d'une silhouette humaine que celle d'un chien.
Deux théories s'affrontent, concernant l'approche à distance de tir de l'oiseau, qui est en moyenne de 30 m.
Les uns affirment qu'il est souhaitable de progresser face au vent, de manière à faciliter le travail du chien qui a affaire à une espèce aux émanations fugaces, et surtout de bénéficier d'un certain effet de surprise, la bécassine détectant sans doute plus tard la présence du chasseur.
Cette théorie peut paraître discutable lorsqu'on connaît la façon dont la bécassine repère ses ennemis.
D'autres préconisent de chasser vent dans le dos : l'oiselle, qui peut s'envoler à plus grande distance, vire rapidement sur l'aile pour remonter au vent, offrant au chasseur un tir plus facile, en travers. Les partisans de cette méthode estiment de plus que, par vent violent, la bécassine, qui dans tous les cas remonte au vent, répugne alors à prendre son essor. Elle attend le dernier

instant, puis, sentant le danger trop proche, se décide à décoller. En début de saison et par temps chaud et ensoleillé, il semble que la bécassine se laisse approcher plus facilement.
Il est courant de surprendre les oiseaux à bonne distance de tir durant les premières lueurs de l'aube.
Malheureusement, si l'approche est aisée, il n'en va pas de même du tir, rendu très difficile par la mauvaise visibilité. Au cours des premiers mètres de son envol, alors que le plumage mimétique se fond avec le sol, il est délicat de situer avec précision l'oiseau. Quelques fractions de seconde perdues pour le localiser... et le voici déjà hors de portée !

Le tir de la bécassine

Considéré comme l'un des plus difficiles qui soit, il peut se révéler acrobatique en raison de la mouvance des terrains sur lesquels on évolue. Là aussi, plusieurs écoles s'affrontent.
Certains chasseurs préconisent d'attendre calmement que l'oiselle ait effectué ses premiers crochets avant de tirer dans le «zag» lorsqu'elle est dans le «zig» ! Cette théorie se révèle plutôt hasardeuse lorsqu'on sait que la distance moyenne d'envol est de 30 m. Attendre quelques instants signifie alors lâcher son coup de feu hors de portée ! Il paraît plus raisonnable d'adopter la solution préconisée par les vrais habitués de la bécassine, qui conseillent au contraire de tirer le plus vite possible, au coup d'épaule.
Cela suppose d'excellents réflexes, un fusil dont la crosse est bien adaptée à la morphologie du tireur, correctement équilibré, et plutôt léger pour monter vite à l'épaule. Les adeptes de la méthode considèrent que ce tir instinctif, qui exige une longue habitude, permet de cueillir l'oiseau au cours des premiers mètres de son envol, alors qu'il n'a pas entamé sa série de crochets fulgurants.
Les numéros de plombs préconisés sont le 8 et le 9. En arrière-saison ou en battue, sur des oiseaux situés à longue distance, certains chasseurs utilisent le n° 6.

La chasse en battue

Elle s'effectue sur les territoires où l'approche des oiseaux se révèle impossible «à la botte» en raison de la configuration des lieux, par groupes de trois ou quatre chasseurs qui opèrent par petites traques successives.
Moins sportif, ce mode de chasse est beaucoup pratiqué sur les aires d'hivernage situées en Afrique du Nord. Le tir est souvent considéré comme étant moins difficile que celui effectué au cul levé, bien qu'il constitue un exercice délicat dont la maîtrise exige une longue habitude. Les services d'un excellent retriever sont ici indispensables pour retrouver les oiseaux mimétiques disséminés autour du poste du tir. Combien de bécassines sont ainsi perdues faute des services de cet aide précieux !

La chasse a l'affut

Elle est surtout pratiquée à la passée, lorsque les oiseaux se rendent sur les aires de gagnage. Certains chasseurs parviennent à attirer les bécassines vers leurs postes d'affût en imitant leur cri ! Le tir est ici à la limite du réflexe humain. L'oiseau tombe en effet comme une pierre, pour remonter tout aussi vite en chandelle s'il est manqué au premier coup de feu.

Les autres limicoles

Ils sont surtout chassés en bord de mer, devant soi à la botte en prospectant les herbus ou les vasières. Dans ce cas, il est impératif de dissimuler soigneusement son approche en progressant derrière des obstacles végétaux ou des accidents de terrains car les oiseaux, souvent regroupés en bandes, sont très méfiants.
Les vrais spécialistes des barges, courlis, chevaliers, bécasseaux et autres limicoles chassent à l'affût camouflés des cercueils (sortes de caisses de bois transportées sur des remorques montées sur roues de bicyclette), des hutteaux ou sous une simple bâche. Ces installations sont mises en place à marée basse, et généralement en-

fouies dans le sable. Le chasseur profite alors des mouvements d'oiseaux repoussés par le flux de la marée montante. Il doit prendre garde à bien connaître ses coefficients de marée afin de ne pas se laisser submerger !
Le vanneau peut être chassé à l'intérieur des terres. Les mouvements migratoires de l'oiseau, qui débutent en septembre mais atteignent un point culminant en novembre, donnent l'occasion d'agréables parties de chasse. Les vanneaux, grégaires, se déplacent souvent en bandes importantes et très craintives… inabordables à l'approche, d'autant plus qu'ils se tiennent fréquemment sur de vastes plaines découvertes ! La meilleure solution consiste à les guetter à l'affût, en les attirant à l'aide d'appeaux qui imitent leurs cris plaintifs. Ils viennent alors tourner autour du chasseur, offrant souvent des coups de fusil difficiles en raison de leur vol déconcertant. Certains sauvaginiers disposent au sol un mouchoir blanc pour attirer les limicoles, ou quelques appelants qui se révèlent très efficaces. Une chasse traditionnelle aujourd'hui pratiquée par quelques rares initiés consiste à les capturer à l'aide de filets rabattants armés de ressorts. Les oiseaux sont attirés sur la surface piégée à l'aide de congénères captifs astucieusement disposés.

LES CHIENS A BÉCASSINE

Il est tout à fait possible de chasser la bécassine sans chien. On se prive alors d'un grand plaisir, celui du spectacle d'un travail exceptionnel.
Le choix de la race dépend de la configuration du territoire. Le chasseur opérant en milieu fermé, dans les marais touffus à la végétation inextricable, pourra opter pour un chien à la quête peu étendue tel que l'Épagneul (Breton, Picard ou Pont-Audemer), ou le Griffon Korthals. Dans les tourbières, les vastes étendues de marais ou les prairies humides à végétation rase, pas d'hésitation ! Le choix se porte sur un chien de race anglaise, de grande quête, tel que le Setter (Anglais ou Irlandais), ou même le Pointer. La bécassine ne tolère pas dans ces grands espaces une approche sournoise. La quête du chien doit être rapide, étendue, et s'effectuer tête haute, de manière à percevoir des émanations fugitives et surtout à «bloquer» l'oiseau qui, après avoir piété en entremêlant sa voie aussi astucieusement qu'une bécasse, s'est réfugié dans une petite touffe de végétation. Ses qualités sont celles de tout grand chien d'arrêt : finesse de nez, qui doit être aussi sélectif, de manière à ne pas s'attarder sur les places chaudes ou occupées par un autre gibier, grands moyens physiques, arrêt à longue distance, intelligence.

BIOLOGIE-ÉCOLOGIE DE LA BÉCASSINE DES MARAIS

Bécassine des marais, l'«oiselle» du sauvaginier, s'apprêtant à véroter dans une prairie humide.

Description

Elle présente de nombreuses similitudes morphologiques avec la bécasse des bois. Elle est dotée d'un bec allongé et pointu, qui mesure de 6 à 7 cm. Les yeux, placés en position très latérale, confèrent à l'oiseau un large champ de vision. Les pattes sont courtes ; le plumage, très mimétique, est brun sombre sur le dos, fortement rayé de jaune. Un trait jaune médian marque la calotte crânienne. Les bords externes de la queue sont marqués de blanc. La bécassine des marais est surtout identifiable à son envol zigzagant, accompagné d'un cri rauque et sonore. Sa longueur varie de 25 à 27 cm pour une envergure de 44 à 47 cm et un poids de 100 à 120 g.

Habitat

Le choix du biotope est en relation étroite avec les exigences alimentaires de la bécassine, qui doit pouvoir sonder aisément le sol, à la recherche d'invertébrés. Le terrain doit donc être meuble et humide. L'oiseau n'apprécie pas une hauteur d'eau supérieure à 6 cm, qui interdit toute activité nutritionnelle. Son souci constant est de se sentir en sécurité, à couvert, tout en surveillant les alentours. Le revêtement herbacé doit donc être bas, mais suffisant pour dissimuler la bécassine. La fréquentation d'une bonne place à bécassine peut être suspendue en période d'enneigement prolongé, de gel intense, de sécheresse. Les sites les plus fréquentés en hivernage sont les tourbières, les marais bas, les prairies humides à joncs et à carex, les rives vaseuses des lacs ou étangs. En cas de gel, l'oiseau rejoint volontiers les berges des cours d'eau. On le rencontre aussi dans les marais côtiers, les sansouires, les polders, bien que les eaux saumâtres ne constituent pas son milieu de prédilection. En montagne, la bécassine peut stationner dans les petites tourbières de pente. C'est le cas dans le Massif Central, où sa chasse se révèle alors passionnante et très sportive. Le biotope de nidification est sensiblement différent pour des raisons de sécurité. Afin que les poussins puissent se dissimuler aux yeux des prédateurs, le nid est installé dans les bas marais en cours de boisement, à proximité des buissons de saules ou d'aulnes.

Régime alimentaire

L'activité alimentaire est surtout intense tard le soir ou tôt le matin, mais peut se dérouler pendant une partie de la nuit. La journée est consacrée au repos, entrecoupé de quelques déplacements. L'oiseau prospecte minutieusement les terrains humides, progressant lentement dans la boue et les eaux peu profondes, bec dirigé vers le sol qu'il sonde.

Les multiples petits trous, situés côte à côte dans la vase, témoignent de cette activité. Le bec est parfois enfoncé en entier dans le sol, et la tête peut être totalement immergée lorsque le niveau d'eau est élevé. La bécassine détecte la présence de proies grâce à des corpuscules tactiles ou «corpuscules de Herbst», situés comme chez la bécasse à l'extrémité des mandibules. Le régime alimentaire comporte surtout des invertébrés tels que vers, sangsues, petits mollusques, larves, crustacés d'eau douce. En période de gel, elle peut rejoindre des terres fraîchement labourées où elle se rassemble parfois en grandes troupes à la recherche de lombrics. Elle consomme également des graines de joncs, de cypéracés, et des fragments végétaux.

Reproduction

L'appellation latine de *Capella* signifie : «petite chèvre». Elle traduit un comportement particulier, observé au cours des parades nuptiales. Le mâle survole alors son territoire de nidification à une altitude d'environ 50 m, en effectuant des cercles dont le diamètre atteint de 150 à 200 m, tout en jaquetant. Puis il plonge brutalement vers le sol en une trajectoire oblique de 45°, à une vitesse pouvant atteindre 100 km/h. Le passage de l'air au contact des rectrices externes largement écartées produit alors une sorte de chevrotement, un bêlement caractéristique qui a valu à la bécassine le sobriquet de «chèvre des marais».

L'intensité de ce bruit augmente au fur et à mesure que la vitesse de chute s'accélère. L'oiseau remonte, répétant ce manège à plusieurs reprises.

Si ce comportement particulier constitue un indice de nidification, il n'en apporte pas une preuve formelle. En effet, il peut être observé, de manière sporadique et isolée, tout au long de l'année. Les femelles effectuent également ce type de vol, plus rarement toutefois. Un tel comportement est surtout observé à partir du mois de mars, et se poursuit jusqu'en juillet.

Après l'accouplement, la femelle aménage un nid à terre, dissimulé sous des herbes ou à proximité d'un buisson. Il est formé d'une petite coupelle profonde de 3 à 5 cm, faite d'herbes et de feuilles sèches. 4 œufs verdâtres y sont déposés, dont la durée d'incubation est de 19 à

MIGRATIONS

Le mouvement migratoire s'amorce à partir de la deuxième quinzaine de juillet en Europe centrale. Il correspond au «passage de la Sainte-Madeleine». Les premiers oiseaux sont observés en France au mois d'avril, lors du «passage de la Vierge» et atteignent un point culminant en novembre, nommé «passage de la Sainte-Catherine». De nombreuses bécassines hivernent chez nous, notamment dans les régions du Sud-Ouest. Des vols importants peuvent apparaître en plein hiver, constitués d'oiseaux chassés des zones nordiques par un froid intense. Les autres quartiers d'hiver de la bécassine sont la Grande-Bretagne et l'Irlande, la péninsule Ibérique, l'Afrique du Nord (Maroc, Algérie). Un certain contingent rejoint l'Afrique noire (Tchad, Sénégal).
La repasse se déroule de fin février à avril.

21 jours. Les poussins volent à l'âge de 5 semaines environ. Durant les premiers temps de leur existence, ils sont très vulnérables ; leur meilleure défense est l'immobilité, qui leur permet de passer inaperçus grâce à leur plumage mimétique.

La France accueille environ 1 000 couples nicheurs. Les plus fortes densités d'oiseaux nicheurs sont observées en Grande-Bretagne (100 000) et dans les pays scandinaves (la Finlande et la Suède comptent respectivement 150 000 couples migrateurs).

Comportement

L'un des aspects les plus frappants de son comportement, bien connu du chasseur, est le brusque envol en zigzag, accompagné d'un cri rauque qui contribue à alerter tous les oiseaux éparpillés aux alentours. La bécassine est habituellement solitaire, bien que de petites troupes soient régulièrement observées en période migratoire sur les sites appréciés de l'oiseau.

Répartition

La bécassine des marais est présente dans toute l'Europe.

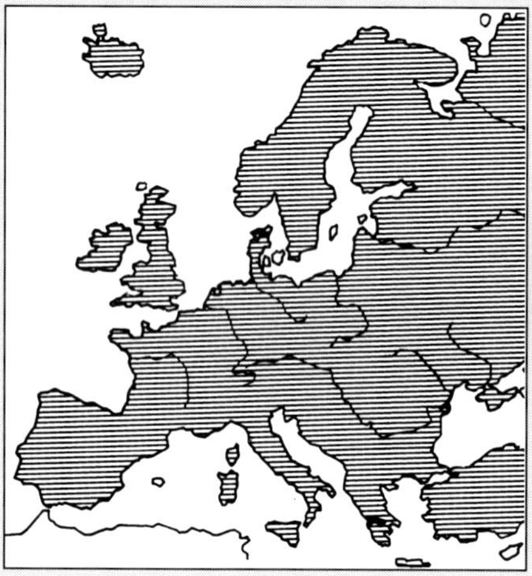

LES MENACES QUI PÈSENT SUR L'ESPÈCE

- La bécassine souffre surtout des atteintes portées à son environnement naturel. Le drainage des marais ou leur aménagement en vue d'une exploitation agricole intensive, le reboisement des tourbières et des landes tourbeuses, l'assèchement des prairies humides dans les régions d'élevage, réduisent de jour en jour la capacité d'accueil de nos régions.
- Les conditions climatiques : les froids très rigoureux entraînent la mort de nombreux oiseaux surpris par le gel au cours de leurs déplacements migratoires ou sur leurs aires d'hivernage. Nous avons connu il y a quelques années des hivers rudes où des marais entiers tels ceux de la Camargue ont été pris par les glaces. Beaucoup de bécassines, affamées, ont succombé à la suite de ces vagues de froid, ainsi que d'autres limicoles. Les printemps pluvieux sont néfastes aux poussins : en effet, les terrains gorgés d'eau mettent les vers hors de portée des jeunes oiseaux.
- Selon des études établies grâce au baguage, 30 à 50 % des populations de bécassines disparaissent chaque année, victimes de la pression de chasse qui s'exerce surtout sur les aires d'hivernage où elles abondent (Maroc, Irlande).
- Les prédateurs détruisent environ 20 à 30 % des couvées. Les principaux responsables sont la corneille noire, le busard des roseaux, le renard, le putois. On estime que seuls 2 poussins sur 4 parviennent à l'âge adulte.

AMÉNAGEMENT D'UN MARAIS A BÉCASSINES

Compte tenu des exigences de l'oiseau, le marais est aménagé selon des critères très différents de ceux préconisés pour les anatidés.

Ce sont surtout les bordures d'étangs qui exigent des travaux spécifiques. Sachant que la bécassine fuit les ceintures végétales hautes, les roselières sont faucardées ou gyrobroyées au mois de juillet. Le but est de créer des «platières» à végétation rase, dont la longueur atteint au moins 150 m pour une largeur de 30 à 40 m. Le brûlage, déconseillé, entraîne la disparition d'une partie de la microfaune appréciée de la bécassine. Ces places favorables seront disséminées en mosaïque tout autour de l'étang ou dans le marais. Leur accès est assuré par un réseau de sentiers propres et entretenus. Le passage du rotavator est vivement déconseillé. Il détruit à terme la couche humifère de surface, véritable «garde-manger» des limicoles, riche en vers et autres animalcules. Ces platières peuvent être pâturées (ainsi que toutes les prairies humides) par des races bovines rustiques. La méthode ne comporte que des avantages : grâce à leurs déjections, les animaux fertilisent le sol et stimulent l'activité biologique de surface. De plus, ils limitent le développement de la végétation et la maintiennent à une hauteur compatible avec les exigences de la bécassine. Les vaches écossaises «Higlhand Cattle» sont parfaitement adaptées aux milieux humides. Leur viande est, de surcroît, délicieuse ! Pour améliorer la capacité d'accueil du territoire, et notamment la prolifération d'invertébrés, certains aménageurs épandent du sang frais ou déshydraté. L'apport de fumier en surface, qui stimule l'activité des lombrics, est recommandé. Le niveau d'eau doit être contrôlé en permanence, afin de maintenir un taux d'hygrométrie constant dans le sol tout en évitant de trop grandes surfaces inondées. L'excès d'eau est éliminé par un système de drainage, que les bécassines fréquentent lorsque le sol est gelé. Sur une prairie parcourue par un ruisselet, il peut être intéressant d'installer un réseau de dérivations destiné à humidifier le sol sur une plus vaste superficie.

Enfin, si la présence d'obstacles tels que buissons et touffes de roseaux n'est pas toujours souhaitable, car ils bloquent la diffusion des émanations, il est important de laisser en place des travées de joncs ou de carex que la bécassine rejoindra en piétant à la vue du danger pour s'y dissimuler, au lieu de s'envoler à grande distance. La conservation de ces touffes végétales facilite ainsi la chasse et l'approche de l'oiselle.

La tourbière (située ici sur un haut plateau auvergnat) constitue un site privilégié de repos et de nidification pour la bécassine. A ce titre, elle doit être préservée.

CHASSER LE GIBIER D'EAU DANS LE MONDE

Ce chasseur ne semble pas avoir aperçu son Épagneul à l'arrêt devant une bécassine, dans un marais algérien.

Il n'existe pas moins de 18 espèces de bécassines à travers le monde, dont 15 appartiennent au genre *Gallinago :* 5 espèces vivent sur le continent indien, 6 sont endémiques de l'Amérique du Sud. Certaines ne se rencontrent que sur de petites îles situées autour de la Nouvelle-Zélande, et deux peuplent Madagascar. Ce ne sont donc pas les grandes destinations qui manquent ! Notre bécassine des marais est chassée à l'étranger essentiellement sur ses aires d'hivernage. Quant aux oies et canards, leur diversité est extraordinaire. Quantité d'espèces sont chassables, dont quelques-unes endémiques de certains pays.

Maroc

La chasse du gibier d'eau au Maroc offre de fabuleuses possibilités. Arbaoua ou Moulay Bousselham sont des sites appréciés des connaisseurs. Ces secteurs sont occupés durant les passages par de fortes densités de canards et de bécassines. La saison de chasse pour le gibier d'eau débute le 29 septembre pour se terminer le 8 mars de l'année suivante. Le quota journalier par chasseur est de 20 bécassines et de 12 canards (essentiellement des pilets, souchets, colverts, siffleurs, sarcelles). J'ai vécu une quinzaine d'années au Maroc où j'ai chassé régulièrement le gibier d'eau. Il faut savoir que la réussite est liée aux conditions météorologiques du moment. En effet, les hivers très pluvieux sont défavorables à la chasse de la sauvagine, qui se trouve très dispersée sur l'ensemble de la grande plaine du Rharb (où se situent la majeure partie des zones de chasse touristiques), alors inondée.
La bécassine est chassée devant soi par petits groupes ou en battue, dans les marais et prairies humides. A Moulay Bousselham, se déroulaient de magnifiques chasses de canards en battue. Les tireurs, dissimulés derrière des huttes de branchage montées sur pilotis, tirent des oiseaux envoyés au petit matin par une flottille de barques. Actuellement, 4 à 5 jours de chasse reviennent en moyenne à 20 000 F par chasseur.

République d'Irlande

Sans doute plus que dans tout autre pays, la chasse de la bécassine en Irlande est un grand sport qui exige une solide condition physique. Le vent violent qui sévit en permanence, les pluies battantes mettent le chasseur à rude épreuve... Mais quel plaisir de caresser le plumage de quelques oiselles prélevées dans un cadre sublime, après des marches épuisantes. Cette chasse est réservée aux amoureux des grands espaces, qui préfèrent la qualité au score.

Elle est ouverte du 1er septembre au 31 janvier, la meilleure période se situant de mi-novembre à fin janvier. En passant par une agence spécialisée, il faut compter environ 6 500 à 8 000 F pour 3 jours de chasse. La chasse des canards peut être très intéressante en bord de mer ou le long de certains fleuves et lacs. Il faut prendre garde à ne pas tirer les oies, toutes protégées.

Madagascar

Je me suis rendu à Madagascar voici 5 ans sans trop connaître la réglementation en vigueur relative à l'exercice de la chasse. Craignant de me voir confisquer mon arme à la douane, je m'étais doté d'un vieux fusil «à pompe» sans grande valeur. En fait, tout s'est très bien passé après quelques palabres, et j'obtenais dès le lendemain de mon arrivée un permis touristique valable pour 1 mois sur l'ensemble du territoire malgache... pour la modeste somme de 10 francs ! Je me rendais ensuite vers une zone de marais située au centre du pays, vaste de 200 000 ha environ (le lac Alaotra et ses environs). Durant quelques jours, je découvrais, grâce à un chauffeur de taxi payé «en nature» (avec canards et bécassines) les richesses fabuleuses de ce pays. Dans les rizières et prairies humides pullulent les bécassines, appartenant à l'espèce *Gallinago macrodactyla* (la bécassine dorée, *Rostratula benghalensis*, est également présente, en moins grande densité toutefois).

Quant aux canards, c'est véritablement incroyable. A chaque coup de feu dans les marais, un vol important d'oies de Gambie, de dendrocygnes, de «canards à bec rose», de petites sarcelles, se lève sur quelques mètres en un bruit de tonnerre, avant de se reposer au milieu d'une végétation inextricable. Il est fortement recommandé de louer les services d'un piroguier pour s'aventurer dans ces vastes marécages où l'on s'égare facilement. Madagascar, terre vierge, reste à découvrir.

C'est l'un des derniers paradis de sauvaginier... qui apprécie la chasse non organisée !

Tchad

Il est possible d'y chasser le gibier d'eau du 1er novembre au 15 mai, la meilleure période se situant du 15 décembre au 15 mars. Le quota journalier est souvent fixé à 25 oiseaux par chasseur, essentiellement des dendrocygnes veuf, dendrocygnes fauve, canards pilet, siffleur, souchet, oie de Gambie et oie d'Égypte.

Sierra Leone

On y chasse devant soi , ou en bateau, tous les oiseaux typiquement africains cités ci-dessus, ainsi que la sarcelle d'été et l'oie pygmée.

Sénégal

La chasse est possible du 1er décembre au 28 février, et s'exerce devant soi ainsi qu'à la passée. 30 oiseaux par chasseur peuvent être prélevés journellement.

Cuba

Cette destination récente présente un remarquable rapport qualité-prix puisque 8 jours de chasse reviennent à environ 10 000 F. Le gibier est abondant et varié (siffleur américain, sarcelle soucroucrou, pilet des Bahamas, dendrocygnes...) et l'organisation parfaite.

20 canards et 20 bécassines peuvent être prélevés journellement.

Argentine

Haut lieu de chasse, l'Argentine est un pays de rêve pour le sauvaginier. Les canards sont classés nuisibles dans de nombreux secteurs en raison des dégâts qu'ils occasionnent sur les rizières. C'est dire leur abondance ! 2 espèces de bécassines sont fréquentes *(Gallinago undulata* et *Gallinago paraguaiae)*, chassées devant soi dans les prairies humides. La densité d'anatidés (dendrocygnes veuf et fauve, nette à bec rose, sarcelle à collier, mouchetée, versicolore, du Brésil, pilet du Chili) est phénoménale.

Vanneau au nid (Vanellus vanellus).

La chasse des limicoles est avant tout pratiquée dans les baies et les estuaires, à l'époque des migrations. Les premiers passages parviennent sur nos côtes en juillet ! Parmi l'extraordinaire diversité d'oiseaux fréquentant la façade maritime, nous pouvons citer le bécasseau maubèche, seul représentant de son ordre dont le tir est autorisé depuis 1979. Ce piètre gibier mériterait d'être protégé, ne serait-ce qu'en raison des risques de confusion importants qui existent avec les autres bécasseaux tels que le variable, le cocorlis, le falcinelle ou le bécasseau de Temminck. Parmi les autres limicoles fréquentant nos vasières, citons les courlis corlieu et cendré, qui malgré leur caractère très craintif se laissent facilement berner par le chas-

Un panaché de limicoles fort recherchés : vanneaux et bécassines.

seur à l'affût suffisamment habile pour imiter leur cri plaintif ! Certains, erratiques, hivernent chez nous. D'autres sont migrateurs ; ils passent à partir de juillet-août et reviennent en février. Les barges rousses et à queue noire sont également visibles en période migratoire, en octobre-novembre, où elles parviennent sur nos côtes en petites bandes.

Le pluvier doré, quant à lui, se déplace en bandes immenses. Certains hivernent chez nous, le plus gros du contingent ne s'arrêtant que quelques jours à partir d'octobre avant de gagner l'Afrique. Ils repassent en mars.

Nicheur localement, l'huîtrier pie, richement coloré, hiverne en grand nombre en France d'octobre à février. Les chevaliers peuvent offrir quelques jolis coups de fusil. Parmi les espèces dont le tir est autorisé, citons le chevalier gambette (dit chevalier à pattes rouges), qui est un hivernant régulier, le chevalier aboyeur, reconnaissable à son cri particulier et à ses pattes verdâtres, migrateur au long cours qui apparaît fin juillet et remonte en mars, les chevaliers combattant et harlequin. Il est important de ne pas confondre ces espèces avec celles dont le tir est prohibé, comme les chevaliers guignette, cu-blanc, stagnatile ou sylvain.

Une approche difficile, celle des vanneaux.

Le chevalier sylvain (Tringa glareola), *une espèce protégée !*

Les chasses

La chasse à courre est décriée par grand nombre de «protecteurs» qui cherchent surtout à exploiter la sensibilité d'un public mal informé. Pourtant, il n'est guère de mode de chasse plus sélectif que la vénerie du cerf, du chevreuil ou du sanglier.

particulières

Le déterrage fait également l'objet d'attaques injustifiées ; il permet pourtant la capture d'animaux vivants !
Quant à la chasse à l'arc, il est parfaitement incompréhensible qu'un art aussi difficile et aussi peu meurtrier soit encore prohibé !

LA GRANDE VÉNERIE

La grande vénerie est représentée en France par quelque 176 équipages qui chassent régulièrement cerf, chevreuil, sanglier ou renard, ce dernier étant couru par 68 équipages !
Il s'agit donc d'un sport populaire, dont les origines remontent au début du Moyen Age. La chasse à courre souffre d'une réputation de loisir de luxe qui n'est pas toujours fondée. Chacun peut en effet suivre un équipage, ne serait-ce qu'en tant qu'observateur, dans la mesure où il ne perturbe pas le bon déroulement de la chasse.
L'équipage est constitué bien entendu de la meute, qui est souvent la propriété du* maître d'équipage*, responsable des membres de son équipage nommés* boutons*. Ces derniers sont revêtus de tenues traditionnelles spécifiques à chaque équipage. Le* piqueur *ou* piqueux *dirige la meute et c'est sur lui que repose la conduite de la chasse. Le* valet de chien *est responsable du chenil et de l'entretien de la meute. C'est au* valet de limier *qu'incombe la tâche délicate de* rembucher *les animaux.

La vénerie du cerf

La vénerie du cerf est sans aucun doute la plus spectaculaire. Elle est pratiquée par 35 équipages en France.

Les différents épisodes d'une chasse

La chasse débute par la *quête*, désignée par l'expression *faire le bois*, qui permet de localiser les enceintes dans lesquelles sont remisés les animaux. Cette tâche revient au valet de limier, mais peut aussi être confiée par le maître d'équipage au piqueux ou à des boutons qui se voient assigner la prospection d'un canton précis. La quête débute à l'aube. Le valet de limier parcourt silencieusement les enceintes, accompagné d'un chien spécialisé : le *limier*. Il s'agit souvent d'un vieil animal, parfaitement créancé, sage, dressé à suivre une piste sans donner de voix. Grâce à son odorat, il indique en *tirant au trait* (corde à laquelle il est attaché) les entrées chaudes. Le valet de limier examine attentivement les *volce-l'est* (empreintes laissées par le pied de l'animal sur le sol) afin de déterminer l'âge et le sexe du gibier, dont il peut apprécier la corpulence et l'état de la ramure grâce à d'autres indices tels que les *portées* (branches pliées avec la tête), les *foulées* (empreintes des pattes dans la mousse et l'herbe), les *abattures* (fougères et gra-

Sur ses fins, épuisé et serré de près par les chiens, le cerf s'est réfugié dans un étang.

Le piqueux présente le cerf dont la nappe recouvre les bas morceaux. La curée est proche !

minées pliées). Il contourne ensuite l'enceinte pour s'assurer que le cerf n'est pas ressorti. Si tel est le cas (on dit alors que l'animal est *rembuché*), il marque l'entrée de la voie à l'aide d'une branche cassée posée sur le sol (c'est la *brisée basse*) et d'une autre pendant à hauteur de regard d'un cavalier (*brisée haute*). Rembucher un animal, savoir apprécier la taille, l'âge ou le sexe d'après l'examen des indices exige une très longue expérience et un grand savoir-faire. Cette démarche s'avère difficile lorsque le sol est sec ou gelé.

Une fois ce travail accompli, le valet de limier vient rendre compte au maître d'équipage, qui décide du lieu de l'attaque. C'est le *rapport*, formulé traditionnellement tête nue. Autrefois, on chassait le plus grand cerf désigné lors du rapport. Aujourd'hui, pour des impératifs de gestion, de jeunes animaux sont également attaqués.

L'*attaque* se déroule de plusieurs manières. Dans tous les cas, les veneurs entourent l'enceinte avant de *découpler* les chiens sur la brisée d'attaque.

Fréquemment, seuls 5 à 10 chiens *rapprocheurs* très fins de nez sont découplés, qui vont démêler la voie de l'animal avant de remonter jusqu'à sa reposée. On attend que le cerf saute une allée pour arrêter les chiens, avant de découpler le reste de la meute.

Le gibier peut être également attaqué *de meute à mort*. Dans ce cas, tous les chiens sont mis à la brisée, et c'est la meute entière qui lance l'animal, au risque de voir plusieurs chasses se produire lorsque celui-ci est hardé.

Il arrive que le valet de limier n'ait pris connaissance d'aucun gibier sur le canton prospecté. Dans ce cas, l'équipage *foule à la billebaude* les endroits les plus favorables.

Des fanfares de circonstance accompagnent les premiers épisodes du *lancer*, puis de la *vue*. Le bon déroulement de l'attaque est très important. Le gibier doit être bousculé afin de prendre rapidement un parti, sans lui laisser le temps de multiplier les ruses.

Parvenu *sur ses fins*, le cerf se réfugie souvent près d'une rivière ou dans un étang. Il tient tête aux chiens, pouvant charger les veneurs. C'est l'*hallali sur pied*. Traditionnellement, l'animal est *servi* à la dague ou à l'épieu. Les morceaux de choix (gigots, épaules, filets) sont ensuite prélevés, tandis que les bas morceaux sont disposés sous la *nappe* (formée de la tête et de la peau). Les fanfares éclatent alors, faisant revivre les péripéties de la chasse. Le piqueux tient en respect les chiens, retenus sous le fouet. Lorsque résonne la fanfare de la *curée*, il soulève la nappe et abaisse le fouet, signifiant à la meute qu'elle peut *faire curée*.

Accompagné du piqueux, le maître d'équipage offre ensuite la patte antérieure droite tressée pour honorer un invité de marque. Les trompes sonnent alors les *honneurs* puis la *fanfare de l'équipage* et celle des invités présents, avant d'entamer les *adieux du maître* auxquels répondent ceux des piqueux.

LA VÉNERIE DU SANGLIER

Cette chasse magnifique, dangereuse pour l'homme et les chiens, brutale, mouvementée, est de moins en moins pratiquée en France, sans doute en raison des grands territoires qu'il est nécessaire de parcourir (au moins 10 000 ha) pour forcer l'animal. On compte actuellement quelque 14 équipages nommés *vautraits*.
La quête revêt ici une importance considérable, le sanglier montrant un caractère erratique prononcé. Rembucher un vieux solitaire, qui emmêle sa voie de manière inextricable avant de regagner sa bauge, exige un grand savoir-faire. Le valet de limier examine le *vol-ce-l'est* ainsi que des indices tels que les *bouttis*, les *frottis* aux arbres pour juger de la taille de l'animal. Il travaille toujours à bon vent, afin de ne pas éveiller la méfiance du sanglier et provoquer sa fuite.
Un sanglier bien rembuché dans un *mouchoir de poche* peut être attaqué de meute à mort. Parfois, il est seulement *en bonne voie*. Dans ce cas, 5 à 10 rapprocheurs très fins de nez sont découplés sur la brisée d'attaque et vont remonter la voie jusqu'à la bauge. Il est très important ensuite de bousculer littéralement l'animal, et de ne jamais lui laisser une minute de répit afin de l'*étouffer*, en l'empêchant de boire et de se vider.
Pour cela, il est nécessaire d'appuyer sans cesse les chiens par des cris et des fanfares, afin de les encourager à serrer de près le gibier. Dans le cas contraire, l'animal, très résistant, règle son allure sur celle de ses poursuivants, se *forlongeant* de bosquet en bosquet durant des dizaines de kilomètres sans fatigue apparente ! Quand l'animal est vu, on ne crie pas *taïaut* mais *vloo*. On sonne ensuite la fanfare du sanglier.
L'hallali, souvent spectaculaire, peut se révéler dangereux, l'animal chargeant chiens et veneurs au cours de *fermes roulants* répétitifs. Il se réfugie ensuite dans des fourrés épais où il tient les abois. Il est servi à la dague ou à l'épieu, de préférence à deux, pour des raisons de sécurité.

La vénerie du sanglier n'est plus pratiquée en France que par 14 équipages ou vautraits. Elle exige un grand savoir-faire et surtout un soutien sans faille des chiens qui doivent être encouragés en permanence.

LA VÉNERIE DU CHEVREUIL

Pratiquée par cinquante-neuf équipages, cette chasse subtile en raison de la ruse de l'animal, exige l'emploi de chiens très fins de nez. La voie du chevreuil, légère, s'atténue au cours de la chasse. Il effectue fréquemment des *doubles voies* qui consistent en longs allers et retours, l'animal reprenant sa voie, qui vient d'être foulée par les chiens. Le *hourvari* vient souvent à la suite d'une double voie. C'est le cauchemar des veneurs. Le chevreuil, lorsqu'il s'est assuré d'une bonne avance, effectue à un carrefour d'allées des allers et retours dans 3 ou 4 directions différentes avant de se dérober et de se *raser*. L'intervention du piqueux accompagné d'un limier est alors nécessaire pour remettre les chiens sur la bonne voie.

LE DÉTERRAGE

Cette pratique très ancienne appartient à la vénerie. A ce titre, le maître d'équipage doit obligatoirement disposer d'une attestation de meute (qui doit comporter au moins 3 chiens tatoués) délivrée par la Direction départementale de l'agriculture, après que cette dernière a consulté la Fédération départementale des chasseurs et l'Association française des équipages de vénerie sous terre. Les meilleurs auxiliaires sont les Fox-Terriers, Jagd-Terriers et Teckels, dont la taille réduite est adaptée au diamètre des galeries. La chasse consiste à prendre renards et blaireaux dans les terriers, une fois qu'ils sont bloqués dans un accul, tenus au ferme par un chien. Les veneurs, qui suivent le déroulement de l'action l'oreille collée au sol, creusent ensuite une tranchée à l'aplomb du ferme, afin de parvenir au niveau du chien et couper la retraite du gibier. L'animal est capturé à l'aide de pinces spéciales afin d'éviter les morsures. Les blaireaux sont souvent conservés vivants. Les outils requis pour ôter la terre des galeries appartiennent au terrassier.

LA PETITE VÉNERIE

La petite vénerie s'adresse au lièvre, qui est poursuivi puis forcé à pied par l'équipage. On dénombre 110 à 120 équipages de petite vénerie en France, qui disposent d'environ 3 000 chiens. 250 à 300 lièvres sont ainsi capturés chaque année.
Cette chasse en pleine expansion est très difficile, ce qui explique que 80 à 90 équipages ne prendraient presque jamais de lièvres, que 20 en forceraient de 0 à 10, et seulement une quinzaine plus de 10 ! La petite vénerie, très populaire en Irlande et en Grande-Bretagne, est surtout pratiquée, en France, dans la région parisienne, la Normandie, la région Ouest, la Vienne, la Haute-Vienne, le Cher, l'Indre, les Côtes-d'Armor et l'Allier. Quelques équipages sont célèbres, dont le «Rallye des Grands Loups», mené par le Docteur Olivier de La Bouillerie (qui capture de 55 à 60 lièvres en quelque 65 sorties annuelles !) et l'équipage berrichon de «La Petite Meute».
Pour pratiquer ce mode de chasse, il est nécessaire d'être titulaire d'une attestation de meute délivrée par la D.D.A. après avis de la Société de vénerie et de la Fédération départementale des chasseurs, renouvelable tous les 3 ans. Il faut également justifier d'un territoire, et disposer d'au moins 6 chiens créancés sur le lièvre. Tous les membres d'un équipage portent un gilet aux couleurs spécifiques. La devise de l'équipage apparaît sur le bouton.

La meute remonte une voie fraîche :

LES CHIENS DE PETITE VÉNERIE

Il s'agit de chiens d'exception qui doivent faire preuve de qualités hors du commun pour déjouer les ruses d'un gibier habile, et suivre une voie très légère, qui s'atténue au fur et à mesure de la chasse. Le chien de petite vénerie est avant tout fin de nez et surtout très rapide, de manière à bousculer le lièvre et l'empêcher ainsi de multiplier les doubles. Il est tenace (il insiste tout particulièrement sur les défauts), endurant, sage et bien créancé, collé à la voie. Les chiens de lièvre destinés à la chasse à tir (Gascon Saintongeois, Bleu de Gascogne) ont souvent été sélectionnés en fonction de leur finesse de nez et de leur gorge, au détriment de la vitesse et de l'endurance. La plupart des équipages optent pour l'Anglo-Français de petite vénerie, facile à créancer et qui se comporte très bien en meute.
Certains veneurs apprécient le Porcelaine, qui est un excellent rapprocheur, l'Ariégeois, très discipliné, prisé en terrain montagneux difficile, le Briquet d'Artois (considéré par certains comme le meilleur chien de lièvre à tir). Les chiens doivent être entraînés chaque jour. On s'interdit de chasser à tir avec une meute destinée à la petite vénerie.

c'est le «rapprocher».

L'action de chasse

La petite vénerie, qui est considérée comme la plus difficile des chasses aux chiens courants, a été décrite par Gaston Phœbus en 1391 ! Elle est surtout pratiquée en janvier-février, après la chasse à tir, afin de ne pas perturber le bétail qui est alors à l'étable.
On attaque à la billebaude. Les chiens finissent par rencontrer une voie qu'ils empaument. Ils rapprochent l'animal jusqu'au lancer. La menée est rapide durant les deux ou trois premiers kilomètres, le lièvre distançant très vite la meute. Ensuite, il commence à ruser. Les boutons sont placés en quelques lieux stratégiques pour suivre le déroulement de la chasse et remettre les chiens à la voie.
La poursuite dure plusieurs heures (5 à 6 en moyenne), et se déroule sur une vingtaine de kilomètres. Sur ses fins, le lièvre se tapit dans les endroits les plus inattendus (stabulation, tas de fumier, terrier de renard, arbre creux, fourré, labour, ornière). Il est découpé ensuite en petits morceaux et offert aux chiens lors de la curée, accompagnée des fanfares de circonstance.

Les ruses du lièvre

Pour tromper les chiens et leur échapper, le lièvre multiplie les ruses. Il emprunte les labours, les chemins pierrés et les routes goudronnées où sa voie devient très légère, multiplie les doubles (il recule pour repasser sur ses traces), se forlonge (il effectue une pointe de vitesse pour prendre de l'avance et distancer les chiens), bat l'eau (il emprunte les rivières, traverse les étangs), effectue des changes (les chiens partent alors sur un autre lièvre), traverse les troupeaux de moutons ou de bovins, bondit de côté pour se raser.

LA CHASSE AU VOL

Les origines de la chasse au vol remontent à la plus haute Antiquité. Pratiqué en France depuis le haut Moyen Age, ce mode de chasse y connut son apogée sous Louis XIII ; on jugeait alors de la qualité d'un gentilhomme à l'importance de sa volerie. Le terme de hobereau remonte d'ailleurs à cette époque : il désignait la petite noblesse rurale dont les moyens financiers ne lui permettaient pas d'entretenir d'autres oiseaux que ce faucon, alors abondant dans nos campagnes. La chasse au vol fut ensuite presque abandonnée par les seigneurs, au profit de la vénerie, puis de la chasse à tir. Seuls quelques passionnés ont perpétué jusqu'à nos jours cette tradition originale. Ils sont actuellement regroupés au sein de l'A.N.F.A. (Association nationale des fauconniers et autoursiers), dont le siège social se trouve 10, rue de Lisbonne, 75008 Paris. L'association comporte 250 membres dont l'activité est sévèrement réglementée. La possession de rapaces est soumise à des autorisations spécifiques accordées à titre individuel.Deux grands types de chasse au vol sont pratiqués aujourd'hui, qui utilisent des oiseaux différents : le **haut vol** ***et le*** **bas vol.**

LA CHASSE DE HAUT VOL

Le haut vol ou *fauconnerie* emploie des oiseaux qui font preuve d'une extrême aisance aérienne. Ceux-ci sont utilisés dans les grands espaces découverts, qu'ils survolent à haute altitude avant de fondre à grande vitesse, en piqué, sur leur proie, qu'ils «lient». Ils appartiennent à des espèces aussi remarquables que le faucon pèlerin (l'oiseau le plus rapide du monde en piqué), le faucon lanier, le faucon hobereau.
Si ces rapaces font preuve d'une surprenante habileté pour lier des proies en vol, il n'en va pas de même à terre : ils se révèlent en effet presque incapables de capturer un gibier à plume piéteur ou un gibier à poil en pleine course !

LA CHASSE DE BAS VOL

Le bas vol, ou autourserie, emploie l'autour des palombes ou l'épervier.
Ces oiseaux fondent directement sur leur proie, en volant souvent au ras du sol s'il s'agit d'un lièvre ou d'un lapin. Ils attaquent un oiseau en s'élançant à sa poursuite, avant de «l'empiéter» par-dessous. Ils font preuve d'une extraordinaire habileté à évoluer parmi les rideaux de branches les plus serrés, parvenant à capturer des espèces aussi difficiles que la bécasse. L'autour, et particulièrement la *forme* (femelle), plus volumineuse d'un tiers que le *tiercelet* (mâle), peut chasser tous les petits gibiers à plume et à poil.
Certains utilisent l'épervier, qui fait peuve d'une redoutable habileté à capturer des oiseaux tels que la perdrix ou la caille.

L'affaitage et l'action de chasse

Un rapace ne se dresse pas... il *s'affaite* ! L'affaitage exige un grand savoir-faire, une attention de tous les instants que nous ne pourrions décrire en quelques lignes. En bref, il consiste à inciter l'oiseau à chasser des proies parfois plus grosses que lui, qu'il hésiterait à poursuivre à l'état sauvage. Les rapports entretenus entre l'homme et le rapace sont strictement d'ordre alimentaire, l'oiseau chassant pour se nourrir, et revenant au poing pour obtenir une récompense qui consiste en quelques menus morceaux de viande. Lorsqu'il a capturé une proie, l'homme lui permet de s'en repaître quelque peu afin de ne pas le frustrer. Il peut également découper des lanières de chair qu'il offre à son rapace. On dit alors qu'il lui *fait courtoisie.*

Les auxiliaires du fauconnier

Le chien est le compagnon irremplaçable de l'homme et du rapace. A eux trois, ils forment *l'équipage*. L'action du chien, qui consiste à trouver le gibier et à le mettre à l'essor, est essentielle.
Les deux auxiliaires du chasseur au vol doivent s'habituer l'un à l'autre, grâce à un rapprochement graduel qui leur permet d'établir des relations de tolérance réciproque conduisant à la plus parfaite des complicités ! Le chien doit bien entendu être sage à l'envol, afin de ne pas perturber le travail du rapace, et se mettre au «down» à l'ordre, à distance : son obéissance doit être totale !
Les fauconniers, qui n'opèrent que dans les espaces découverts, utilisent des chiens de grande quête tels que Pointers ou Setters. Lorsque l'animal est figé à l'arrêt, l'oiseau est déchaperonné. Il s'élance dans les airs, se centre à la verticale du chien et attend que le gibier (généralement des perdreaux) prenne son essor. Les perdrix, sentant le danger venir du ciel, rechignent souvent à s'envoler, préférant piéter vers un couvert.
Les autoursiers, qui opèrent en terrain boisé ou dans les marais, emploient des chiens plus polyvalents tels que Épagneul Breton, Braque, Springer ou Labrador. Les chasseurs de caille à l'épervier, quant à eux, utilisent souvent les services d'un chien de grande quête.
Certains, lorsqu'ils recherchent le lapin, emploient des furets. L'autour empiète sa proie à une vitesse hallucinante, pouvant rattraper en quelques mètres un «garenne» qui bondit hors de son terrier !
Quelques tribus mongoles chassent encore le loup et le renard à cheval, à l'aide d'un aigle royal.

Un oiseau de haut vol très recherché : le faucon lanier, habitant de la steppe nord africaine et du Moyen-Orient.

LA CHASSE A L'ARC

UN SPORT NOBLE, VICTIME D'ATTAQUES INJUSTIFIÉES

La chasse à l'arc n'a pas très bonne presse en France. Elle y est pourtant pratiquée par quelque 3 000 passionnés, alors qu'elle fait des millions d'adeptes de par le monde, notamment aux États-Unis, où 3 millions d'archers sont chasseurs !
Pourquoi cette méfiance affichée à l'égard d'une activité cynégétique noble s'il en est ? La réponse pourrait se résumer à un fait historique simple : la France n'est pas traditionnellement un pays d'arc. Si l'archerie n'est jamais tombée en désuétude dans le Nord, et si les compagnies d'archers des Flandres ou de Picardie ont toutes un passé glorieux, il n'en va pas de même dans le reste de l'Hexagone...
En effet, on connaît l'arc japonais, l'arc turc, l'arc mongol, l'arc arabe, l'arc anglais et flamand, mais nul ne parle de l'arc français, pour la seule raison qu'il n'a jamais existé en tant que tel. De même, nous connaissons tous les arcs des Indiens et les arcs africains. En Europe, seul l'arc venu d'Angleterre, le grand arc droit en if (le «long bow»), a laissé son empreinte, guère sensible en France !
Nous noterons que la chasse à l'arc moderne nous vient des États-Unis. En effet, c'est en Amérique que l'archerie prit un essor nouveau et renaquit de ses cendres, après que le dernier Indien libre eut montré à quelques-uns l'art et la manière de chasser à l'arc. Cet Indien, Ishi, était le dernier survivant de son peuple, les Jahi, de la tribu des Yana de la Californie, exterminés jusqu'au dernier... En 1911, Ishi se rendit et fut confié à l'anthropologue Alfred Kroeber ; il vécut à l'université de Californie, où il s'était fait quelques amis sincères, à qui il transmit un peu de son savoir. Parmi eux, citons Art Young et Saxton Pope, qui furent les premiers Américains du XXe siècle adeptes de la chasse à l'arc. Dans les années 1920, un certain Frederick Bear, âgé alors de 20 ans, vit un des films qu'ils avaient réalisés et fut subjugué. Son nom est rapidement devenu une légende. Fred Bear s'est éteint en 1986, après avoir littéralement fait renaître l'archerie moderne.
S'inspirant des anciens arcs mongols à double courbure, et des arcs indiens également à double courbure, renforcés de tendons pour accroître leur rendement, Fred Bear «inventa» l'arc recourbé, renforcé de fibre de verre. Tout ce qui appartient à la panoplie de l'archer moderne est dû au génie de cet homme. Il a inventé l'arc démontable et la pointe de flèche amovible, dont la première pointe de chasse, affûtée comme un rasoir, la célèbre Razorhead.
Loin de toute polémique, disons-le tout net : la chasse à l'arc est certainement la plus difficile des pratiques cynégétiques... Difficile par les contraintes qu'elle impose en matière d'entraînement mental et physique, de tir, d'approche. C'est un engagement physique et moral total dicté par une éthique irréprochable dont feraient bien de s'inspirer ses nombreux détracteurs, qui, par mauvaise foi ou ignorance, considèrent l'arc comme un procédé de braconnier. Certains affirment, et c'est exact, qu'il faut au moins 3 ans d'entraînement journalier au tir, de tentatives d'approche et de prospection de son territoire, pour commencer à chasser. Au bout de ces années d'expérience, le chasseur connaît l'animal qu'il va prélever. Une complicité, dans la plus pure tradition indienne, s'est établie entre le gibier et le chasseur. Le moment est venu de conclure une longue «initiation !».

LE MATÉRIEL

On a le choix entre 3 grands types d'arcs :
- le grand arc traditionnel, modernisé dans la mesure où il n'est plus en if mais en bois renforcé de fibre de verre ;
- l'arc à double courbure ;
- le compound, inventé par l'Américain H.-W. Allen dans les années 1960, équipé

de câbles reliés à des poulies placées aux extrémités des branches. Cet arc serait plus facile à armer par réduction mécanique de l'effort de traction (ce n'est pas toujours évident). La puissance de l'arme, pour le même effort de traction, augmente considérablement. De nombreux archers estiment que ce modèle ne peut pas transmettre les sensations physiques perçues par un arc recourbé ou un grand arc, primordiales en matière de chasse au moment où seul l'instinct du chasseur indique l'instant précis du tir. Pour couper court à toute polémique stérile, notons que tous ces arcs sont efficaces, lorsqu'il s'agit d'un matériel fiable et d'excellente qualité, et que seule la préférence du chasseur dicte son choix. L'archer porte une attention particulière à la flèche destinée à tuer. Celle-ci doit être adaptée à la puissance de l'arme, de façon à redresser le vol de la flèche le plus tôt possible. Les Japonais affirment que, pour bien décocher, on ne doit pas avoir conscience d'ouvrir la main, mais sentir la corde traverser les doigts. Ils n'ont pas tort !

L'ACTION DE CHASSE

En action de chasse, il est bon d'emporter une flèche d'entraînement afin de s'échauffer en tirant des souches ou des mottes de terre. Les pointes destinées au tir du gibier doivent être très bien affûtées. La chasse à l'arc peut être une chasse d'affût ou d'approche. Dans tous les cas, le tir s'effectue à courte distance (de 5 à 20 m) sur un animal arrêté, et non en pleine course, ce qui exclut la chasse en battue. En effet, la flèche tue par hémorragie et non par effet de choc... Elle doit donc être placée dans une zone vitale (cœur, foie, poumons) pour que le gibier meure le plus vite possible, sans souffrance inutile. On ne tire jamais à travers les broussailles, le moindre obstacle situé entre le chasseur et sa cible pouvant dévier la flèche et blesser l'animal en atteignant une zone non vitale. Un arc d'une puissance de 65 livres est largement suffisant pour tuer la plupart des gibiers européens.

La conclusion d'une quête difficile mais exaltante : le tir d'un mouflon à l'arc.

LES POINTES DE CHASSE

Les pointes destinées au petit gibier

– la pointe Blunt : certaines perforent, d'autres, munies d'un manchon de caoutchouc ou de plastique, assomment. Ces pointes sont parfois associées à un « trèfle ».

Les pointes destinées au petit gibier et au grand gibier

Il s'agit de pointes à lames, aiguisées comme des rasoirs, au nombre de 2, 3 ou 4.

– la plus ancienne est la pointe Howard Hill, longue, fine et très pointue, qui présente l'inconvénient d'offrir une surface de découpe parfois insuffisante ;

– la pointe Razorhead, créée par Fred Bear, est inspirée des pointes primitives de chasse ; c'est l'une des plus utilisées, à juste titre !

– la pointe Zweekey est fabriquée à l'aide de tôle emboutie ; elle s'émousse très vite, mais se réaffûte facilement ;

– la pointe Satellite est formée d'un cône de métal lourd qui assure une excellente pénétration, assorti de 2, 3 ou 4 lames de rasoir fragiles, mais aisément interchangeables.

Les prédateurs

et leurs chasses

Le terme de nuisible n'est pas employé ici, car aucune espèce ne mérite réellement cette appellation. Ce sont les époques et les circonstances qui déterminent l'impact de la prédation, souvent exercée à l'encontre d'oiseaux de tir ou de repeuplement incapables de se défendre, tout au moins durant leur phase d'adaptation au milieu naturel. Dans ce cas précis, et afin de faciliter le retour du petit gibier sédentaire, il convient de limiter les populations de prédateurs dont la présence en surnombre, artificielle, peut faire échouer tous les efforts entrepris par l'aménageur. La régulation est effectuée avec le souci constant du respect de l'animal, concurrent certes, mais qui demeure toutefois un bien précieux de la nature !

LES PRÉDATEURS ET LEURS CHASSES

Aucune espèce n'est nuisible en elle-même. Seule une expansion mal contrôlée de ses effectifs, en liaison avec une modification profonde du milieu dans lequel l'animal évolue, peut le rendre indésirable et nécessiter sa régulation. Les prédateurs jouent un rôle très important dans la nature, en limitant la prolifération de certaines populations animales qui constituent leurs proies habituelles. Leur destruction complète signifie une recrudescence des épizooties dues aux pullulations de petits rongeurs dont ils font leur ordinaire. De même, des prédateurs tels que le renard contribuent également à limiter l'expansion de certaines épidémies en éliminant les animaux faibles ou malades, plus faciles à capturer. Ils jouent également un rôle de fossoyeurs non négligeable en consommant les charognes. Ce sont surtout les époques et les circonstances qui déterminent la gravité de la prédation. Les chasseurs, qui compensent le manque de gibier naturel par des lâchers massifs d'oiseaux de tir, portent une grande part de responsabilité dans l'expansion des prédateurs. Ils introduisent en effet dans le milieu une concentration anormale de proies, créant un déséquilibre qui va être compensé par une augmentation rapide du nombre de prédateurs profitant de l'aubaine, leur capacité de reproduction dépendant des ressources alimentaires offertes par le milieu. C'est à ce moment que les prédateurs en surnombre deviennent indésirables, en se spécialisant sur le gibier de tir (un carnivore obéit toujours à la loi du moindre effort !) ; leur impact est surtout significatif en pleine période d'élevage des jeunes, sur les oiseaux de repeuplement âgés de 8 à 10 semaines, voire sur les couples de reproducteurs.

L'ÉTABLISSEMENT DE LA LISTE D'ANIMAUX DÉCLARÉS NUISIBLES

Le décret du 30 décembre 1988, ainsi qu'un arrêté du même jour, sont venus renforcer la procédure applicable aux animaux nuisibles. Désormais, la liste générale des mammifères et des oiseaux susceptibles d'être classés nuisibles est arrêtée par le ministre chargé de la chasse.

Dans chaque département, le préfet détermine ensuite les espèces animales pouvant être considérées comme nuisibles, après consultation auprès du Conseil départemental de la chasse et de la faune sauvage et de la Fédération départementale des chasseurs.

Sont considérés localement les problèmes de :

- santé et sécurité publique ;
- dommages aux cultures agricoles, aux aménagements forestiers ou aquacoles ;
- protection de la faune et de la flore.

12 mammifères sont déclarés nuisibles sur le plan national : le ragondin, le rat musqué, la fouine, la martre, la belette, le putois, le renard, le sanglier, le lapin de garenne, le raton laveur, le chien viverrin, le vison d'Amérique.

Comme nous pouvons le constater, le chat haret, grand destructeur de gibier, n'appartient pas à cette liste. Sa prédation met en péril les opérations de repeuplement, quel que soit le petit gibier (lapins, jeunes oiseaux) qui bénéficie de ces mesures. Le flou judirique dans lequel il évolue profite malheureusement à ce prédateur.

6 oiseaux appartiennent à la même liste : le corbeau freux, la corneille noire, l'étourneau, le geai des chênes, la pie bavarde et le pigeon ramier.

Martre, belette et putois ne peuvent être naturalisés. Ils sont enterrés sur place après leur capture ! La fouine peut être transportée et naturalisée.

La neige oblige souvent le renard à se montrer en plein jour pour se nourrir.

Ainsi, la régulation des prédateurs doit être envisagée dès que la densité de leurs effectifs devient incompatible avec le succès d'une opération de repeuplement, ou avec le maintien des populations de gibier naturel. C'est une nécessité qui, avec la gestion des espèces de gibier et l'aménagement des territoires, constitue la base de toute amélioration cynégétique. Elle doit être effectuée dans le souci constant du respect de l'éthique de la chasse et des animaux. Détruire par tous les moyens, notamment le gazage, des espèces comme le renard, qui offre l'une des chasses les plus passionnantes qui soient au chien courant, en battue ou par les procédés de déterrage, est une aberration et une pratique indigne d'un vrai chasseur.

LE RENARD
(VULPES VULPES)

Tout le monde reconnaît la silhouette du renard. Ses oreilles pointues, ses yeux à la pupille verticale, son museau effilé, lui confèrent un air chafouin qui n'a pas échappé à l'imagerie populaire : il symbolise la ruse et la fourberie. Le pelage, très fourni l'hiver, subit une mue printanière au cours de laquelle la peau part en lambeaux. Il présente une grande variété de coloris, allant du roux vif au brun sombre chez les individus dits «charbonniers». Le devant des pattes et l'arrière des oreilles sont noirâtres. L'extrémité de la queue est toujours blanche. Le renard mesure de 55 à 80 cm (queue : 30-55 cm) pour un poids de 3 à 10 kg. C'est l'un des carnivores sauvages qui a su le mieux s'adapter aux profondes modifications des biotopes opérées par l'homme. On le rencontre aussi bien dans les massifs boisés que dans le bocage, dans les parcs et aux alentours des grandes villes, sur les décharges publiques qu'il fréquente assidûment. Il semble toutefois préférer les secteurs forestiers très fourrés. Son régime alimentaire est sujet à de nombreuses controverses, les écologistes le considérant comme un prédateur très sélectif, certains chasseurs comme une bête malfaisante. En fait, cet opportuniste semble adapter son menu en fonction des ressources offertes par le milieu. Il peut très bien se spécialiser sur le gibier si le territoire lui en offre la possibilité, et tout particulièrement sur le faisan de tir, incapable de se défendre. Dans les régions vives en lapins de garenne, il fait son ordinaire de ces lagomorphes. Comme tout prédateur, il est néanmoins partisan du moindre effort et préfère se gaver de fruits ou de petits rongeurs, s'ils sont abondants, plutôt que de poursuivre un gibier naturel insaisissable. Seule la prolifération du renard peut devenir problématique pour la survie de la faune cynégétique. Elle résulte toujours d'un déséquilibre (lâchers massifs d'oiseaux de tir) ou d'une année très favorable à la pullulation des petits rongeurs, laquelle induit un taux de fertilité supérieur. Le renard est surtout dangereux au mois de mai, lorsqu'il élève ses jeunes. Il peut alors s'aventurer en plein jour, commettre des dégâts dans les élevages de gibier, les poulaillers, et surtout sur les territoires fraîchement repeuplés. Selon Paiscaro (1974), les baies et les fruits constitueraient 48,4 % de son régime alimentaire, les petits rongeurs 27,2 %, les passereaux 3,1 %, les insectes 3,1 %, les lagomorphes 6,5 %, la nourriture diverse 11,7 %. Il convient d'être prudent sur l'analyse de ces régimes alimentaires qui varient selon les territoires et la richesse en gibier, mais une chose est certaine : chaque individu consomme annuellement entre 6 000 et 10 000 mulots, souris et campagnols. Il peut à l'occasion capturer des insectes, reptiles, amphibiens, ou poissons. Des ossements de faons de chevreuils ont été retrouvés près de gueules de terriers, sans qu'on ait pu établir s'il s'agissait de charognes ou de petits capturés vivants.

Le rut débute en janvier-février. La durée de gestation est de 53 jours environ. Chaque portée comporte de 3 à 5 jeunes (jusqu'à 10 les années favorables), qui naissent aveugles et recouverts d'un pelage grisâtre. Les oreilles sont tombantes. A l'âge de 2 mois, ils sortent du terrier et jouent au soleil.

Le renard est un habile chasseur aux mœurs surtout nocturnes et crépusculaires, en raison de sa méfiance instinctive vis-à-vis de l'homme. Il capture ses proies à l'affût ou à l'approche, voire à courre, opérant alors avec un congénère : l'un lance un gibier (lièvre, lapin) tandis que l'autre guette l'animal sur une coulée.

Le terrier du renard

En dehors de ses périodes d'activité, le renard passe le plus clair de son temps dans une tanière qu'il creuse très rarement lui-même : il occupe souvent une ancienne galerie de blaireau, ou un terrier de lapin agrandi à sa taille. L'emplacement du terrier est très variable. Le renard préfère les sols sablonneux, légers et faciles à creuser. On distingue généralement trois types d'habitations : le terrier d'habitation, le plus régulièrement fréquenté, le terrier de mise bas et le terrier refuge. Le terrier de mise bas, souvent implanté dans un endroit retiré, comprend toujours une chambre spacieuse où la famille séjourne, et souvent des chambres annexes servant de garde-manger. Il arrive fréquemment que, grâce à un dédale complexe de galeries, dans les terriers occupés depuis longtemps, la chambre de mise bas soit située au fond de l'ensemble nommé également «accul». La terre déblayée lors de l'aménagement du terrier est amoncelée en gros monticules devant l'entrée, ne laissant pas apparaître, contrairement au terrier du blaireau, une gouttière de sortie. On reconnaît également un terrier de renard fréquenté à la forte odeur de musc qui règne à l'entrée, aux débris de proies éventuelles situés alentour lorsqu'il est occupé par des jeunes, aux empreintes et aux fientes. Le diamètre des gueules, variant selon l'ancienneté de la construction, est d'un minimum de 25 cm. Dans les constructions anciennes, il comporte un réseau très ramifié de galeries, avec de nombreuses sorties de secours. La «maire» correspond à un poste d'observation situé près de la sortie principale. Le donjon est la chambre dans laquelle les animaux se reposent, et la fosse sert à stocker la nourriture.

Mené par les chiens, ce renard a quitté les fourrés pour se dérober en plaine... en empruntant malheureusement une coulée surveillée !

Les terriers refuges sont utilisés occasionnellement en cas de danger. Peu profonds, ils peuvent comporter une ou deux sorties de «secours» dissimulées sous les ronces.

Les chasses à tir du renard

La chasse aux chiens courants est la plus pratiquée en France, surtout à l'occasion de battues administratives organisées par les lieutenants de louveterie en fin de saison. Il s'agit d'une chasse spectaculaire, qui surpasse en sportivité des procédés de régulation déloyaux tels que le gazage des terriers. Elle n'est pas toujours appréciée à sa juste valeur par les «chasseurs» : ils sont peu intéressés par le tir d'un animal inconsommable !

La chasse du renard en battue nécessite une organisation préalable. Les terriers connus seront bouchés au cours de la nuit précédant la chasse à l'aide de chiffons multicolores afin que l'animal ne regagne pas son refuge sitôt mis sur pied. Les tireurs doivent rejoindre leurs postes, situés à proximité des coulées régulièrement empruntées par les renards, dans le plus grand silence. En effet, les animaux qui ont perçu la présence de chasseurs se feront «tourner» longuement dans les fourrés ou détaleront avant même que chacun tienne sa place, en empruntant une coulée non gardée.

Tous les chiens aiment la voie du renard, forte et tenace, et l'empaument gaiement. S'il est tout à fait possible de lancer notre rusé goupil à l'aide de chiens de petit pied très mordants (Fox, Teckels, Jagd-Terriers), le vrai plaisir de cette chasse est une belle «menée» à grands cris par des chiens courants. Les Beagles, tous les Bassets Griffons ainsi que le Basset d'Artois conviennent. On peut également employer des Grands Anglo-Français, des Grands Griffons Vendéens ou Nivernais, des Ariégeois, des Poitevins ou des Fox-Hounds.

Mené par les chiens, le renard, s'il parvient à les distancer, s'arrête fréquemment pour écouter et situer ses poursuivants. Le chasseur doit toujours être sur ses gardes car l'animal arrive souvent à pas feutrés en bordure de layon ou en lisière de forêt, observant les alentours... avant de bondir comme un diable et de surprendre le tireur qui manquera sa cible ! Ce dernier doit respecter la plus parfaite immobilité, s'abstenir de parler ou de fumer ! Ainsi, il pourra lui arriver d'observer le goupil arrivant dans sa direction, se souciant seulement du danger situé derrière lui.

Voici un blaireau qui a eu le goût d'habiter un terrier dont la gueule est joliment décorée !

LE BLAIREAU (*MELES MELES*)

La silhouette du blaireau évoque celle d'un petit ours avec son corps massif et trapu aux pattes courtes armées de fortes griffes. Le pelage, blanchâtre à grisâtre sur le dessus du corps, est sombre dessous. La tête est marquée d'un bandeau noir caractéristique au niveau de chaque œil. Le blaireau mesure de 67 à 75 cm pour un poids de 10 à 20 kg. Il apprécie les bocages où les cultures alternent avec haies et boqueteaux fourrés. On le rencontre aussi en terrain découvert.

Ce plantigrade est lourd, bruyant dans ses déplacements, peu agile, incapable de poursuivre une proie un tant soit peu rapide ou de guetter un animal à l'affût. C'est donc un piètre chasseur, loin d'être nuisible. Il est doté d'une mauvaise vue, mais d'une ouïe et surtout d'un odorat très fins, qui l'aident dans sa quête de nourriture. Le blaireau peut parfois commettre des dégâts dans les garennes en détruisant quelques rabouillères, qu'il éventre grâce à ses fortes griffes. Il se délecte également de raisins dans les vignes, ou d'épis de maïs «en lait», juste avant leur maturation. Les cas de ruches détériorées par l'animal demeurent exceptionnels. Ce sont là les seuls reproches que l'on puisse lui faire, et ils ne justifient pas sa destruction. Opportuniste et omnivore, il consomme quantité de proies et de matières végétales au cours de ses randonnées nocturnes : vers, insectes, amphibiens, reptiles (c'est l'un des rares prédateurs de la vipère), petits rongeurs, nids de guêpes ou d'abeilles sauvages, mollusques, baies et fruits.

Le blaireau n'effectue qu'une portée par an. Le rut peut intervenir de février à octobre ; les jeunes, au nombre de 2 à 7, naissent toujours en mars-avril. L'espèce subit une ovo-implantation différée, et la durée réelle de gestation est de 45 à 60 jours. Les jeunes, qui naissent aveugles, sont indépendants à 5-6 mois.

Très craintif, le blaireau attend la nuit pour vagabonder à la recherche de sa nourriture, faisant un circuit de 2 à 3 km autour de son terrier. Fidèle à ses habitudes, il emprunte les mêmes coulées, qui finissent par se transformer en véritables sentiers. Il vit habituellement en groupe familial. Grégaire et sociable, il supporte dans son réseau de galeries la présence d'autres familles de blaireaux avec lesquelles il forme un clan exploitant le même territoire, et même celles d'autres espèces comme le renard ou le lapin de garenne.

Le terrier du blaireau

Vue en coupe d'un terrier de blaireau

Grâce à la puissance de ses griffes, le blaireau est un habile fouisseur qui creuse lui-même son terrier. Occupé depuis plusieurs générations, le gîte peut comporter des centaines de mètres de galeries sinueuses, établies sur plusieurs niveaux, qui débouchent sur plusieurs dizaines de gueules.

L'entrée d'un terrier de blaireau est reconnaissable à l'énorme amoncellement de terre déblayée, qui laisse apparaître une coulée très nette en forme de gouttière. Les empreintes de l'animal indiquent sa présence, ainsi que les débris végétaux utilisés pour aménager la chambre de reproduction. Cette dernière est souvent édifiée sous un rocher, ou entre les racines d'un arbre. Spacieuse, elle est matelassée d'herbe sèche et de mousse. Une pièce plus petite est parfois aménagée, servant de latrines. Les chambres délaissées servent fréquemment de refuge à une famille de renards, à des lapins de garenne ou à d'autres mustélidés.

Il existe également sur le territoire du blaireau des terriers secondaires, comportant 2 ou 3 entrées, utilisées occasionnellement lorsque l'animal se sent en danger. Ils sont surtout occupés quand le blaireau, poursuivi par des chiens, se sent incapable de rejoindre sa «résidence principale».

LES LIEUTENANTS DE LOUVETERIE

Les lieutenants de louveterie appartiennent actuellement à un corps de fonctionnaires créé sous Charlemagne afin de détruire les loups. Les louvetiers sont chargés aujourd'hui de réguler certaines espèces jugées indésirables.

Ils sont nommés pour une durée de 3 ans sur proposition du Directeur départemental de l'Agriculture et des Forêts, après avis d'une commission technique régionale composée de 4 louvetiers en service, du président de la Fédération départementale des chasseurs et d'un représentant de l'Administration.

Le candidat doit répondre à plusieurs exigences : compétences cynégétiques, aptitudes physiques, disponibilité, qualités morales. Il doit jouir de ses droits civiques, être titulaire d'un permis de chasse depuis au moins 5 ans, résider dans le département où s'effectue la démarche, ou dans un département limitrophe. Les femmes sont acceptées dans le corps : on en compte 2 ou 3 en France.

Le futur louvetier s'engage par écrit à entretenir au moins 2 chiens de déterrage, ou une meute comportant un minimum de 4 chiens courants créancés uniquement sur le renard ou le sanglier. Il est assermenté, et habilité à constater dans les limites de sa circonscription toute infraction relative à la police de la chasse dans la mesure où il est porteur de sa commission préfectorale (qui précise les territoires sur lesquels il exerce ses attributions), et de son insigne en métal doré à tête de loup portant l'inscription : le lieutenant de louveterie. Le louvetier est également un conseiller technique qui constate les dégâts occasionnés par certains animaux dits nuisibles, et soumet au préfet des propositions de battues administratives où sont précisées les limites des territoires concernés par les préjudices. Le préfet établira un calendrier de dates concernant le déroulement de ces battues, organisées par le louvetier.

Le nombre de lieutenants de louveterie est fixé par le préfet en fonction de la superficie du département, de la configuration du terrain, des surfaces boisées.

LA BELETTE (*MUSTELA NIVALIS*)

La belette, dont la taille atteint 21 cm pour un poids de 60 g (femelle) et 115 g (mâle) est le plus petit carnivore européen. On la reconnaît à son corps mince et allongé, doté de pattes très courtes et de petites oreilles arrondies, à peine visibles. Une ligne de démarcation très nette sépare le dos, roussâtre, du ventre entièrement blanc. La queue, rousse, ne présente pas de marque noire à son extrémité. Dans les pays nordiques connaissant des durées d'enneigement supérieures à 100 jours, les individus blanchissent en hiver.

La belette montre une grande faculté d'adaptation à des milieux aussi divers que le bocage, la forêt, l'habitat humain (grange, vieux murs) et même les plaines céréalières qu'elle est l'un de nos rares carnivores à coloniser. On peut la rencontrer en montagne, dans les éboulis, jusqu'à la limite de la végétation.

Ce petit mustélidé, en raison de sa taille réduite, est surtout un prédateur de micromammifères tels que mulots ou campagnols, qu'il poursuit dans leurs galeries et tue en leur brisant la nuque. Il peut à l'occasion détruire des œufs ou s'en prendre à un lapereau, un levraut ou un poussin. La belette consomme parfois des insectes, des reptiles ou des amphibiens.

Selon les disponibilités offertes par le milieu et surtout les fluctuations de populations de petits rongeurs, la belette fait 1 ou 2 portées par an, qui comporteront de 2 à 10 petits.

Les accouplements ont lieu en mars puis éventuellement en juillet. Les jeunes viennent au monde après une gestation de 6 semaines, nus et aveugles, dans un nid douillet garni d'herbes sèches et de mousse, installé dans une galerie de rongeurs, sous un tas de foin dans une grange, dans une anfractuosité rocheuse. Ils sont allaités durant 2 mois et sont indépendants à l'âge de 3-4 mois.

La belette peut être active à toute heure du jour ou de la nuit. Cependant, elle est surtout de mœurs nocturnes ou crépusculaires.

On l'observe fréquemment en groupes familiaux constitués par la mère et ses jeunes : assise sur ses pattes postérieures, en chandelier, la mère observe les alentours.

En raison de sa petite taille, la belette commet peu de dégâts sur le gibier naturel.

En raison de sa petite taille, la belette commet peu de dégâts à l'encontre du gibier adulte. Elle consomme à l'occasion quelques poussins, mais reste avant tout un prédateur actif de petits rongeurs.

LA MARTRE DES PINS
(*MARTES MARTES*)

La martre est un mustélidé de taille moyenne, dont la longueur, queue comprise, peut atteindre 60 cm pour un poids variant de 1 à 2,5 kg chez les gros mâles. Le pelage, brun à reflets beige l'été, devient brun sombre l'hiver. Il est alors épais et très fourni, offrant une magnifique fourrure très recherchée. La bavette, jaune ou orangée, n'est pas divisée. Ses contours sont irréguliers.

La martre est un animal essentiellement forestier qui, comme son nom l'indique, marque une certaine prédilection pour les bois de conifères. Il semblerait d'ailleurs que les enrésinements massifs opérés en certaines régions aient contribué à favoriser l'augmentation de ses effectifs. Bien qu'on puisse la rencontrer dans certains parcs, elle n'est pas commensale de l'homme.

L'impact réel de la martre sur la faune cynégétique est délicat à déterminer. C'est en tout cas, avec l'autour, le seul prédateur de l'écureuil, dont la pullulation n'est pas souhaitable en raison des ravages qu'il peut commettre dans les nids. Elle consomme une grande quantité de petits rongeurs forestiers (mulot sylvestre, campagnol roussâtre, loir, lérot, mulot à collier), des fruits et baies sauvages, quelques reptiles, amphibiens et insectes. D'une agilité extraordinaire dans les arbres et d'un courage à toute épreuve, elle peut, en forte densité, menacer la survie des gibiers naturels. Les faisans branchés, très vulnérables la nuit pendant leur sommeil, les pigeons, des oiseaux comme la gélinotte ou le coq de bruyère qu'elle capture dans les arbres, et surtout les nids, qu'elle détruit allégrement avec leur couvée, lui paient un lourd tribut. Cette prédation s'exerce surtout l'hiver, lorsqu'une épaisse couche de neige lui interdit la capture de ses proies de base (les petits rongeurs), et que les écureuils demeurent invisibles dans leur gîte.

La martre subit un phénomène d'ovo-implantation différée : l'accouplement a lieu en juillet-août, et les mises bas en mars-avril de l'année suivante. La durée de gestation réelle est de 9 semaines environ. Chaque portée comporte de 3 à 6 jeunes qui naissent aveugles, dans un nid aménagé à l'intérieur d'une anfractuosité rocheuse, dans un arbre creux ou un vieux nid d'écureuil, de rapace ou de corvidé.

La martre est de mœurs plutôt crépusculaires ou nocturnes. Elle se déplace avec agilité dans les arbres, mais semble préférer progresser à terre. Elle descend le long des troncs, la tête en bas, avec habileté. Ses randonnées nocturnes peuvent l'amener à effectuer des circuits de 10 à 20 km.

LA FOUINE (*MARTES FOINA*)

La distinction entre la fouine et la martre n'est pas toujours aisée. Elle est souvent basée, bien qu'il ne s'agisse pas d'un critère très fiable, sur l'observation de la bavette, généralement blanche chez la fouine, aux contours nets, et qui se divise pour se prolonger jusqu'au sommet des pattes antérieures.

Le dessous des pattes n'est pas recouvert de poils, ce qui facilite la lecture de l'empreinte, dont les contours nets laissent apparaître les callosités plantaires.

Le pelage est brun grisâtre. La fouine paraît plus courte sur pattes lorsqu'on l'observe dans la nature. Elle se déplace par bonds, le dos voûté et la queue horizontale, avec une allure très caractéristique. La longueur de son corps, queue comprise, varie de 64 à 75 cm pour un poids de 1,3 à 2,3 kg.

Moins inféodée que la martre au milieu forestier, la fouine apprécie la proximité de l'habitat humain. On la rencontre souvent dans les ruines, granges, tas de fagots. Elle est présente en montagne jusqu'à 2 500 m. Dans les granges, elle aménage souvent son gîte entre les planchers et les plafonds.

Son régime alimentaire est très varié. Dans les granges et les fenils, elle capture quantité de souris et de rats, empêche la prolifération des surmulots. Durant tout l'été, elle consomme beaucoup de baies et de fruits sauvages. Cela ne l'empêche pas

La fouine est ici bien reconnaissable à sa bavette blanche qui s'étire également sur le haut des pattes. Sa souplesse lui permet de se glisser dans les moindres interstices.

d'être aussi une pilleuse de nids (elle adore les œufs !). L'extrême habileté avec laquelle elle parvient à se faufiler dans les interstices les plus étroits (un trou de 8 cm de diamètre ne la rebute pas) lui fait commettre des dégâts dans les garennes artificielles, et surtout dans les élevages de gibiers où elle peut se livrer à des carnages. De tels comportements, inexplicables, ont été observés également dans les poulaillers.
La période d'accouplement de la fouine se situe en juillet-août. L'ovo-implantation, différée, se produit au mois de janvier, et les mises bas ont lieu en mars-avril. La fouine ne fait qu'une portée par an, comportant de 3 à 5 jeunes allaités durant 2 mois. Ils sont indépendants 1 mois plus tard.
L'activité de la fouine est strictement nocturne. C'est un grimpeur remarquable, qui escalade les murs les plus lisses pour gagner les greniers où est aménagé son gîte.

LE CHAT HARET

Le terme de chat haret s'applique aux chats domestiques retournés à l'état sauvage, qui subviennent eux-mêmes à leurs besoins. Totalement indépendants de l'homme, ils exercent une prédation non négligeable sur le gibier.
L'analyse de 300 contenus stomacaux établie en R.F.A. par Spitthelle, en 1978, indique que le chat haret consomme 50,3 % de rongeurs, 9,7 % de lapins, 1,3 % de lièvres, 7,3 % d'oiseaux (passereaux et galliformes).
Une étude menée en Meuse par deux techniciens de l'O.N.C. conclut que le chat haret, comme le chat sauvage, est un prédateur généraliste dont le spectre de nourriture étendu comprend des mammifères (rongeurs et lagomorphes), oiseaux (passereaux et galliformes), reptiles (lézards), amphibiens (grenouilles). Si le chat haret sait adapter son menu aux disponibilités offertes par le milieu, il n'en demeure pas moins qu'il peut se spécialiser sur une proie si la possibilité lui en est offerte. Son goût prononcé pour le lapin de garenne indique clairement que sa présence n'est pas souhaitable, surtout lors d'opérations de repeuplement. Il peut aussi exercer des ravages sur de jeunes oiseaux lâchés au printemps, durant les phases d'accoutumance à leur nouvel environnement.
Un dernier détail, d'importance : le chat haret ne possède pas de statut juridique, n'appartenant ni aux espèces classées gibier ni aux nuisibles. On est en droit de se demander pourquoi un tel animal qui n'appartient pas à notre faune sauvage indigène, et exerce donc une prédation

totalement artificielle, bénéficie de cette mesure de protection.
Notre législation cynégétique n'en est pas à une contradiction près, et il est sûrement préférable de déclarer indésirable, pour l'avenir de la chasse et de la faune sauvage en général, une espèce comme le *Sylvilagus*... ou d'envisager la réintroduction de l'ours dans les Alpes, alors qu'on est incapable d'assurer sa survie dans les Pyrénées !

LE PUTOIS (*MUSTELA PUTORIUS*)

On le reconnaît surtout à son masque facial clair, très particulier. Le dos, brun, marbré de taches jaunâtres, contraste avec le dessous du corps, noir. Cette inversion de couleurs est, avec celle du blaireau, un cas rarissime chez les mammifères européens. Le putois peut mesurer environ 60 cm, queue comprise, pour un poids moyen de 1,5 kg. Légèrement plus petit que la martre ou la fouine, ce mustélidé semble actuellement en régression, en raison sans doute du recalibrage des rivières et de la destruction de leur végétation de bordure (arbres creux «têtard»), ainsi que de l'arasement des haies qui constituent pour lui des habitats privilégiés. On le rencontre aussi dans les forêts mixtes ou de feuillus, ainsi qu'à proximité des habitations (granges, vieux bâtiments agricoles, tas de bois ou de foin).
Son régime alimentaire est très hétéroclite. S'il peut commettre quelques dégâts sur la faune cynégétique en consommant œufs et oisillons ou en tuant des lapins grâce à sa faculté de se glisser dans les terriers les plus étroits, il ne faut pas oublier qu'il s'agit du seul prédateur constant du rat musqué et du surmulot. Cet excellent nageur peut à l'occasion capturer des poissons et surtout des grenouilles, dont il raffole. On raconte qu'il parvient, durant la saison froide, à mettre des amphibiens en réserve, après les avoir paralysés par section de la moelle épinière. Les accouplements ont lieu en mars-avril. Le putois effectue une seule portée par an, comportant de 3 à 8 petits qui naissent, après une gestation de 6 semaines, dans un nid douillet aménagé à l'intérieur d'un tas de bois, d'un terrier abandonné ou d'une grange. De mœurs généralement nocturnes, le putois semble moins méfiant que la fouine ou la martre. A ce titre, sa capture au piège est plus aisée.
Menacé, il lance sur son agresseur un liquide nauséabond émis par les glandes anales et, sous l'effet de la terreur, pousse d'insupportables cris stridents.

LE RATON LAVEUR (*PROCYON LOTOR*)

Originaire d'Amérique du Nord, il a été introduit en Europe pour sa fourrure. Quelques individus échappés de parcs ont colonisé peu à peu certains secteurs, s'établissant en milieu forestier à proximité de l'eau. De mœurs crépusculaires ou nocturnes, le raton laveur vit seul ou en couple. Omnivore, il consomme aussi bien des matières végétales (fruits et baies, céréales, légumes) que des oiseaux, des insectes, des mollusques, des poissons ou des amphibiens. Sa présence, anecdotique, ne permet pas de mesurer son impact réel sur la faune cynégétique.

LE CHIEN VIVERRIN (*NYCTEREUTES PROCYONOIDES*)

Originaire d'Asie orientale, introduit en Russie, il s'est peu à peu répandu vers le nord et l'ouest de l'Europe, et commence à coloniser les régions boisées et humides de notre pays. Il ressemble vaguement à un hybride renard-raton laveur. Sa fourrure, très fournie, est brun grisâtre. On distingue un masque facial caractéristique, de couleur foncée autour des yeux. De longues touffes de poils pendent de part et d'autre de la tête. Omnivore et opportuniste, le chien viverrin est un pêcheur très habile qui consomme de nombreux poissons. D'avril à juin, la femelle met bas de 5 à 8 petits qui naissent nus et aveugles. Les rares observations de chiens viverrins ne permettent pas d'établir l'impact de sa prédation.

LE PIÉGEAGE

LES DISPOSITIONS LÉGALES CONCERNANT LE PIÉGEAGE

L'arrêté du 23 mai 1984, concernant les nouvelles dispositions relatives au piégeage des populations animales, demande une meilleure sélectivité des pièges, le contrôle des prélèvements, la diminution des souffrances des animaux capturés et la formation des piégeurs.
Toute personne désirant réguler les prédateurs grâce au piégeage doit être agréée par le préfet de son département. Cet agrément est subordonné à la participation à une session de formation au piégeage organisée par l'O.N.C. ou la Fédération départementale des chasseurs. Le futur candidat aura préalablement pris contact avec sa fédération afin de connaître les dates de stages (un ou deux par an), en formulant une demande écrite sur papier libre, sur laquelle est mentionnée son identité complète.
La formation comporte au minimum 16 heures de cours traitant de la connaissance des espèces (4 heures), des mesures propres à diminuer les souffrances des animaux capturés (2 heures), des différents types de pièges autorisés (2 heures), de la manipulation et de la pose des pièges (4 heures), de l'application des connaissances (4 heures).
Une fois obtenu, l'agrément est valable pour une durée illimitée. Il peut toutefois être suspendu par décision préfectorale (pour une durée maximale de 5 ans), en cas d'infraction aux dispositions réglementaires de l'arrêté du 23 mai 1984, ou à toute réglementation relative à la police de la chasse.
Les pièges dits «doux» (boîte à fauve, belettière, chatière, nasse, cage piégée et engins similaires) peuvent être posés librement, sans agrément préalable. Leur utilisateur doit néanmoins faire une déclaration de piégeage en 4 exemplaires sur papier libre à la mairie de son domicile, et inscrire ses prises sur un registre tenu à jour.

Les types de pièges autorisés

- Tous les modèles de pièges à mâchoires déclenchés par pression sur une palette ou par enlèvement d'appât (piège à œuf) et agréés aux nouvelles normes peuvent être utilisés. Les 3 lettres (PHE) inscrites dans le métal de l'engin signifient Piège homologué par Environnement.
L'écartement des mâchoires fermées ne doit pas être inférieur à 5 mm et le diamètre du piège ouvert n'excède pas 22 cm, sauf pour les pièges à œuf qui peuvent être plus grands. Les mâchoires doivent toujours comporter des gaines de protection en plastique ou en caoutchouc.
La chaîne d'attache du piège est dotée de 2 émerillons, le deuxième étant situé à une longueur maximale de 30 cm de l'engin. Il n'a jamais été question de limiter les dimensions de la chaîne d'attache à 30 cm, n'importe quelle longueur pouvant être fixée au-delà du 2e émerillon.
- L'utilisation du collet est subordonnée à une autorisation préfectorale spéciale, après avis de la Fédération départementale des chasseurs. La partie basse de l'engin doit être disposée à 18 cm au moins et 22 cm au plus au-dessus du niveau du sol.
- Les lacets et assommoirs sont également autorisés.

Utilisation des pièges

Les pièges doivent être visités quotidiennement au plus tard une heure après le lever du jour. Les pièges à mâchoires disposés selon les systèmes «en jardinet» ou «en gueule de terrier» peuvent rester tendus nuit et jour. Les pièges «au pendu», «au charnier» et «au tas de fumier» sont neutralisés durant la journée. Il s'agit là d'une véritable contrainte qui augmente les manipulations, donc les risques que l'engin soit perçu par le prédateur.
Le piégeage à la coulée est strictement interdit, en raison des risques que représente ce procédé pour tous les gibiers.

Cette chatière posée à proximité d'une garenne artificielle est destinée à la capture de maraudeurs tel le chat haret.

Tous les pièges portent le numéro d'agrément préfectoral attribué au piégeur. Ils sont tendus (sauf pour les pièges doux) à plus de 200 m des habitations et 50 m des chemins et routes ouverts au public. Leur présence doit être signalée par des pancartes.

Chaque piégeur est obligé de tenir un relevé quotidien de ses prises, mentionné sur un registre paraphé par la mairie de son domicile. Il y note, pour chaque journée, le nombre de pièges posés et leur type, les espèces capturées et leur nombre.

A la fin de la saison, qui s'étend du 1er juillet au 30 juin de l'année suivante, le piégeur est tenu d'établir un relevé des prises et de l'envoyer au préfet du département.

Il est important de remplir ce formulaire : dans le cas contraire, certains prétendent qu'il est inutile de continuer à chasser des espèces déclarées nuisibles puisque les captures sont rares, et ils peuvent inciter le préfet à déclasser des prédateurs pourtant fort dangereux !

LES TECHNIQUES DE PIÉGEAGE

Le piégeage est un art difficile, qui exige un sens aigu de l'observation et une profonde connaissance des habitudes des animaux. Le piégeur doit savoir découvrir les moindres indices signalant la présence d'un prédateur, reconnaître ses traces, ses crottes ou ses restes de repas, déceler ses coulées les plus imperceptibles. Il sait être imaginatif afin de tromper la vigilance d'espèces rusées, car habituées à être pourchassées par l'homme. Ses pièges sont toujours placés aux bons endroits, dissimulés dans l'environnement afin d'éviter que l'animal ne les contourne. Le piégeur participe à un meilleur équilibre naturel

suite p. 324

Quelques procédés de piégeage

Le piégeage en jardinet : ce procédé est redoutable pour la capture de tous les prédateurs, et plus particulièrement de la fouine, de la martre, du renard, du chat haret. Un appât (carcasse) est placé au fond d'un petit parc délimité par des éléments naturels (baliveaux) et rapportés (branchettes hautes de 70 cm, fichées en terre). Le piège est dissimulé devant l'unique entrée de ce cul-de-sac, dont la largeur atteint environ 20 cm. L'appât doit être solidement fixé et, surtout, échapper au regard des prédateurs. S'il est trop visible, les risques sont grands de capturer des buses, attirées par la vue de la charogne.

Le piégeage au charnier : cette technique est efficace l'hiver, pour le renard et le chat. Elle consiste à disposer sur un secteur fréquenté un tas de tripes de volailles, de cadavres de poulets, de lapins ou de pigeons, voire de poissons. Une fois les animaux habitués à la présence de cette manne providentielle (au bout d'une dizaine de jours), trois pièges sont disposés autour du charnier en début de soirée.

Le piégeage au tas de fumier : le procédé est identique au précédent. Les charognes sont enfouies sous le fumier, incitant le renard à gratter pour rechercher sa pitance. Au bout de quelques jours, il perd sa méfiance instinctive et c'est alors que les pièges sont installés et armés.

Le piégeage au pendu : un oiseau (corneille, pie, geai, pigeon) est suspendu à la branche d'un arbre ou à une baguette profondément fichée en terre, au beau milieu d'une plaine rase. L'appât doit être situé à environ 1 m du sol. Le piège est posé à la verticale de l'oiseau, le plus souvent sur un petit monticule d'une trentaine de centimètres, qui incitera le prédateur à s'y risquer pour gagner de la hauteur et s'emparer de la proie convoitée.

Le piégeage au sillon ou en raie de charrue : ce procédé, très efficace, est fondé sur l'observation d'un comportement fréquent chez les prédateurs, qui parcourent le dernier sillon d'une parcelle fraîchement labourée à la recherche des petits rongeurs mis au jour par la destruction de leur terrier. Le piège est placé dans le sillon, à moitié de sa longueur. Une grive, un merle ou un pigeon est disposé près de l'engin. On peut inciter les prédateurs à se rapprocher du piège en dispersant tout au long du sillon des souris mortes capturées dans des tapettes.

Le piégeage au faux terrier : une galerie d'une cinquantaine de centimètres, dont le diamètre équivaut à celui d'un terrier de lapin, est creusée dans un talus. Le piège est posé devant l'entrée ; un appât destiné à attirer les prédateurs est placé au fond du trou.

Le piégeage en gueule de terrier : cette technique est surtout utilisée pour la capture d'un putois qui aurait colonisé un ancien terrier de lapin de garenne. Le piège, bien dissimulé, est placé devant l'entrée de la gueule en prenant garde que les mâchoires puissent se refermer convenablement. Les autres entrées (entrées de secours) sont également piégées ou bouchées.

Le piégeage en cépée : un appât est placé au milieu d'une souche présentant quelques rejets. Il est fixé solidement au bois. Trois pièges sont ensuite disposés autour de la cépée. En tentant de s'emparer de l'appât, le prédateur doit poser la patte dans un des trois engins.

Les belettières, boîtes à fauve et chatières : ces systèmes capturent les animaux vivants. Les belettières permettent surtout la capture des belettes, comme leur nom l'indique, grâce à un mécanisme très simple, fait d'une planchette qui bascule sous le poids de l'animal, libérant une «béquille». Cet arceau de fer, situé sous la planchette du côté de l'entrée, l'empêche de basculer en sens inverse. L'animal est ainsi bloqué dans la boîte. Les belettières doivent être bien dissimulées par des branches, du feuillage ou des bottes de paille. Elles sont isolées de l'humidité provenant du sol grâce à des pierres ou des rondins sur lesquels elles reposent. Elles sont placées le long de lisières, de chemins, d'aménagements cynégétiques tels que les îlots de nidification ou les agrainoirs, sur le dernier sillon d'un labour.

A L'AIDE DE PIÈGES A MACHOIRES ET A PALETTE

A l'aide de branchettes, il est conseillé de réaliser un petit entonnoir dirigeant l'animal vers l'entrée de la boîte.
La chatière est une boîte à deux entrées, réalisée en grillage. Un appât est disposé sur le mécanisme qui commande la fermeture des deux volets coulissant dans des rainures. La chatière est un procédé d'une redoutable efficacité pour capturer chats (on appâte à l'aide de poissons) ou putois (dans ce cas, il est préférable d'utiliser des grenouilles).
Toutes les boîtes à fauve fonctionnent sur le même principe. Elles sont souvent disposées sur un sentier de piégeage. Pour inciter les prédateurs à l'emprunter, ce type de sentier doit être entretenu, débarrassé des ronces et des branches mortes, car les animaux aiment se déplacer sur un sol propre. Il sera d'autant plus prisé qu'il traversera des secteurs très fourrés, offrant ainsi la seule possibilité d'itinéraire. Son tracé, rectiligne, est aménagé à une dizaine de mètres de la lisière. Pour passer inaperçu aux yeux des promeneurs éventuels, il sera stoppé de 5 à 10 m avant les allées forestières ou l'orée des bois.

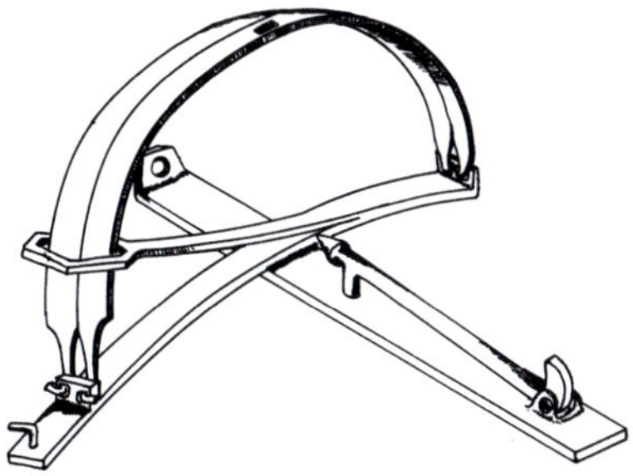

2 types de pièges à mâchoires et à palette destinés à capturer des animaux vivants qui peuvent être relâchés en cas d'erreur. Le diamètre des mâchoires ne doit pas dépasser 22 cm, et les mâchoires fermées doivent laisser entre elles un espacement de 5 mm. Une gaine de caoutchouc ou de plastique les entoure. Ces conditions réglementaires sont définies par l'arrêté ministériel du 23 mai 1984.

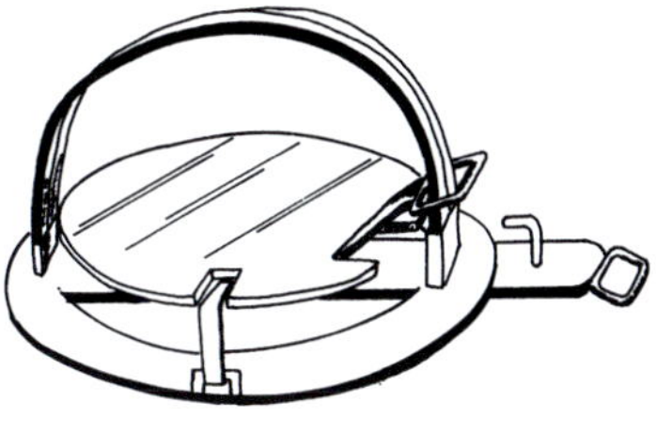

Belettière destinée à la capture des belettes et autres petits mustélidés.

en régulant des espèces qui se montrent indésirables lorsqu'elles prolifèrent. Il n'en éprouve pas moins du respect pour ses proies, dont les souffrances devront être abrégées. La loi exige que les pièges soient relevés quotidiennement à l'aube. Il s'agit avant tout d'une affaire d'éthique de la chasse : on ne laisse pas un animal se débattre pendant des heures, martyrisé par les mâchoires d'un engin.
Pour qu'un piège soit efficace, tous les mécanismes devront être entretenus. Les ressorts et leviers d'armement seront huilés avec soin. Un piège neuf dégage une odeur de peinture désagréable, qui peut le rendre inopérant. Le chasseur veillera donc à le faire bouillir une heure ou deux dans un bain d'eau mêlée à de la cendre.
Le piège doit être bien camouflé, et l'on veillera à ce qu'aucun élément étranger (branchettes, terre) ne puisse perturber le bon fonctionnement de l'engin, dont les mâchoires doivent se refermer à la moindre sollicitation de la palette.
Le piégeur veillera aussi à ne pas laisser d'odeurs sur le piège et dans ses environs immédiats. Il manipulera donc l'engin à l'aide de gants laissés en permanence à l'extérieur, et frottés régulièrement avec des herbes odoriférantes. Le piège doit être parfaitement fixé, par une chaîne, à un piquet solidement fiché en terre, à un baliveau ou à une bille de bois. Dans ce cas, le prédateur pourra traîner le poids mort sur une certaine distance. Généralement, il s'embusquera dans un fourré mais ne cherchera pas à se couper la patte, cas fréquent lorsque les animaux tirent sur un piège fixé à un pieu ou à un arbre.
Il existe de nombreux modèles de pièges, et une infinie variété dans les techniques de capture.
Les pièges à mâchoires sont classés en deux grandes catégories :
– les pièges à mâchoires et à palette, qui capturent l'animal vivant en le maintenant prisonnier par un membre ;
– les pièges à mâchoires qui fonctionnent par enlèvement d'appât (pièges à œuf ou autre appât), qui tuent l'animal, les mâchoires se refermant sur sa tête ou au milieu du corps.

LA RÉGULATION DES CORVIDÉS

Les corvidés constituent une grave menace pour le gibier lorsqu'ils prolifèrent. La corneille noire est une redoutable pilleuse de nids ; son œil acéré lui permet de détecter une couvée de perdreaux en plaine, voire un levraut gîté qu'elle attaquera en commençant par lui crever les yeux. Plutôt que de s'insurger contre des rapaces comme la buse, qui sont de piètres chasseurs, le gestionnaire commencera par réguler les populations de becs droits évoluant sur son territoire.
L'importance de cette démarche a été comprise depuis longtemps dans de nombreux pays de l'Est et en Suisse, où le prélèvement d'un certain quota de corneilles est exigé pour le renouvellement du permis de chasse.
La directive C.E.E. du 2 avril 1979 reprochait à la France de pratiquer le tir au nid des corvidés et en proposait l'interdiction. Par arrêt en date du 27 avril 1988, la Cour de justice de la Communauté européenne condamnait cette pratique, en stipulant que la protection de tous les nids devait demeurer effective et totale sans restriction dans le temps.
Le prétexte invoqué semble être le risque d'abattre des rapaces diurnes tels que les milans qui peuvent réaménager des nids de corvidés.
De nos jours, il est encore possible de tirer au mois de mai, dans certains départements, les jeunes oiseaux hors du nid. Cette pratique tend toutefois à se raréfier en raison des réglementations restrictives.
Toutes ces contraintes incitent les responsables de territoires de chasse à mettre en place des cages pièges, qui permettent des captures massives de corvidés sans être soumises à une législation particulière (seule une déclaration de piégeage en quatre exemplaires sur papier libre doit être adressée à la mairie). Dans les régions montagneuses, le piégeur devra prendre garde à ne pas supprimer les grands corbeaux et autres corvidés protégés, qui sont capturés régulièrement grâce à ce procédé. Ces oiseaux sont en effet intégralement protégés.

Comme tous les rapaces diurnes, l'épervier est protégé.

Les oiseaux

Les rapaces diurnes et nocturnes

Cette protection s'est révélée nécessaire en raison de la quasi-extinction d'espèces remarquables telles que l'aigle royal, les vautours (gypaète barbu, percnoptère d'Égypte, vautour fauve), le faucon pèlerin, oiseaux qui commencent seulement à recoloniser certaines de nos régions.
Un différend oppose chasseurs et écologistes, concernant l'opportunité de continuer à protéger certaines espèces telles que la buse ou les busards (busards cendré et Saint-Martin). Ces derniers commettraient d'importants dégâts sur les populations de perdreaux gris. En l'absence d'études précises, il ne paraît pas sérieux d'envisager leur régulation qui, en tout état de cause, devrait être réalisée par des personnes assermentées doublées d'ornithologues avertis. Autoriser à nouveau le tir de ces oiseaux exposerait tous les rapaces diurnes à en subir les conséquences.
La protection des rapaces nocturnes est tout à fait justifiée. Seul le hibou grand duc capture à l'occasion un lièvre, un renard... ou un faucon pèlerin !

Les grands échassiers

Ils sont indignes de figurer au tableau d'un vrai chasseur ! Il s'agit de la cigogne, de la grue cendrée, de l'avocette, du flamand rose et des hérons, entre autres ! Seul ce dernier peut poser des problèmes, lorsqu'il prolifère, aux pisciculteurs et aux propriétaires d'étangs.

La buse montre un comportement territorial très marqué qui exclut toute prolifération sur un même secteur. Elle chasse impitoyablement chacun de ses congénères qui franchit les limites de son domaine, plus ou moins concentrique. Lorsque la nourriture est abondante, dans un milieu favorable, les densités ne dépassent guère un couple tous les 150-300 hectares. Des populations plus étoffées ne sont observées qu'en période migratoire, le rapace étant alors souvent confondu avec la bondrée apivore, totalement inoffensive pour le gibier.

Les oiseaux marins

Il s'agit des mouettes, goélands, sternes, cormorans, tous oiseaux que l'on peut rencontrer également à l'intérieur des terres. Le grand cormoran tend à remonter de plus en plus loin le cours supérieur des fleuves, pouvant commettre, lorsqu'il s'abat en nombre important, des dégâts sur la faune piscicole. Attention à ne pas le confondre avec un canard, dont une seule espèce est protégée (le tadorne de Belon).

Les autres espèces

Parmi les autres espèces protégées, citons l'oie des neiges, tous les grèbes, la pie, les cygnes, le rollier, le guêpier, la huppe, le bernache, le martin-pêcheur, les oies bernaches, les engoulevents, les martinets. De nombreux bécasseaux et chevaliers sont protégés. Tous les petits oiseaux dont la taille est inférieure à la grive ou au merle le sont aussi. Attention donc au tir des moineaux, interdit. Sont exclus de cette liste l'étourneau sansonnet et l'alouette des champs. Il est important, également, de ne pas confondre l'alouette des champs avec l'alouette lulu, ou le cochevis huppé. Lorsqu'on longe une haie vive en turdidés, un gros-bec est parfois confondu avec une grive.

Les mammifères

La loutre est intégralement protégée. Victime d'un piégeage intensif pour sa fourrure, de la pollution des eaux et de l'aménagement des rivières, elle a bien failli disparaître de nos cours d'eau. Heureusement, ses effectifs semblent actuellement remonter. L'argument stupide qui vise à l'assimiler à un dangereux prédateur piscicole est irrecevable. Allez en Irlande, vous y pêcherez truites et saumons au milieu des loutres. En France, nous n'avons plus de loutres... ni de saumons !

La genette est également protégée. Elle subit pourtant encore une certaine pression de chasse. Il suffit de fréquenter les cafés des régions sèches telles que les Causses : chaque établissement, ou presque, possède une genette empaillée !
A noter également la protection du vison d'Europe, rarissime (à ne pas confondre avec son cousin d'Amérique) et du phoque gris.

L'ours brun (*Ursus arctos*)

Ne rêvons pas : sa situation est désespérée. Ce ne sont ni les bonnes intentions de certains, qui se font entendre bien tard, ni les fortunes englouties dans des recherches inefficaces, ni la médiatisation à outrance de l'animal qui parviendront à sauver les quelque 13 survivants qui errent dans nos hautes vallées pyrénéennes... car il semble que l'ours n'y ait plus sa place.
La volonté délibérée et compréhensible de préserver certains intérêts économiques régionaux, le dérangement de plus en plus fréquent et insupportable pour l'ours jusque dans des massifs reculés qui constituaient ses derniers sanctuaires (ouvertures de routes forestières, randonnées pédestres et ski de fond «hors pistes») expliquent cette raréfaction inéluctable. Les quelques mesures prises en faveur de l'ours, dont l'arrêté du 9 août 1990 qui limite la circulation sur une zone supposée fréquentée par le plantigrade durant l'hiver, paraissent bien dérisoires. Elles ont en outre provoqué un tollé général chez des chasseurs mal informés, qui ne comprennent pas pourquoi ils portent le chapeau de la disparition de l'ours. Les indemnisations concernant les dégâts provoqués à l'encontre des moutons (1 500 F par animal) ont relativement satisfait les bergers, qui ont perdu depuis une vingtaine d'années quelque 1 700 brebis.
Seule une volonté délibérée qui entraînerait des mesures draconiennes visant à préserver de toute pénétration humaine des massifs entiers pourraient sauver l'ours, ce qui est fort improbable.
Pendant ce temps, alors qu'on est bien incapables de maintenir une population relictuelle dans les Pyrénées, un projet, qui a coûté 300 000 F en études préliminaires, vise à implanter l'ours dans les Alpes (Parc régional du Vercors) afin de développer le tourisme animalier ! Si la situation du pauvre animal n'était pas aussi désespérée, si ce magnifique symbole de notre faune montagnarde n'était pas en phase de devenir un enjeu politique, il y aurait de quoi sourire ! Pendant ce temps, on se soucie peu de la préservation d'oiseaux menacés, typiquement alpins, tels que le lagopède, le tétras-lyre ou la bartavelle qui, il est vrai, sont moins médiatiques...

La situation de l'ours brun dans les Pyrénées est désespérée.

Le lynx (*Lynx lynx*)

Depuis de nombreuses années, il fait l'objet de débats passionnés et houleux entre chasseurs et écologistes. «L'opération lynx» remonte à 1977. Le Rassemblement des opposants à la chasse lance alors une souscription pour acheter un couple de lynx : la démarche échoue. Le 3 mai 1981, un premier lâcher clandestin de 2 lynx a lieu dans le Haut-Rhin, légalisé quelque 9 jours après par Mme Bouchardeau, ministre de l'Environnement. Depuis mai 1982, 12 lynx ont été lâchés dans les Vosges sous l'égide du ministère de l'Environnement et avec l'aide du Fonds mondial pour la nature, sous la pression des écologistes et contre la volonté des chasseurs qui financent pourtant une partie des opérations par le biais de l'O.N.C. Mme Véronique Herrenschmidt, de l'O.N.C., est en effet chargée du suivi du programme.

Pourquoi le lynx ?

La réintroduction du lynx répond à une volonté européenne de protéger un animal en voie de disparition, seul grand félin des pays tempérés. Le but de l'opération est également de disperser les hardes d'ongulés sauvages qui commettent des déprédations sur les plantations, d'améliorer l'état physique et sanitaire de ces animaux, et éventuellement de réguler les petits prédateurs forestiers.

Le biotope du lynx

Il semble que la survie du lynx soit conditionnée par la présence de grandes unités forestières d'un seul tenant, l'animal évoluant sur un territoire de 20 000 ha, qu'il occupe par secteurs successifs de 250 ha environ. Lorsque ses proies deviennent méfiantes, il change de zone.

L'IMPACT DU LYNX

Les avis sont très contradictoires et concernent en fait 2 souches : le lynx d'Alsace, qui ne pose pas de réels problèmes, et le lynx du Jura, dont la présence totalement inattendue a pour origine des individus provenant de Suisse (Valais). Ce sont ces derniers qui soulèvent la polémique en raison des dégâts commis. Selon Véronique Herrenschmidt, qui a suivi une population de chevreuils sur un territoire de 4 000 ha dans le Haut-Rhin, le lynx capture 1 ou 2 chevreuils par an et par 1 000 ha, exerçant surtout sa prédation sur des femelles âgées de 3 à 7 ans et plus : il consommerait donc annuellement de 35 à 50 ongulés. Des chercheurs suisses affirment, quant à eux, qu'un lynx tue de 50 à 70 ongulés par an, les femelles qui allaitent pouvant en capturer 2 par semaine. Avant les lâchers de 1972, le plan de chasse dans le canton du Valais accordait 1 100 chevreuils... En 1989, il était réduit à 270 !

C'est dans le Jura que les dégâts ont été les plus spectaculaires : dans le département de l'Ain, 4 moutons ont été tués par le lynx en 1983, et 329 (426 selon les témoignages) en 1989. Les éleveurs se sont mobilisés au point qu'une prime de 950 F par mouton tué est aujourd'hui accordée par le W.W.F., après une procédure d'indemnisation qui dure plus de 6 mois. Le W.W.F., qui a dû verser 400 000 F en 1989, s'est ému... d'où une autorisation exceptionnelle accordée à la garderie de l'O.N.C pour éliminer les animaux montrant un comportement aberrant. 3 lynx ont fait les frais de cette mesure (finalement, ils auraient peut-être préféré qu'on ne les lâche pas !) qui a semblé efficace, puisque le nombre de moutons égorgés a été divisé par 3 en 1990.

Sans vouloir lancer une polémique stérile, notons que plusieurs questions restent posées. Dans le contexte de l'artificialisation de notre environnement naturel, défavorable à de nombreuses espèces dont l'ours, avions-nous réellement besoin d'un super-prédateur dont l'aspect esthétique a certainement déterminé l'introduction ? Quels seront les effets à long terme de sa prédation sur les populations d'ongulés et, par voie de conséquence, sur notre activité ? Enfin, est-il souhaitable qu'un aussi bel animal, dans la mesure où sa réadaptation semble compromise en certaines régions, fasse les frais d'une opération médiatique ?

Les espèces classées gibier

Les mammifères
- Cerf élaphe
- Cerf sika
- Chevreuil
- Chamois
- Isard
- Mouflon
- Daim
- Sanglier
- Lièvre
- Lapin de garenne
- Lièvre variable

Les oiseaux de passage
- Pigeon biset
- Pigeon colombin
- Pigeon ramier
- Tourterelle des bois
- Tourterelle turque
- Alouette des champs
- Caille des blés
- Bécasse des bois
- Grive litorne
- Grive mauvis
- Grive draine
- Grive musicienne

Les oiseaux sédentaires
- Perdrix rouge
- Perdrix bartavelle
- Perdrix grise
- Faisan de chasse
- Colins de Virginie et de Californie
- Gelinotte des bois
- Tétras-lyre
- Lagopède alpin
- Grand tétras

Le gibier d'eau
Les canards, oies et rallidés
- Oie cendrée
- Oie des moissons
- Oie rieuse
- Canard colvert
- Canard chipeau
- Canard siffleur
- Canard pilet
- Fuligule milouin
- Fuligule milouinan
- Fuligule morillon
- Nette rousse
- Macreuse noire
- Macreuse brune
- Garrot à œil d'or
- Sarcelle d'été
- Sarcelle d'hiver
- Harelde de Miquelon
- Poule d'eau
- Foulque macroule

Les échassiers
- Vanneau huppé
- Barge rousse
- Barge à queue noire
- Chevalier aboyeur
- Chevalier combattant
- Chevalier harlequin
- Chevalier gambette
- Courlis corlieu
- Courlis cendré
- Bécasseau maubèche
- Bécassine sourde
- Bécassine des marais
- Pluvier argenté
- Pluvier doré
- Huîtrier pie

Les espèces déclarées nuisibles

Les mammifères
- Renard
- Belette
- Martre
- Fouine
- Putois
- Raton laveur
- Chien viverrin
- Lapin de garenne
- Sanglier
- Vison d'Amérique
- Rat musqué
- Ragondin

Les oiseaux
- Geai des chênes
- Pie bavarde
- Corbeau freux
- Corneille noire
- Étourneau sansonnet
- Pigeon ramier

Départ pour la chasse à la sauvagine, dans les premières lueurs de l'aube.

L'EXAMEN DE PERMIS DE CHASSER

La pratique de la chasse en France est subordonnée, depuis 1976, au passage d'un examen, auquel le futur candidat s'inscrit avant le 31 mars. Le formulaire officiel d'inscription est retiré à la mairie, puis transmis à la préfecture du département, accompagné d'une fiche d'état civil, d'une enveloppe dûment affranchie, libellée à l'adresse du demandeur, et d'un timbre fiscal (de l'ordre de 45 F) collé sur la demande d'inscription. Un mineur formule sa demande par le biais de l'autorité parentale. L'examen a lieu en mai, une épreuve de rattrapage étant prévue en juin. Organisé par l'O.N.C., il comporte des questions portant sur la connaissance, la sauvegarde et le repeuplement du gibier, sur la législation de la chasse, sur les armes et les munitions. On peut s'inscrire à cet examen dès l'âge de 15 ans, la pratique de la chasse n'étant autorisée qu'à 16 ans. Le permis est obligatoirement visé et validé les années où l'on chasse, à la mairie de la commune de résidence, sur présentation de l'attestion d'assurance chasse de l'année et du timbre de la fédération départementale.

Dans ce cas, il n'est valable que pour le département où l'on chasse et les communes limitrophes. La validation nationale est valable pour tout le territoire national. Le timbre «gibier d'eau» est obligatoire sur tout le territoire pour chasser le gibier d'eau avant l'ouverture générale, et pendant toute la saison sur le domaine maritime. Un timbre «grand gibier» est exigé par certaines fédérations pour indemniser les dégâts occasionnés par les grands animaux, auprès des chasseurs de grands gibiers.

L'ORGANISATION DE LA CHASSE

Elle se situe à deux échelons :
– *L'organisation départementale* est assurée par les Fédérations départementales des chasseurs, dont les présidents sont élus pour une durée de 3 ans, et les administrateurs pour 9 ans, renouvelables par tiers tous les 3 ans. Elles représentent les intérêts des chasseurs, concourent à la répression du braconnage par l'entretien des brigades chargées de la police de la chasse, coordonnent les efforts des chasseurs, sociétés de chasse et associations, favorisent la conservation du gibier et de la faune sauvage, informent les chasseurs par le biais de techniciens fédéraux.
– *L'organisation nationale* est assurée par l'Office national de la chasse (O.N.C.) qui coordonne et contrôle l'activité des fédérations, procède à des études et réalisations en faveur de la chasse et de la protection de la faune sauvage, participe à la police de la chasse. L'Union nationale des fédérations départementales des chasseurs représente l'intérêt des fédérations à l'échelon national et international. Son organisme de relations publiques est le Comité national d'information chasse-nature.

Cette mouette rieuse semble bien décidée à faire appliquer le règlement !

CONCLUSION

La chasse connaît aujourd'hui un tournant majeur dans son histoire. De prédateur aveugle qui exerçait son activité dans une nature exubérante, le chasseur prend peu à peu conscience de la nécessité de préserver ou de restaurer les espaces naturels, ainsi que la faune sauvage qui en dépend. Il devient gestionnaire et aménageur d'un patrimoine qui subit des agressions de plus en plus irréparables, liées au progrès technologique.
L'instauration d'un dialogue constructif avec les naturalistes se révélera dans un proche avenir nécessaire, afin de concilier les intérêts de chacun dans un but commun qui est cher à tous : la préservation d'une nature restée sauvage et intacte. De très nombreuses actions en faveur de la restauration des habitats et de la protection de la faune sauvage sont actuellement entreprises par les chasseurs. L'achat de zones de marais destinées à être mises en réserves pour offrir des sanctuaires aux oiseaux d'eau, la réimplantation d'espèces appartenant au petit gibier sédentaire dans des secteurs où elles avaient disparu, la mise en œuvre de travaux agricoles favorables au gibier, le regroupement à l'échelon régional en G.I.C. de manière à appliquer une gestion commune et cohérente de la faune sauvage. Il faut réellement rendre hommage aux travaux remarquables réalisés par l'O.N.C., qui ont contribué à une meilleure connaissance de l'écologie des espèces animales et des mesures de sauvegarde appropriées.

Index des espèces et des races

Adresses

Ministère de l'Environnement - Direction de la protection de la nature
14, boulevard du Général-Leclerc, 92524 Neuilly-sur-Seine cedex.

Office national de la chasse
85 bis, avenue de Wagram, 75017 Paris.

Union nationale des fédérations départementales des chasseurs - Comité national d'information chasse-nature
48, rue d'Alésia, 75014 Paris.

Société centrale canine
215, rue Saint-Denis, 75093 Paris cedex 02.

Chambre syndicale des armuriers professionnels
31, rue Tronchet, 75008 Paris.

Centre de recherche sur la biologie des populations d'oiseaux (C.R.B.P.O.)
Muséum d'histoire naturelle, 55, rue Buffon, 75005 Paris.

Clubs et Associations

Association nationale des chasseurs de gibier d'eau (A.N.C.G.E.)
124, avenue de Wagram, 75017 Paris.

Association nationale des chasseurs de grand gibier (A.N.C.G.G.)
12, rue Émile Alley, 75017 Paris.

Association nationale des fauconniers et autoursiers (A.N.FA.)
10, rue de Lisbonne, 75008 Paris.

Association des chasseurs de montagne
162, boulevard Magenta, 75010 Paris.

Société de vénerie
22, rue de Penthièvre, 75008 Paris.

Club des chiens déterreurs et courants
La Grande Draille, 75540 Vilbert.

Club national des bécassiers
34 ter, avenue Jules Le Guen, 56260 Larmor-Plage.

Club des bécassiniers
10, rue de Lisbonne, 75008 Paris.

Saint-Hubert Club de France
10, rue de Lisbonne, 75008 Paris.

Association des déterreurs
19, rue Legendre, 75017 Paris.

Fédération française des chasseurs à l'arc
33, rue de la Haie-Coq, 93308 Aubervilliers cedex.

Bibliographie

Ouvrages généraux sur la chasse
- *L'agenda du chasseur*, Jean-Claude Chantelat, Michel Jacob - Solar.
- *La chasse*, Jean-Pierre Villenave - Larousse.
- *La chasse*, Jésus Veiga - Nathan.
- *La chasse*, Paul Vialar - Flammarion.
- *La chasse du petit gibier sédentaire*, Michel Jacob - Éditions Ouest-France.
- *Le grand gibier* - Hatier.
- *Le livre de la chasse*, Émile Lejeune - Solar.
- *Le grand livre du chasseur*, Éric Joly - Éditions n° 1.
- *Le sanglier*, Jean-Louis Bouldoire, Jacques Vassant - Hatier.
- *Mon livre de chasse*, Bernard Iffli - Kettner.
- *Toutes nos chasses*, Philippe Brelot - Flammarion.

Écologie et aménagements
- *Actualités d'écologie forestière*, Paul Besson - Gauthiers Villars.
- *Chasse et biotopes*, J. Swartenbroekx - Duculot.
- *Écologie du petit gibier et aménagement des chasses*, P. Pesson, M.-G. Birkan - Gauthier-Villars.

Divers
- *Armes de chasse* (hors série édité par la *Revue nationale de la chasse*).
- *Bulletins* de l'O.N.C.
- *Petits livres verts* de l'O.N.C.
- *Carabines et fusils de chasse*, Dominique Venner - Jacques Grancher Éditeur.
- *Catalogue chasse et pêche*, 1991-1992 - Jet Tours.
- *Chasse à l'arc*, Jean-Max Lecaille, Jean-Pierre Menu - Gerfaut Club.
- *Manuel du piégeur*, A. Chaignaud - La Maison Rustique.

Presse
Revue nationale de la chasse ; Connaissance de la chasse ; le Chasseur français ; le Saint-Hubert ; Chiens de chasse ; la Sauvagine ; Nos chasses ; Terre sauvage.

Gibiers spécifiques
- *Animaux de vénerie et chasse aux chiens courants*, J. Oberthur - Durel Éditions.
- *Bécasses et chiens d'arrêt*, J.-J. Carrier - Éditions de l'Orée.
- *Caille, perdrix, faisans et autres oiseaux de chasse*, J. Nord - La Maison Rustique.
- *La bécasse des bois*, D. Fraguglione - Hatier.
- *La perdrix grise*, Michel Jacob, Marcel Birkan - Hatier.
- *Le chevreuil*, Bernard Boisaubert, Jean-Marie Boutin - Hatier.
- *Le chevreuil* - Crépin Leblond.
- *Le gibier d'eau*, Jean-A. Capiod, Francis Berille - Éditions de la Pensée Moderne.
- *Le petit gibier*, Nicolas Noblet, Francis Berille - Jacques Grancher Éditeur.
- *Le renard*, Marc Artois, André Le Gall - Hatier.
- *Le tir sélectif de grand gibier*, Alain Chabaud - Crépin Leblond.
- *Les faisans*, François Biadi, Pierre Mayot - Hatier.
- *Perdrix grise et rouge*, Marcel Birkon - La Maison Rustique.
- *Les bécassines et leurs chasses*, M. Devort - Hatier.

Crédit photographique

Beignet : 78 ; **Bender/OKAPIA** : 318 ; **Berthon/NATURE** : 50 ; **Berthoule/NATURE** : 41, 74-75, 85, 111, 157 ; **Chaumeton/NATURE** : 45 ; **Chaumeton-Hellio/NATURE** : 294 h ; **Choussy/NATURE** : 325 ; **Cordier/JACANA** : 135 ; **Cramm/OKAPIA** : 121 g ; **Danegger/JACANA** : 81, 123, 168, 181 ; **Darmangeat Pierre** : 174 ; **Desvilles/NATURE** : 331 ; **Dragesco/JACANA** : 260 ; **Dragesco/OKAPIA** : 228, 234, 248 ; **Durantel/NATURE** : 49, 56 b, 76-77, 131, 141, 147, 152, 158, 159, 172, 175, 189, 209, 222, 292, 294 b, 321 ; **Ferrero/JACANA** : 144 ; **Ferrero/NATURE** : 38-39, 52, 55 h, 55 b, 66, 71 h, 72, 133, 250-251, 327 ; **Fleury Guy** : 252, 261, 300-301 h, 301 b, 307 ; **Garguil Philippe** : 280, 282 ; **Gerlach/OKAPIA** : 202 ; **Gohier/NATURE** : 258 ; **Gruber/OKAPIA** : 288 ; **Irsch/OKAPIA** : 305 ; **Labhardt/OKAPIA** : 182 ; **Lanceau/NATURE** : 44, 47 ; **Layer/JACANA** : 121 d ; **Lemoine/JACANA** : 118 ; **Levoye Stéphane** : 51 h, 53, 61, 62, 65 b, 67, 68, 69, 73 h, 73 b, 134, 278 ; **LUTRA** : 42, 51 b, 57, 58, 59 h, 64-65 h, 70, 79, 93, 97, 99, 117, 122, 127, 128, 142-143, 146, 166-167, 169, 183, 203, 210, 223, 264-265, 266-267, 269, 270, 277, 284, 291, 295 h, 313, 330 ; **Maier/OKAPIA** : 92 ; **Mayet/NATURE** : 295 b ; **Meyers/OKAPIA** : 102, 150, 163, 201, 218-219, 233, 245 ; **NATURE** : 54, 59 b ; **Petit Thierry** : 296-297, 298, 299 ; **Pitch** : 126, 156, 160, 242, 254, 287 ; **Polking/NATURE** : 46, 308-309 ; **Polking/OKAPIA** : 238 ; **Pourcher/NATURE** : 8-9, 12, 14, 15, 16, 25, 27, 35 ; **Reinhard/OKAPIA** : 96, 130, 188, 206, 214, 216, 314, 316 ; **Samba/NATURE** : 56 h, 63, 71 b, 302-303 ; **Sauer/NATURE** : 114 ; **Siegel/NATURE** : 109, 184 ; **Varin-Visage/JACANA** : 192-193 ; **Walker/JACANA** : 226-227 ; **Wisniewski/OKAPIA** : 232, 311.

Remerciements

L'auteur tient à remercier pour leur aimable collaboration :
- Paul Salles (armurier à Chamalières) ;
- François Pasquet (Kettner - Paris) ;
- Pierre Darmangeat (archerie).